孙家岔镇志

陕西省神木市孙家岔镇志编纂委员会 编

方志出版社
Publishing House of Local Records

图书在版编目（CIP）数据

孙家岔镇志 / 陕西省神木市孙家岔镇志编纂委员会编. —北京 ： 方志出版社，2023.2
ISBN 978-7-5144-5579-3

Ⅰ. ①孙… Ⅱ. ①陕… Ⅲ. ①乡镇—地方志—神木 Ⅳ. ①K294.15

中国国家版本馆 CIP 数据核字(2023)第 081364 号

责任编辑：张健
责任校对：刘玉霞
责任印制：梅中英
出 版 者：方志出版社
地　　址：北京市朝阳区潘家园东里 9 号（国家方志馆 4 层）
邮　　编：100021
网　　址：http://www.zgfzcb.cn
发　　行：方志出版社图书营销中心（010-67110500）
印　　刷：中煤地西安地图制印有限公司
开　　本：787 毫米×1092 毫米　1/16
印　　张：35.5
字　　数：622 千字
版　　次：2023 年 2 月第 1 版
印　　次：2023 年 2 月第 1 次印刷
定　　价：368.00 元

《孙家岔镇志》编纂顾问

（按姓氏笔画排序）

白治厚　孙俊良　李子亮　李文广　李志卿　杨自力　张胜荣　张雄光
张增光　高德树

陕西省神木市孙家岔镇志编纂委员会

2019 年 8 月至 2020 年 4 月

主　任　薛振荣
副主任　贾永利
成　员　魏晓峰　赵贵荣　张利平　呼永峰　孟海军　杨婷婷　吕小龙
乔小文

2020 年 4 月至 2021 年 6 月

主　任　杨　鹏
副主任　贺晓东
成　员　高小文　赵贵荣　张利平　呼永峰　孟海军　杨婷婷　吕小龙
乔小文

2021 年 6 月至 2022 年 12 月

主　任　李永智

副主任　贺晓东

成　员　高小文　孟海军　郭艳霞　白　鹏　吕小龙　乔小文　李文军
郝秀虹　张建龙

陕西省神木市孙家岔镇志编纂委员会办公室

主　任　张利平

《孙家岔镇志》编纂人员

主　　编　范林虎

副 主 编　张利平

编　　辑　王小刚　白和平　刘耀华　温江涛　乔　健　王　妮　张楠楠
曹　斌　黄晓龙　李　静

照片拍摄　刘忠雄

《孙家岔镇志》资料提供人员

李凤奇　贺正义　孙好勤　王生顺　李光胜　张金贵　刘裕国　刘建平
王换军　闫　静　张拖存　高继增　刘智深　韩　非　焦聘文　张侯平
赵志先　李平清　杨　敏　李　霞　刘　倩　任培华　刘　刚　杜美连
撖飞霞　杨林娥　贺　艳　乔宏伟　宋军如　李晓虎　刘　静　白雄伟
郝荣慧　冯　艳　王　成　宋君莲　张　敏　王改瑞　高慧芳　刘灵萍
焦宇婷　乔　婷　王康旭　安　会　王小龙　高　雄　李建平　赵　鹏
雷宇鹏　卢飞翔　高国靖　张宇君　白亚倩　宋登涛　韩江涛　张　宁
张小宇　崔　伟　雷　琼　高永军　任志雄　刘庆峰　任文飞　王怀亮
刘世昉　白国振　李　斌　乔志强　李志标　燕庆聪

《孙家岔镇志》验收审定单位

榆林市地方志编纂研究室
神木市史志编纂研究室

序　　一

孙家岔镇党委、镇人民政府组织编纂的《孙家岔镇志》即将付梓，捧读志稿，家乡的山川地貌、历史文化、经济状况、风土民情、人物风貌一一呈现在眼前，不由得让人感慨万千。

孙家岔是我深深眷恋的故乡。改革开放前，镇域交通闭塞落后，经济基础极为薄弱。朴实的家乡父老长年累月辛勤劳作，守着丰富的煤炭资源宝藏却过着穷日子。神府煤田开发后，乡亲们与来自五湖四海的建设者一起开拓进取、拼搏奋斗，将昔日的穷乡僻壤建设成为陕北能源化工基地的重要组成部分。尤其是一大批思想开放、敢闯敢试的弄潮儿，立足矿区，建功立业，带动乡亲共同富裕奔小康。镇域经济跳跃式发展，快速完成了从“农业镇”到“工业镇”，再到“全国工业强镇”的华美蜕变。进入新时代，镇域的发展突飞猛进，变化日新月异，实现了产业兴、经济强、人民富、生活美。这一切成就，得益于党的领导，得益于改革开放，得益于煤田开发，更得益于习近平新时代中国特色社会主义思想的科学引领。

盛世修志，志载盛世。镇志从自然、经济、政治、文化、社会、人物等方面系统准确地记述了孙家岔镇各领域的状况与变化，体现了资源带动、产业强镇、经济富镇、人才兴镇的伟大实践，记载了乡土文化和乡思乡愁，突出了时代特点，彰显了地方特色。可以相信，我们为后人留存的这份珍贵文化资产，必将发挥存史、资政、育人的功能，也有助于树立家乡文化自信，激发爱乡爱国情怀。

修志问道，以启未来。让我们共同努力，解放思想，改革创新，再接再厉，奋力谱写孙家岔镇高质量发展新篇章！

原中共陕西省神府经济开发区委员会书记
原陕西省神府经济开发区管理委员会主任

2022 年 8 月

序　二

孙家岔，是神木市经济大镇，也是全国经济强镇。

这块饱经沧桑的土地上遗存着战国时期秦长城、宋代刘家石畔古城址、清代藏传佛教石窟寺，见证了千百年来草原文明与农耕文明冲撞交融的历史。百余年前，走出长城口外的开拓者在这里开荒垦殖，伙盘定居，一直到中华人民共和国成立前，这块民风淳朴的土地上却始终地瘠民贫，村落萧疏。

中华人民共和国成立后，特别是改革开放以来，在中国共产党的领导下，孙家岔镇在干部群众与前来参与神府煤田开发的建设者们的共同努力下，紧紧抓住发展机遇，充分利用资源优势，艰苦奋斗创新业，逐步形成了以煤炭、兰炭为支柱的特色产业，文化、教育、民生等各项社会事业也取得令人瞩目的成就，城乡面貌焕然一新，全镇人民的生活富裕幸福。

囿于历史、地理等诸多局限，孙家岔镇的城镇化水平还有待提升，生态环境治理等工作还存在弱项与短板。镇党委深感责任重大，任重道远，但我们有决心、有信心与全镇人民一道，齐心协力，锐意进取，把新发展理念贯彻到经济社会发展的全过程和各领域，努力创造孙家岔更加辉煌灿烂的明天。

总结过去，是为了更好地指导未来。2019 年，由时任镇党委书记薛振荣提议，镇党委决定编纂《孙家岔镇志》，用地方志这种传统方式，把孙家岔发展的艰辛与成功完整记录下来，把孙家岔发展的经验和教训总结出来，这既是对历史的尊重，也是对后人负责。镇党委、镇人民政府始终高度重视《孙家岔镇志》的编纂工作，历任负责人都将此项工作当成服务当下、惠泽后代的重大文化工程，持之以恒地向前推动。

《孙家岔镇志》横陈百科、统合古今，系统记述镇域自然、政治、经济、文化和社会各方面的历史与现状，重点记述煤田开发以来的大发展和大变化，是我们这代人奉献给孙家岔人民的一份时代答卷。这是一部凝结着孙家岔人民百折不挠、开拓进取精神的“创业史”，是一套供我们鉴往知来、认识镇村地情的宝贵资料，也是一本向广大干部群众，尤其是向青少年开展爱国、爱乡教育的好教材。

《孙家岔镇志》编纂工作启动以来，几经寒暑，数易其稿，即将成书。其间，得到榆林、神木两级史志工作机构的指导帮助，得到不少方志专家的热心指教，得到各位顾问的精心指导，得到镇籍老同志、乡贤们的关心和支持。编纂人员克服人员紧张、资料短缺等诸多困难，深入开展社会调查，精心编纂志稿，付出了大量辛勤劳动。在此，我谨向他们表示诚挚的敬意和由衷的感谢！

我衷心希望全镇的广大干部群众认真读志用志，使《孙家岔镇志》充分发挥存史、资政、育人的作用。同时，也希望以此为契机，进一步培养乡村文化自信，促进全镇文化事业繁荣发展，实现乡风文明与时俱进，助推新型城镇化和乡村振兴战略的全面实施。

中共孙家岔镇委员会书记 李永智

2022 年 8 月

序　三

志书，一域之重典。《孙家岔镇志》是全镇首部地方志书，是镇党委、政府精心组织实施的一项重大文化工程。镇志编纂工作历时三载，终成其稿，即将付梓，可喜可贺。

孙家岔镇位于神木市北部，地属长城边塞，居于神府煤田腹地。新石器时代，镇域已有先民定居。清代至民国时期，逐渐形成现在的村庄。著名的陕北民歌《泪蛋蛋泡在沙蒿林》最先在这里唱响。1929 年，镇域划为神木县第七区。中华人民共和国成立后，设区立乡。1997 年，改乡为镇。乘着改革开放和煤田开发的东风，孙家岔镇发展成为神木市工业门类和企业数量最多的镇，也是远近知名的全国经济强镇，其独特的魅力在陕北能源化工基地闪烁着夺目的光彩。

“以史为镜，鉴古知今。”《孙家岔镇志》以“存史、资政、育人”为宗旨，坚持辩证唯物主义和历史唯物主义的立场、观点和方法，秉承实事求是的原则，记录政区建置、自然环境、交通运输、镇村建设、煤炭工业、产业园区、生态矿区、党镇群团、文化遗产、民俗风情等内容，贯通古今、包罗万象、内容翔实、文字精练，堪称全面、系统、准确记述镇情的“百科全书”。一卷在手，全镇政治、经济、文化、社会、生态的概况可综览于目，孙家岔镇在工业化、城镇化进程中的巨大变化能了然于胸。

对于地方志，治史者可以之为史，治文者可以之为文，从政者可以之为镜，为民者以之为师，不仅存益当代，而且惠及子孙。衷心希望《孙家岔镇志》成为全镇干部群众和广大读者案头必备的“工具书”，服务孙家岔镇开发建设的“指导书”，展示孙家岔镇形象、弘扬孙家岔精神的“宣传书”，凝聚力量、再创辉煌的“宣言书”。

史志永存，未来可鉴。是为序。

中共孙家岔镇委员会副书记

孙家岔镇人民政府镇长　贺晓东

2022 年 8 月

凡　例

一、《孙家岔镇志》以马克思列宁主义、毛泽东思想、邓小平理论、“三个代表”重要思想、科学发展观、习近平新时代中国特色社会主义思想为指导，坚持辩证唯物主义和历史唯物主义的立场、观点和方法，存真求实，全面、客观、系统记述孙家岔镇的历史与现实，重点记述孙家岔镇在神府煤田开发进程中工业化、城镇化的过程以及改革开放、经济建设和社会发展的状况，展现孙家岔镇人民朴实勤劳、艰苦创业、奋发进取的精神风貌。

二、本志上限起于事物发端，下限至2021年12月31日。记述内容力求详今明古，详特略同。

三、采用纲目体，一般设类目、分目、条目三个层次。横排门类，纵述史实，述而不论。

四、综合运用述、记、志、传、图、表、录等各种体裁，以志体为主。

五、人物部类遵循“生不立传”原则，被立传和简介者均为镇籍人物。入表录者不受此限，并适当收录在镇域工作并为孙家岔镇发展做出较大贡献的非镇籍人物。被立传者以卒年排序，名录中镇村主要负责人以任职时间排序，其余人物均以生年排序。

六、除引用文字和附录文献资料外，统一使用规范的现代语体文记述，行文力求朴实、严谨、简洁、流畅。

七、图照采用文前集中安排与随文配图相结合的方式，图下设文字说明。表随文出，表格统一编排序号。

八、各项数据一般采用政府统计部门数据。统计部门无数据的，采用主管部门或主办单位正式提供的数据。计量单位采用国家技术监督局1993年12月发布的《量和单位》系列国家标准，考虑到历史使用习惯，保留斤、亩等历史计量单位。

九、由于较多名称发生过更改，如村名“朱盖塔”在2015年改为朱概塔，但旧名“朱盖塔”仍保留在很多机构名称中，故文中地名与单位名称均使用历史称谓。首次出现的镇域外地名，冠以省（自治区）、市、县（市、区、旗）、镇（乡、街道）名。2017 年 4 月神木撤县设市，此时间之前称县，此后称市。

十、中华民国成立前的纪年，采用历史纪年，括注公元纪年；中华民国成立后的纪年，采用公元纪年。

十一、本志为避免记述内容重复，采用参见互见法，参见内容注明所属类目及分目、条目。

十二、本志历史资料主要源于神木市相关地方志及档案馆藏资料，部分地情资料采用神木市能源局等相关部门、企业及镇属单位、村组提供的资料，其余资料取于报刊、网络、家谱，以及口碑资料和查访所得，一般资料不注明出处。

镇（乡、街道）名。2017 年 4 月神木撤县设市，此时间之前称县，此后称市。

十、中华民国成立前的纪年，采用历史纪年，括注公元纪年；中华民国成立后的纪年，采用公元纪年。

十一、本志为避免记述内容重复，采用参见互见法，参见内容注明所属类目及分目、条目。

十二、本志历史资料主要源于神木市相关地方志及档案馆藏资料，部分地情资料采用神木市能源局等相关部门、企业及镇属单位、村组提供的资料，其余资料取于报刊、网络、家谱，以及口碑资料和查访所得，一般资料不注明出处。

凡　例

一、《孙家岔镇志》以马克思列宁主义、毛泽东思想、邓小平理论、"三个代表"重要思想、科学发展观、习近平新时代中国特色社会主义思想为指导，坚持辩证唯物主义和历史唯物主义的立场、观点和方法，存真求实，全面、客观、系统记述孙家岔镇的历史与现实，重点记述孙家岔镇在神府煤田开发进程中工业化、城镇化的过程以及改革开放、经济建设和社会发展的状况，展现孙家岔镇人民朴实勤劳、艰苦创业、奋发进取的精神风貌。

二、本志上限起于事物发端，下限至2021年12月31日。记述内容力求详今明古，详特略同。

三、采用纲目体，一般设类目、分目、条目三个层次。横排门类，纵述史实，述而不论。

四、综合运用述、记、志、传、图、表、录等各种体裁，以志体为主。

五、人物部类遵循"生不立传"原则，被立传和简介者均为镇籍人物。入表录者不受此限，并适当收录在镇域工作并为孙家岔镇发展做出较大贡献的非镇籍人物。被立传者以卒年排序，名录中镇村主要负责人以任职时间排序，其余人物均以生年排序。

六、除引用文字和附录文献资料外，统一使用规范的现代语体文记述，行文力求朴实、严谨、简洁、流畅。

七、图照采用文前集中安排与随文配图相结合的方式，图下设文字说明。表随文出，表格统一编排序号。

八、各项数据一般采用政府统计部门数据。统计部门无数据的，采用主管部门或主办单位正式提供的数据。计量单位采用国家技术监督局1993年12月发布的《量和单位》系列国家标准，考虑到历史使用习惯，保留斤、亩等历史计量单位。

九、由于较多名称发生过更改，如村名"朱盖塔"在2015年改为朱概塔，但旧名"朱盖塔"仍保留在很多机构名称中，故文中地名与单位名称均使用历史称谓。首次出现的镇域外地名，冠以省（自治区）、市、县（市、区、旗）、

孙家岔镇区一角（摄于 2021 年 8 月）

镇党政机关大楼（摄于 2020 年 6 月）

水井湾村民小区（摄于 2020 年 6 月）

赵家梁工业区春景（摄于 2020 年 4 月）

运煤列车经过镇区（摄于 2019 年 10 月）

红柠铁路柠条塔大桥（摄于 2019 年 11 月）

朱盖塔火车站车场（摄于 2021 年 10 月）

海湾煤矿（摄于 2021 年 4 月）

陕煤柠条塔矿业公司夜景（摄于 2021 年 7 月）

诚信敬业
海湾煤矿

△ 李家湾光伏发电场（摄于 2021 年 7 月）

△ 神木市兰炭产业特色园区赵家梁片区（摄于 2021 年 8 月）

神木市兰炭产业特色园区柠条塔片区（摄于 2021 年 10 月）

神木兰炭产业特色园区燕家塔片区（摄于 2021 年 7 月）

孙家岔村前梁畔山体生态修复与治理工程（摄于 2021 年）

排界村采煤综合治理效果（摄于 2021 年）

镇党委书记李永智在推介会上演讲（摄于 2021 年 8 月）

排界村十九大精神宣讲暨新民风建设表彰会（摄于 2017 年 12 月）

孙家岔九年制学校（摄于 2019 年 10 月）

孙家岔镇秧歌队在神木市城区表演（摄于 2019 年 2 月）

目　录

交通运输 // 99

镇村建设 // 117

镇域经济 // 133

煤炭工业 // 163

产业园区 // 211

生态矿区 // 247

党政群团 // 261

文教卫生 // 299

文化遗产 // 345

社会生活 // 363

人　物　// 409

附　录　// 495

编后记　// 519

概述

孙家岔镇位于陕西省神木市北部，地处神府煤田腹地，因镇政府所在地位于孙家岔村而得名。孙家岔镇是西部地区经济强镇，域内民营经济蓬勃发展，能源化工产业特色鲜明，工业企业集中，产品以煤炭和兰炭为主，设有神木市兰炭产业特色园区。2021 年，全镇有 14 个行政村，户籍人口约 15000 人，在镇域工矿企业从业的非户籍人口为 15000 余人。2021 年该镇在西部地区乡镇综合竞争力排名中位列第五名。

伙盘地上诞生的塞上乡镇

孙家岔镇处于毛乌素沙地边缘，属典型的风沙区与黄土沟壑区过渡地带。镇域总面积 421.19 平方千米，乌兰木伦河、特牛川与庙沟河由北向南流过，考考乌素河由西向东流过。这几条河流将镇域切割成沟壑纵横、川梁相间的地貌。乌兰木伦河的河谷地带俗称东川，考考乌素河的河谷地带俗称西川，东川和西川村庄密集，是神木北向交通的重要通道；河流相间之处的山原，地势高亢，山荒岭秃，地广人稀。

新石器时代镇域已经有先民定居，留下多处遗址，此后镇域长期属于边塞地带。特牛川西侧山脊上蜿蜒而过有战国秦长城，考考乌素河左岸有北宋时期刘家石畔古城，河流沟谷山崖上有清代蒙古族信众开凿的多处藏传佛教石窟寺，诸多文物遗存和遍布镇域的蒙古语译音地名，见证了这里作为农牧交错地带最前沿所经历的文明冲突与融合。

清代初期，镇域尚属长城口外，“禁留地”内荒草萋萋。清代中晚期，汉族农民不断走出长城口外，垦荒定居，镇域内比比皆是以“伙盘地”命名的村庄，也形成质朴豪放的民情风俗，大碗喝酒，大块吃肉，扭秧歌，打霸王鞭，唱二人台、酒曲和信天游，点缀单调乏味的农牧生活。融合了黄土神韵和草原气息的信天游，高亢嘹亮，宣泄情感，直抒胸臆，是这片土地上生长的一朵民间艺术奇葩。

1929 年，镇域始有建置，划为神木县第七区。20 世纪 50 年代，先后设区立乡。80 年代，随着神府煤田开发，神木市工业化加速推进，镇域长期以农牧业为主的经济业态和封闭落后的交通状况得以改变。1997 年，孙家岔改乡为镇，迈开了城镇化的步伐。

煤田开发中崛起的工业大镇

孙家岔镇地处神府煤田腹地，煤炭资源储量极为丰富，分布广、埋藏浅、易开采、质量优，为特低灰、特低硫、特低磷，具有中高发热量的长焰和不粘煤，是动力、化工、建材和民用的环保用煤。

1981 年 7 月，陕西省一八五煤田地质勘探队挺进考考乌素河区域进行探测，次年提交《陕北侏罗纪榆神府普查找煤地质报告》。发现大煤田的消息震惊了国内外，神府煤田开发的序幕逐渐拉开。连接包头、神木、府谷三地的包神府公路和从神木至朔州的神朔铁路相继开工建设，镇域煤炭资源开发逐渐起步。20 世纪 90 年代，乡村兴起办矿潮，个体承办的大小煤矿遍地开花，镇域的沟沟岔岔里都是乡镇企业性质的小煤矿。此后，经过数次煤炭资源整合和煤矿整顿，煤炭生产方式经历了数次变革，镇域形成具有现代化生产能力的民营煤炭生产企业集群。21 世纪初期，陕煤神木柠条塔矿业有限公司、陕煤孙家岔龙华矿业有限公司等大型煤炭企业成立，标志着镇域煤炭生产能力迈上了新的台阶。2021 年年底，全镇有煤炭开采企业 37 户，煤炭年产能 6290 万吨。随着工业化与信息化的深度融合，镇域煤炭企业进入智慧煤矿建设的新时代。

煤田开发，交通先行。国家能源集团所属神朔铁路、陕西煤业集团所属红柠铁路，分别经过镇域东西两川。神朔铁路上设有燕家塔、水井湾、朱盖塔等煤炭集运站，红柠铁路上设有柠条塔装车站，运煤专线上的重载列车昼夜不停，奔驰在杨陈一级公路、店红一级公路等矿区公路上的运煤汽车更是川流不息。镇域内的煤炭外运，助力保障全国各地的用煤需求。

创新发展的兰炭产业园区

依托丰富的煤炭资源，镇域电力、煤化工产业得到快速发展，园区经济应运而生。

1994 年省级经济开发区神府经济开发区成立，燕家塔工业园区是其中的一个重要片区，其依托神朔铁路开办的燕家塔转运站及神木县煤焦电有限公司等企业入驻园区，成为镇域工业园区化发展的开端。

将煤炭低温干馏，可形成固态、液态和气态的煤化工产品。兰炭是神木传统的煤炭转化产品。煤田开发之初，兰炭产业蹒跚起步，其产业规模小，工艺落后，对环境污染大。1996—2000年，经过数次整顿，土炼兰炭生产被全部取缔，转为机制兰炭生产。2007年，神木县实施兰炭产业优化升级，镇域设立柠条塔、陈家湾、燕家塔、赵家梁4个工业集中区，按照保护环境、清洁生产的要求，整合后的兰炭企业入驻园区，各企业年产能达60万吨及以上。同时，企业延伸产业链条，利用兰炭炉尾气建成电厂、金属镁厂、硅铁厂等附属企业。2010年，榆林市批准在工业集中区的基础上设立柠条塔、燕家塔两个副县级工业园区。2019年，柠条塔、燕家塔两个工业园区整合为神木市兰炭产业特色园区。

园区不断优化营商环境，完善基础设施，大力招商引资，发展循环经济，坚持清洁生产，延伸产业链条，实现资源综合利用，努力做大做强。以兰炭为主导产业，以焦油气为支柱产业，以精细化工和化工新材料为接续产业，以煤—兰炭—硅铁—金属镁—航空材料、煤—兰炭—煤焦油—燃料油、煤—兰炭—兰炭干馏气—化肥（碳酸氢铵）、煤—兰炭—兰炭干馏气—电力为四大循环产业链，逐步形成以煤炭加工利用为主的新型煤化工产业集群。2021年，园区工业产值487亿元，税收65亿元。

活力迸发的民营经济强镇

一方水土养一方人，镇域人民质朴、勤劳、厚道、坚韧。20世纪80年代中期，随着神府煤田大开发的号角吹响，孙家岔人开始创办以小煤矿为主的乡镇企业，或从事与煤矿开采有关的运输、商贸、餐饮等商业服务业。丰富的资源赋存，良好的投资环境，也吸引了大量外地民营企业，并催生了兰炭工业集中区，进而带动园区与镇域经济发展。

孙家岔镇的民营经济在县域经济中独树一帜。神府煤田开发启动后的30余年里，镇域工商界人士投身商海拼搏，经历市场经济大潮的洗礼，一大批本土民营企业成长起来，涌现出恒源、龙华等大型民营企业集团。民营企业家在取得成就后，不忘反哺家乡、回馈社会，通过捐款捐物、扶贫济困等方式参与新农村建设和慈善事业，树立起热心公益、乐善好施、积极履行社会责任的良好形象。

充满希望的魅力矿区新镇

40 年的神府煤田开发，彻底改变了镇域一穷二白的落后面貌，孙家岔成为西部地区闻名遐迩的工业强镇，人民群众的物质与精神生活发生了天翻地覆的变化。2021 年，全镇地区生产总值 562 亿元，税收突破 100 亿元，农村居民人均纯收入 33500 元。工业化带动城镇化，整村搬迁、公共服务设施全覆盖等“全域城镇化”举措别具特色，镇域文化、教育、卫生等各项社会事业欣欣向荣，精神文明创建活动成果丰硕。

在工业化与城镇化融合发展过程中，孙家岔镇立足实际，找差距、补短板，着力解决产业结构不合理问题，优化营商环境，大力发展镇域经济；着力解决城镇建设水平档次低、配套差的问题，健全公共服务设施，不断改善镇村人居环境；着力解决生态环境问题，加强对煤矿采空区塌陷和河流污染的治理，持续推动生态矿区建设；着力解决村企矛盾，构建和谐地企关系，促进乡村振兴与精神文明建设。

未来的孙家岔镇，充满生机与希望，必将是一个更加富裕、文明、绿色、美好的现代化新型工业城镇！

大事记

1916 年

冬，察哈尔土匪卢占奎率匪众在新伙盘村抢掠，放火用烟熏躲藏在鸡渠崖窑中的群众，33 名村民死难。

1929 年

镇域划为神木县第七区，区公所设在呼家山（今属海湾村）。1933 年被撤销。

1934 年

神木县国民党统治区实行联保制，镇域设刘家石畔联保、东路第四联保。

1938 年

镇域西川一带设复兴乡，后改为维新乡。东川一带属民族乡。

1942 年

水头小学成立。

1943 年

大旱，孙家岔村 11 户 55 人逃荒至内蒙古河套地区。

1947 年

镇域春旱夏涝秋霜冻，全年遭受严重自然灾害。

11 月，神木县城解放后，镇域成为新解放区，属神木县寨峁区管辖。

1948 年

镇域时有地方干部在与国民党残余势力斗争中牺牲。

1949 年

7 月，镇域设为神木县第九区，中共神木县第九区委成立。

10 月，神木县第九区更名为牌界区。

1953 年

3 月，撤销牌界区建制，孙家岔区成立。

是年，孙家岔供销社成立。

1954 年

开辟神木县城至孙家岔区的邮路。

1955 年

孙家岔信用社成立。

1956 年

农技站、粮站、孙家岔完全小学成立。

1957 年

孙家岔中兽药联合诊疗所成立。

1958 年

5 月，陕西省文物普查队发现北宋时期刘家石畔古城遗址。

9 月，撤区并乡，寸草壕乡与锁匠伙盘乡合并为孙家岔乡，当月改乡为人民公社。

11 月，在孙家岔村成立神木县孙家岔林场，该林场 1967 年迁至大柳塔。

12 月，原上石拉沟、大柳塔、栅子沟公社部分辖区划归孙家岔人民公社。

是年，孙家岔公社成立卫生所、煤业社、张家沟瓷业社。

是年，孙家岔公社被评为全县农田基本建设先进集体，庙沟村山地谷子丰产经验在全省推广。

1960 年

8 月，榆林地区编修《孙家岔公社沙漠综合改造利用规划》。

1961 年

6 月，刘家石畔人民公社[①]成立。孙家岔人民公社部分村庄划归大柳塔、活鸡兔、刘家石畔人民公社。

1964 年

3 月，设孙家岔区。次年 9 月，该区被撤销。

4 月，神木县孙家岔税务所成立。

1965 年

11 月，孙家岔派出所成立。1970 年撤销。

① 该公社成立前及存续期间，当地有以刘家石畔命名的机构，该公社撤销后皆称刘石畔。

1966年

1月，孙家岔人民法庭成立。

9月，撤销刘家石畔人民公社，其大部分辖区划归孙家岔公社。

1968年

9月，孙家岔公社革命委员会成立。

是年，孙家岔人民法庭被撤销。

1969年

是年，刘石畔小学升格为七年制学校。

是年，孙家岔公社生产大队合并为25个。

是年，沿考考乌素河的府（谷）新（街）公路动工建设。

1970年

8月，孙家岔放大站成立。

是年，全长7千米的海湾至沙沙庙沙土公路竣工通车。

1971年

11月11日，共青团孙家岔公社委员会成立。

是年，孙家岔公社48名社员赴府谷参加天桥水电站建设。

1972年

府（谷）新（街）公路建成通车，孙家岔至大柳塔的公路修通。

1973 年

孙家岔九年制学校成立。

1974 年

是年，孙家岔公社成立蒲柳编织厂。

是年，全公社生产大队合并为 22 个，生产队合并为 77 个。

1975 年

11 月，孙家岔公社在海湾村创办“五七”中学。

1976 年

是年，孙家岔村至刘石畔村的公路修通，镇区始有通往县城的公路。

是年，孙家岔始有集市。

1977 年

11 月，杨耀光、杨正荣、白光耀、刘世昉等考入大学，成为全国高考恢复后镇域第一批大学生。

是年，复设孙家岔人民法庭。

1978 年

是年，社办林场在燕家塔成立。

是年，社办耐火陶瓷厂在张家沟大队成立，产量居全县首位。

是年，停办“五七”中学，改办为公社农牧场。

1979年

11月，孙家岔派出所恢复成立。

1980年

孙家岔公社在孙家岔村一组前滩修建20余孔窑洞，1981年建成迁址。

12月，孙家岔公社革命委员会改为孙家岔人民公社管理委员会。

是年，孙家岔公社纳入国家“三北”（东北、华北、西北）防护林体系第一期（1980—1985年）工程总体设计。

1981年

1月1日，大队革命委员会更名为大队管理委员会。是年，生产大队增加为27个，生产队增加为103个。

春，柠条塔村设立集市。

7月，孙家岔公社试行包干到户责任制。

7月，陕西省一八五煤田地质勘探队对柠条塔、刘石畔、乔家塔、张家村等10个煤炭储藏地进行探测。

是年，架设10千伏高压线路15.7千米，孙家岔首次实现电网供电。

1982年

12月9日，陕西省一八五煤田地质勘探队提交《陕北侏罗纪榆神府普查找煤地质报告》，报告称考考乌素河以北最上一层主煤层适合大型机械化开采。

12月28日，《人民日报》在头版发表《榆林地区发现一个大煤田》，中央人民广播电台发布消息《榆林有877亿吨储量的大煤田》。

1983 年

4 月 11 日，煤炭工业部部长高扬文考察柠条塔煤矿。

7 月 9 日，孙家岔村孙志宽荣获陕西省民歌、民间歌舞调演一等奖。

10 月 16 日，国务委员兼国家计划委员会主任、党组书记宋平实地查看柠条塔煤矿。

秋，孙家岔高中改为初级中学。

是年，神木县税务局设孙家岔税务所。

1984 年

7 月 13 日，煤炭工业部副部长于洪恩考察柠条塔煤矿。

7 月，孙家岔公社改为孙家岔乡。

9 月，马家盖沟、板定梁村划归店塔乡。

11 月 11 日，孙家岔乡煤炭公司成立。

是年，镇区实施自来水工程。

1985 年

2 月，孙家岔乡文化站组织为期 10 天的大型春节文娱活动。

5 月，陈（家沟岔）孙（家岔）公路动工兴建，当年 9 月，通车，为镇区通往县城的第一条柏油路。

7 月，乌兰木伦河孙家岔公路大桥动工兴建，次年 9 月 26 日，竣工通车，时为神木县最长的公路桥。

7 月 7 日—8 日，国家计划委员会副主任黄毅诚，在榆林行署专员李焕政、副专员刘壮民等陪同下考察柠条塔煤矿。

11 月 11 日，国务院副总理李鹏、煤炭部部长于洪恩、国务院财经领导小组办公室主任李智盛等一行 12 人，在陕西省副省长曾慎达、中共榆林地委书记霍世仁、专员李焕政、副专员刘壮民、吴秀峰等陪同下，在柠条塔煤矿考察。

12 月 1 日，中共中央委员、甘肃省委书记李子奇等一行在柠条塔煤矿考察。

是年，乡文化站被评为全省群众文化先进单位。

是年，陕西省煤田地质勘探公司一三九队在镇域组织勘探。

1986年

3月15日，孙志宽获全国青年首届民歌、民俗歌曲大奖赛“金孔雀”杯奖。

10月，国务院总理赵紫阳考察柠条塔露天矿区。

1987年

4月，神朔铁路一期孙家岔段开工建设。

4月，文物考古专家戴应新等调查镇域长城遗址。

8月，孙家岔电影队在全国农业科教电影汇映活动经验交流表彰会上受到表彰。

1988年

12月，包神府公路陕西段路基完成并验收，店塔至大柳塔110千伏输变电工程建成。

1989年

9月，孙家岔电力管理站成立。

1991年

10月21日，沿乌兰木伦河南下的包神二级公路建成通车。

10月，神木县煤炭公司燕家塔煤矿成立。

11月，孙家岔乡镇煤矿管理所成立。

12月，神木县燕家塔联营转运站成立。

1992年

6月25日，神木县委、政府在燕家塔村召开现场办公会，决定成立规划面积为5平方千米的经济开发区。

1993年

8月，神木县燕家塔铁厂成立。

9月，孙家岔乡建筑公司成立。

1994年

1月，孙家岔工商行政管理所成立。

3月，神木县焦化厂在燕家塔工业小区成立。

9月，陕西省政府批准成立包括燕家塔小区在内的神府经济开发区。

11月3日，神木县煤电公司在燕家塔成立。

1995年

3月17日，孙家岔国税所和地税所同时成立。

12月，神木县煤电公司电厂利用焦化厂尾气发电。

是年，孙家岔变电站建成。

是年，孙家岔乡实施普及九年义务教育工作。

1996年

5月3日中午，包头发生6.4级地震，波及孙家岔乡。镇域房屋摇晃，人站立不稳，持续几分钟。

是年，包神铁路在燕家塔设站。

1997 年

6 月 15 日，孙家岔建置由乡改设为镇。

1998 年

7 月，县煤电公司实施国企改制。

8 月，孙家岔供电所成立。

10 月 16 日，包头至神木北站客运车开行，燕家塔站客运开通。

10 月，孙家岔镇教育“两基”（基本普及九年义务教育、基本扫除青壮年文盲）通过验收。

是年，孙家岔镇乡镇企业营业收入过亿元。

1999 年

春，实施退耕还林。

5 月，孙家岔法庭被撤销。

9 月，对镇域土焦企业实施取缔关闭并研究改造措施。

10 月，17.9 千米长的孙家岔村至马连湾村矿区公路通车。

12 月 22 日，燕家塔煤炭物资转运站建成运营。

2000 年

4 月，龙华煤焦电集团公司开始筹建孙家岔煤矿。

是年，全镇实施煤矿关井压产工作。

2001 年

4 月，神府开发区恒源综合利用发电公司 12 兆瓦机组在王道恒塔村建成投产。

4 月，镇域全面实施封山禁牧、舍饲养殖。

7 月 12 日，龙华煤焦电公司生产的首批防爆柴油牵引车下线。

10 月，神树塔村乌兰木伦河漫水桥竣工通车。

12 月，镇域煤矿合并为 58 个。

2002 年

11 月 9 日，沿乌兰木伦河布设的杨家坡至店塔陈家沟岔一级公路开工建设，2006 年建成通车。

是年，镇域实施农网改造 74 千米。

2003 年

春，全民抗击非典型肺炎传染病。

9 月，召开全镇教育工作会，表彰奖励先进学校和优秀教师 2 万余元。

10 月，屈家梁至平寺梁 8 千米砂砾石公路建成。

冬，镇域 31 家非公有制企业组建联合党支部 11 个。

是年，新建焦化厂、电石厂、硅铁厂等民营企业 36 家。

是年，孙家岔镇自来水供应站建成。

是年至 2004 年，神朔铁路复线工程进行施工。

2004 年

1 月 1 日，神木县在全国率先免征农业税，镇域农民受益。

5 月 18 日，陕煤集团神木柠条塔矿业有限公司成立。

7 月，张家沟至燕家塔 18 千米砂砾石公路通车。

8 月，张家村籍学生张帆考入北京大学物理系。

8 月，开始对镇域焦化等高耗能企业进行清理整顿。

秋冬，严厉打击非法采煤行为。

是年，执行农民种粮直接补贴政策。

是年，防治高致病性禽流感病毒和“亚洲Ⅰ型口蹄疫”。

2005 年

11 月，孙家岔村建成 3500 平方米的农贸市场和商业设施。

是年，神木县供电分公司柠条塔供电所成立。

是年，陕西省何家塔煤矿装车站在水井湾投入使用。

是年，镇域新建焦化企业、洗煤企业等18家，民营企业上缴税金突破2亿元。

2006 年

6 月，孙家岔村设立集市。

7 月，矿区公路延伸线柳树峁至袁家村段建成通车，全长 14 千米，均为油路。

2007 年

3 月 31 日，庙湾煤矿发生井下有毒气体中毒事故，致 4 人死亡、5 人轻伤。

3 月，神木县对镇域规模达不到 60 万吨的兰炭企业实施关闭措施。

8 月，镇域规划设立燕家塔、陈家湾、赵家梁、柠条塔 4 个兰炭企业集中区。

11 月，王才伙盘至海湾 13.4 千米水泥路通车。

是年，庙沟村马家梁组、苗家沟村、柠条塔村沙峁组和神树塔村燕伙盘组分别建成新农村新居。

是年，对镇域学生实行“五免一补”政策。

是年，朱盖塔村被评为县级“一村一品”示范村。

是年，镇域企业投入近千万元帮扶村组基础设施建设。

2008 年

5 月，陕西龙华集团铁路集运有限公司在孙家岔村成立。

8月，开展杨陈公路孙家岔段两侧环境卫生整治，并拆除违章建筑9处。

12月，镇政府对实施人畜饮水工程改造的14个村组进行补贴。

是月，经过煤炭资源整合，镇域煤矿整合为42个。

是月，关闭小兰炭企业39家，整合成3家年产60万吨的兰炭企业。

是年，神朔铁路万吨编组站朱盖塔站扩能改造开始，2013年年底竣工。

2009年

3月1日，神木县在全国率先推行全民免费医疗改革制度，镇域居民受益。

7月，镇市政环卫所成立。

9月，各行政村成立村民监督委员会。

12月，镇域4739名村民开始缴纳农村居民养老保险。

是年，柠条塔村瓷窑塔组至柠条塔矿业公司的3千米柏油路建成。

是年，镇域开展清理非法储煤场和打击非法采煤工作。

是年，孙家岔成为陕西省农村居民人均纯收入超过万元的乡（镇）。

2010年

6月，柠条塔、孙家岔井田30个矿井开始实施整合关闭。

7月13日，红（柳林）柠（条塔）铁路正线铺架完成。年底，铁路建成并通车。

8月，全长15千米的孙家岔村至马连湾矿区油路拓宽至14米，并建成通车。

9月，镇政府组织拆除镇域违章建筑房屋152间。

12月，镇域税收突破20亿元。12月30日，孙家岔镇乡镇煤矿管理所升格为孙家岔中心煤管所。

是年，排界村红村小组村民入住新村。宏光村李家塄、邱家梁、杨家湾、石场峁村民小组，在矿区公路北建成新村。

2011 年

5 月，神木农村商业银行西川分理处在柠条塔村成立。

9 月 10 日，孙家岔初级中学新校区建成。

9 月 25 日，店塔至红碱淖一级公路开工。次年 12 月 30 日建成通车。

9 月，柠条塔工业园区管委会、燕家塔工业园区管委会分别成立。

10 月 1 日，孙家岔初级中学与孙家岔中心小学合并为九年制学校。

10 月，孙家岔镇政府新办公楼在原址建成。

11 月，全长 15 千米的张家沟至燕家塔柏油路完成拓宽，并建成通车。

12 月，镇域原煤年产突破 3000 万吨。

是年，改造赵家梁工业集中区道路，建成赵家梁至石窑店工业区的柏油路，建成柠条塔至神木西客站的柏油路。

是年，镇政府便民服务中心成立。

2012 年

7 月，海湾民间艺术团成立。

9 月 19 日，红柳林至神木西铁路专线项目通过竣工验收。

10 月，乌兰木伦河神树塔段 3 千米护岸工程建成。

12 月，神木兰炭商标注册成功。

2013 年

3 月 21 日 21 时左右，天效隆鑫化工有限公司发生煤焦油储罐着火事故，23 日 14 时左右扑灭，直接经济损失 900 多万元。

6 月，建设银行神木孙家岔支行成立。

8 月，柠条塔交警中队在柠条塔村成立。

11 月，燕家塔村哈特兔组入住移民新村。

12 月，镇文化站通过省级标准化验收，被评为省级示范站。

是年，全镇开展民间借贷纠纷矛盾化解工作，镇域未发生群体性恶性讨债事件。

2014 年

11 月，新民沟生艾沟村民入住移民新村。

是年，陕煤神木柠条塔矿业公司纳为国家级绿色矿山试点单位。

2015 年

1 月 5 日，榆林朱盖塔煤炭集运有限责任公司成立。

5 月 20 日，孙家岔镇 25 个行政村合并为 14 个。

10 月，神华神木燕家塔煤炭集运有限公司成立。

10 月，孙家岔交警中队成立。

11 月 17 日，陕煤神木能源发展公司 3600 吨小料在天津港口装船，发往日本。神木兰炭首次打入国际市场。

11 月，恒德余能供热公司在孙家岔村成立。

是年，全镇开展精准扶贫工作，对贫困户建档立卡。

是年，孙家岔福慧山文化活动广场建成。

2016 年

1 月 6 日，神能乾安刘家峁煤矿发生重大安全事故，致 11 人死亡。

3 月，中共陕煤孙家岔龙华矿业有限公司党委获“陕西省五星级非公有制企业党组织”称号。

4 月 21 日，朱概塔村的刘家沟二组、刘家沟三组、刘家沟四组，划归大柳塔镇。

10 月，柠条塔工业园区污水处理厂建成运行。

是年，朱概塔村朱概塔组村民入住新村。

是年，燕家塔工业园区垃圾填埋场建成运行。

2017 年

1 月 7 日，孙家岔税务所被国家税务总局评为先进集体。

4 月 18 日，镇域战国时期秦长城遗址被列入陕西省级文物保护单位。

4 月，神木撤县设市，镇域机关企事业单位相应更名挂牌。

4 月，燕家塔工业园区污水处理厂建成运行。

8 月，柠条塔工业园区固体废物填埋场建成运行。

10 月，镇区启动天然气主管网建设工程。

11 月，全长 26 千米的三卜树至马连塔联网水泥路建成。

11 月，神朔铁路公司在苏家塔、朱概塔村建成智能温室大棚。

是年，柳树峁村马连湾小组村民搬迁入住新村。

是年，孙家岔工商行政管理所更名为孙家岔市场监督管理所。

2018 年

2 月 23 日，龙华集团出资 1000 万元成立榆林市神木龙华公民道德建设基金会。

6 月，镇中心广场建成。

8 月，镇党委表彰 15 位道德模范。

9 月，朱概塔新村、李家湾小组、水井湾南北小区天然气入户并投入使用。

10 月 25 日，孙家岔地税所和孙家岔国税所合并为孙家岔税务分局。

是年，开展村级“三变”改革。

是年，镇域实行河长制。

2019 年

1 月，神木市政府批准王才伙盘工业集中区总体规划（2018—2030）。

6 月，孙家岔九年制学校中考成绩居神木市第一名。

7 月，赵家梁工业集中区纳入燕家塔工业园区管理。

9 月，柠条塔、燕家塔工业园区整合为神木市兰炭产业工业园。

11 月，王道恒塔村水泥路建成。

是年，镇区新建车尔盖沟饮水工程。全镇普遍实施集中供水、供暖、供气，实施锅炉拆改工作。

是年，镇域企业全部建成环保型储煤棚或储煤筒仓。

是年，全镇新建污水处理站 5 座。

2020 年

1 月，全镇开始新冠肺炎疫情防控工作。

5 月，海湾张家沟、刘石畔等村引进府谷岩溶水。

5 月，实施杨陈一级公路、排界至李家梁公路两侧生态修复治理工程。

10 月，建成孙家岔村互助幸福院、朱概塔幼儿园。

11 月，庙沟村通村水泥路建成。

12 月，镇域农村居民人均纯收入达 31200 元。

是年，三卜树村赵家村、本头墕、崔家村 3 个小组村民入住新村。

是年，马连湾至袁家村 17 千米二级柏油路被拓宽。

是年，柠条塔和神树塔生活垃圾填埋场建成投用。

是年，镇域贫困户全部脱贫。

2021 年

4 月，杨家坡至陈家沟岔一级公路镇区出入口高架桥建成通车。

5 月，矿区公路宏光村改线建成通车。

12 月，陕西省爱国卫生运动委员会办公室对孙家岔镇省级卫生镇进行公示。

是年，张家沟组园子湾小区 8 层 36 套房商住楼建成，村民搬迁入住。

是年，全镇原煤产量 7000 万吨，税收突破 100 亿元，地区生产总值 562 亿元。孙家岔镇在全国西部地区乡镇综合竞争力排名中位列第五名。

政区建置

孙家岔镇位于神木市域北部。明清时期，镇域属神木县长城口外的傍界地，村落规模小且分散，1929 年起始设区立乡。中华人民共和国成立后，镇域先后设牌界区、孙家岔区，1958 年撤区并乡后设立孙家岔乡，后镇域曾设孙家岔和刘家石畔公社，1966 年刘家石畔公社并入孙家岔公社，1984 年孙家岔公社改为孙家岔乡，1997 年撤乡设镇，至此镇域辖区与界限基本稳定。

神府煤田开发后，随着矿区大规模基础设施建设和煤矿开采引起的搬迁，大部分村庄发生位置迁移。再加之区划调整和村庄合并，至 2016 年共有 14 个行政村、95 个村民小组。

区域位置

区位

镇域位于神木市北部，北与大柳塔镇接壤，东、南与店塔镇相连，西、南与西沙街道、滨河新区街道和锦界镇为邻，西北接中鸡镇。镇域南北最长约 28 千米，东西最宽约 32 千米，总面积约 421.19 平方千米。镇政府驻地孙家岔村，镇政府所在地理坐标为北纬 39°8′50″、东经 110°20′49″。镇域属长城地带，战国秦长城在镇域东侧纵贯而过。

交通

镇区中心广场南距神木市滨河新区和谐广场 31 千米，距神木市区麟州街道的人民广场 38 千米；北距大柳塔镇区 14 千米，距鄂尔多斯市伊金霍洛国际机场 64 千米，距鄂尔多斯市区 80 千米；西南距榆林市榆阳机场 142 千米，距榆林市火车站 138 千米；南距西安市区 685 千米，东距北京市区 692 千米，均有高等级公路通达。

镇域周边旅游资源丰富，镇中心广场至周边各主要景区距离为：南距麟州故城 31 千米、二郎山 43 千米，西北距红碱淖 58 千米，西南距高家堡古城、石峁遗址 102 千米，距榆林市红石峡、镇北台 131 千米，南距佳县白云山 172 千米，北距内蒙古自治区成吉思汗陵 68 千米。

地名由来

镇名由来

乌兰木伦河支流庙沟蒙古语为纽肯哈特，后因清代孙氏家族在庙沟入乌兰木伦河汉处定居，故村庄名为孙家岔。1953 年设孙家岔区，其后公社、乡、镇的驻地未变，均沿用此名。

村名由来

镇域村庄形成之初小而分散，村庄名称多由蒙古语地名译音、自然环境或伙盘地相关地名演变而来。

喷素叶、超害梁、好赖沟、哈特兔、敖包梁、敖包塔、布连沟、捣不赖沟、摆言巴兔沟、昌车、沙沙庙、边不拉、尔林兔、毛石拉沟、乌兰木伦、考考乌素、补连沟、班申沟、朱盖塔、肯铁令河、活落色太等地名，一般由蒙古语直译，也有部分地名为蒙古语译音加地形地貌命名。

魏家伙盘、折家伙盘、尚伙盘、燕家伙盘、连伙盘、乔伙盘、王才伙盘、马贵伙盘、新伙盘、锁匠伙盘等，一般是以早先居住人家的姓氏、姓名或职业加伙盘命名。另外，牌界、黑界、衙门地等地名也与伙盘地有关。

张家村、高家村、袁家村、乔家塔、白圪堵、李家村、刘家石畔、张家沟、訾家庄、高家梁、杜家梁、马家梁、苗家沟、韩家梁、刘家梁、訾家村、崔家村、赵家村、李家梁、杨家梁、何家村，以及刘城腰（鹞）山、王道恒塔、王洛（王禄）沟、王成梁等以住户姓氏（姓名）与所在地的地形地貌组合命名。

柠条塔、柳树峁、马连塔、马连湾、三卜树、马茹茹卜湾（马如不湾）、寸草壕、黄蒿界等为植物与地形组合地名。

庙梁、庙沟、沙坡、水井湾、缸坊梁（旧有酿酒的作坊）、红村（村内石头全是红色）、石场峁、花石岩等为标志物与地形组合地名 。

个别地名在使用过程中发生更改，更改后发音仍相同或相近，如牌界改为排界，马莲湾改为马连湾，马莲塔改为马连塔，马茹茹卜湾改称马如不湾，缸坊梁改为缸房梁，缸坊沟改为缸房沟，碾坊峁改为碾房峁，刘城鹞山改为刘城腰山，王禄沟改为王洛沟，平士梁改为平寺梁，黄蒿界改为黄花界。2015 年，朱盖塔村庄名称改为朱概塔，但驻地企业名称中仍然使用朱盖塔。部分称为“某家伙盘”的，或如刘家石畔等村名，多省略“家”字，直接称为“某伙盘”、刘石畔。

蒙古语译音地名

镇域保留了许多蒙古语地名，有的地名沿用蒙古语译音，有的为蒙古语语素与汉语地名的复合，多已失却原有蒙古语意义，为镇域蒙古族和汉族民族杂居的历史见证。在此辑录若干并译释于下。

尔林兔　蒙古语额冷图的译音，意为生长草丛（草坪）的地方。

板定梁　板定（童年喇嘛）住过的山梁。

补连沟　补连意为河水温和，一般指河流水源地是温泉、流域水常年不结冰的河流。

敖包塔　河岸边有敖包。

毛石拉沟　河床地质暗黄色的河沟。蒙语中音“mao”用于色彩前面时一般表示原有色彩退变或变暗的意思。

柴敖包梁　柴草堆成敖包的山梁。“柴敖包”也有可能是茶敖包，蒙古族有用砖茶祭祀敖包的习俗。蒙语中表达“茶”的时候就发“chai”音。

肯铁令河　横跨河。

考考乌素河　河水是青蓝色，清澈的河。

乌兰木伦河　红色的河流。

朱盖塔　心脏或中心的意思，即非常爱戴或像保护心脏一样进行保护的意思。

好赖沟　没有水的干河。

班申沟　班申是喇嘛的名字，意为班申喇嘛居住的山沟。

捣不赖沟　周边有山丘的河。

活落色太湾　生长芦苇（沙竹、水青竹）的山湾。

边不拉　边界的泉水。

沙沙庙　有镇妖小塔的庙。

纽肯哈特沟　“纽肯”是洞穴的意思，“哈特”意为岩石山丘；“纽肯哈特”的大概意思是河流周围岩石层上有很多洞穴。

哈特兔　意为“岩石”，该地名的大概意思是村落位于岩石层上。

车尔盖沟　音发为“qi ri ga”，发音对应的意思为山区、山梁上人工凿挖的深井，整体地名大概意思是河流边有深井。

昌城、圪泊沟　已经失去蒙语读音音准、意义，无法比对蒙古语音译、意译。

建置区划

建置沿革

清代，镇域大部分属神木县长城口外与内蒙古札萨克旗、郡王旗（今合并为伊金霍洛旗）的傍界地。清末，陕西与内蒙古的边界划定后，镇域属神木县管理。民国初期，镇域分属三塘草牌、北草牌管辖范围。

1929 年，镇域设为神木县第七区，区公所设在呼家山（今海湾村）。

1934 年，神木县中北部国民党统治区实行联保制，联保下设若干保甲，镇域刘家石畔村一带设刘家石畔联保，孙家岔村一带为东路四保联保。

1938 年，神木县改联保制为乡镇制，镇域以呼家山、马连湾一线为界，东西分属民族乡和复兴乡。孙家岔村、神树塔村一带属民族乡，乡公所驻上石拉沟村（今属店塔镇）。复兴乡乡公所驻水头（今柠条塔村），刘家石畔村一带为复兴乡第三保，后复兴乡改为维新乡。

1947 年 11 月，神木县城解放，镇域属新解放区，归神木县寨峁区（机关驻地在今店塔镇寨峁村）管辖。

1949 年 7 月，神木县撤销寨峁区，划出其部分区域与新解放的部分地区成立第九区（牌界区），下辖庙沟、燕家塔等 7 个乡。1950 年 4 月，增加原乌素区的第四乡，牌界区共有 8 个乡。

1953 年 3 月，撤销牌界区，其辖区划为十二区（孙家岔区），辖锁匠伙盘、寸草壕、庙沟、五成功、油房梁、丁家渠 6 个乡。

1958 年 9 月，撤区并乡，寸草壕乡与锁匠伙盘乡合并为孙家岔乡。当月，改乡为人民公社。

1958 年 12 月 10 日，府谷县并入神木县，全县公社调整。孙家岔公社辖区扩大，包括 5 个管理区、30 个生产大队、372 个生产队。

1961 年 6 月，镇域新设刘家石畔公社，并将孙家岔公社部分村庄划至大柳塔、活鸡兔和刘家石畔公社。

1961 年 9 月 1 日，神木、府谷两县分设后，镇域孙家岔公社包括 21 个生产大队，59 个生产队。镇域刘家石畔公社包括 18 个生产大队、42 个生产队。

1964 年 3 月，设孙家岔区，辖刘家石畔、常家沟、孙家岔、大柳塔、活鸡兔 5 个人民公社。次年 9 月，孙家岔区被撤销。

1966 年 9 月，撤销刘家石畔公社，16 个生产大队并入孙家岔公社。合并后孙家岔公社辖 37 个生产大队、94 个生产队。

1984 年 7 月，孙家岔公社改为孙家岔乡。

1997 年 6 月 15 日，孙家岔乡改为孙家岔镇。此后，孙家岔建置未发生变化。

辖区变动

中华人民共和国成立后，镇域初设牌界区，其管辖范围除镇域外，尚包括大柳塔、中鸡镇的部分区域。

1950 年 4 月，牌界区所辖区域扩大，增加原乌素区的第四乡后共辖 8 个乡。

1953 年，牌界区改为孙家岔区，所辖范围基本未变。

1956 年 3 月，孙家岔区下辖 7 个乡。其中，锁匠伙盘乡有 13 个农业社，寸草壕乡有 11 个农业社，庙沟乡有 9 个农业社，丁家渠乡有 8 个农业社，栅子沟乡有 8 个农业社，常家沟乡有 23 个农业社，油房梁乡有 7 个农业社。

1958 年，孙家岔区的北部区域划归新成立的大柳塔公社和活鸡兔公社，镇域范围大致确定。

1958 年 12 月，撤销大柳塔、栅子沟人民公社建制，大柳塔辖区、栅子沟辖区划归孙家岔人民公社。全社有 30 个生产大队、172 个生产队。

1961 年 6 月，孙家岔公社部分村庄划归大柳塔、活鸡兔、刘家石畔人民公社，其时，孙家岔人民公社辖 18 个生产大队。

1966 年 9 月，刘家石畔公社撤销，超害石梨、阿包塌生产大队划入中鸡公社，其余 16 个生产大队划入孙家岔公社。

1984 年 9 月，马家概沟、板定梁村划归神木县新设的店塔乡，孙家岔乡辖 25 个行政村。

2015 年 5 月，25 个行政村合并为 14 个行政村，有 98 个村民小组。

2016 年 4 月，朱概塔村的刘家沟二组、三组、四组划入大柳塔镇（镇级小城市综合改革试验区）。此后至 2021 年 12 月 31 日，镇域辖 14 个行政村、95 个村民小组，未发生变动。

傍界地

清顺治六年（1649），清朝将蒙古族鄂尔多斯部落分为鄂尔多斯左翼中旗（原郡王旗）、鄂尔多斯左翼前旗（今准格尔旗）、鄂尔多斯左翼后旗（今达拉特旗）、鄂尔多斯右翼中旗（今鄂托克旗）、鄂尔多斯右翼前旗（今乌审旗）、鄂尔多斯右翼后旗（今杭锦旗）6 个旗。乾隆元年（1736），增设鄂尔多斯右翼前末旗（札萨克旗）。郡王旗和札萨克旗（1958 年合并为伊金霍洛旗）均与神木县接壤，镇域时属长城以外神木县与札萨克旗和郡王旗的傍界地，大部分属郡王旗，刘家石畔村以西北的小部分属札萨克旗。清代初期，傍界区域禁止进入。康熙五十八年（1719），改为允许种植伙盘地的开放管理模式。

黑界地

清代初期，朝廷沿陕北长城北侧与鄂尔多斯高原之间划定一条南北宽 25 千米、东西延伸 1000 余千米的长条禁地作为陕北与鄂尔多斯之间的“缓冲”地带，蒙古族不能南下牧马，汉族不能出长城耕种。由于土地多年不耕作，“稿草腐朽地面色黑”，故被称为“黑界地”。开放“黑界地”对沿边蒙古族和汉族民众均具有极大吸引力。康熙二十一年（1682），蒙古贝勒达尔查，以当地蔓生药草、不宜畜牧为由，奏请在接近边界地 20 千米之外的空闲地区暂借游牧，得到朝廷准许。

牌界

清康熙三十六年（1697），康熙皇帝西征噶尔丹经过陕北，伊克昭盟盟长松拉普向康熙建议将“黑界地”开放，伙同汉民耕种，以达到蒙古族和汉族两相裨益的效果，得到准许。从此山西、陕西两省的边民相继越出边墙从事农业活动。康熙五十八年（1719），鄂尔多斯贝勒达西拉布坦以汉民种地侵占游牧地，奏请设立界址。随后，朝廷派钦差前往踏勘，确定“各县口外地土，即于五十里界内，有沙者以三十里立界；无沙者以二十里立界，准民人租种”。界石按隔 1.5 千米或 2.5 千米垒砌，称为“牌界”。

伙盘

汉族农民出边墙口外种地，初为春出秋归，后改为春出冬归，被称为“雁行人”或“跑青牛犋”。凡边墙以北、牌界以南地方，农民暂时伙聚盘居，故得

“伙盘”地名。清道光年间（1821—1850），神木县共有350处伙盘。

北草牌的捣不赖沟、尚家伙盘、呼家山、崔家伙盘、脑头墕、后喇嘛寺、神官梁、张家沟、尔林兔沟、王成梁、锁匠伙盘、柠条塔、边不拉、毛石拉沟、侯头窨在清乾隆年间（1736—1795）放垦。

三塘草牌的板定梁、苏家塔、燕家伙盘、哈特兔在清乾隆年间（1736—1795）放垦，平事梁、王禄沟、赵家梁、燕家沟、纽肯哈特岔（孙家岔）、三不拉沟、朱盖沟在清光绪年间（1875—1908）放垦。

伙盘地租由蒙古各旗王爷收取，按牛一犋（长城口外地亩计算单位，以牛计犋，每犋约二百七八十亩），征粟一石、草四束，折银五钱四分。清雍正八年（1730），理藩院规定25千米禁留地内所征地租归地方官仓。雍正十年（1732），蒙古地方遭遇旱灾，朝廷决定所收粮草重归蒙古各旗，并照旧界交租。乾隆八年（1743），各旗以汉民种地越界、游牧地狭窄等为由呈报理藩院。随后，理藩院尚书班第与川陕总督庆复前往榆林与各旗会商，决定再向旧界外扩展10—15千米，旧界仍按原有规定交租，新界按牛一犋加收糜子五斗、银五钱交租。各旗设立“收头”，按期赴各伙盘地收租。内地官府不向该区域征租，冬季向归来的农民采买草束，以供饲养驿马。同年，为便于处理蒙汉事务，理藩院在神木设立理事司员署。乾隆九年（1744），又设理事同知。理事司员和理事同知隔年到伙盘地秋巡1次，稽查耕种事宜，登记地亩册籍，处理民族事务。

光绪二十八年（1902），陕西与内蒙古的边界划定，长城以北区域移民垦殖活动更加增多，传统的畜牧业逐渐演变为以种植为主、农牧融合的产业模式。伙盘地人口由流动型向定居型转变，村庄逐渐形成。

村庄概况

孙家岔村

位于镇中心区域，镇政府所在地。东临乌兰木伦河，南连燕家塔村，西与宏光村、三卜树村、排界村相邻，北与朱概塔村相接。中心位置地理坐标北纬39°8′44″、东经110°21′11″。杨陈一级公路和包神铁路穿村而过，全村地域面积约27.2平方千米，属川道地区。村因姓孙者居多且村庄坐落于庙沟岔而得名。有一组、二组、水井湾组等3个村民小组。村域有事业单位12个，街道两旁商户近100家，有煤矿1个、兰炭厂1个、煤炭洗选加工企业15个、煤炭集装站2个、加油站2个。

孙家岔村党群服务中心（摄于2021年6月）

朱概塔村

位于镇域北部，距镇区5千米，中心位置地理坐标北纬39°11′51″、东经110°18′43″。东临乌兰木伦河，南接孙家岔村，西靠宏光村，北接大柳塔束鸡河村。全村地域面积约22.8平方千米，属川道地区。宣统元年（1909）神树塔村王元仁、王喜和迁居朱盖塔（今朱概塔）。20 世纪 50 年代，孙家岔境内部分村庄的村民移民到朱盖塔（今朱概塔）和李家湾。村庄因企业占地搬迁建成集中居住小区。村域有国家能源集团神朔铁路公司万吨扩能列车站、煤矿 2 个、兰炭厂 2 个、电厂 2 个、洗煤厂 1 个、机砖厂 1 个、大柳塔林场苗圃和优质葡萄基地。

朱概塔村（摄于 2020 年 6 月）

柳树峁村

位于镇域西北处，距镇区 15 千米，矿区公路穿村而过。中心位置地理坐标北纬 39°8′55″、东经 110°13′17″。东、北与中鸡镇纳林沟、栅子沟村相邻，南靠宏光村，西与三卜树村、庙沟村接壤，全村地域面积约 22.5 平方千米，属黄土山地区。该村有王家村、杨家湾、马连湾、郭家畔 4 个村民小组。村域有煤矿 2 个。

庙沟村

位于镇西北处，距镇区 20 千米，矿区公路穿村而过。中心位置地理坐标北纬 39°6′40″、东经 110°9′54″。东、北与中鸡镇纳林沟村相邻，南靠柳树峁村，西与三卜树村、乔家塔村接壤，全村地域面积约 35.6 平方千米，属黄土山地区。该村有高家梁、杜家梁、张家沟、马家梁、刘家梁、韩家梁、苗家沟、衙门地 8 个村民小组。1951—1953 年，庙沟为神木县第九区牌界区的庙沟乡，驻地在杜家梁。村域有庙沟石窟寺遗存，有洗煤厂 4 个、加油站 1 个、机砖厂 1 个。

柳树峁村马连湾新村（摄于 2021 年 6 月）

庙沟村（摄于 2021 年 8 月）

排界村

原名“牌界”[①]，“文化大革命”期间更名为前进大队。该村位于镇域西南。中心位置地理坐标北纬 39°7′8″、东经 110°18′21″。东、南与燕家塔村相邻，西与海湾张家沟村接壤，北与三卜树村相连。全村地域面积约 25.2 平方千米，属黄土山地区，有大沟、锁匠伙盘、尚伙盘、新伙盘、乔伙盘、黑界、排界、红村 8 个村民小组。1949 年 10 月至 1953 年 3 月，牌界区公所设在牌界村（今属排界村排界组）。1953—1958 年孙家岔区锁匠伙盘乡设在锁匠伙盘组。村域有煤矿 2 个。

三卜树村

位于镇域西部。中心位置地理坐标北纬 39°7′11″、东经 110°14′7″。东与宏

① 1970 年左右开始称排界村。

光村相邻，南与排界村接壤，西与柠条塔村接连，北与庙沟村相连。全村地域面积约31.3平方千米，属黄土山地区，有梁家梁、李家梁、訾家村、赵家村、何家村、崔家村、本头塄、黄花界、花石岩、寸草壕、庙梁11个村民小组。“文化大革命”期间庙梁大队更名为红光大队。1953年至1958年9月孙家岔区寸草壕乡设在寸草壕组。村域有煤矿3个。

排界村村庄一角（摄于2021年6月）

三卜树村赵家村组新村（摄于2021年6月）

乔家塔村

位于镇域西北处，店红一级公路、考考乌素河沿村而过，距镇区23千米。中心位置地理坐标为北纬39°3′8″、东经110°10′51″。东与庙沟村相邻，南与柠条塔村接壤，西与锦界镇接连，北与中鸡镇相连。全村地域面积约52.2平方千米，属川道地区，有侯头窨、李家村、侯母河、碾房峁、敖包塔、白圪堵、张家村、高家村、袁家村9个村民小组。村域有喇嘛庙石窟寺遗存，有煤矿1个，洗煤厂 8 个，加油站 2 个。

乔家塔村村貌（摄于 2021 年 6 月）

柠条塔村党群服务中心（摄于 2019 年 12 月）

柠条塔村

位于镇域西部，店红一级公路、考考乌素河沿村而过，距镇区约 22 千米。中心位置地理坐标北纬 39°2′28″、东经 110°14′24″。东与三卜树村相邻，南与刘石畔村接壤，西与西沙街道流水壕村连接，北与乔家塔村相连。全村地域面积约 50.7 平方千米，属川道地区，有瓷窑塔、沙峁、柠条塔、边不拉、肯铁令河、宋武家沟、生艾沟、喷素叶 8 个村民小组。民国时期，复兴乡（后更名为维新乡）驻地在水头（今属柠条塔村）。村域有柠条塔工业园区及陕煤柠条塔矿业公司。村庄设有集贸市场和仓储库房。

刘石畔村

位于镇域西部，距镇区约30千米。店红一级公路、考考乌素河沿村而过。中心位置地理坐标北纬39°2′16″、东经110°16′16″。东与三卜树村相邻，南与海湾张家沟村接壤，西与滨河新区街道流水壕村接连，北与柠条塔村相连。全村地域面积约10平方千米，属川道地区，有昌城、超害梁、刘石畔3个村民小组。1961—1966年，刘家石畔人民公社设立于刘石畔村。村域有宋代古城遗址，有小学1所、煤矿4个。

神树塔村

位于镇域东南处。距镇区10千米。杨陈一级公路东，乌兰木伦河东，牸牛川以西。中心位置地理坐标北纬39°4′57″、东经110°23′32″。东与店塔镇石拉沟村隔河相望，南与店塔镇房塔村相连，西与店塔镇刘二墕村二道峁组相连，北与王道恒塔村接壤。全村地域面积约21.4平方千米，战国秦长城纵贯村庄的东部。该村有神树塔、燕家伙盘、安村、平寺梁、敖包梁、苏家塔6个村民小组。“文化大革命”期间神树塔大队更名为东方红大队。村域有煤矿3个，苏家塔小组毗邻神朔铁路公司神木北站。

王道恒塔村

位于镇域东部乌兰木伦河岸边，距镇区8千米。中心位置地理坐标北纬39°5′48″、东经110°22′22″。东与店塔镇石窑店村相邻，南与神树塔村接壤，西与燕家塔村接连，北与大柳塔镇生油村相连。全村地域面积约27.3平方千米，属川道地区。有王道恒塔、车岔、赵家梁、补连沟、刘城腰山、连伙盘、沙沙庙7个村民小组。村域有赵家梁工业集中区，有煤矿1个、电厂1个、兰炭厂2个、电石厂1个、洗煤厂2个。

刘石畔村全貌（摄于2021年6月）

神树塔村村貌（摄于2021年6月）

神朔铁路旁的王道恒塔村（摄于2021年6月）

海湾张家沟村

位于镇域西部，距镇区 16 千米。店红一级公路、考考乌素河沿村而过。中心位置地理坐标北纬 39°3′14″、东经 110°19′24″。东与燕家塔村相邻，南与店塔镇马家概沟村接壤，西与滨河新区街道李家梁接连，北与刘石畔村相连。全村地域面积约 34.4 平方千米，属川道地区，有小元梁、东燕梁、神官梁、张家沟、尔林兔沟、訾家庄、前喇嘛寺、海湾 8 个村民小组。1929 年，神木县第七区区公所设在海湾村的呼家山。村域有煤矿 8 个、洗煤厂 4 个。

燕家塔村

位于镇区南 3 千米处乌兰木伦河岸边。杨陈公路穿村而过，中心位置地理坐标北纬 39°7′8″、东经 110°21′6″。东与王道恒塔村相邻，南与店塔镇及神树塔村接壤，西与排界村接连，北与孙家岔村相连。全村地域面积约 27.3 平方千米，属川道地区，有燕家塔、燕家沟、折家伙盘、王洛沟、哈特兔、郝家渠、乔家梁、何村 8 个村民小组。“文化大革命”期间，沙沙庙大队更名为红卫大队，2015 年并入燕家塔村。1951—1953 年，牌界区燕家塔乡政府设在燕家塔。村域有燕家塔工业区，有煤矿 2 个、集装站 3 个、电厂 3 个、兰炭厂 4 个、电石厂 2 个，洗煤厂 20 余个。

宏光村

2015 年，沙坡村与马连塔村合并为宏光村。该村位于镇域西北部，矿区公路穿村而过。中心位置地理坐标北纬 39°10′1″、东经 110°14′26″。东、北与中鸡镇栅子沟村相邻，南靠朱概塔村、孙家岔村，西与三卜树村柳树峁村接壤，全村地域面积约 31.7 平方千米，属黄土山地区，有小沙坡、炭窑峁、石场峁、杨家湾、李家塥、乔家村、邱家梁、马连塔后组、马连塔前组 9 个村民小组。村域有煤矿 6 个。沙坡村原名称活落色太湾，“文化大革命”期间更名为红旗大队，20 世纪 80 年代更名为沙坡村。2010 年，沙坡村因煤矿开采搬迁重新建设新村。

海湾张家沟村党群服务中心（摄于 2021 年 9 月）

燕家塔村村貌（摄于 2021 年 6 月）

宏光村新村（摄于 2021 年 8 月）

村庄变迁

村庄合并

1961年6月，孙家岔公社辖21个生产大队59个生产队。其中，孙家岔大队辖3个生产队、朱盖塔大队辖5个生产队、柳树峁大队辖4个生产队、活落色太湾大队（“文化大革命”期间更名为红旗大队）辖4个生产队、三卜树大队辖3个生产队、马连塔大队辖2个生产队、庙梁大队（“文化大革命”期间更名为红光大队）辖2个生产队、乔伙盘大队辖3个生产队、缸房梁大队（“文化大革命”期间更名为前进大队）辖3个生产队、尚伙盘大队辖3个生产队、王洛沟大队辖6个生产队、哈特兔大队辖2个生产队、沙沙庙大队辖2个生产队、梁家山大队辖2个生产队、平寺梁大队辖2个生产队、神树塔大队辖1个生产队、王道恒塔大队辖3个生产队、刘城腰山大队辖4个生产队、板定梁大队辖2个生产队、脑毛山大队辖2个生产队、马家盖沟大队辖1个生产队。

1966年9月20日，刘家石畔人民公社的16个大队35个生产队并入孙家岔公社。这16个大队中，海湾大队辖3个生产队，喇嘛寺大队（“文化大革命”期间更名为訾家庄大队）辖1个生产队，张家沟大队辖2个生产队，新伙盘大队辖1个生产队，尔林兔大队辖2个生产队，超害梁大队辖1个生产队，刘家石畔大队辖1个生产队，沙峁大队辖1个生产队，柠条塔大队辖1个生产队，肯铁令河大队辖1个生产队，毛石拉沟大队（“文化大革命”期间更名为新民沟大队）辖3个生产队，乔家塔大队辖3个生产队，敖包塔大队辖1个生产队，白家渠大队（“文化大革命”期间更名为永红大队）辖2个生产队，张家村大队辖4个生产队，庙沟大队辖8个生产队。此时，孙家岔公社有37个生产大队。

1969年，孙家岔公社生产大队合并为25个。其中，敖包塔大队并入乔家塔大队，沙峁大队和肯铁令河大队并入柠条塔大队，超害梁大队和尔林兔大队并入刘石畔大队，新伙盘大队并入尚伙盘大队，乔伙盘大队并入前进大队，梁家山大队和平寺梁大队并入神树塔大队，梁家山大队梁家山生产队并入神树塔大队苏家塔生产队，沙沙庙大队和哈特兔大队合并为红卫大队，脑毛山大队和马家盖沟大队并入板定梁大队，前进大队榆树梁生产队并入孙家岔大队第二生产队。1974 年，孙家岔公社生产大队合并为 22 个，生产队合并为 77 个。生产大队合并中，红光大队并入马连塔大队，訾家庄大队并入海湾大队，海湾大队闻家梁生产队并入海湾大队。永红大队并入乔家塔大队，永红大队白家渠生产队被拆分并入乔家塔大队各生产队，张家村大队阳洼梁生产队并入高家村生产队，王洛沟大队锁匠伙盘生产队并入尚伙盘大队，王洛沟大队王才伙盘生产队被拆分并入燕家塔生产队、燕家沟生产队和王洛沟生产队，前进大队缸房梁生产队被拆分并入王洛沟大队王洛沟生产队、孙家岔大队第二生产队和第三生产队，前进大队辖红村、排界、乔伙盘生产队，后更名为排界大队。朱概塔大队朱概塔前生产队、朱概塔中生产队、朱概塔后生产队，合并为朱概塔大队朱概塔生产队。

1980 年，孙家岔公社有 24 个生产大队，84 个生产队。原属庙沟大队的苗家沟生产队、刘家梁生产队、韩家梁生产队和衙门地生产队组成苗家沟大队，板定梁大队的马家盖沟生产队和脑毛山生产队新组成马家盖沟大队，刘石畔大队尔林兔生产队并入张家沟大队，东方红大队更名为神树塔大队，红旗大队更名为沙坡大队，红卫大队更名为沙沙庙大队。

1981 年，孙家岔公社有生产大队 27 个，有生产队 103 个，增加的大队有：孙家岔大队的第三生产队变更为水井湾大队，马连塔大队的寸草壕生产队变更为庙梁大队，朱盖塔大队的李家湾生产队、刘家沟第二生产队、刘家沟第三生产队和刘家沟第四生产队组成刘家沟大队。三卜树大队 3 个生产队扩大为 9 个生产队，排界大队扩大为 4 个生产队 ，张家沟大队扩大为 7 个生产队，刘石畔大队扩大为 3 个生产队，柠条塔大队扩大为 5 个生产队。

1984 年，孙家岔公社改为孙家岔乡，生产大队改为村民委员会。板定梁村、马家盖沟村划归店塔乡后，全乡有行政村 25 个、村民小组 98 个。

2015 年 5 月 20 日，行政村合并为 14 个，村民小组 98 个。其中，孙家岔村和水井湾村合并为孙家岔村，朱盖塔村和刘家沟村合并为朱概塔村，沙坡村和马连塔村合并为宏光村，庙沟村和苗家沟村合并为庙沟村，三卜树村和庙梁村合并为三卜树村，排界村和尚伙盘村合并为排界村，王洛沟村和沙沙庙村合并为燕家塔村，王道恒塔村和刘城腰山村合并为王道恒塔村，乔家塔村和张家村合并为乔家塔村，柠条塔村和新民沟村合并为柠条塔村，海湾村和张家沟村合并为海湾张家沟村。

2016 年 4 月 21 日，朱概塔村的刘家沟二组、刘家沟三组、刘家沟四组，划归大柳塔镇。此时，全镇有行政村 14 个、村民小组 95 个。此后，村庄数量未发生变动。

村庄迁移

中华人民共和国成立后，镇域大部分村庄发生位置迁移。20 世纪 50—70 年代，政府组织部分自然条件艰苦的村庄进行移民搬迁。煤田开发前期，部分临近交通干线的村庄搬迁至公路附近居住。后又因煤矿开采、铁路和公路建设占地等原因进行村庄搬迁，搬迁后原村庄房屋全部拆除。

排界村杨家沟、瓦窑渠的杨氏、李氏村民在 20 世纪 30—40 年代，陆续搬迁至三卜树村的庙梁、马如不湾、赵家村，呼家山呼氏村民外迁至排界村锁匠伙盘组及镇域之外。

缸房梁村在20世纪50年代初期，域有榆树梁、缸房梁、红村等3个自然村。1951 年，缸房梁村部分赵氏村民搬迁到马连塔居住。1958 年，缸房梁村部分赵氏村民移居孙家岔村二组、水井湾组和燕家塔村王洛沟组。刘家沟村三组郭氏、刘家沟村李家湾组的李氏、宏光村杨家湾的折氏和杨氏、柳树峁村一组的雷氏、三卜树村庙梁组的李氏等山区村民移居朱概塔村。60 年代，海湾村的阴湾、闻家梁、捣不赖沟等地的村民移居喇嘛寺村。1969 年，榆树梁村全部村民移居孙家岔村，梁家山全部村民移居苏家塔村。70 年代初期，新民沟大队的崔家沟队由山区移居柠条塔大队的边不拉、柠条塔、瓷窑塔、沙峁、肯铁令河等队，白家渠大队由山区移居乔家塔大队的白圪堵、侯母河等队，王洛沟大队王才伙盘队村民全部移居燕家塔队、燕家沟队和王洛沟队，张家村大队阳洼梁队村民全部移居高家村队。

20世纪80—90年代，乔家塔、柠条塔、刘石畔、海湾、张家沟、缸房梁、缸房沟、呼家山、神树塔、燕家塔、平寺梁等村的部分村民移居公路和川道地区，梁家山、高家塔村民陆续迁移至苏家塔村。

2000年前后，王道恒塔村刘城腰山组、补连沟、连伙盘、沙沙庙组的大部分村民陆续由山区迁移到川地区。2003年，孙家岔村一组铁路东的邱家滩村民陆续搬迁至镇区居住。2005年，神树塔村平寺梁、敖包梁组由山区搬迁至川地。2007年排界村新伙盘组因煤矿开采搬迁建成新村，柳树峁村四组移民搬迁至新村集中居住，庙沟村的马家梁、苗家沟、韩家梁、刘家梁、衙门地等组迁移至矿区公路两侧居住。2010年前后，王道恒塔村赵家梁组、车岔组部分村民搬迁至赵家梁工业集中区，宏光村的小沙坡、炭窑峁、石场峁、杨家湾、李家墕、邱家梁等组因煤矿开采搬迁在矿区路附近新建新村。2011年，排界村新伙盘组、排界组、乔伙盘组因煤矿开采再次搬迁建设新村。刘石畔村昌城、超害梁组因煤矿开采搬迁到公路沿线居住。2013年，燕家塔村哈特兔组移民搬迁至杨陈一级公路附近，郝家渠组移民搬迁至矿区公路附近。2014年，排界村红村组因煤矿开采搬迁重新建设新村。2015年，柳树峁村马连湾组和柠条塔村喷素叶、生艾沟组因煤矿开采新建新村，三卜树村寸草壕、庙梁、崔家村组和排界村黑界组因煤矿开采搬迁。2016年，朱概塔组因神朔铁路扩能改造搬迁入住新村。2017年，三卜树村花石岩组因煤矿开采搬迁。2020年，三卜树村赵家村组、本头墕组因煤矿开采搬迁至新村，崔家村组再次搬迁至新村。张家沟组因煤矿开采搬迁至店红一级公路园子湾区。2021年，三卜树村黄花界组因煤矿开采搬迁至新村，排界村新伙盘组因煤矿开采第三次搬迁。

自然环境

镇域属典型的风沙区与丘陵沟壑区过渡地带，属中温带半干旱大陆性季风气候，乌兰木伦、考考乌素、牸牛川、朱盖沟等河流将镇域分割为东、西两川，中部山地的地形格局。镇域风大沙多，草木稀疏，煤炭资源储量丰富，地质结构简单，处于神府煤田腹地。

地质地貌

地层

镇域位于鄂尔多斯地台向斜东翼陕北斜坡上。基本构造简单向西南倾斜，产状平缓，倾角 1° 左右，域内未见大的断裂及褶曲构造。基底为坚固的前震旦系结晶岩系，印支期及其后的历次构造运动对矿区的影响主要表现为垂直升降运动，形成一系列的假整合面或小角度的不整合面。新构造运动以来主要表现为间歇性抬升，在地势上表现为西高东低、北高南低。域内地层由老到新依次为侏罗系中统延安组、新生代第三系上新统静乐组、第四系，其中侏罗系中统延安组为含煤地层。

侏罗系中统延安组　该组地层全区分布，厚度 22.00—45.50 米，是由灰白色细、中粒长石砂岩、深灰色泥岩、砂质泥岩及煤系组成的含煤地层，分为五段。上部遭受到不同程度的剥蚀，域内大部分保留第一段、第二段，局部区域保留第三段、第四段。该地层为一套陆源碎屑沉积，其岩性以粗、中、细粒长石石英砂岩、岩屑长石砂岩及钙质砂岩为主，次为灰至粉砂岩、砂质泥岩、泥岩及煤层，少量炭质泥岩。

第三系上新统静乐组　该组地层厚度 0—42.83 米，平均厚度 32.55 米左右，在域内部分分布。岩性主要为棕红色黏土及亚黏土，含钙质结核，局部含三趾马及其他古生物化石。疏松多孔含水。局部地区底部发育有一层厚 0.5—2 米的砾石层为域内主要含水层。与下伏侏罗系中统延安组地层呈不整合接触。

第四系　第四系全新统离石组黄土主要分布在镇域东部，面积较大，分布于梁峁之上。地层厚度一般为 0—59.10 米。岩性为灰褐色泥质砂土及粉砂、亚砂土，各级别砂，底部为含砾砂层。第四系全新统冲积层主要分布于部分沟谷中。与风积沙相比颜色较暗，黏土含量较多，分选性较差。第四系全新统风积沙主要分布在镇域西部地表，面积较小。由浅黄色细沙、粉沙组成，常形成流动或半移动沙丘、沙垅。总厚一般 0—10 米，平均 3 米。

地貌

镇域位于陕北黄土高原北端和毛乌素沙漠东南缘的接壤地带，属典型的风沙区与丘陵沟壑区过渡地带。总体地形西高东低，山脉与河流呈掌状由西向东延伸。镇域最高点在庙沟村中敖包，海拔高度 1389 米；最低点在牸牛川苏家塔段，海拔高度 990 米；镇政府所在地海拔 1012 米。

地貌单元属风积沙所覆盖的黄土丘陵区，呈黄土梁和风成沙丘相间的地貌景观，地形复杂，梁峁相间，地表侵蚀强烈，河谷地带基岩裸露，其余大部分地段被第三系红土及第四系黄土覆盖，局部地段为风积沙，植被稀少，水土流失严重。镇域西北部为风沙剥蚀地貌，地表多被松散沙层覆盖，地势较为平坦；东部、南部是丘陵沟壑区，川梁相间，冲沟发育，沟壑纵横，支离破碎，起伏不平。黄土层覆盖较厚，水土流失严重，基岩裸露于沟谷两侧。地质灾害主要表现为店红一级公路侧旁山崖有石头掉落的危险。2021 年，进行日常监测的地质灾害点有 8 处。

牸牛川为孙家岔镇与店塔镇的界河，庙沟河、乌兰木伦河由北向南从西侧流过，考考乌素河由西向东流过。牸牛川、庙沟河、乌兰木伦河、考考乌素河四条河流均汇入窟野河，将镇域分割为东、西两川的地形格局。

农业生产主要集中在沟川地带和东南丘陵地带，镇村建成区分布于东、西两川。

河流水文

乌兰木伦河

发源于内蒙古自治区鄂尔多斯市南部沙漠地区，经大柳塔镇后从朱概塔村进入镇域，南北流向，长 21.3 千米，经过孙家岔、燕家塔、王道恒塔等村，从神树塔村流入店塔镇后称为窟野河。河道比降 2.96%，河谷宽度 300—500 米，最宽处 1000 米。多年平均流量为 5.381 立方米每秒，1958 年设王道恒塔水文站以来最大流量为 9760 立方米每秒（发生时间 1976 年 8 月 2 日），最小流量仅有 0.008—0.44 立方米每秒；年平均输沙率为 37.6—3900 千克每秒，年输沙量为 309×10^4—12300×10^4 吨，侵蚀模数为 850—32000 吨每平方千米。镇域主要支流均在右岸，

乌兰木伦河水井湾段（摄于 2020 年 6 月）

乌兰木伦河神树塔段（摄于 2020 年 1 月）

朱盖沟长 29 千米，河道比降 6.57%；苗家沟长 10.3 千米，河道比降 1.56%；庙沟长 25.5 千米，河道比降 1.13%；车尔盖沟长 14.5 千米，河道比降 1.44%；王洛沟长 13.6 千米，河道比降 2.59%；哈特兔沟长 5.5 千米，河道比降 3.2%。

1958 年 10 月，设于乌兰木伦河河口附近的王道恒塔水文站成立，属黄河水利委员会管理的一类水文站，水文站监测控制面积 3839 平方千米。站址初设在王道恒塔村，1960 年 4 月迁址神树塔村，1972 年 1 月再搬迁至店塔镇刘二墕村牛皮塔。

牸牛川

发源于内蒙古自治区鄂尔多斯市准格尔旗，经大柳塔镇后从王道恒塔村刘城腰山组进入镇域，是孙家岔镇与店塔镇的界河，其中镇域内流长 12.3 千米，河道比降 2.69%，河谷宽约 500 米。在神树塔村苏家塔组与乌兰木伦河交汇，流入窟野河。年均流量 2.03 立方米每秒，历年最大洪流量 4850 立方米每秒，最小流量仅为 0.003 立方米每秒。多年平均含沙量 171.71 千克每立方米，年平均输沙率 252—1630 千克每秒，侵蚀模数 2030—3370 吨每平方千米。

牸牛川春景（摄于 2020 年 12 月）

牸牛川平寺梁段（摄于 2021 年 8 月）

考考乌素河

发源于神木市中鸡镇，流入窟野河。河宽 10—20 米，该河全长 39 千米，比降 1.1%，流域面积 259.5 平方千米。经过镇域乔家塔村、柠条塔村、刘石畔

考考乌素河乔家塔段（摄于 2021 年 9 月）

村、海湾张家沟村，流长约 21.6 千米，流量为 0—2522 立方米每小时。雨季流量最大 2252 立方米每小时，流速 0.9 米每秒。非雨季期间平均流量 1100 立方米每小时，流速 0.7 米每秒。左岸支流有东沟、捣不赖沟、张家沟、好赖沟、毛石拉沟，右岸支流有肯铁令河、小母河，支流长度 2—7 千米。随时间变迁，河水水量变少，沿岸厂矿增多，亦称为考考乌素沟。

气候物候

气候

镇域属中温带半干旱大陆性季风气候，主要特点是春节干燥、雨水少、风沙大，夏季炎热、降水集中且年际变化较大，冬季严寒少雨雪。1990—2020 年平均气温为 9.6℃，极端最高温度 41.2℃，极端最低温度 −28.5℃，无霜期短，日照丰富。多年平均降水量为 436.5 毫米，降水的年内年际变率均很大，主要集中在夏季，占全年总降水量的 78%。年平均蒸发量 1794 毫米，主导风向为西北风，年大风 15—33 天，平均风速为每秒 2.2 米，极端最大风速每秒 25 米。10 月下旬至翌年 4 月上旬为大地封冻期。2013 年在孙家岔、王洛沟、张家沟、马连塔、张家村等设 5 处雨量预警平台，在镇政府设 1 处气象预报基站。

春季（3—5 月）：春季气温回升较快，三个月的月平均气温 11.2 ℃，5 月升到 20℃，冷空气入侵频繁，时而温度骤降，日差较大，达 16℃。容易出现霜冻，杏花、桃花经常受冻。大风天气增多，沙尘暴天气时而出现，有时风大吹倒树木。雨水逐渐增多，季平均降水量 50 毫米，降水少，旱灾威胁庄稼难以入种。

排界村春天的山地（摄于 2020 年 4 月）

夏季（6—8 月）：夏季太阳直射，高温炎热，雨水增多。三个月的月平均气温 23.3℃，月平均最高气温在 28℃以上，极端高温在 40℃。夏季雨量集中，季平均降水量 230 毫米，降水量占全年的 65%，雨季降水集中在 7—9 月，夏季易出现暴雨天气，短期对流天气多，常伴随雷雨、大风、冰雹。神木市域的 2 条冰雹主要路线从内蒙古进入后，均经过镇域南下，故易出现短时冰雹。

张家村夏季的沙地（摄于 2019 年 10 月）

秋季（9—10 月）：秋季降温迅速，月平均气温下降达 5℃—8℃，降雨减少，秋高气爽，天气晴朗，季平均降水量 81 毫米，个别年份有大雨、暴雨出现。刚进入秋季，天气仍然炎热。10 月前后易出现连阴雨和霜冻。

秋季的乌兰木伦河燕家塔河谷（摄于 2019 年 10 月）

冬季（12 月至次年 2 月）：冬季寒冷而干燥，多为西北风，气温下降，冬季平均气温 -7.8℃—4.1℃，12 月平均气温 -6.5℃，1 月是全年中的最冷月，滴水成冰，河流封冻，土壤最大冻结深度 150 厘米。降雪稀少，季降水量 8 毫米。最大积雪深度 15 厘米。

庙沟村冬天的山原（摄于 2019 年 12 月）

物候

镇域二十四节气物候简述如下：

立春　气温很低。“五九六九，水在浮头”，河床冰面出现液水。

雨水　入春以后，降水增多，气温回升，偶有雨夹雪现象。

惊蛰　气温继续回升，大地逐渐解冻，河床上的冰面破裂出现冰桥现象，河水归槽。小草露芽，树木萌生绿意，地下蛰伏的动物开始苏醒、蠕动。农民开始备耕。

春分　“九尽春风头，麦子豌豆埋在土里头”，气温仍然较低，晴日多风，乍暖还寒。

清明　“二月清明遍地青，三月清明不见青”，清明前后，河冰消融，春耕全面展开，绵羊、山羊下羔。清明仍有霜，燕子南来，牛羊跑青，杏花开放，树木枝叶伸展。

谷雨　柠条、马茹茹、桃树次第开花，剪羊绒毛，柠条开花，种玉米、种瓜。

立夏　气温明显升高。农谚“立夏慌忙混种谷”说的便是此时农民开始全面种植大作物，刮风减少，降水少。

小满　天气逐渐变暖，降水增多，谚语“小满大满河水满”描述此时的降水情况。

芒种　芒种前按瓜种豆，山地开始种糜子。

夏至　入伏天气炎热，雨季来临，谚语“伏里头的天，瓦垅不能干”说的便是进入雨季的常态。

小暑、大暑　降雨增多，雷暴天气增多，旱、涝、风灾频繁，时有雹灾。瓜果蔬菜成熟，庄稼生长旺盛，小麦、大麦、豌豆等夏收作物成熟，此时有谚语“上伏春麦二伏菜，三伏有雨种荞麦”。

立秋　“六月立秋，收的收，丢的丢；七月立秋全部都收”，秋后常有“秋老虎”，庄稼若遇秋旱，便如谚语所说，“春旱收，秋旱丢”。立秋后天气逐渐变凉，农民会种秋白菜。

处暑　气温变低，昼夜温差较大。糜子、谷子、高粱、玉米等作物出穗，谚语“处暑不出头，不如割倒喂了牛”说的便是此时作物若不出穗恐将失收。

白露　草木枯黄，庄稼成熟。

秋分　北雁南飞，糜子收割，此时有谚语“秋分糜子寒露谷，霜降黑豆没生熟”。

寒露　作物收割，居民开始腌制酸菜。

霜降　气温下降，树木落叶，早霜频繁。

立冬　大地开始封冻，小河开始流凌。

小雪、大雪　寒流来袭，卧羊宰猪，河水封冻，小雪小河结冰，大雪大河结冰。

冬至　天寒日短，冰冻三尺。连冬数九，此时有谚语“头九二九拉门叫狗”。

小寒、大寒　当地俗语说“小寒大寒冻死老汉”，此时滴水成冰，气温降至最低，谚语“三九四九冻破碓臼”说的是此时天气的寒冷程度。

自然资源

土壤植被

镇域地处毛乌素沙漠南缘，深受沙漠侵害，该区域是典型的干旱、半干旱地区，降水量有限且集中，土壤水分限制了植被生长，基本为灌木林草地。

土壤以风沙土为主，有部分栗钙土和潮土。煤炭的大量开发，造成土壤的松散化。土壤水分平均值在 3.4%—5.6%，土壤颗粒主要是细砂，中砂次之，含有一定量的粉粒、极细砂及粗砂，黏粒含量少，土壤有机质平均含量在每千克 1.47 克—3.55 克，土壤酸碱度在 7.8—8.21 之间。

草地为干草原类，草种多，植被差，优势种有大针茅、百里香、茵陈蒿、白草、扁茎黄芪，产量低。乔木林地主要为常绿树种，灌木林地主要是沙柳、沙蒿、柠条、紫穗槐，人工草地主要是苜蓿、沙打旺。采煤沉陷对土壤造成严重的破坏，导致植被受损。通过植树造林、封山禁牧等措施恢复植被，2021 年镇域林草覆盖率达 60%。

矿产资源

镇域煤炭储量丰富，详见“煤炭工业”篇。另外有铁矿、石灰矿、高岭土、料姜石、天然气等矿产资源。

铁矿 镇域山区有铁矿点，多为窝状埋藏，储量不清。以菱（磷）铁矿居多，也有少量赤铁矿、褐铁矿，含铁品位平均为 30%。20 世纪 70—80 年代，镇域内采矿业为神木县铁厂供应矿石。铁矿主要分布在沙沙庙、海湾、刘石畔、张家沟、尚伙盘、王洛沟、神树塔等村，多为窝状埋藏，刘石畔村为层状埋藏。海湾村山上有厚约 1 米的矿赤铁层，当地群众开平硐矿井 20 余口，常年以手工开采矿石，年产量约 1 万吨，销往神木县铁厂。

石灰矿 镇域储量多，质量差，多与红黏土混杂。主要分布在朱概塔村李家湾组、海湾张家沟村海湾组、宏光村马连塔组。2004 年前后，这些区域有 30 多家石灰石加工厂，其中朱概塔村李家湾组有 20 余家，加工成的石料主要运往周边的建筑工地。

高岭土 主要分布在海湾张家沟村一带，清代开始利用高岭土制作陶瓷。高岭土分为白色、灰色和黑色三种，白色黏性好、细腻、脆，灰色韧性好。

天然气 2018 年，中石油勘探公司在排界村大沟、三卜树村訾家村、王道恒塔村打油气孔 4 个，资源储藏量未完全探明。

野生植物

受气候与垦殖等原因影响，镇域土壤沙化严重，野生植物多为沙生植物。列举主要植物（括注俗名）如下：

草本植物有沙芥（俗名沙盖）、蓖麻、马齿苋、车前子、白草、菅草、芦草、莠子（俗名谷莠子、狗尾巴草）、稗、三棱草、寸草（俗名羊胡子）、醉马草（俗名断肠草）、泡泡草、野西瓜苗（俗名和尚头）、华北白前（俗名牛心朴、老瓜头）、小蒜、亚麻、草木樨（俗名铁扫把）、紫苜蓿、半夏（俗名蝎子草、火麻草）、马莲、沙竹（沙鞭）、牵牛、地梢瓜、野葡萄、牛毛草、棉蓬、沙蓬、灰菜、白龙穿彩（脓疮草）、土巴戟、艾蒿、红花、沙蒿、茵陈蒿（俗名羊蒿头）、黄花蒿（臭蒿）、蒲公英、蒺藜、狼毒、大黄、黄丝草（无根草）、地椒、败酱草（俗名苦菜）、田苣、黄芩、细叶葱（俗名泽蒙）、无患子（俗称鬼见愁）、远志、蒲。

木本植物有柳、多枝柽柳、沙柳（筐柳）、垂柳、龙爪柳、杨树、刺槐、紫穗槐、柠条、沙枣、华北落叶松、樟子松、油松、侧柏、臭柏、桑树、榆树、山榆树、杏、桃、杜梨、海棠、沙果、海红果、蕤核（俗名马茹茹）、黄刺玫、苹果、文冠果（木瓜）。

沙沙庙村海红果树（摄于2021年9月）

野生动物

旧时，镇域地广人稀，野生动物种类较多。后随着人类生产活动增多，野生动物种类逐渐减少。20世纪50年代，狼遭到猎杀后绝迹。60年代，狐狸基本绝迹。80年代初，黄羊绝迹。主要动物（括注俗名）列举如下：

哺乳动物有黄羊、狼、田鼠（米仓儿）、中华鼢鼠（瞎佬）、松鼠（圪狸）、长尾仓鼠（铁儿）、野兔（草兔）、老鼠、刺猬、蝙蝠、白鼬（扫雪）、黄鼬（黄鼠狼）、獾子。

鸟类有麻雀、大杜鹃（布谷鸟）、斑鸠（秃咕咕）、乌鸦（老鸹）、红嘴鹰、鸱鸮（恨虎，山区零星分布）、鹰（无边）、天鹅、豆雁（大雁）、啄木鸟（鸽树猫儿）、鸽、石鸡（山鸡）、雉（野鸡）、燕、水雉（水河雀）、鹭鸶（捞鱼䴉，水滩地区有少见）、鸢、雀鹰。

昆虫有马胃蝇、羊鼻蝇、苍蝇、金蝇（铜蝇）、家蝇、虻、蚊（蠓子）、蚜虫、虱、蝗虫、螽（板担）、蝼蛄、蟋蟀（蛐蛐）、蜻蜓（红水柱）、胡蜂（黄蜂）、蚂蚁、客蜂、叶里（金花虫、蓁牛牛）、蛴螬（桃圪虫）、象甲、叩头甲（磕头牛牛）、天牛、龙虱、蠹鱼（墙鱼）、蜣螂（粪扒虫）、螳螂、粉蝶（蛾儿）、蛱蝶、尺蠖、荞麦勾翅蛾、臭虫（壁虱）、菜蛾、金纹细蛾、卷叶蛾、夜蛾、毒蛾、蚕、螟蛾、白杨透刺蛾、褐边绿刺蛾、跳蚤、地鳖（土蝎子）。

其他动物有沙蜥（蛇鼠子）、麻蜥（沙虎儿）、蝮蛇、游蛇、青蛙、蟾蜍（疥疙泡）、蝌蚪、沙鱼、蜘蛛、蝎子、红蜘蛛、蜈蚣、蚯蚓、蛔虫、绦虫（豆面虫）、蚂蟥。

自然灾害

灾害

镇域自然灾害频繁，主要有旱灾、风灾、水灾、冰雹、雷击、霜冻等。

旱灾　包括春夏连旱、夏旱、伏旱、秋旱。1915年，夏收全无，秋田颗粒无登，镇域村民多流亡河套地区。1928年，自春到秋少雨，井泉枯竭，老树枯萎，夏粮收成不到两成，秋季颗粒未登。至1930年，3年大旱，十室九空，饿殍遍野。1940年，久旱不雨，秋禾无法下种。至1941年，连续大旱，野草食尽。1943年，大旱，孙家岔村11户、55人逃荒至河套地区。1962年，百日大旱。1965年，大旱，人均粮食不足100千克。1968—1969年，夏旱、冰雹、秋涝、霜冻成灾，粮食减产五成以上，外流、乞讨人多，国家调拨粮食救灾。1972年秋，大旱，粮食减产四成。1992年，秋旱。1998—2001年，持续特大旱灾，水地略有收成，山地基本绝收。

风灾　大风多发生在春夏，以西北风为主。沙暴起时，风起沙涌，遮天蔽日，禾苗被摧毁，人行困难。1952年春，大风沙掩埋部分耕地和房屋。1966年4月，多5级以上大风，其中一次风力达8级以上。1977年，刮风90余次。2012年秋，张家沟村尔林兔小组村民在山梁处的在建房屋被大风吹垮，致3人死亡。2016年7月，大风吹倒多家企业的防尘网。2021年3月15日，镇域遭遇近10年来最强沙尘天气并持续至次日。

洪灾 暴雨夏秋较多，乌兰木伦河和考考乌素河洪水经常袭击川地禾苗。1933年6月，暴雨迭降，山洪陡发。1976年8月12日，乌兰木伦河冲毁农田。2009年7月26日下午2时30分左右，燕家塔村燕家塔组突降暴雨，燕家塔工业园区道路洪水冲入居民房屋，139人受灾，未造成农作物损失、房屋垮塌和人员伤亡，受灾较重的院落淤泥堆积厚度达1米，41人被安置于宾馆或投亲吃住。

雹灾 1944年7月，镇域遭雹灾，禾苗损毁甚多。1964年8—9月，连续6次遭遇雹灾，10万亩农作物受灾，倒塌房屋72间，棚圈123间，死亡大畜6头、羊子105只。1965年5月19日，镇域大面积遭受雹灾。1981年连续降雹，有羊子被打死。

雷击 1950年夏某日中午，乔家伙盘村一庙宇遭到雷击，5名青壮年死亡。2005年，庙沟村发生雷击，致1人死亡。

滑坡 20世纪70年代末期，柳树峁村郭家畔山体滑坡，压垮一户人家房屋，6人遇难。

地震 由煤矿采空区塌陷引发。2007年8月29日3时，柠条塔村边不拉煤矿采空区发生3.3级地震。2010年12月28日，马连塔煤矿采空区冒顶引发3.0级地震。2011年3月22日5时，新民沟村沙渠煤矿采空区发生3.0级地震。

防治

抗旱措施主要是植树种草、拦淤地坝、打井蓄水。抗旱播种的办法主要有干种等雨、借墒播种、坐水点种、区田播种、秋翻耕地等。

镇采用多种防风措施，如营造防风固沙林，在沙区用沙蒿搭设障蔽网格，再种植乔灌木和草。2010年以后，沙尘天气普遍减少。

土法人工除雹措施是在高处燃烧柴火，改变气流方向。1977年，孙家岔公社生产除冰雹弹，发放至各生产队使用。1981年生产的除冰雹弹销往全县。

该镇采用的防雷措施主要为在高层建筑物房顶安置避雷针，开展避雷宣传。

防洪水措施主要是修筑堤坝。煤矿企业在雨季会加强防范，遇多雨大雨，矿井会停产，将矿工撤出工作面。

地质灾害防治措施主要是对采空区等地质灾害点加强监测，采取生物、工程等措施进行治理。

防风林草地（摄于 2021 年 3 月）

人口姓氏

清代开始放垦伙盘地后，长城以内农民不断走出口外，镇域内形成多个以家族聚居为主，衍生发展起来的村落。由于土地贫瘠，生产生活条件极差，人口增长较为缓慢，直至 20 世纪 80 年代初期，镇域人口尚不足万人。神府煤田开发后，镇域人口随生产活动增多大幅度增加。2021 年，孙家岔镇户籍人口约有 15000 人，在工矿企业从业的非户籍人口也有约 15000 人。

人口数量

据 1919 年神木县《已垦地亩表册》记载，镇域村庄户数不足百户，最大村庄孙家岔仅有 20 户，其次燕家沟有 10 户，尚家伙盘、前喇嘛寺、张家沟、尔林兔、锁匠伙盘、毛石拉沟、侯头窨等村三五户不等，柳树峁、边不拉、崔家伙盘、本头塄、后喇嘛寺、神官梁等地仅有 1 户人家。至中华人民共和国成立前，镇域人口增长缓慢。中华人民共和国成立后，随着生活、医疗条件不断改善，出生率增长，死亡率下降，人口持续增长。1964 年人口普查中，孙家岔公社共有 973 户 5041 人。1990 年，第四次全国人口普查时，镇域户籍人口超过 1 万。2020 年，第七次全国人口普查时，镇域户籍人口超过 15000 人。另外，工矿企业存在大量非本地户籍的务工人员。2021 年，全镇户籍人口共有 5911 户 15334 人。其中，柠条塔村有集体户 13 人，孙家岔村有集体户 10 人。

人口普查

中华人民共和国成立后，按照全国统一部署，镇域共进行过 7 次人口普查。除 1953 年 7 月 1 日实施的第一次人口普查资料不详外，其余 6 次普查数据齐全。

第二次普查 登记的标准时间为 1964 年 7 月 1 日零时，孙家岔区设普查办公室，普查范围包括孙家岔区所辖 5 个人民公社。普查结果为：孙家岔公社共有 973 户，人口共计 5041 人，其中男性 2762 人，女性 2279 人。刘家石畔公社共有 748 户，共计 3673 人，男性 2002 人，女性 1671 人。

第三次普查 登记的标准时间为 1982 年 7 月 1 日零时。普查结果为：总户数为 2214 户，其中，家庭户有 2200 户 9409 人，集体户有 14 户 130 人，家庭户平均每户有 4 人。孙家岔公社总人口数 9539 人，其中男性 5114 人，女性 4425 人，性别比为 115.57（女性为 100）。

第四次普查 登记的标准时间为 1990 年 7 月 1 日零时。普查结果为：孙家岔乡有 2384 户 10144 人，其中男性 5422 人，女性 4722 人。

第五次普查 登记的标准时间为 2000 年 11 月 1 日零时。普查结果为：孙家岔镇有 2886 户 11612 人，其中男性 6608 人，女性 5004 人；家庭户 2717 户共计 10405 人，集体户 169 户共计 1207 人。汉族人口 11603 人，少数民族 9 人。

第六次普查 登记的标准时间为 2010 年 11 月 1 日零时。普查结果为：孙家岔镇有 5360 户，户籍人口有 12945 人，其中男性 6588 人，女性 6357 人。外来人口合计 6638 人。全镇汉族 19557 人，满族 13 人，蒙古族 8 人，彝族 3 人，回族 2 人。年龄分布 0—14 岁有 2133 人，15—64 岁有 16190 人，65 岁及以上有 1260 人。

第七次普查 普查标准时点为 2020 年 11 月 1 日零时。普查结果为：孙家岔镇有 5830 户，共有 15290 人，其中男性 7670 人、占总人口的 50.16%，女性 7620 人、占总人口的 49.84%，人口性别比为 100.6（女性为 100）。乡村人口有 14433 人，占总人口的 94.4%，城镇人口有 857 人，占总人口的 5.6%。

人口密度

1964 年，镇域人口密度为每平方千米 18.9 人。1982 年，人口密度为每平方千米 23 人；1986 年，人口密度为每平方千米 22 人；2000 年，人口密度为每平方千米 28 人；2010 年，人口密度为每平方千米 31 人；2021 年，人口密度为每平方千米 36 人。人口主要集中在乌兰木伦河、考考乌素河两岸的村庄和工矿集中区，山区地广人稀，村落与居住人口相对较少。

2021 年镇域各村户籍人口统计表

表 1　　单位：人

行政村名	总人口数	男性	女性
孙家岔	1156	591	565
朱概塔	555	271	284
柳树峁	821	412	409
庙沟	910	462	448
排界	1048	501	547
三卜树	1270	646	624
乔家塔	1603	801	802
柠条塔	1613	803	810
刘石畔	656	330	326
神树塔	946	489	457
王道恒塔	670	346	324
海湾张家沟	1526	773	753
燕家塔	1439	705	734
宏光	1131	561	570

人口结构

性别结构

中华人民共和国成立后，性别失调基本得到控制，但性别构成一般男性略多于女性。1964 年性别比（女性为 100）为 121，1982 年性别比为 116，2000—2010 年，性别比从 132 逐渐降至 105，2010—2021 年又降至 100.4。

2000—2021年人口性别构成表

表2　　　　单位：人

年份	总人口			性别比
	合计	男	女	
2000	11612	6608	5004	132
2001	10974	5881	5093	115
2002	10719	5729	4990	115
2003	10746	5749	4997	115
2004	10772	5759	5013	115
2005	11236	5934	5302	112
2006	11305	5948	5357	111
2007	11963	6225	5738	108
2008	12362	6378	5984	107
2009	12801	6567	6234	105
2010	13116	6703	6413	105
2011	13460	6895	6565	105
2012	13835	7087	6748	105
2013	14166	7187	6979	103
2014	14406	7310	7096	103
2015	14656	7412	7244	102
2016	14493	7317	7176	102
2017	14719	7432	7287	102
2018	14967	7534	7433	101
2019	15140	7610	7530	101
2020	15290	7670	7620	101
2021	15334	7681	7653	100.4

注：本表是人口管理对象，与户籍人口不存在对应关系。

年龄结构

2000年，镇域0—14岁有2884人，占总人口24.84%；15—24岁有1707人，占总人口14.7%；25—29岁有1078人，占总人口9.28%；30—44岁有2918人，占总人口25.13%；45—54岁有1256人，占总人口10.82%；55—64岁有930人，占总人口8.01%；65岁以上有839人，占总人口7.23%。

2005年，镇域0—17岁的有2679人，占总人口23.84%；18—34岁的有3100人，占总人口27.59%；35—59岁的有3713人，占总人口33.05%；60岁以上的有1744人，占总人口15.52%。

2009年，镇域0—17岁的有2427人，占总人口18.96%；18—34岁的有4107人，占总人口32.08%；35—59岁的有4295人，占总人口33.55%；60岁以上的有1972人，占总人口15.41%。

2013年，镇域0—17岁的有2992人，占总人口21.12%；18—34岁的有4531人，占总人口31.99%；35—59岁的有4372人，占总人口30.86%；60岁以上的有2271人，占总人口16.03%。

2020年，镇域0—14岁的人口占总人口的9.38%；15—59岁的人口占75.1%；60岁以上人口占总人口的15.52%。

2021年，镇域0—17岁的有4316人，占总人口的28%；18—34岁的有3498人，占总人口的23%；35—59岁的有4732人，占总人口的31%；60岁以上的有2788人，占总人口的18%。

文化结构

1982年，镇域6岁及6岁以上人口8611人。其中，1人大学文化程度，2人大学肄业或大学在读，353人高中文化程度，1033人初中文化程度，2579人小学文化程度，4639人是文盲或半文盲。

1990年，镇域15岁及15岁以上文盲人口3592人。

2000年，镇域6岁及识126个字以上的人口共计10937人，其中大专及以上学历93人，占6岁及以上年龄人口的0.85%，较1990年人口受教育程度增长 1760.0%；高中和中专学历 847 人，占 6 岁及以上年龄人口的 7.74%，较 1990 年人口受教育程度增长 137.92%；初中学历 3236 人，占 6 岁及以上年龄人口的 29.59%，较 1990 年人口受教育程度增长 125.82%；小学学历 4015 人，占 6 岁及以上年龄人口的 36.71%，较 1990 年人口受教育程度增长 36.56%。2000 年镇域 15 岁及 15 岁以上文盲人口 2506 人。

2010 年，镇域 6 岁及以上年龄人口合计 18455 人，未上过学的 1837 人，小学学历 4422 人，初中学历 6843 人，高中学历 3231 人，大学专科学历 1703 人，大学本科学历 405 人，研究生学历 14 人。15 岁及以上年龄人口合计 17450 人，文盲人口 1777 人，文盲人口占 15 岁及以上年龄人口的比重为 10.18%，男性文盲人口占 15 岁及以上年龄人口的比重为 6.09%，女性文盲人口占 15 岁及以上年龄人口的比重为 17.23%。

2020 年人口普查的结果显示，全镇人口（包括流入人口在内）中，大专及以上文化学历的 17921 人，高中学历 17323 人，初中学历 30706 人，小学学历 22460 人；全镇人口平均受教育年限 9.63 年。

职业结构

从清代以来，镇域人口基本为农民，以农业耕作为主，兼畜牧养殖，偶有外出经商或从事手工业的人员。中华人民共和国成立初期，镇域人口主要作为生产队社员参加集体农业劳动。20 世纪 70 年代，部分社员成为社队企业职工。80 年代初期，实行家庭联产承包责任制，部分剩余劳动力开始从事工业和第三产业。80 年代中期，乡镇企业发展较快，1998 年，镇域户籍人口在工业、建筑、运输、服务等行业从业人员超 1000 人。2000 年，镇域户籍人口在各类工商企业从业人员近 2000 人。2021 年，镇域户籍人口在各类工商企业从业人员达到 1664 人。

1949—1982 年部分年份孙家岔公社劳动力基本情况表

表 3　　单位：个

年份	总劳动力			劳动力分布状况					
	合计	男	女	农业	林业	畜牧业	农副业	外出临时工	其他
1949	2072	1174	898	1752	15	200	48	21	36
1952	2324	1277	1047	1956	22	217	51	26	52
1957	2627	1469	1158	2247	27	234	71	36	63
1960	2976	1601	1375	2495	25	261	84	49	62
1965	3251	1799	1452	2826	31	202	92	56	44
1970	3526	1904	1622	2954	38	287	95	70	82
1975	3782	2044	1738	3107	47	321	176	72	59
1979	3950	2121	1829	3212	48	400	151	87	52
1980	4054	2186	1868	3291	52	392	170	103	46
1981	4341	2272	2069	3357	50	414	258	112	150
1982	4401	2408	1993	3484	54	475	213	112	63

1983—2021 年部分年份镇域农村劳动力从业结构

表 4

年份	农业人口（人）	劳动力（个）	从事农业劳动力（个）	占劳动力比重（%）	非农劳动力（个）	占劳动力比重（%）
1983	9455	4652	4519	97.1	133	2.9
1986	9151	4500	4500	93.3	300	6.7
1998	10278	5931	4852	81.8	1079	18.2
2000	10748	4978	3886	78.1	1092	21.9
2003	10060	4989	3581	71.8	1408	28.2
2007	11382	5598	4052	72.4	1546	27.6
2018	14102	6938	4250	61.3	2688	38.7
2021	14491	5188	3524	67.9	1664	32.1

人口迁徙

迁入

清中期，山西、陕西佳县、榆林包括神木县城、神木南部等地的移民迁入镇域伙盘地。

镇域内的不同姓氏人口多在清朝时迁入。崔家沟和苗家沟崔氏从米脂县迁入。孙家岔和柳树峁的雷氏、碾房峁的白氏从佳县迁入。排界村杨家沟杨氏从府谷县迁入。红村张氏从山西省保德县迁入。燕家沟王氏从山西省临县迁入。孙家岔村孙氏、訾家庄和訾家村訾氏从栏杆堡迁入。海湾张氏、白圪堵白氏、庙沟杨氏、柠条塔杨氏从神木县城迁入。苗家沟苗氏从锦界迁入。本头墕撒氏从骆驼场（今属滨河新区街道）迁入。庙沟乔氏、碾房峁李氏从西沟迁入。柳树峁郝氏从单家滩（今属迎宾路街道）迁入。王洛沟张氏从永兴堡（今属永兴街道）迁入。阳畔墕何氏从大兴庄村（今属麟州街道）迁入。庙沟村张氏从山西省红四村迁到榆林后迁入，庙沟村李氏从新民沟村沙坡峁迁入，庙沟村郭氏从郭家南沟（今属栏杆堡镇）迁入，庙沟村康氏从山西迁入。柳树峁村郭家畔、排界新伙盘的郭氏是由郭家塔村（今属迎宾路街道）迁入。

民国期间，马连湾陈氏、海湾张家沟村陈氏和郭氏从山西保德迁入烧瓷，柠条塔麻氏从麻家塔（今属西沙街道）迁入，柠条塔邱氏从西沟（今属西沟街道）一带迁入，马连湾屈氏、小沙坡张氏、庙沟村衙门地王氏、柳树峁村王家村王氏从店塔迁入，海湾张家沟村马氏从永兴堡（今属永兴街道）迁入，庙沟村衙门地孙氏从神木县城迁入，刘氏从肯铁令沟（今属西沙街道）迁入，柳树峁村马连湾贺氏从栅子沟（今属中鸡镇）迁入，神树塔村平寺梁组白氏从石佛沟（今属店塔镇）迁入，马连塔前组王氏从河北邢台迁入，庙沟村韩家梁组韩氏从西沟（今属西沟街道）迁入。

20 世纪 60 年代，神木县内外的大中专学生等人员被分配到孙家岔工作，大部分人员在 70 年代返回原籍或到其他地区工作，但也有孙家岔村郑氏、孙家岔村二组王氏、马连湾组郭氏、燕家塔组王氏、沙峁组高氏等小部分人员在镇域落户定居。

煤田大开发以来，工矿企业逐渐增多，镇域经济快速发展，此前迁往内蒙古等地的居民大部分举家返回，迁至神木市其他区域的部分人员也将户口迁回镇域。流入镇域务工经商的人员快速增多，工业园区建成后人口集聚效应更加明显。1998 年全镇流入 4000 余人，2003 年流入 4500 人，2008 年流入人口增加至 12000 人。2013 年，因为神朔铁路扩能改造等项目建设，流入人口达 15000 人。

迁出

受天灾人祸影响，镇域居民在本地无法生存时，多向北面的中鸡、大柳塔等地迁徙，远则往内蒙古、宁夏等地移民。1929 年，镇域发生特大灾荒，许多人举家逃荒，迁往九原、五原、郡王旗、鄂托克旗、巴音木仁苏木等地（今属于内蒙古包头市、鄂托克旗、杭锦旗、杭锦后旗、伊金霍洛旗以及鄂尔多斯市东胜区、磴口县等地），临河县以及山西岢岚县等。1948 年，又遇灾荒，部分村民去往内蒙古东胜等地逃荒。

1963 年，因本地生活非常困难，有村民迁往内蒙古东胜县、临河县、杭锦后旗、五原县等地生活。20 世纪 80 年代，有村民迁居至内蒙古自治区乌海市、鄂托克旗等经济开发较早的地区。神府煤田开发开始，有部分农村劳动力赴神木县城、大柳塔镇或内蒙古自治区等地，务工经商。2000—2004 年，年户口迁出人数 100—200 人。2005 年以后，因涉及村集体收益分配，村民极少将其户籍迁出，每年户口迁移不足百人。2010 年后，镇域农村布点学校停办，为方便子女接受教育或因个人就业需要，许多家庭迁居神木市区，少部分迁居大柳塔镇、西安市、内蒙古鄂尔多斯市等地，但不迁移户籍。

2021年孙家岔镇各村居住人口情况统计表

表5

村名	小组	户籍人口		长期居住人口	
		户数	人数	户数	人数
孙家岔村	一组	95	415	65	156
	二组	101	437	80	180
	水井湾	100	304	39	195
朱概塔村	朱概塔	221	469	65	205
	李家湾	39	86	17	34
柳树峁村	王家湾	80	229	21	89
	杨家湾	64	154	26	84
	马连湾	89	215	43	126
	郭家畔	97	223	35	105
庙沟村	高家梁	43	121	6	15
	杜家梁	42	112	22	46
	张家沟	63	175	23	51
	马家梁	31	89	10	26
	苗家沟	43	116	13	24
	韩家梁	19	50	10	30
	刘家梁	39	101	18	30
	衙门地	55	146	19	40
排界村	排界	56	144	15	33
	红村	36	99	11	25
	乔伙盘	56	145	12	27
	黑界	29	72	6	14
	尚伙盘	55	126	21	47
	新伙盘	50	150	12	26
	锁匠伙盘	43	109	21	46
	大沟	72	192	32	72

续表 5

村名	小组	户籍人口		长期居住人口	
		户数	人数	户数	人数
三卜树村	本头墕	48	117	13	27
	崔家村	50	121	6	14
	赵家村	35	86	10	23
	何家村	20	51	3	5
	訾家村	50	132	23	63
	梁家梁	41	117	12	28
	李家梁	45	121	25	53
	黄花界	55	125	21	45
	花石岩	37	108	3	7
	寸草壕	73	178	8	17
乔家塔村	庙梁	40	114	6	14
	侯头窨	90	223	20	65
	李家村	76	206	42	142
	侯母河	71	184	51	135
	敖包塔	53	152	16	48
	碾房峁	50	134	9	20
	白圪堵	105	279	35	60
	张家村	82	236	13	30
	高家村	26	86	14	27
	袁家村	41	103	31	60
柠条塔村	柠条塔	107	318	42	131
	边不拉	93	230	35	89
	肯铁令河	88	227	37	109
	瓷窑塔	66	212	39	101
	沙峁	60	163	42	72
	生艾沟	57	193	32	85
	喷素叶	60	183	29	78

续表 5

村名	小组	户籍人口		长期居住人口	
		户数	人数	户数	人数
刘石畔村	宋武家	37	87	16	35
	石畔	90	269	56	201
	昌城	94	257	61	213
	超害梁	42	130	23	86
神树塔村	神树塔	148	355	64	191
	燕家伙盘	69	176	17	89
	安村	23	51	7	28
	敖包梁	16	44	4	18
	平寺梁	42	110	8	33
王道恒塔村	苏家塔	91	210	33	111
	王道恒塔	37	105	30	56
	赵家梁	41	110	30	45
	车岔	35	103	28	58
	刘城腰山	49	129	8	35
	补连沟	38	94	26	40
	连伙盘	36	88	3	4
	东沙沙庙	12	41	4	17
海湾张家沟村	海湾	80	209	45	118
	前喇嘛寺	131	384	85	120
	訾家庄	64	198	45	122
	小元梁	59	167	35	85
	东燕梁	30	76	21	87
	神官梁	48	122	21	60
	张家沟	50	142	30	112
	沈家墕	38	108	20	54
	尔林兔沟	54	120	37	105

续表 5

村名	小组	户籍人口		长期居住人口	
		户数	人数	户数	人数
燕家塔村	燕家塔	153	353	35	110
	燕家沟	56	151	24	72
	王洛沟	67	194	24	81
	折家伙盘	30	93	20	57
	哈特兔	69	184	35	94
	郝家渠	67	179	35	114
	乔家梁	62	169	30	98
宏光村	何村	39	116	26	68
	石场峁	50	132	24	64
	杨家湾	47	128	23	75
	乔家村	35	86	8	15
	李家墕	45	117	21	56
	炭窑峁	35	84	11	24
	小沙坡	36	92	7	15
	邱家梁	32	79	15	36
	马连塔前组	63	192	30	87
	马连塔后组	72	221	38	109

人口管理

户籍管理

1958年,《中华人民共和国户口登记条例》颁布，孙家岔公社统一造册管理户籍。1978年以后，公安派出所和公社共同管理户籍。1988年4月，镇域居民开始领取并使用居民身份证，1995年使用新版的户口迁移证和户口准迁证。1996年，派出所依据出生医学证明为新生儿办理户口登记。1999年，启用新版户口簿。2000年户口大整顿，镇政府管理的户籍档案全部移交公安派出所，户口实行网络化管理，居民换发新版户口簿和身份证。2004年，入户的新生儿换发身份证，身份证号中的行政区划代码由612722变更为610821。2010年1月1日起，取消农户和非农户区别，统一登记为居民户口。2016年，整顿一人多户现象，简化入户程序，户籍实现规范化管理。

计划生育管理

1958年以后，孙家岔提倡晚婚、晚育、少生，一般进行口头宣传教育。1974年开始对计划生育宣传活动略有重视。1976年孙家岔公社成立计划生育领导小组，开展计划生育宣传、动员，并开展供给节育药具等工作。1980年公社增加计划生育医务人员。1987年乡计划生育服务站成立，开始重点控制二胎以上生育和早婚早育。

1992年，孙家岔全乡开展计划生育秩序整顿工作，乡上成立以乡党委书记为组长的计划生育领导小组和计划生育协会，成立人口学校、计划生育办公室，村级配备专职计生村长和中心户长。各村及乡属机关企事业单位均成立计划生育活动室，建立各类表册档案。1993年秋，全乡开展计划生育“百日大会战”。1994年实行计划生育目标奖罚考核责任制。1995年落实计划生育村长和中心户长的工资待遇。1997 年，孙家岔镇获县计划生育“三为主”[①] 乡镇称号。1998 年，强化流动人口计划生育管理，查验流入育龄人口的婚育证明。

2002 年，贯彻实施《中华人民共和国人口与计划生育法》，提倡一对夫妻生育一个子女，对符合条件者可以安排生育第二个子女。重点打击“两非”（即非医学需要的胎儿性别鉴定，非医学需要的选择性别的人工终止妊娠）对象，当年向 178 人发放独生子女父母光荣证，每年补助保健费 120 元。独生子女发生意外伤残或死亡的，其父母不再生育的，每年发放补助。要求已生育的夫妻实行避孕措施，对超生者征收社会抚养费。加强流动人口计划生育管理，要求各行政村与房业主签订流入人口计划生育管理合同。各村和企事业单位计划生育工作由市县每半年进行考核评比一次。2003 年，人口出生率为 8‰，管理流入人口 6500 人。2009 年，全镇有县级命名的计划生育新家庭 153 个，2010 年达到 226 个。2011 年，政府开始实施“母亲健康工程”“优生促进工程”和“家庭创业工程”，组织已婚育龄妇女体检和进行“两癌”筛查，实行婚前和孕前保健制度，全镇人口自然增长率为 6.8‰，重点“三查”对象三查率达 100%；流动人口持证率、验证率均达 95%以上。

2015 年，全面实施一对夫妇可生育两个子女的政策。2016 年，全镇已婚育龄妇女 2953 人，符合政策生育率 97%，出生人口性别比 115（女性为 100），管理流入人口 12000 余人。2021 年，全面实施一对夫妻可以生育三个子女的政策，出生人口 155 人。

镇计划生育办公室 1992 年 11 月成立，为副科级事业单位，工作人员 3—5 人，历任主任：张子华、张志兴、乔振平、宋振平、张利平、杨婷婷。

镇计划生育综合服务站 1997 年成立，配备手术大夫 1 名和专业医护人员 2 名，在镇政府大院南侧建成总面积 1000 平方米的接生室、手术室、B 超室、宣传活动室，配备 B 超机、无影灯、产床、显微镜等设备。按季度对已婚育龄妇女进行 B 超检查，并实行定点分娩。2000 年镇计划生育服务站通过验收成为“省级优秀服务站”。镇计划生育综合服务站站长由镇计划生育办公室主任兼任，业务人员先后有吕建香、郑忠孝、刘凤琴、王兰芳、刘焕萍、白贵梅等。

---

① 即在计划生育工作中实行的以宣传教育、避孕节育和经常工作为主的指导方针。

镇流动人口计划生育管理办公室 2007年成立，负责全镇流动人口计划生育管理工作，历任负责人有呼永峰、李国斌、赵和平。

姓氏

主要姓氏

中华人民共和国成立前后，镇域有安、白、陈、崔、曹、方、范、冯、郭、高、关、呼、侯、贺、黄、韩、何、贾、焦、蒋、康、刘、李、梁、雷、苗、马、牛、乔、邱、任、宋、司、苏、孙、尚、田、解、徐、杨、尹、王、温、魏、吴、武、张、赵、朱、訾等姓氏。

2021年，镇域有安、白、边、蔡、曹、陈、崔、丁、杜、樊、范、方、房、冯、高、郭、韩、撖、郝、何、贺、侯、呼、胡、黄、贾、姜、蒋、康、孔、兰、雷、李、连、梁、刘、麻、马、苗、倪、牛、潘、庞、乔、邱、屈、任、尚、宋、苏、孙、王、魏、温、巫、吴、武、辛、徐、闫、燕、杨、袁、岳、云、张、赵、折、郑、庄、訾等姓氏，共计71个。其中，超过100人的姓氏有26个，分别为李（2006人）、张（1591人）、王（1522人）、白（1194人）、刘（1047人）、杨（975人）、赵（528人）、孙（424人）、崔（406人）、訾（356人）、郭（347人）、高（333人）、乔（326人）、燕（291人）、马（270人）、苏（252人）、雷（246人）、宋（204人）、武（177人）、边（163人）、何（153人）、折（138人）、邱（135人）、杜（124人）、牛（117人）、侯（101人）。

姓氏分布

镇域村庄早期多以家族聚居形成，少数大姓是多数村庄的人口主体。由于人口迁徙等原因，同姓族人也多分布在相邻村庄。

2021 年镇域各村人口主要姓氏分布情况表

表 6　　单位：人

村名	户数	村人口数量	户主姓氏	姓氏人口数量	占村内人口比例（%）	姓氏分布的自然村
孙家岔村	296	979	孙	402	41.06	一组、二组、水井湾
			李	151	15.42	一组、二组
			张	125	12.77	一组
			赵	81	8.27	二组、水井湾
			雷	71	7.25	二组
			白	55	5.62	一组、二组、水井湾
			陈	42	4.29	二组
			庄	16	1.63	二组
			屈	10	1.02	一组
			王	7	0.72	二组
			曹	5	0.51	二组
			郑	4	0.41	二组
			杜	4	0.41	二组
			边	3	0.31	一组
			刘	2	0.20	二组
			郭	1	0.10	二组
朱概塔村	246	555	王	212	38.20	朱概塔
			李	202	36.40	朱概塔、李家湾
			白	43	7.75	朱概塔
			杨	21	3.78	朱概塔
			张	16	2.88	朱概塔
			雷	14	2.52	朱概塔
			赵	14	2.52	朱概塔
			折	12	2.16	朱概塔
			郭	11	1.98	朱概塔、李家湾

续表 6

村名	户数	村人口数量	户主姓氏	姓氏人口数量	占村内人口比例（%）	姓氏分布的自然村
			崔	10	1.80	朱概塔
柳树峁村	331	821	王	146	17.80	王家村、杨家湾、马连湾、郭家畔
			郭	115	14.01	王家村、杨家湾、马连湾、郭家畔
			雷	112	13.60	杨家湾、马连湾、郭家畔
			李	71	8.65	杨家湾、郭家畔
			曹	65	7.92	王家村
			蔡	59	7.19	郭家畔
			杨	46	5.60	王家村、杨家湾、马连湾
			高	36	4.38	王家村、杨家湾
			屈	28	3.41	马连湾
			陈	19	2.31	马连湾
			马	18	2.19	杨家湾
			武	16	1.95	马连湾
			贺	13	1.58	马连湾
			袁	12	1.46	王家村
			张	11	1.34	杨家湾
			徐	11	1.34	马连湾
			折	11	1.34	马连湾
			郝	10	1.22	杨家湾
			崔	8	0.97	马连湾
			吴	8	0.97	郭家畔
			方	4	0.38	马连湾
			闫	3	0.30	王家村
庙沟村	366	910	高	104	11.43	高家梁
			张	74	8.13	张家沟
			马	68	7.47	马家梁

续表 6

村名	户数	村人口数量	户主姓氏	姓氏人口数量	占村内人口比例（%）	姓氏分布的自然村
			刘	62	6.81	刘家梁、衙门地
			乔	60	6.59	杜家梁
			杜	53	5.82	杜家梁
			崔	51	5.60	苗家沟
			康	50	5.49	衙门地、张家沟
			李	50	5.49	张家沟、高家梁
			郭	44	4.84	张家沟
			苗	37	4.07	苗家沟
			王	36	3.96	马家梁、衙门地、苗家沟、韩家梁
			杨	35	3.85	韩家梁、衙门地
			何	30	3.30	刘家梁
			方	25	2.75	衙门地
			武	21	2.31	衙门地
			韩	18	1.98	韩家梁
			折	16	1.76	刘家梁
			孙	16	1.76	衙门地、苗家沟
			吴	15	1.65	苗家沟
			蒋	13	1.43	韩家梁
			丁	12	1.32	马家梁
			白	10	1.10	高家梁
			郝	10	1.10	衙门地
			王	214	20.42	大沟、锁匠伙盘、尚伙盘、新伙盘、排界、乔伙盘、红村、黑界
排界村	397	1048	崔	158	15.08	大沟、锁匠伙盘、尚伙盘、新伙盘、排界
			张	108	10.31	大沟、锁匠伙盘、尚伙盘、新伙盘、排界、乔伙盘、红村、黑界

续表 6

村名	户数	村人口数量	户主姓氏	姓氏人口数量	占村内人口比例（%）	姓氏分布的自然村
			郭	92	8.78	大沟、尚伙盘、新伙盘、黑界
			杨	88	8.40	大沟、锁匠伙盘、尚伙盘、新伙盘、排界、乔伙盘、红村、黑界
			李	88	8.40	大沟、锁匠伙盘、尚伙盘、新伙盘、排界、乔伙盘、红村、黑界
			宋	62	5.92	大沟、尚伙盘、排界、红村
			刘	41	3.91	大沟、尚伙盘、新伙盘、乔伙盘、黑界
			高	35	3.34	大沟、乔伙盘、红村、黑界
			赵	33	3.15	红村、乔伙盘、大沟、锁匠伙盘
			呼	25	2.39	锁匠伙盘、尚伙盘
			白	24	2.29	大沟、尚伙盘、排界、红村、新伙盘、黑界
			贺	23	2.19	新伙盘、排界、乔伙盘、黑界
			雷	13	1.24	尚伙盘、新伙盘、排界、乔伙盘、红村
			乔	12	1.15	锁匠伙盘、尚伙盘、新伙盘、排界、黑界
			郝	10	0.95	锁匠伙盘、尚伙盘、乔伙盘
			武	10	0.95	锁匠伙盘、排界、红村
			孙	6	0.57	大沟、锁匠伙盘、尚伙盘、黑界
			尚	6	0.57	新伙盘

续表 6

村名	户数	村人口数量	户主姓氏	姓氏人口数量	占村内人口比例（%）	姓氏分布的自然村
三卜树村	492	1270	李	248	19.53	寸草壕、庙梁、赵家村、李家梁
			杨	181	14.25	寸草壕、庙梁、梁家梁、赵家村
			崔	145	11.42	崔家村、花石岩
			訾	132	10.39	訾家村
			边	116	9.13	黄花界、赵家村
			梁	63	4.96	梁家梁
			张	58	4.57	花石岩、庙梁
			撖	51	4.02	本头墕、花石岩
			何	50	3.94	何家村
			王	42	3.31	花石岩、梁家梁、本头墕
			赵	41	3.23	赵家村
			白	31	2.44	寸草壕、梁家梁、本头墕
			马	30	2.36	寸草壕
			贾	27	2.13	本头墕
			乔	21	1.65	本头墕
			宋	19	1.50	黄花界、赵家村
			刘	10	0.79	花石岩
			雷	5	0.39	李家梁
乔家塔村	595	1603	白	549	34.25	白圪堵、碾房峁、侯母河、敖包塔、侯头窨
			张	238	14.85	张家村、白圪堵
			李	191	11.92	碾房峁、敖包塔、李家村
			侯	101	6.30	侯母河
			高	83	5.18	袁家村、李家村、高家村
			刘	54	3.37	高家村、张家村、李家村、侯母河、白圪堵

续表 6

村名	户数	村人口数量	户主姓氏	姓氏人口数量	占村内人口比例（%）	姓氏分布的自然村
			杜	52	3.24	袁家村、碾房峁、李家村、侯头窨
			黄	43	2.68	敖包塔
			袁	42	2.62	袁家村
			梁	28	1.75	碾房峁
			屈	27	1.68	袁家村
			杨	27	1.68	高家村、白圪堵
			乔	22	1.37	李家村
			房	20	1.25	碾房峁
			倪	16	1.00	侯母河
			撒	15	0.94	高家村
			孔	14	0.87	李家村
			冯	13	0.81	侯母河
			任	13	0.81	侯母河
			姜	11	0.69	敖包塔
			苏	10	0.62	白圪堵
			郭	10	0.62	侯母河
			蒋	10	0.62	侯头窨
			辛	6	0.37	侯头窨
			邱	6	0.37	李家村
			王	2	0.12	敖包塔
柠条塔村	569	1613	白	340	21.08	边不拉、瓷窑塔、肯铁令河、喷素叶、生艾沟、柠条塔
			杨	180	11.16	边不拉、瓷窑塔、肯铁令河、生艾沟、柠条塔、沙峁
			刘	175	10.85	边不拉、瓷窑塔、肯铁令河、喷素叶、沙峁

续表 6

村名	户数	村人口数量	户主姓氏	姓氏人口数量	占村内人口比例（%）	姓氏分布的自然村
			马	98	6.08	瓷窑塔、沙峁、肯铁令河
			李	96	5.95	边不拉、瓷窑塔、生艾沟、柠条塔、沙峁、肯铁令河
			宋	89	5.52	瓷窑塔、肯铁令河、生艾沟、宋武家
			武	85	5.27	瓷窑塔、喷素叶、宋武家
			麻	57	3.53	柠条塔
			王	55	3.41	边不拉、肯铁令河、柠条塔
			张	47	2.91	瓷窑塔、柠条塔
			牛	46	2.85	瓷窑塔、沙峁
			邱	45	2.79	柠条塔
			徐	41	2.54	瓷窑塔
			崔	34	2.11	边不拉
			庞	34	2.11	喷素叶
			苏	32	1.98	生艾沟
			高	31	1.92	喷素叶、柠条塔、沙峁
			兰	29	1.80	喷素叶
			巫	18	1.12	沙峁
			范	15	0.93	边不拉
			雷	15	0.93	瓷窑塔、沙峁
			温	13	0.81	边不拉
			贾	12	0.74	肯铁令河
			魏	10	0.62	边不拉、喷素叶
			康	6	0.37	肯铁令河
			岳	5	0.31	喷素叶
			赵	5	0.31	肯铁令河
刘石畔村	225	646	刘	433	67.03	超害梁、石畔、昌城

续表 6

村名	户数	村人口数量	户主姓氏	姓氏人口数量	占村内人口比例（%）	姓氏分布的自然村
			牛	71	10.99	石畔、昌城
			吴	34	5.26	超害梁
			李	30	4.64	超害梁、昌城
			宋	16	2.48	昌城
			雷	11	1.70	超害梁、石畔
			白	11	1.70	昌城
			王	10	1.55	超害梁
			苏	10	1.55	超害梁
			尚	8	1.24	超害梁
			呼	4	0.62	超害梁
			赵	4	0.62	石畔
			潘	2	0.31	超害梁
			袁	2	0.31	石畔
神树塔村	387	946	王	341	36.05	神树塔
			苏	177	18.71	苏家塔、敖包梁
			燕	138	14.59	燕伙盘
			李	130	13.74	苏家塔、平寺梁、神树塔
			安	82	8.67	安村、敖包梁
			白	31	3.28	燕伙盘、平寺梁 、苏家塔、安村
			郝	21	2.22	燕伙盘
			贾	18	1.90	燕伙盘
			刘	5	0.53	神树塔、安村
			韩	3	0.32	神树塔
王道恒塔村	247	670	张	162	24.18	王道恒塔、补连沟、东沙沙庙、连伙盘
			赵	119	17.76	赵家梁
			乔	90	13.43	刘城腰山

续表 6

村名	户数	村人口数量	户主姓氏	姓氏人口数量	占村内人口比例（%）	姓氏分布的自然村
			杨	64	9.55	车岔
			刘	63	9.40	王道恒塔、刘城腰山、补连沟
			王	58	8.66	王道恒塔、赵家梁
			李	35	5.22	王道恒塔、补连沟、刘城腰山
			连	29	4.33	连伙盘
			屈	27	4.03	王道恒塔、车岔
			魏	19	2.84	王道恒塔
			冯	4	0.60	东沙沙庙
海湾张家沟村	553	1526	张	445	29.16	张家沟、海湾、前喇嘛寺
			李	284	18.61	小元梁、东燕梁、神官梁、沈家堨、海湾、前喇嘛寺、尔林兔沟
			訾	224	14.68	小元梁、海湾、訾家庄
			白	79	5.18	神官梁、沈家堨
			蒋	75	4.91	前喇嘛寺
			刘	69	4.52	东燕梁、神官梁、张家沟
			胡	55	3.60	小元梁
			马	56	3.67	小元梁、前喇嘛寺、訾家庄
			武	45	2.95	前喇嘛寺
			边	44	2.88	海湾
			杨	29	1.90	沈家堨、海湾、前喇嘛寺
			郭	27	1.77	东燕梁、神官梁、海湾
			王	24	1.57	东燕梁、神官梁
			宋	18	1.18	尔林兔沟
			杜	15	0.98	尔林兔沟

续表 6

村名	户数	村人口数量	户主姓氏	姓氏人口数量	占村内人口比例（%）	姓氏分布的自然村
			贾	11	0.72	海湾
			姜	7	0.46	小元梁
			陈	7	0.46	小元梁
			折	7	0.46	訾家庄
			贺	5	0.33	訾家庄
燕家塔村	543	1439	王	240	16.68	燕家塔、燕家沟、王洛沟
			张	237	16.47	燕家塔、王洛沟
			李	178	12.37	哈特兔、郝家渠
			燕	153	10.63	燕家塔
			刘	98	6.81	折家伙盘、燕家塔
			赵	90	6.25	王洛沟、何村
			何	73	5.07	何村、乔家梁
			乔	62	4.31	乔家梁
			折	50	3.47	郝家渠
			郭	47	3.27	哈特兔
			高	44	3.06	郝家渠
			杨	38	2.64	乔家梁
			郝	32	2.22	郝家渠
			贾	28	1.95	乔家梁
			云	27	1.88	郝家渠
			樊	21	1.46	燕家沟
			白	21	1.46	燕家塔、王洛沟、乔家梁
宏光村	416	1131	杨	266	23.52	石场峁、杨家湾 、乔家村、炭窑峁、马连塔后组
			李	252	22.28	石场峁、杨家湾、李家墕、炭窑峁 、马连塔前组、马连塔后组
			赵	141	12.47	马连塔前组、马连塔后组

续表 6

村名	户数	村人口数量	户主姓氏	姓氏人口数量	占村内人口比例（%）	姓氏分布的自然村
			王	132	11.67	石场峁、小沙坡、邱家梁、马连塔后组
			邱	84	7.43	邱家梁、李家墕
			张	70	6.19	小沙坡、李家墕、炭窑峁、马连塔前组、马连塔后组
			乔	59	5.22	乔家村
			折	42	3.71	杨家湾
			刘	35	3.09	马连塔前组、马连塔后组
			苏	23	2.03	马连塔后组
			胡	22	1.95	马连塔后组
			雷	5	0.44	石场峁

交通运输

清代中叶以后，神木边商与蒙古驼队往来于神木县城和内蒙古札萨克旗新街（今伊金霍洛旗札萨克镇）之间，并转往鄂尔多斯各旗。考考乌素河水草丰美，是商道上歇脚、过夜（俗称打路盘）之处。1921 年，京包铁路建成通车后，鄂尔多斯商品交易渠道改变，考考乌素河商道随神木边商生意冷落逐渐废弃。

20 世纪 70 年代前，镇域交通闭塞，仅有步行小道。1972 年，府谷至新街公路建成，结束了镇域没有公路的历史。20 世纪 80 年代煤田开发开始，交通先行，公路、铁路加快建设。杨陈一级公路和包神铁路纵贯乌兰木伦河谷，店红一级公路和红柠铁路沿考考乌素河横穿而过，矿区公路与通村公路在山原上纵横密布，形成服务能源化工基地的道路交通格局。

公路

20 世纪 70 年代之前，镇域内没有公路，只有乡间小路，村民出行不便，运输农用物资和生活日用品只能靠人力扛、用牲畜驮，畜用车辆也较少。1970 年，全长 7 千米的海湾至沙沙庙公路建成。1972 年，府（谷）新（街）公路建成，孙家岔至大柳塔全长 38 千米的砂土质公路修通，结束了镇域内没有公路的历史。1976 年，孙家岔村至刘石畔全长 23 千米的砂土简易公路修通，该路经沙沙庙村、海湾村，也是通往县城的第一条公路。

20 世纪 80 年代初，镇域乡村公路逐渐形成。1980 年，从孙家岔村经排界村、三卜树村李家梁、庙沟村柴敖包至柠条塔村喷素叶和边不拉全长 18 千米的公路修通。1984 年，从燕家塔村阳畔墕经郝家渠、锁匠伙盘至排界村全长 18 千米的公路修通，1985 年，从孙家岔村经马连塔、宏光、柳树峁村至庙沟村全长 20 千米的公路修通，1986 年实现了村村通砂土公路。1985 年 9 月，全长 18 千米、从店塔镇陈家沟至孙家岔村的三级公路通车，途经镇域水井湾、孙家岔、燕家塔、沙沙庙、神树塔等村，镇区才有了通往县城的柏油公路。

20 世纪 80 年代煤田开发后，先后建成包神府二级公路、杨陈一级公路、店红一级公路和通达村、矿区和产业园区的多条公路，运煤车辆川流不息。

府新公路

1969 年动工兴建，中途停修。1970 年动工扩建，1972 年竣工通车。该公路建成时由陕西省府谷县经神木县至内蒙古自治区伊金霍洛旗的新街公社，是经过镇域的第一条公路。公路建设时全县各公社派遣民工参加工程建设，民工实行军事化管理，每个公社民工设为 1 个营，每个民工由所在生产队记工分（每天 10 分），国家每天补助伙食费 0.8 元。孙家岔公社的营部设在柠条塔村井塔组白正华家的窑洞，公社干部王林任营长，庙沟大队支书王文学任副营长，营部工作人员王子亮、张正德，下设连队，柳树峁村李维华、庙沟村杨发则、马家概沟村高永勤任连长。神木南部乡镇的石匠参与桥梁的修建。工程建设缺乏机械，全靠人工，主要工具有手推小平车、十字镐、钢钎、铁锨，使用黑火药和炸药。1973 年，该公路为神木运输了大批救灾粮。道路建成后在乔家塔村碾房峁和刘石畔村设立道班。1985 年，在原路基上的部分路段铺设三级油路。由于车流密集，道路不堪重负，1987 年，部分改造为二级公路。2011 年改扩建为店红一级公路。全长 143.5 千米，其中榆林境内长 126 千米，神木市域内长 68 千米，镇域内从海湾组到乔家塔村袁家村组 23 千米，线路布设在考考乌素河左岸。

陈大公路

1974—1975 年，孙家岔公社修通孙家岔至陈家沟岔的简易公路，石砭路段仅能手扶拖拉机通行。1985 年 9 月，陈家沟岔至大柳塔乡的砂石公路竣工通车，该路在孙家岔乡域长约 20 千米。

包神府二级公路

起于内蒙古包头市，进入神木市后经乌兰木伦河左岸南下，跨孙家岔大桥后进入镇域，沿乌兰木伦河右岸继续南下，进入店塔镇后再沿黄羊城川进入府谷县。该二级公路全长 303 千米，陕西段总长为 141 千米，总投资 1.3 亿元，镇域约 14 千米。1988 年开工，1991 年 10 月 21 日竣工。

孙家岔道班位于孙家岔村一组，成立于 1998 年，属榆林公路管理段下属单位，养护路段为大柳塔镇敏盖兔至店塔镇刘二塄，2001 年有养护工人 22 人，历任班长有刘生勤、卢大强、薛立民、刘建强、高长厚。2006 年杨陈一级公路建成后，孙家岔道班被撤销，道路由杨陈一级公路管理处养护。

杨陈一级公路

2002年11月19日，杨家坡至店塔镇陈家沟岔一级公路开工建设。此路陕西公路局投资3.5亿元建设，全长50.38千米，镇域内路段从水井湾至神树塔村长约13千米，部分路段由包神府二级公路改造而成。2006年建成通车，该公路为神木市煤炭外运的重要通道，由陕西省交通建设集团管理。

乌兰木伦河孙家岔大桥

1988年，包神府二级公路建设过程中，在孙家岔村水井湾组修建桥梁长200米。2003年，杨陈一级公路修建过程中，在原桥梁北侧架设2号桥梁与原桥梁并列，形成双桥四车道。

神朔铁路与杨陈一级公路燕家塔段（摄于2021年4月）

乌兰木伦河孙家岔大桥（摄于2019年10月）

镇区出入口高架桥

2020年在店红一级公路镇区下行线东侧，开工建设高架桥，2021年4月建成，工程投资3500多万元。桥梁净跨40米，桥面全宽21米，净高6.5米。高架桥满足镇区及地方道路车辆上下通行的要求。

进入镇区的高架桥（摄于2021年6月）

店红一级公路

店塔至红碱淖的一级公路由陕西神榆路业发展有限公司投资20.8亿元建设。公路总长82千米，线路沿考考乌素河北岸布设，镇域长约24千米，部分路段由府新公路改造而成。2011年9月25日开工建设，2015年12月30日通车。

店红一级公路进入柠条塔园区立交桥（摄于2021年10月）

矿区专用公路

1998年动工，1999年建成通行，起点在孙家岔村二组，经马连塔村、沙坡村，终点在柳树峁村马连湾组，全长17.9千米，路宽8米，全线铺设沥青路面。另外，有马连塔支线2.6千米。矿区专业公路的建设资金由神木县财政投资和沿线13个煤矿集资而来。2006年，修通马连湾到乔家塔村袁家村小组道路，经庙沟、苗家沟村，全长17千米，路宽8米，马如不湾支线2千米。2010年，投资3900万元拓宽孙家岔村二组至马连湾的沥青路，路面扩宽至14米，为二级公路，总里程15千米。2020年，投资4000余万元改建马连湾至袁家村组二级沥青路，全长17千米。2021年，投资3110万元修通矿区公路宏光村改线工程。该矿区专用公路服务沿线陈家湾工业集中区及周边企业50余户，同时将省道301线与省道204线相连。

矿区公路张家村段（摄于2021年8月）

乡村公路

镇域内除两条国道外，还有大量通达村庄和厂矿的乡村公路。2021年，全镇通村道路共有72条。其中，水泥混凝土和沥青混凝土道路70条，共242千米；砂砾石道路2条，共13.07千米。

2021 年镇域乡村道路一览表

表 7

路线名称	起点地名	止点地名	里程（千米）	技术等级	层面类型	建成时间
燕家塔小区道路	燕家塔	孙家岔	1.50	三级	水泥混凝土	1996 年
马连湾—德泉煤矿	矿区路西口	德泉煤矿	3.11	三级	水泥混凝土	2000 年修建，2017 年改造
赵家梁工业区公路	王道恒塔村	平寺梁	8.00	三级	沥青碎石	2003 年修建，2009 年、2011 年改造
燕家塔—张家沟公路	燕家塔	张家沟	14.00	三级	沥青碎石	2003 年修建，2009 年、2011 年改造
燕家伙盘—神树塔	燕家伙盘东	神树塔	3.50	四级	水泥混凝土	2004 年
苏家塔道路	苏家塔	苏家塔	2.10	四级	水泥混凝土	2005 年
孙家岔村道路	孙家岔一组	孙家岔二组	1.50	三级	水泥混凝土	2005 年建成，2012 年改造
朱概塔—矿区路	朱概塔	矿区路	2.86	三级	沥青碎石	2005 年建成，2021 年改造
马如不湾—矿区路	马如不湾	矿区路	3.24	三级	沥青碎石	2006 年
李家湾—矿区路	李家湾	矿区路	2.34	四级	水泥混凝土	2006 年
排界—燕家塔	红村	燕家塔	3.72	二级	水泥混凝土	2006 年建成，2012 年改造
老曹渠—柳袁路	老曹渠	柳袁路	3.35	三级	水泥混凝土	2007 年建成，2018 年改造
哈特兔沟—杨陈路	哈特兔沟	杨陈路	3.11	四级	水泥混凝土	2008 年
马连湾—三卜树	马连湾	李家梁	6.94	四级	水泥混凝土	2009 年
刘家峁道路	刘家峁煤矿	矿区路	2.36	三级	水泥混凝土	2009 年
辛伙盘—三卜树村	辛伙盘	赵家村	3.50	四级	水泥混凝土	2009 年
龙华煤矿—矿区路	龙华煤矿	矿区路	1.50	三级	水泥混凝土	2009 年
好赖沟—崔家沟	好赖沟	崔家沟	3.37	二级	沥青混凝土	2010 年
集镇道路	孙家岔村委会	龙华煤矿	0.90	四级	水泥混凝土	2010 年

续表 7

路线名称	起点地名	止点地名	里程（千米）	技术等级	层面类型	建成时间
燕家沟—燕家塔	燕家沟	燕家塔	1.20	四级	水泥混凝土	2010 年
刘城腰山道路	刘城腰山	刘城腰山前梁	2.56	四级	水泥混凝土	2011 年
柠条塔—西客站	柠条塔园区	惠宝煤矿	5.68	二级	沥青混凝土	2011 年
刘家沟—水井湾	刘家沟	水井湾	5.32	四级	水泥混凝土	2012 年
柠条塔园区道路	店红路	柠条塔园区	4.80	二级	沥青混凝土	2012 年
乔家塔—侯母河	乔家塔	侯母河	3.14	二级	沥青混凝土	2013 年
马连湾新村道路	柳袁路	马连湾	1.22	四级	水泥混凝土	2013 年
创维煤矿—店红路	创维煤矿	店红路	0.90	四级	水泥混凝土	2013 年
福慧山道路	福慧山	福慧山	1.50	四级	水泥混凝土	2013 年
海湾煤矿—沙沙庙	海湾煤矿	沙沙庙	6.50	四级	砂砾石	2014 年
锁匠伙盘—沙沙庙	锁匠伙盘	沙沙庙	6.57	四级	砂砾石	2014 年
王洛沟—红村	王洛沟	红村	1.50	四级	水泥混凝土	2015 年
庙梁—排界	马如不湾	排界组	5.15	三级	水泥混凝土	2016 年
排界—李家梁	红村	李家梁	10.46	四级	水泥混凝土	2016 年
张家沟—排李路	狼窝渠矿	排李路	4.11	四级	水泥混凝土	2016 年
沙沙庙—杨陈路	何家村	杨陈路	2.20	四级	水泥混凝土	2016 年
盛博煤矿—柳袁路	盛博煤矿	柳袁路	4.25	三级	水泥混凝土	2017 年
纳林沟—柳袁路	纳林沟	柳袁路	2.84	四级	水泥混凝土	2017 年
敖包梁—张家村	康家梁	张家村	3.51	四级	水泥混凝土	2017 年
瑞祥煤矿—本头墕	瑞祥煤矿	本头墕	7.80	四级	水泥混凝土	2017 年
梁家梁—李家梁	梁家梁	李家梁	2.80	四级	水泥混凝土	2017 年
三卜树—何家村	何家村	訾家村	1.20	四级	水泥混凝土	2017 年
三卜树—本头墕	崔家村	本头墕	1.20	四级	水泥混凝土	2017 年
折家伙盘—张燕路	折家伙盘	张燕路	1.50	四级	水泥混凝土	2017 年
集镇道路	镇供热公司	孙家岔中学	2.20	三级	水泥混凝土	2017 年改造

续表 7

路线名称	起点地名	止点地名	里程（千米）	技术等级	层面类型	建成时间
补连沟—油坊梁	补连沟	油坊梁	3.04	四级	水泥混凝土	2018 年
白圪堵—店红路	白圪堵	店红路	1.41	四级	水泥混凝土	2018 年
王道恒塔—杨陈路	王道恒塔	杨陈路	3.07	四级	水泥混凝土	2018 年
王道恒塔村委会—赵家梁	王道恒塔村委会	赵家梁	1.27	四级	水泥混凝土	2018 年
王道恒塔村—刘城腰山	王道恒塔村	刘城腰山	3.80	四级	水泥混凝土	2018 年
柠条塔—边不拉	柠条塔	边不拉	1.33	四级	水泥混凝土	2018 年
小沙坡—矿区路	小沙坡	矿区路	3.23	四级	水泥混凝土	2019 年
燕伙盘—农耕地	燕伙盘	农耕地	3.14	四级	水泥混凝土	2019 年
瓷窑塔上山道路	瓷窑塔	喷素叶	5.51	四级	水泥混凝土	2019 年
柠条塔—种植基地	柠条塔村委会	种植基地	1.54	四级	水泥混凝土	2019 年
西边不拉—店红路	边不拉西	店红路	1.83	四级	水泥混凝土	2019 年
刘家梁—柳袁路	刘家梁	柳袁路	2.12	四级	水泥混凝土	2020 年
白圪堵—敖包梁	白圪堵	树梁	4.22	四级	水泥混凝土	2020 年
康家梁—苗家沟	康家梁	苗家沟旧村委会	2.14	四级	水泥混凝土	2020 年
衙门地—柳袁路	衙门地	柳袁路	6.85	四级	水泥混凝土	2020 年
马连塔前组道路	马连塔前组	矿区路	1.65	四级	水泥混凝土	2020 年
碳窑峁—矿区路	碳窑峁	矿区路	2.27	四级	水泥混凝土	2020 年
马家梁—高家梁	马家梁	高家梁	4.23	四级	水泥混凝土	2020 年
杜家梁—柳袁路	杜家梁	柳袁路	3.32	四级	水泥混凝土	2020 年
树梁—庙沟水库	树梁	庙沟水库	2.71	四级	水泥混凝土	2020 年
神树塔—垃圾场	神树塔	垃圾场	1.01	四级	水泥混凝土	2020 年
苏家塔石砭路	苏家塔	燕家伙盘	1.55	四级	水泥混凝土	2020 年
新民沟—店红路	喷素叶	店红路	6.39	四级	水泥混凝土	2020 年

续表 7

路线名称	起点地名	止点地名	里程（千米）	技术等级	层面类型	建成时间
红村—排界村委会	红村	排界村委会	3.65	四级	水泥混凝土	2020 年
锁匠伙盘—排李路	锁匠伙盘	排李路	2.14	四级	水泥混凝土	2020 年
尚伙盘—排李路	尚伙盘	排李路	1.90	四级	水泥混凝土	2020 年
李家梁—柳袁路	李家梁	刘家梁	9.88	四级	水泥混凝土	2020 年
张燕公路—瓷窑塔煤矿	瓷窑塔煤矿	张燕公路	2.70	四级	水泥混凝土	2020 年
王才伙盘区道路	王才伙盘	兴旺源公司	1.09	三级	水泥混凝土	2020 年

公路运输服务

杨陈一级公路与店红一级公路是运输大通道，过往车辆频繁。2021 年，镇域有从事煤炭运输的汽车 400 余辆。公路两侧遍布停车场、加油站、汽车修理等服务场所。2019 年，镇政府组织相关村集体进行集中整治，建设规范的停车场，配套提供汽车修理、司乘休息等服务。2021 年，汽车运输、维修等从业人员有 660 余人。

停车场　主要有孙家岔村二组停车场、燕家塔停车场、恒润公司停车场、张家沟停车场、柠条塔村瓷窑塔停车场、赵家梁停车场。

柠条塔停车场（摄于 2021 年 7 月）

店红公路与红柠铁路并行柠条塔段（摄于 2019 年 11 月）

汽车修理　孙家岔镇区、水井湾、燕家塔、刘石畔、柠条塔等片区的公路沿线和停车场均设有汽车修理店。2021 年，镇域有汽车、机电修理部 40 余个。

加油站　店红一级公路上海湾张家沟村有加油站 3 个、乔家塔村加油站有 3 个。柠条塔园区有加油站 1 个。海湾至燕家塔的公路有加油站 1 个。杨陈一级公路上的神树塔村有加油站 1 个、燕家塔村有加油站 3 个、孙家岔村有加油站 2 个。马连湾矿区公路沿线有加油站 3 个。

铁路

神府煤田开发后，神（木）朔（州）铁路、红（柳林）柠（条塔）铁路先后建成通过镇域，将优质原煤运往全国各地。

神朔铁路

该铁路是国家“八五”计划重点建设项目之一，是继大（同）秦（皇岛）

铁路之后的第二条超亿吨级的西煤东运大通道。神朔铁路为国家Ⅰ级电气化重载铁路，是国家能源集团煤、电、路、港、航一体化发展的重要组成部分。神朔铁路西起大柳塔站，北与包神铁路相连，南与神延铁路相接，东至山西省朔州西站，与北同蒲线接轨，在神池南与朔（州）黄（骅港）线相连，正线全长269千米。神朔铁路途经陕西、山西两省，陕西境内经神木、府谷2个市县，路段长约100千米，孙家岔镇域内路段长19.7千米，途经朱概塔村、水井湾村、孙家岔村、燕家塔村、王道恒塔村、神树塔村，线路穿行在乌兰木伦河谷之中。

铁路建设 1986年2月，神朔铁路一期工程建设项目立项，工程总投资76亿元。项目建设单位为华能精煤公司交通分公司，勘察设计单位为原铁道部第一勘测设计院。1990年6月1日开工建设。1992年2月，大柳塔至神木北的32

神朔铁路乌兰木伦河孙家岔大桥（摄于2021年10月）

冬季列车跨过神朔铁路乌兰木伦河燕家塔大桥（摄于2021年1月）

千米站前工程完成。神朔铁路全线分神木至大柳塔、神木北至府谷县、府谷黄河大桥至朔州三段工程，分别完工后进行工程初验。1996 年 7 月 1 日，全线建成通车。铁路正线数目为单线，预留复线，其中，部分地段一次建成双线，单线铺轨。1999 年 5 月，神朔铁路电气化改造工程开工，2000 年 12 月，电气化改造完成。2001 年 7 月 23 日，神朔铁路复线项目经国务院批准立项。2003 年 3 月 6 日，投资 23 亿元的复线电气化工程开始铺轨。2004 年 5 月 11 日，全线开通投入运营。

铁路建设施工单位有原铁道部第一局、三局、十一局、十二局、十三局、十五局、十七局、十八局、十九局、二十局、大桥局、电气化工程局、铁五局等 16 个国家一级施工企业。部分地方施工企业参加了房屋等工程施工。监理单位有铁路建筑研究设计院、华能精煤公司神朔铁路工程监理处、神华矿区质检中心等单位。

铁路运营　1996 年 7 月 1 日，铁路正式开通，按整列式重载列车编组，使用内燃机车牵引运营。2000 年 10 月，电气化改造完成，采用电力机车牵引，通信设备采用光同步传输技术，机车为韶山 4B 型，到发线、有线长度按 1050 米设计、施工，采用继电半自动闭塞行车方式。年设计运输能力初期为 2500 万吨。2002 年 3 月，铁路运输管理信息系统进行开发提升，改进调度系统作业，实现计划、列调、货调、机调各台之间以及与统计查询子系统的互联互通、信息共享。2003—2004 年，复线工程施工过程中兼顾运输，开创边建设、边运营、分段建设、分段开通的新模式。2002—2004 年，神朔铁路公司运量每年以大于 1300 万吨的速度增长，2004 年运量达到 8832 万吨。2005 年 1 月 13 日自动闭塞信号全线开通，行车密度缩短至 14 分钟一列。2005 年 11 月 30 日，铁路年外运煤炭 10011 万吨，成为继大（同）秦（皇岛）铁路之后的第二条超亿吨级的西煤东运大通道，《人民日报》、中央电视台《新闻联播》予以报道。2007 年 1 月，行车密度缩短至 12 分钟一列。2008 年 5 月，开行万吨试验列车。2009 年 8 月，神木北、燕家塔、府谷、王家寨、贺职站经扩能改造后建成万吨列车站，线路承载能力全面提高，牵引列车定数由最初的 13 辆提高至 66 辆，牵引总重达到 5676 吨，煤炭运量 4158 吨 / 列。2009 年 10 月 15 日，神朔铁路开出首列万吨列车，牵引列车定数 10 辆，牵引总重 10368 吨。2009 年 1 月至 2010 年，行车密度缩短至10分钟一列。2010年，投入使用全国首家“电子司机报单系统”。2012年12月27日，C64型132辆组合万吨列车试验成功，开创了国内C64万吨列车开行的先例。2013年5月14日，神华号交流机车3+0模式牵引116辆C80万吨列车试验取得成功。2016年，自主创新研发的大轴重车辆通用救援设备通过试验并获得成功。同年4月，成立信息通信段。2017年2月，开行长交路列车。2018年，开通重载铁路智能电分相装置，行车密度缩短至8分钟1列。2020年运输煤炭2亿吨。

朱盖塔站[①] 位于朱概塔村，始建于1992年，1996年由工程局临时运营，采用无联锁电话闭塞法行车。2001年由神朔铁路车务段正式接管。2003年双线自动闭塞电器集中联锁、2012年微机联锁。2008年朱盖塔站扩能改造开始，征用近1000亩地，2013年年底竣工，站中心里程为12千米+300米，技术等级为一等站，车站南北纵向3830米、东西横向283米，站内分重车场和空车场，其中重车场为5个线束，空车场为6个线束，每个线束采用3股道布置，有效长最小1668米，最大有效长2341米，平均有效长1976米，满足在运所有车型解编万吨条件，日均编组万吨25.4列，万吨解体10列。全站共56股道，道岔232副。2014年神朔铁路的运力每年3亿吨，2014年开始朱盖塔站成为神朔铁路最大的万吨编组站。

朱盖塔火车站（摄于2021年8月）

① 该站名沿用历史名称，未随村名更改。

朱盖塔火车站停满运煤列车（摄于 2019 年 10 月）

燕家塔站 1992 年，神朔铁路线在燕家塔村设立车站，1996 年开始运营。随后，神木北至包头站开通每日一趟客运车，燕家塔站设立临时客运小站，2008 年停运。2010 年，神朔铁路万吨列扩能改造工程燕家塔站开通。改造后站内到发线增至 9 条，有效长度达到 1800 米。

红柠铁路

该铁路是连接陕西煤业化工集团红柳林矿、张家峁矿、柠条塔矿的运煤专线。2006 年 4 月 11 日，陕西红柠铁路有限责任公司成立，负责建设运营红柠铁路。2010 年 7 月 13 日，红柠铁路正线铺架完成。2010 年年底，铁路建成并通车。线路从神延铁路红柳林站引出，沿考考乌素河北岸西行，途经镇域海湾村、张家沟村、刘石畔村、柠条塔村、乔家塔村，全长 42 千米，其中，镇域内路段 21.9 千米，在柠条塔设站。线路输送能力为每年 3000 万吨。

集运企业

神朔铁路与红柠铁路沿线有多户发运煤炭的铁路集运企业。

神木煤业燕家塔煤炭物资集运公司 位于燕家塔村，包神铁路旁，1991 年 12 月成立，注册资本 26877 万元，神木县煤炭公司创办，主要是煤炭中转发运，年设计发运量 1500 万吨。2019 年，投资 1.8 亿元进行环保改造，2020 年，有职工 115 人上缴税收 90 万元。2021 年有职工 109 人，发运原煤 305 万吨，上缴税收 147.3 万元。

燕家塔集运公司运装场景（摄于 2021 年 8 月）

陕西省何家塔煤矿装车站 位于孙家岔村水井湾组，包神铁路以东，2005 年建成何家塔煤矿铁路运煤专线，由陕西省何家塔煤矿组建，年发运量 400 万吨。2021 年有职工 61 人，发运原煤 270 万吨。

陕西龙华集团铁路集运有限公司 位于孙家岔村，由北京中洲海洋国际贸易有限公司和陕西煤业化工集团孙家岔龙华矿业有限公司共同出资设立，公司注册资本 3000 万元，资产总额 2.3 亿元，固定员工 44 人。公司经营以煤炭运销为主，焦炭、焦粒、建材、物资销售为辅。2021 年，有站内专用线 3 条、万吨储煤仓 1 座、定量快速装车系统 1 套、封闭式受煤坑快速装车系统 1 套、占地 104 亩的集装箱装车系统 1 套，铁路专运线总长 3.5 千米，年总发运量可达 1000 万吨。铁路专用线接入神朔铁路，连接大秦线、朔黄线，货物可直达黄骅港、天津港、曹妃甸、秦皇岛等港口。2019 年 9 月 1 日，企业被中共榆林市委、榆林市人民政府评为“2018 年度榆林民营企业财税贡献百强企业”和“2018 年度榆林批发零售业企业财税贡献五十强企业”。2021 年有职工 51 人，发运原煤 800

万吨，上缴税收 717.97 万元。

红柠铁路柠条塔煤矿集装站 位于刘石畔村，由陕煤集团神木柠条塔矿业有限公司运营，2010 年建成投用，年发运量 1000 万吨。

柠条塔矿业公司输煤栈桥（摄于 2021 年 1 月）

国能神东凯悦神木煤炭集运有限公司 位于燕家塔村，包神铁路旁，2013 年 12 月成立，注册资本 1.2 亿元，由神华神东电力有限责任公司和陕西凯悦实业有限公司出资组建，年设计煤炭发运量 1000 万吨。2019 年，投资 410 万元对环保设施进行改造。2020 年，有职工 220 人，上缴税收 782 万元。2021 年企业有职工 45 人，发运原煤 332 万吨，上缴税收 326 万元。

榆林朱盖塔煤炭集运有限责任公司 位于朱概塔村，2015 年 1 月 5 日成立，2018 年 5 月 30 日运行，占地面积 273544 平方米。由陕西榆林能源集团煤炭运销有限公司、神华神东煤炭集团有限责任公司和陕西神木能源集团有限公司三方共同出资组建，总投资 6.2 亿元，注册资本 1.6 亿元，设计规模年发运 1000 万吨，发运产品为周围煤矿企业生产的原煤、混煤、块煤等。2021 年，有职工 70 余人。2021 年企业有职工 76 人，发运原煤 180 万吨，上缴税收 395 万元。

神华神木燕家塔煤炭集运有限公司 位于燕家塔村，包神铁路旁，2015 年 10 月成立，注册资金 3000 万元，占地面积为 41114.40 平方米，由中国神华能源股份有限公司和榆林市中榆煤炭运销有限责任公司组建，设计规模年发运 1000 万吨，经营范围主要是煤炭、焦粉运输与中转。2020 年，投资 6300 万元进行了环保改造，有职工 50 余人。2021 年有职工 73 人，发运原煤 63 万吨。

镇村建设

孙家岔属黄土高原资源型川道城镇。神府煤田开发之前，镇区和刘石畔一带初具集镇雏形，其余村落均处于落后闭塞状态。神府煤田开发之后，镇域散布厂矿企业，尤以东、西两川集中。受地形、交通等区位条件制约，城镇建设长期处于较低水平。2006 年以后，孙家岔镇统筹城乡发展，加强镇区与其他工矿集中区的基础设施建设，努力实现均等化和广覆盖的镇村市政公共设施服务。同期，因煤矿搬迁形成的移民新村逐渐增多，按规划实施的新农村建设全面推进，镇村人居环境得到全面提升。

城镇建设

2018 年，镇政府委托专业机构编制《神木市孙家岔镇总体规划修编（2018—2035）》，将孙家岔定位为集产业、服务、居住、休闲于一体的现代化生态煤炭工业重镇，镇域东、西两川片区城镇化程度较高。东川片区以镇区为中心，南北连接燕家塔、朱概塔，集中在乌兰木伦河谷地带。西川片区依托柠条塔兰炭园区，以柠条塔村、刘石畔村为中心沿考考乌素河南北延伸。

镇区

2019 年，城镇规划范围北起水井湾，南到燕家塔，东西至燕家塔工业集中区乌兰木伦河两岸山梁，总面积约 434.85 公顷。规划将镇区划分为中心综合组团、福慧山教育居住组团、燕家塔居住组团和工业发展组团。

街道　1953 年，孙家岔区公所和供销社先后设在孙家岔村二组阳湾，后随

镇区街头（摄于 2021 年 6 月）

着营业所、粮站、医院、兽医站等单位入驻，逐渐形成一条南北长约1千米的街道。1981年，孙家岔公社在孙家岔村一组前滩建成20多孔窑洞，办公场所迁址，镇区中心位置南移，是时街道有个体经营门市10余个。

1985年，包府公路通车。此后，部分村民在镇区公路西侧修建砖混房和铁皮房，开展餐饮服务、百货销售、汽车修理等经营活动。20世纪90年代初期，镇区街面商铺达到20余户，并有录像厅、歌舞厅、台球厅等娱乐场所。90年代后期，孙家岔村一组在公路西侧建成混凝土房屋商铺200余间，主要经营日用百货，提供餐饮住宿服务。

2002年秋，镇政府对镇区公路两侧的街道路面进行改造，铺设路面砖。2004年，杨陈一级公路建成，原包府公路孙家岔村一组段千余米路面成为镇区主要商业街道。2005年，在孙家岔村一组新修农贸市场和两层商业设施，共3500平方米。2006年，镇政府投资120万元对机关门口至孙家岔村二组的1.8千米街道进行硬化。2008年，铺设镇区给排水管道2300米。2011年，投资580万元实施镇区排洪渠、挡墙等市政工程建设项目。2012年，投资500万元硬化、绿化镇政府门口至孙家岔变电所的1.2千米街道，并安装路灯。2013年投资56万元对镇区进行亮化、绿化。2015年，投资500余万元改造镇区道路1500米。2016年，投资400余万元建设道路700米，改造道路300米。2017年，铺设排污管2.5千米，接入燕家塔污水场，修建公厕2个。2019年，硬化集贸市场，绿化集贸市场东侧坡地，县民政局对镇区街道命名。2021年4月，镇区与杨陈公路之间建成高架桥，保障了镇区出入安全快捷。

中心广场 位于镇政府东侧，总占地14.7亩，南北129米，东西120米。2017年，镇政府拆除孙家岔村一组农贸市场及其附属街面房屋和派出所房屋，2019年广场建成。广场北侧建有四层商业楼1067平方米，西侧建有二层商铺1320平方米。东侧和南侧栽植花卉苗木，设置景观造型，周边配置路灯和健身器材及26个停车位，是镇区居民休闲娱乐和购物的重要场所。

文化广场 位于镇政府大门南侧，占地21.9亩。2020年，镇政府拆除部分民居进行建设，三层广场大楼建筑面积2340平方米，设置停车位89个。

福慧山文化广场 1987年，民间人士损毁的观音寺、龙王庙、河神庙、大仙庙等庙宇迁建于庙圪垯梁，后逐渐形成福慧山庙群。2011年，扩建庙群前文

镇中心广场全景（摄于 2021 年 8 月）

福慧山文化广场（摄于 2020 年 6 月）

化广场，为镇区重要的文化景观和群众公共文化活动场地。

主要建筑物 2007 年，镇区南侧建成建筑面积 2400 余平方米集餐饮住宿、休闲娱乐于一体的云水轩山庄。2009 年，村民在主街道建成五层住宅楼 1 栋，在镇医院南侧建成五层写字楼 1 栋。2011 年镇政府在原址建成建筑面积 3200 余平方米的六层办公楼 1 栋及附属二层办公楼 1 栋，2012 年在镇政府西侧建成建筑面积 3300 平方米的宾馆。2013 年孙家岔中学在学校东侧新建总建筑面积近 2 万平方米的教学楼等设施，孙家岔派出所在镇区西南新建四层办公楼 1 栋，孙家岔税务所新建建筑面积 600 平方米的二层办公楼 1 栋，孙家岔医院重建成四层办公楼 1 栋。

镇区街景（摄于 2021 年 6 月）

燕家塔片区

20 世纪 90 年代初，随着燕家塔铁路集运站开始运营，燕家塔工业小区建成，企业与居民向临近公路地段集中，形成居住与商业片区。街面 30 余户商铺多为铁皮房和简易房，主要经营餐饮和日用百货。2000 年，发展到 40 多户。2004 年，杨陈公路建成后对公路两侧简易房进行拆除。2005—2008 年，沿路建成长度达 2100 米的商业用房，其中，两层楼的商业用房延续 1500 米，一层楼的商业用房延续 600 米。2020 年，神华铁路集装站建成 18 层办公楼。

朱概塔片区

2014 年，神朔铁路朱盖塔扩能改造站开始运营后，朱概塔片区内建成多栋高层办公楼和宿舍楼，企业员工及其他流入人口达近万人，成为新型社区。朱概塔村民按规划修建一层房屋 200 余间，两层房屋 50 余间，片区有餐饮住宿、日用百货、网吧等经营户 30 余家。2020 年，村集体投资 400 余万元建成村中心广场和幼儿园。

柠条塔片区

20 世纪 60 年代，刘石畔是刘家石畔公社所在地。70 年代，府新公路开通，刘石畔村一带是西川人流与物流的重要集散地。80 年代，孙家岔贸易货栈在临近的柠条塔村设立。90 年代，随着煤炭企业增多，刘石畔村、柠条塔村的商业兴起，商店、饭店、汽车修理部和医疗门诊等商户与日俱增，集市形成。柠条塔工业园区建成后，邻近该园区的各村建筑连成一体，形成规模较大的商住集中区。2016 年店红一级公路通车后，在乔家塔村、柠条塔村安装路灯，柠条塔村沙峁组和瓷窑塔组在旧公路附近修建长约 1000 米的商业设施，建筑物多为四层或五层楼房，总建筑面积达 2 万平方米。

园子湾片区

20 世纪 90 年代，海湾张家沟村民在园子湾公路两侧修建商铺 40 余间，经营汽车修理、餐饮服务、百货销售，逐渐形成简易集市。2010 年，红柠铁路设柠条塔煤矿装车站。2013 年，东燕梁、小元梁小组建成建筑面积 6 万平方米的两层商业设施和部分民居。随着店红一级公路建成，餐饮住宿等服务业增多，该片区逐渐向海湾村延伸，海湾村民在公路东侧建成二层商铺 5000 多平方米。2021 年，张家沟小组建成建筑面积 12000 平方米、高八层的商住楼 1 栋。

新农村建设

中华人民共和国成立后，随着镇域人口增多和集体经济发展，民居与村集体建设的办公用房、学校、医疗等公共服务设施相应增多，村庄建设规模扩大。20 世纪 80 年代，随着家庭联产承包责任制施行和煤田开发，农村大量修窑建房，村民居住条件改善。2000 年后，镇域煤炭经济形成规模，因开采煤矿导致的村民搬迁形成了较多移民新村，按规划实施的新农村建设全面推进。2006 年起，按照“生产发展、生活富裕、乡风文明、村容整洁、管理民主”的要求，结合移民搬迁增多的实际，加快改善人居环境成为新农村建设工作的重点。村居建设向功能完善、配套齐全的高水平发展。

2019 年，镇政府委托专业机构编制《孙家岔镇乡村振兴规划（2018—2030）》，对 14 个行政村的发展进行规划。至 2021 年，建成红村、水井湾、哈特兔、生艾沟、朱概塔、马连湾、赵家村、本头墕、崔家村、张家沟、炭窑峁、排界、乔伙盘、郝家渠、燕家伙盘、瓷窑塔、刘城腰山、连伙盘等新型村民小组 30 余个，尚有三卜树村黄花界组和花石岩组等在建新村。

红村新村

2009 年，因煤矿开采实施移民搬迁，排界村红村小组新村建设总投资 1600 余万元，规划统一设计修建 12 套房，建筑面积 5000 余平方米，修建红白理事活动场所 300 平方米，安装太阳能路灯 20 多盏。2010 年，25 户 110 名村民入住。

水井湾新村

2011 年，孙家岔村水井湾组由本村民营企业家孙俊良投资 4000 余万元，在杨陈公路西侧拆除旧房屋建设新村，分两期共修建 46 套三层别墅，每套 480 平方米，建筑面积共 2 万平方米，修建 1 栋七层高的红白理事场所和 1 个文化活动场所，并对新村周围绿化。2012 年，144 户 302 人入住。2019 年，接通天然气。2020 年，实现供热公司集中供暖。

水井湾新村村民小区（摄于 2020 年 6 月）

哈特兔新村

燕家塔村哈特兔小组原分散居住在山沟区。2012 年，小组在杨陈一级公路哈特兔段东侧、乌兰木伦河西岸修筑河堤 1000 余米，平整出新村宅基地。按统一规划设计，总投资 1600 多万元，修建 35 套二层小楼和一幢四层高的楼房，建筑面积共 11000 平方米。修建村委会和红白理事活动场所，并安装太阳能路灯 20 余盏。2013 年，35 户 160 人入住新村。2014 年，投资 20 万元进行绿化，哈特兔新村入选“神木县美丽新村”。2019 年，建成污水处理站。2020 年，实行集中供暖并使用天然气。

宏光村新村

2010 年，宏光村李家塥、邱家梁、杨家湾、石场峁组因煤矿开采，集中搬迁至矿区公路北侧，按统一规划设计总投资 3500 万元建成二层楼房 100 套，总建筑面积 22000 平方米。2013 年，124 户 421 人入住新村，并进行环境绿化和道路硬化，安装太阳能路灯。2020 年，实现供热公司统一供暖。

2011 年，小沙坡组因煤矿开采，总投资 560 万元在原村庄的北侧建成 14 套

宏光新村（摄于 2021 年 8 月）

小院，建筑面积 3800 平方米，并硬化道路。

生艾沟新村

2013 年，因煤矿开采移民搬迁，柠条塔村生艾沟组按统一规划设计，总投资 3100 万元修建 51 套二层楼房，建筑面积 12000 多平方米，修建红白理事活动场所 300 平方米。2014 年，57 户 160 人入住新村。2021 年，实现集中供暖。

朱概塔新村

2009 年，因神朔铁路扩能改造征用朱概塔村朱概塔组土地 1500 多亩，该村大部分村民搬迁至规划住宅区。2016 年，村民投资 6800 余万元建成两层小别墅 120 套，建筑面积 25800 平方米，建成高两层、1000 平方米的村委会办公场所，建成高三层、2600 平方米的幼儿园，建成 3300 平方米的村活动广场。进行环境绿化和道路硬化、安装天然气、网线和路灯，铺设黄河岩溶水管道，实现供热公司统一供暖。

朱概塔新村（摄于2021年6月）

马连湾新村

2016年，柳树峁村马连湾组投资8000余万元平整新村宅基地30余亩，建设22套二层小楼、20套一层小院及一处二层村级办公场所，建筑面积11000多平方米。建设800余平方米的健身运动广场和1000余平方米的红白事务活动广场，建成42套养殖圈舍。2017年，36户180人入住新村。2018年，马连湾新村进行绿化，安装路灯40余盏。2020年，实现供热公司集中供暖。

赵家村新村

2019年，因煤矿开采移民搬迁，按统一规划设计，三卜树村赵村组总投资近1000万元在村庄北侧修建23套房，建筑面积3200平方米，新修进村水泥路，硬化巷道，绿化新村周边，安装太阳能路灯。2020年，23户83人入住新村。

本头塢新村

2019年，因煤矿开采移民搬迁，按统一规划设计，三卜树村本头塢组总投资1800万元修建33套二层小洋楼、8套小院，建筑面积8400余平方米，建成红白事务活动场所300平方米。2020年，39户118人入住，该村又进行绿化并安装太阳能路灯，实现集中供暖。

崔家村新村

2019年，因煤矿开采移民搬迁，按统一规划设计，三卜树村崔家村组总投资2200万元修建22套房，建筑面积7520平方米，并建成小型活动广场。2020年，41户120人入住，该村进行环境绿化和道路硬化，安装太阳能路灯，并实现集中供暖。

张家沟新村

2021年，因煤矿开采移民搬迁，海湾张家沟村张家沟小组，60余户150余人搬迁到原村庄2000米处的店红一级公路旁园子湾。该村投资1600余万元建成一栋高8层、有36套房的住宅楼，总建筑面积12000平方米。该楼引入黄河岩溶水管道、接入天然气和网络线路，实现供热公司统一供暖。

配套设施

2000年以后，镇域全面推进市政公共服务设施一体化，镇村供水、供电、供热、供气和通信、环卫保洁等服务基本实现了全覆盖和均等化。

供水

1984年，镇区实施自来水工程，供应镇机关及周围居民生活用水。2003年，自来水供应站成立，建设渗渠1200米及集水井、高位水塔，镇区铺设管道1800米，年供水能力达到14.6万立方米。2006年，民营企业孙家岔镇兰木自来水公司成立，负责镇区自来水供应与运营。2019年，镇政府在距离镇区15千米的李家梁建设高位水塔，将车尔盖沟的水引入镇区及排界、三卜树、燕家塔、柳树峁、庙沟等14个村组。

20世纪80年代以后，各村庄相继通电，村民多在院内打机井取水。后镇域地下水水位普遍下降，人畜饮水困难。从2008年起，镇政府按每人500元的补贴标准鼓励村组改造饮水设施，尚伙盘、庙沟、柳树峁等20余个村组先后建成饮水工程。按规划建设的新村由村集体统一实施供水工程。

2019年，店塔镇水务公司向孙家岔镇海湾张家沟村、刘石畔村、柠条塔村、乔家塔村等沿店红一级公路附近的企业和居民供应府谷黄河岩溶水。

供电

1977年，天桥电站投产，神木县电力输配网络逐渐延伸，通电范围扩大。孙家岔公社刘石畔、柠条塔等村因交通方便且有煤矿等社队企业，最先通电。1978年，孙家岔开始用发电机为机关单位临时供电。1981年，15.7千米10千伏高压线路架设至孙家岔，镇区实现了电网供电。随后山区村庄陆续通电。1995年，庙沟村通电，至此后实现了全乡各村庄通电。

1995年，孙家岔变电站建成。1998年，孙家岔供电所建成。至2012年，有孙家岔10千伏变电站、神树塔33千伏变电所、柠条塔11万伏变电所3处供电单位，皆为陕西省地方电力集团公司神木电力局的下属机构。

变电所　2021年，镇域有孙家岔、柠条塔、苏家塔、李家湾、陈家湾、小沙坡、赵家梁、缸房梁等变电所。

孙家岔变电站（摄于2021年6月）

孙家岔供电所　1989年9月，孙家岔乡电管站成立，受县电力局和孙家岔乡政府双重领导，负责乡政府以南村组及排界、尚伙盘一带的配电线路及变压器的管理维护，监管抄表、电费的收取工作。编制人员 4 人，先后由李治华、陈永虎、武永刚、赵增亮负责。1994 年，电管站改为县电力局下属机构。1998 年，该电力局乡管站与供电站合并，改称为孙家岔供电所，办公地址迁至孙家岔村 35 千伏变电站所在，负责孙家岔镇和大柳塔镇、中鸡镇、麻家塔乡的部分村组居民和工矿企业的生活生产供电。1999 年 10 月，办公地址迁至孙家岔村簸箕沙湾，占有土地 4650 平方米，办公楼为二层结构，共 16 间房 476 平方米。2005 年，西川一带的供电业务由柠条塔供电所管理。2012 年，中鸡镇业务由中鸡供电所管理。2020 年，孙家岔供电所负责镇域东川、大柳塔镇部分村组、燕家塔工业园区共 3260 户居民、385 户工矿企业的生活生产供电。全所共管辖 10 千伏配电线路 46 条，全长 396.82 千米，0.4 千伏低压线路 308.2 千米，配电变压器 472 台，总容量 96000 千伏安。2017 年，售电量为 9634.25 万千瓦时，2018 年售电量 10849.34 万千瓦时。2019 年，10 千伏售电量为 11435.43 万千瓦时，0.4 千伏售电量为 811.39 万千瓦时。

2021 年，有员工 16 名，历任所长：刘福让（任期为 1998—2001 年）、郭晓明（任期为 2001—2005 年）、赵军（任期为 2005—2009 年）、牛少军（任期为 2009—2014 年）、李维雄（任期为 2014—2015 年）、郭建成（任期为 2015—2019 年）、张增田（2019 年上任）。

柠条塔供电所　2005 年，神木县供电分公司柠条塔供电所成立，负责孙家岔镇、神木县西沙街道、柠条塔工业园区部分村组居民及工矿企业的生活生产供电。供电所为二层结构，共 16 间房 396 平方米，共管辖 10 千伏配电线路 23 条，全长 189.715 千米，0.4 千伏低压线路 66.268 千米，配电变压器 309 台，总容量 104820 千伏安。2016 年，售电量为 6738.56 万千瓦时，2017 年售电量为 8535.89 万千瓦时。2018 年，10 千伏售电量为 8969.95 万千瓦时，0.4 千伏售电量为 445.63 万千瓦时。2021 年，有员工 10 名。历任所长：刘玉明（任期 2005—2008 年）、李晓虎（任期 2008—2011 年）、白庆丰（任期 2011—2013 年）、李彦军（任期 2013—2019 年）、牛少军（2019 年上任）。

供热

2019 年，镇政府筹措资金 3.7 亿元，实施全镇集中供热工程，规划总供热面积 295 万平方米，主要利用镇域电厂的余热进行供热。当年，恒德余热供热公司向镇区、燕家塔片区居民和企业实现集中供热，供热面积 70 万平方米。2020 年，浩江供热公司向马连湾矿区公路沿线企业和村组供热，供热面积达 80 万平方米。兴旺源化工公司向王才伙盘工业区企业供热，供热面积 50 万平方米。店塔镇华北供热公司向海湾张家沟村、刘石畔村的村民和沿线企业供热，供热面积 90 万平方米。陕分能源供热公司向柠条塔村、乔家塔村及沿线企业供热，供热面积达 90 万平方米。2021 年，全镇企事业单位实现了集中供热覆盖，11 个行政村基本实现集中供热。

供气

2017 年，镇域启动天然气主管网建设工程，由陕西中盛天然气公司（地址在大柳塔镇）实施。2018 年，镇区及朱概塔、孙家岔、燕家塔等村和沿线企业开始使用天然气。2019 年，西川的海湾张家沟、刘石畔、柠条塔、乔家塔等村和企业开始使用天然气。至 2021 年年底，共建成管网主线 66 千米，支线 60 千米，全镇 8 个行政村 39 个村民小组的 3000 余户居民和 80 余户企业使用天然气。

环卫保洁

2009 年，孙家岔镇市政环卫所成立，聘用环卫工人 12 名，所长何云峰。2011 年，市政环卫所设为副科级单位。市政环卫所对镇区和燕家塔、水井湾公路两侧进行清扫。2012 年，镇政府购置垃圾清运车 1 辆、垃圾收集三轮车 15 辆、垃圾中转箱 15 个，并为各村配备垃圾小车。2013 年，镇区垃圾拉运至燕家塔园区管委会建成的垃圾处理场进行无害化填埋处理。2016 年，店红一级公路通车后，集中清运公路两侧垃圾。

2017 年，镇政府投资 160 万元为村组配置垃圾车 5 辆、垃圾箱 75 个、手推车 220 辆，投资 400 余万元清理镇区、公路和河道的垃圾。2018 年，成立市政环境卫生联合督查工作队，投资 250 万元购买环卫车辆 6 辆，开展镇村环境卫生整治，清理老旧广告牌，为各村民小组聘用保洁员。2019 年，在柳树峁等村组安装环保型示范厕所 20 余个。2020 年，市政环卫所并入镇公共服务站，西川一带的环境卫生清理保洁工作实现社会化管理，托管于保洁服务公司。

污水处理

2016年，镇区生活污水接入神木兰炭产业园区燕家塔片区的污水处理厂进行集中处理。2016—2021年，在工矿集中、人口稠密的村庄共建设6处居民生活污水处理站。

沙沙庙村污水处理站（摄于2020年1月）

2021年镇域居民生活污水处理站一览表

表8

名称	地点	总投资（万元）	投用时间	使用年限（年）	污水日处理能力（吨）
水井湾污水处理站	孙家岔村水井湾组	171	2018年	10	120
刘石畔村污水处理站	刘石畔村刘石畔组	144.8	2019年	10	150
瓷窑塔污水处理站	柠条塔村瓷窑塔组	70.71	2019年	10	40
沙沙庙村污水处理站	燕家塔村哈特兔组	102	2020年	10	50
神树塔村污水处理站	神树塔村神树塔组	110	2020年	10	50
燕家塔污水处理站	燕家塔村燕家塔组	160	2020年	10	120

垃圾处理

2016年，镇区生活垃圾运送至神木兰炭产业园区燕家塔片区的垃圾处理厂进行集中处理。2020年，镇政府投资1500余万元建成总库容量分别为60万立方米和4.6万立方米的柠条塔和神树塔生活垃圾填埋场，使用年限均为15年，对附近村庄的生活垃圾进行填埋处理。

镇域经济

20 世纪 80 年代之前，镇域属穷乡僻壤，产业以农牧为主。神府煤田开发初期，随着乡镇企业快速发展，商贸、建材、服务业逐渐起步。随着陕北能源化工基地建设工作的推进，煤炭及以兰炭为主的煤化工成为镇域支柱产业，农业、商业与服务业也随着工业的发展快速增长，孙家岔成为闻名遐迩的经济强镇。

经济总量

改革开放之初的 1982 年，镇域地区生产总值仅为 200 余万元。随着神府煤田开发，以小煤矿为主的乡镇企业逐渐增多。1992 年，镇域农业产值 523 万元，乡镇企业总产值 1470 万元。1998 年，孙家岔镇乡镇企业营业收入过亿元。此后，随着煤矿产能不断增加及煤化工产业的形成，镇域经济发展迅速。2005 年，镇域民营企业上缴税金突破 2 亿元。2021 年，全镇地区生产总值达 562 亿元，占神木市地区生产总值的 30.2%。2021 年，全镇在全国西部地区乡镇综合竞争力排名中位列第五名。

镇域地区生产总值

1982 年 214.7 万元，1983 年 310 万元，1986 年 426.8 万元，1992 年 1993 万元，2002 年 2 亿元，2005 年 12.98 亿元，2006 年 22 亿元，2010 年 120 亿元，2013 年 104.5 亿元，2014 年 137.82 亿元，2015 年 105.1 亿元，2020 年 352 亿元，2021 年 562 亿元。

财政

1986 年，神木县建立乡一级的财政，实行“划分税种，核定收支，收支包干，定额补贴”的管理办法，乡财政不设国家金库，其手续实行收支两条线管理。1991 年，县对乡继续实行“划分税种，核定收支”的管理办法。1998 年，县对镇实行“划分税种，核定收支，分级包干”的管理办法。2006 年，实行“乡财乡用县管”的管理办法。2012 年，实行“镇财县监管，村财镇代管”的管理办法，将镇作为县级预算部门对待。2004 年，随着农业税取消，村级三项提留和乡级五项统筹款随之取消。

1980 年，孙家岔公社财政收入 216152 元（含上级补助收入 153980 元），财政支出199400元。1992年，乡财政收入811136元，财政支出846936元。2000年，镇财政收入3198897元，财政支出3198800元。2021年，镇财政收入3792万元，财政支出4522万元。

2016—2021年孙家岔镇财政收支情况表

表9　　单位：万元

年份	财政收入	财政支出											
		合计	一般公共服务	文化体育传媒	社会保障与就业	节能环保	城乡社区事务	卫生健康	农林水事业费	交通运输	资源勘探信息	住房保障	灾害防治及应急管理
2016	1061	876	388	17	101	—	85	24	203	—	—	58	—
2017	1407	1449	760	17	36	—	188	—	402	—	—	46	—
2018	2980	3041	767	13	12	1010	336	—	820	45	—	38	—
2019	3599	3076	1102	—	204	658	555	—	496	22	—	39	—
2020	6175	5803	1317	—	200	543	954	15	1836	—	897	36	5
2021	3792	4522	846	—	49	290	2461	—	817	—	—	34	25

1986年，乡财政所成立。1995年，在镇政府南侧修建小院独立办公，2011年，搬迁至镇政府大楼。2012年，加挂农村财务服务中心和会计核算中心的牌子，建设标准化财政所并与上级联网实现信息数据共享。2015年，集中至镇便民服务大厅办公。2021年，更名为孙家岔财政和统计所，主要履行镇财政预算管理、惠农资金管理与发放、镇财政资金监管、镇财务管理、票据管理、农村集体“三资”监管代理及村级财务代理、新农合和新农保基金征收管理、镇国有资产管理、乡村债权债务管理等职责。历任所长：李刚、张世明、王树斌、呼志军、刘荣、高慧芳。

税收

1950年1月，镇域开征农业税。2004年1月1日，神木县在全国率先免征农业税。

1980年，孙家岔公社工商税收入44000元，农业税收入1120元。1983年，神木县税务局设孙家岔税务所，具体办理镇域税收工作。1995年，国税与地税分别征收。2002 年税收总额不足 400 万元，2005 年，税收总额达 2.3 亿元。2021 年，税收总额突破 100 亿元。

2007—2021 年镇域历年税收一览表

表 10　　单位：亿元

年份	地税	国税	合计
2007	0.62	6.13	6.75
2008	4.68	8.40	13.08
2009	6.15	7.85	14.0
2010	8.93	13.07	22.0
2011	9.93	15.59	25.52
2012	9.55	14.66	24.21
2013	5.21	15.33	20.54
2014	7.04	17.66	24.70
2015	6.93	13.32	20.25
2016	6.04	15.41	21.45
2017	14.17	46.61	60.78
2018（合并）	—	—	63.60
2019（合并）	—	—	68.63
2020	—	—	73.17
2021	—	—	100.52

1964 年 4 月，神木县孙家岔区税务所成立，后被撤销。1983 年，孙家岔税务所成立。1995 年 3 月 17 日，孙家岔国税所与地税所分设。1999 年 2 月，地税孙家岔税务所改为地税孙家岔中心税务所。2017 年 1 月，神木市地方税务局孙家岔税务所被国家税务总局评为先进集体。2017 年 2 月，神木市地方税务局孙家岔税务所被陕西省地方税务局授予全省地税系统“最美地税人”先进集体称号。2018 年 10 月 25 日，孙家岔地税中心所与孙家岔国税所合并为神木市税务局孙家岔分局，办公地址迁至镇政府南 800 米处。

孙家岔税务所历任所长：王兆谦（任期 1977—1980 年）、王天保（任期 1980—1989 年）、李志祥（任期 1989—1991 年）、牛小平（任期 1991—1995

年）。孙家岔国税所历任所长：牛小平（任期 1995—2001 年）、李志平（任期 2001—2004 年）、范振文（任期 2004—2008 年）、贺学东（任期 2008—2013 年）、李志平（任期 2013—2018 年）。孙家岔地税所历任所长：张昌义（任期 1995—1998 年）、高兆武（任期 1998—2003 年）、胡金平（任期 2003—2008 年）、张雄（任期 2008—2012 年）、姬鹏（任期 2012—2018 年）。孙家岔税务分局局长：李晓平（任期 2018—2021 年）。

市场监管

工商行政管理

1986 年，镇域市场监督管理工作由中鸡工商所负责。1994 年 1 月，孙家岔工商行政管理所成立。2017 年，镇工商行政管理所更名为镇市场监督管理所。历任所长：冯瑞敏（任期 1994—1996 年）、高光荣（任期 1996—2008 年）、温玉金（2008 年上任）。

食品药品监督

2013 年，孙家岔镇食品药品监督所成立，工作人员 2 名，负责人折海平。各村设立食品药品信息员，村内若有大型聚餐活动，食品药品信息员向镇食品药品监督所报告备案。2019 年 3 月，镇食品药品监督所并入镇市场监督管理所。

种植养殖业

明代，镇域属长城之外蒙古部落的游牧之地。清代初期，镇域为蒙古族牧民与汉族农民均不得进入从事生产活动的禁留地。康熙三十六年（1697），伙盘地开放耕种，从此镇域形成以农耕为主，兼营畜牧的业态。受地域自然条件限制，镇域土地贫瘠，采用的传统农业生产方式落后，产业规模极小。

中华人民共和国成立后，经过土地改革、农业合作化、人民公社化各个时期，政府组织开展农田基本建设，推广农业实用科学技术，农业生产水平有了显著提高。1959 年，陕西省林业厅编写的《粮食丰产经验汇编》收录庙沟生产大队山地谷子丰产经验。总体上镇域农业产业结构和基本生产方式并未发生大的改变，仍然属于农业生产落后地区。20 世纪 60 年代，神木县开展农业区划时将镇域的孙家岔公社划为牧区，刘家石畔公社划为半农半牧区。1981 年夏，孙家岔公社在全县率先试行包干到户责任制，农民获得生产自主权，种植养殖结构发生较大变化。随着神府煤田开发和退耕还林（草）政策的实施，农村劳动力不断向第二、第三产业转移，农业在镇域经济中的地位明显降低。2002 年，耕地承包期限再延长 30 年。政府通过推行土地流转、实施农业奖补政策、开展“一村一品”建设、发展规模化种养殖户、推行农村“三变”改革（资源变资

海湾村村民在春耕（摄于 2020 年 4 月）

神朔铁路公司种植养殖区的蔬菜大棚（摄于 2021 年 8 月）

产、资金变股金、农民变股东），土地确权登记等举措，培育合作社等新型农业主体，调整优化农业产业结构，发展生态农业、特色农业，提高农业整体效益。

种植业

农业耕种主要集中在东、西两川的河道及水源充足的沟谷，沙地农业以轮耕为主，产业规模小而分散，种植粮食作物品种先为杂粮后多改为玉米。

种植规模 1960 年，孙家岔公社耕地面积 9 万亩，其中水地 1.75 万亩。1964 年，孙家岔区播种面积 15 万亩，其中，孙家岔公社 28000 亩，刘家石畔公社 31643 亩。1969 年，孙家岔公社耕地面积 54673 亩。1972 年，孙家岔公社水地、梯田、坝地总面积 16127 亩。1979 年，孙家岔公社农作物种植总面积 48220 亩。1980 年，孙家岔公社粮食产量为 532 万斤。1982 年，镇域耕地 8 万亩，人均农耕地 9 亩。其中，沟台水地 3591 亩，滩水地 13436 亩。粮食播种面积 4 万亩，人均 4.5 亩，粮食总产 672.7 万斤。1987 年，镇域粮食播种面积 39500 亩，粮食总产 800 万斤。2003—2006 年，镇域粮食播种面积 21500 亩。2012 年，镇域有耕地 21270 亩，其中水地 5885 亩，山地 15385 亩，年产玉米 5565.9 吨、豆类 181.2 吨、薯类 1191 吨。2014 年，全镇马铃薯、玉米和小杂粮种植面积 1.1 万亩。2018 年，农作物播种面积 3.3 万亩。2021 年，农作物播种面积 2.55 万亩，使用化肥568吨，农用塑料薄膜覆盖面积519亩，使用农药430千克，基本农田37237.14亩，粮食产量1450万斤，实现农业产值1.1亿元。

1969年孙家岔公社各生产大队耕地情况统计表

表11

生产大队	生产队数（个）	耕地面积合计（亩）	水浇地（亩）	水田（亩）	梯田（亩）	坝地（亩）	引洪漫地（亩）
庙沟	8	5530	252	—	256	20	—
张家村	2	1920	39	—	—	—	30
白家渠	4	1890	60	—	—	—	—
乔家塔	3	1180	305	—	—	20	—
新民沟	3	2200	20	—	40	—	3
柠条塔	1	8510	208	—	—	—	141
刘石畔	1	980	200	—	—	—	—
张家沟	2	1557	33	—	50	5	—
訾家庄	1	600	50	—	—	—	—
海湾	3	2488	—	431	16	—	179
板定梁	1	1265	3	—	40	5	30
沙沙庙	2	1300	20	20	5	5	—
王洛沟	6	2137	1513	—	—	80	—
东方红	1	800	30	50	—	—	—
王道恒塔	3	900	—	70	—	—	80
刘城腰山	4	1536	70	15	35	20	12
孙家岔	3	1178	689	—	—	—	—
马连塔	2	985	—	135	—	—	60
朱盖塔	5	2484	100	659	—	—	120
红光	3	1200	25	—	—	—	—
前进	2	840	18	—	10	3	—
尚伙盘	3	1340	—	20	70	10	—
三卜树	3	3000	230	—		20	—
柳树峁	4	2494	85	85	15	12	—

续表 11

生产大队	生产队数（个）	耕地面积合计（亩）	水浇地（亩）	水田（亩）	梯田（亩）	坝地（亩）	引洪漫地（亩）
红旗	4	242	—	45	—	—	45
啊包塔	1	802	43	94	—	2	—
肯铁令河	1	242	60	—	—	—	—
沙峁	1	927	107	—	—	—	20
尔林兔沟	2	1212	50	86	—	8	—
超害梁	1	580	15	—	20	3	—
新伙盘	1	667	18	—	—	—	—
马家盖沟	1	1210	280	—	—	—	—
脑毛山	2	1477	3	—	40	4	5
平寺梁	2	1041	3	—	4	—	—
梁家山	2	1050	220	—	100	—	10
缸房梁	3	900	64	15	—	12	3
哈特兔	2	1440	35	—	—	—	—
合计	93	60104	4848	1725	701	229	738

1972 年孙家岔公社各生产大队耕地情况统计表

表 12

生产大队	生产队数（个）	“三田”面积（亩）				人均面积（亩）		打淤地坝（座）
		合计	水地	梯田	坝地	“三田”	水坝地	
庙沟	8	990	768	485	37	1.49	1.21	5
张家村	3	503	343	140	20	2.02	1.46	1
乔家塔	6	1126	866	200	60	1.9	1.56	2
新民沟	2	690	400	250	40	2.88	1.83	2
柠条塔	3	1111	930	60	11	2.11	1.99	3
刘石畔	3	649	508	100	41	1.35	1.14	4
张家沟	2	348	202	100	46	1.39	0.99	4
海湾	1	851	718	80	53	1.96	1.77	3

续表 12

生产大队	生产队数（个）	“三田”面积（亩）				人均面积（亩）		打淤地坝（座）
		合计	水地	梯田	坝地	“三田”	水坝地	
板定梁	4	981	738	140	103	1.81	1.55	5
红卫	4	313	235	65	13	0.82	0.65	2
王洛沟	5	970	740	100	130	2.25	2.01	3
尚伙盘	2	402	240	140	22	1.15	0.75	2
孙家岔	4	1401	1311	60	30	2.15	2.02	2
马连塔	3	546	482	30	34	1.43	1.37	3
朱概塔	4	1458	1328	100	30	2.38	2.19	2
红旗	4	371	291	80	10	1.03	0.81	—
柳树峁	4	475	340	100	35	1.03	0.83	2
三卜树	3	637	446	110	81	1.22	1.01	5
前进	3	358	235	90	33	1.30	0.97	5
东方红	3	1240	1115	60	65	2.49	2.37	5
王道恒塔	3	261	193	58	10	1.29	1	1
刘城腰山	3	446	288	97	61	2.26	1.77	—
合计	77	16127	12717	2645	965	—	—	61

2021 年镇域各村耕地情况一览表

表 13　　单位：亩

行政村	小组数（个）	承包地面积（亩）	基本农田面积（亩）
孙家岔	3	566.07	—
朱概塔	2	204.58	—
柳树峁	4	5500.02	3555.01
庙沟	8	2375.16	7144.47
排界	8	5212.76	2233.91
三卜树	11	8131.03	3478.08
乔家塔	9	1197.34	2945.24
柠条塔	8	6019.27	5859.53

续表 13

行政村	小组数（个）	承包地面积（亩）	基本农田面积（亩）
刘石畔	3	1881.57	—
神树塔	6	3183.99	1340.00
王道恒塔	7	1159.80	696.66
海湾张家沟	9	4032.91	5408.83
燕家塔	8	1197.81	2947.02
宏光	9	4647.29	1628.39
合计	95	45309.60	37237.14

作物品种 传统粮食作物品种主要有糜子（黍）、玉米、豌豆、荞麦。20 世纪 70 年代，水地种植夏粮有小麦、大麦、青稞、大豆、白豌豆，山梁地种植灰豌豆；水地种植的秋粮有玉米、高粱，山梁地种植的秋粮有谷子、糜子（黍）、绿豆、黑豆、豇豆、荞麦等，油料作物有黄芥、胡麻、臭芥、线麻、向日葵等。1982 年，糜子、谷子、荞麦的种植面积占总种植面积的 60%。80 年代末，不再种植夏粮，秋粮主要品种有玉米、谷子、黍、高粱、荞麦、绿豆、黑豆、马铃薯等。1996 年，玉米种植达到秋粮种植面积的 30% 以上。2000 年后，种植品种逐渐减少，政府发放良种补贴，镇域主要种植玉米、马铃薯，80% 的耕地种植玉米，少量耕地种植谷子、糜子、豆类、荞麦等。

蔬菜瓜果作物传统品种主要有白菜、马铃薯、豆角、菠菜、沙盖、黄萝卜、黄花菜、甜菜、南瓜、西瓜、香瓜、芫荽、蔓菁、葱、蒜、辣椒等。白菜、沙盖、蔓菁是秋冬腌制酸菜的主要品种，沙盖是特色野菜。20 世纪 90 年代后，增加西红柿、黄瓜、青椒、芹菜、水萝卜、红萝卜、茄子、葫芦等蔬菜品种。

农田灌溉 灌溉水源主要是考考乌素河、乌兰木伦河及其支流。1949 年，考考乌素河沿岸的乔家塔、柠条塔、刘石畔、海湾建成自流灌溉渠道 7.5 千米。1958 年，建成孙家岔渠道 3 千米。1959 年，在乌兰木伦河右岸建成朱盖塔自流渠道，1970 年，延伸 6 千米至水井湾、孙家岔等村庄，建成乌兰木伦河左岸神树塔村牛皮塔渠道 2 千米。1974 年，建成神树塔渠道 2 千米。2000 年后，河流水量减少，部分支流干涸，居民普遍打深井浇灌蔬菜地，先后建成乔家塔村白圪堵、排界村尚伙盘、排界村大沟、庙沟村张家沟等水库。2015—2021年，河道附近村庄相继建设电力抽水站，大部分自流渠道被取代。2018年，海湾张家沟村海湾组筹资3800余万元建设考考乌素河滚水坝。

农业机具 传统农具有铁锹、镢头、铁耙、犁、耧、锄头，提水农具有木桶、铁桶，收获农具有镰刀、铁叉、木叉、连枷、簸箕、筛子、碌碡。装运农具有毛口袋、筐子、扁担、笼驮、平板车，加工农具有碾子、石磨、碓臼、箩子等。1978年，新伙盘生产队购买全村第一辆小胶轮平板车。1978年，成立社办拖拉机站，开始使用手扶拖拉机、柴油机、抽水机。20世纪80年代末，三轮车、拖拉机、米面加工机等进入家庭农户。2005年后，政府对购买旋耕机、播种机、脱粒机、电动三轮车等农机具的农户给予资金补贴。2010年以后，基本使用旋耕机犁地，玉米收割机等农业机械。

农技推广 传统耕作粗陋，用牛、骡等劳役牲畜犁地，山地一般在耕地时入肥料入种子。施肥方式有撒肥、抓肥，播种方式有撒种、点种、按种。耕种时将土块打碎耙平，便于出苗。水地在耕种前先灌水泅地。禾苗出齐后，锄草定苗，头次间苗，二次定苗，三次松土保墒。

20世纪50年代，农技站成立，推广药剂拌种，预防病虫害。60年代，推广碳酸氢铵等化肥，开始使用化学农药。70年代，推广玉米、高粱、马铃薯等杂交品种，豆类作物与禾本作物间作套种，黑豆、糜子、谷子、马铃薯轮作。90年代，鼓励和扶持地膜种植。2000年后，种植大棚蔬菜，引入玉米、马铃薯等新品种，开展农民技术培训，财政对农户购置化肥给予补贴，推进朱概塔等“一村一品”示范村建设。

1990年，孙家岔乡农业技术推广站成立。后成立镇农业技术学校，农技员陈兰柱兼任校长。2012年，孙家岔农业技术推广站成立，有事业编制8名，负责孙家岔镇、大柳塔镇、店塔镇区域的农业技术推广，站长王文。2021年孙家岔农业技术推广站被撤销。

养殖业

镇域地广人稀，农民农作之余多有养殖。饲养的畜禽主要有猪、羊、鸡，养羊者居多。传统养殖方式是圈养和散养，成群的羊子实行放牧，大牲畜冬季圈养，夏季以散养为主。中华人民共和国成立前，有人为了长途运输物资而饲养骆驼。中华人民共和国成立后，饲养牛、马、驴、骡等使役大牲畜在镇域较为常见。人民公社时期，村集体饲养大牲畜，家庭零星饲养猪鸡。20世纪80年代，联产承包责任制实行后，全部改为家庭养殖。同期，养蜂专业户增多。2021年，神树塔村集体建成规模养牛场。

养殖规模　1964年，孙家岔公社养羊7886只、猪642头、牛510头、马90匹、驴430头、骡280头。刘家石畔公社养羊8998只、猪670头、牛462头、马58匹、驴594头、骡212头。1982年，镇域养羊2.2万只、猪2700头、鸡7000只、牛470头、马285匹、驴1317头、骡434头。1984年，养蜂50箱以上的专业户有王子清、崔志耀、赵世俊。20世纪90年代，用楼板盖圈，用水泥铺院，群众开始修建标准化圈舍，规模化养殖，定制料槽，使用铡草机、粉碎机等机械化工具饲养牲畜。2001年4月起，全镇实行封山禁牧、舍饲养殖政策，制止偷牧、散牧行为，政府对修建和改造圈舍、青贮窖进行奖励或补贴，推动畜种改良，2007年5月，孙家岔镇村民在赛羊会上获得三等奖。2021年，镇域羊子存栏19838只，猪存栏2616头，牛存栏313头，鸡存栏13157羽。镇域培育一大批规模化养殖合作社，享受政府奖补政策。

疫病防治　1966—1979年，镇域经常发生人畜共患的布鲁氏杆菌传染病。1979年，发生猪流感和羊快疫。1986年，镇域发生猪瘟。1987年，发生狂犬病。1999年，点状发生口蹄疫、大面积发生猪瘟。2000—2007年，为防治亚洲Ⅰ型口蹄疫、高致病性禽流感和布鲁氏杆菌传染病，镇兽医站开展家畜防疫和养畜技术培训。2004年，在柠条塔集市设立检疫点。

畜牧兽医站　1957年，燕家塔医院成立，兼营兽医业务。1961年，刘家石畔公社设兽医站，有村兽医马田则、白知文、刘元则。1967年，孙家岔公社兽医站成立。1997年，畜牧兽医站改为事业单位，受镇政府和县畜牧局双重领导。2017年，畜牧兽医站职能并入镇政府公共事业服务站。畜牧兽医站历任负责人：尤万仰（任期1963—1968年）、刘义高（任期1968—1979年）、李永昌（任期1979年）、刘义高（任期1979—1981年）、武万生（任期1981年）、白治岗（任期1981—1998年）、王志忠（任期1998—2001年）、杨自强（任期2001—

2006年）、刘凤卿（任期2006—2011年）、张治文（任期2011—2015年）、张楠楠（任期2017年至今）。

规模经营

20世纪70年代，社办企业海湾农牧场主要养殖大牲畜。从2006年开始，镇域逐步成立农业专业合作社、农业公司、家庭农场共20余个，种植品种有玉米、马铃薯、各类蔬菜、葡萄等，养殖品种有羊、猪、牛、鱼。

神朔铁路公司种植养殖区　2012年4月，神朔铁路公司投资建设该种植养殖区，2017年11月建成。种植养殖区分为苏家塔种植养殖区和朱盖塔种植区，总占地约188亩，种植区建有智能温室大棚，种植蔬菜和花卉苗木；养殖区养猪、鸡、鱼，并设置冷藏库、冷冻库等配套设施。

神木市丰满园农牧业发展有限公司　位于朱概塔村朱概塔组，负责人王子清。王子清1976年试验建0.3亩的温室大棚进行种植，建成一个8立方米的沼气池。20世纪80年代初，王子清在自留地种植葡萄，养蜂养猪近20年。2018年5月，神木市丰满园农牧业发展有限公司成立。2021年，温室大棚葡萄园扩大到32亩，有阳光玫瑰、夏黑、户太8号、正峰、玫瑰香、维多利亚、蓝宝石等34个品种。葡萄园套种芹菜、白菜、菠菜等低秆蔬菜，养鱼水域面积0.5亩，有鲤鱼、草鱼、鲢鱼等品种。2020年，建成沼气池16个，容积300余立方米，沼气产生的肥料用于种植葡萄和蔬菜，农业产品为有机食品。

神木市科霸生态畜牧有限公司　2011年成立，位于排界村黑界组，负责人王增怀。养殖占地面积80亩，建筑面积2000余平方米。养殖羊、牛、猪、梅花鹿、鹅、鱼，种植温室大棚蔬菜40余亩，种植玉米200余亩，有果园20亩，配置机械设备10余台和一个可容纳400余人的餐厅。

神木市连战种养殖有限公司　2017年成立，位于乔家塔村张家村组，负责人许旺瑞。该公司整理土地1400亩建成高标准农田，机械化种植玉米、马铃薯、白菜。

榆林市博浩生态发展有限公司　2009年成立，位于排界村新伙盘组，负责人郭智慧，种植小杂粮、沙棘、紫花苜蓿、紫穗槐、白芍，引进加拿大燕麦“白燕七号”及“抗干旱、半干旱农作物根际促生剂”农业技术。2010年，在排界、三卜树等村荒地种植沙棘2万余亩。

神木绿汀农牧发展有限公司 2018年成立，位于海湾张家沟村瓷窑塔组，负责人汪国生，利用煤矿露天开采治理区种植玉米1600亩。

其他企业及合作社 海湾张家沟村有秉诚种养殖农民专业合作社，燕家塔村有金沙种养殖农民专业合作社、昌衡农民合作社、利其勤种合作社、金沙种养殖公司、康力生态种养殖公司、庙沟村有岗峰种养殖公司、子博农牧业发展公司、小态湾种养殖公司、腾川种养殖农民专业合作社，排界村有文斌农民专业合作社、仙草农业合作社、赵志强种养殖公司，三卜树村有国瑞生态养殖有限公司、兴瑞种养殖农民专业合作社，柠条塔村有亿林生态种养殖公司、子清种养殖公司，乔家塔村有圣康畜牧养殖公司、振疆源种养殖农民专业合作社，柳树峁村有凯顺源生态发展公司，宏光村有彦军种养殖公司、碧野种养殖农民专业合作社，王道恒塔村有浩曦种养殖农民专业合作社、连红种养殖农民专业合作社，神树塔村有泰华生态农业发展公司。

工业

20世纪70年代，镇域仅有小煤矿、小瓷窑等少量社队企业。神府煤田开发初期，乡镇企业性质的小煤矿遍布镇域，服务煤田开发建设的小砖厂等小型建材企业也同步发展。90年代，煤炭采掘业成为镇域最重要的支柱产业（详见本志“煤炭工业”篇），围绕煤炭产业延伸的小兰炭、小电石、小冶炼等工业企业应运而生，镇域设置燕家塔工业小区和柠条塔、陈家湾、燕家塔、赵家梁等工业集中区。此后，随着产业转型升级的要求不断提高，高耗能、高污染的小型工业企业不断被淘汰，煤炭、兰炭、电力成为镇域支柱产业。2010年，神木县柠条塔和燕家塔工业园区成立。2019年，柠条塔工业园区和燕家塔工业园区合并为神木市兰炭产业特色园区。镇域工业以煤炭和煤化工为主，关联电力、金属镁、化肥、矿山机械、新材料制造等多种业态，发展循环经济的产业特色鲜明，并不断向规模化、清洁化、集约化、园区化发展。

兰炭

20 世纪 90 年代，煤炭滞销，因煤矿企业在周边场地上用块煤土法烧炼焦粉。由于土炼焦污染严重，从 1996 年 4 月 1 日起，神木县加强土焦生产管理。2000 年，土炼焦被全部取缔，镇域引进新型焦化炉进行生产，先期有运通、永昌、诚信、和跃、恒荣兴、蒙达、建平、宏大等 11 户焦化企业，年产焦粉 68 万吨。2002 年，龙华煤焦电公司的半焦生产线由年产 6 万吨改造为年产 50 万吨。2004 年，兰炭进入国家产业目录，焦化企业均改为机制兰炭企业，镇域有兰炭企业 49 户，每户生产能力在 6 万吨以上，年产规模不超 30 万吨，镇域总生产能力 462 万吨。

燕家塔兰炭企业集中区（摄于 2021 年 1 月）

2004年镇域兰炭企业情况一览表

表14

企业名称	地址	生产规模（台×万吨）	生产能力（万吨）	成立年份
神木县焦化厂	燕家塔工业区	—	—	1994
神木县通海机制兰炭公司	燕家塔工业区	2×3	6	1999
神木县金星机制兰炭公司	燕家塔村何村	2×3	6	1999
神木县运通机制兰炭公司	燕家塔村王才伙盘	2×3	6	2001
神木县永昌机制兰炭公司	燕家塔村王才伙盘	3×3	9	2001
神木县诚信机制兰炭公司	燕家塔村王才伙盘	2×3	6	2001
神木县建平机制兰炭公司	燕家塔村燕家沟	2×3	6	2001
神木县兴宁机制兰炭公司	燕家塔工业区	2×3	6	2002
神木县丰源机制兰炭公司	燕家塔工业区	3×3	9	2002
神木县汇川机制兰炭公司	燕家塔工业区	2×3、2×5	16	2003
神木县华立机制兰炭公司	燕家塔工业区	2×3	6	2003
神木县宝丰机制兰炭公司	燕家塔工业区	2×3	6	2003
神木县鑫海机制兰炭公司	燕家塔工业区	4×3	12	2004
龙华集团神木机制兰炭公司	燕家塔工业区	4×3、1×5	17	2004
神木县新丰机制兰炭厂	燕家塔工业区	2×3	6	2004
神木县和跃机制兰炭公司	陈家湾工业区	2×3	6	2001
神木县恒荣兴机制兰炭公司	陈家湾工业区	2×3、1×5	11	2001
神木县蒙达机制兰炭公司	陈家湾工业区	2×3	6	2001
神木县东盛机制兰炭公司	陈家湾工业区	1×5	5	2002
榆林市三磊机制兰炭公司	陈家湾工业区	2×3	6	2002
榆林市鸿运兰炭机制公司	陈家湾工业区	4×3	12	2003
神木县聚源机制兰炭公司	陈家湾工业区	2×3、1×5	11	2003
神木县鑫鑫兰炭公司	陈家湾工业区	2×5	10	2004
神木县天源机制兰炭分公司	陈家湾工业区	2×3	6	2004
神木县裕兴光明机制兰炭公司	陈家湾工业区	3×3	9	2004
神木高德机制兰炭公司	陈家湾工业区	1×5	5	2004

续表 14

企业名称	地址	生产规模（台 × 万吨）	生产能力（万吨）	成立年份
神木县鑫源煤炭公司	陈家湾工业区	2×3	6	2004
神木县神坤机制兰炭公司	陈家湾工业区	4×3	12	2004
神木县神兴机制兰炭公司	陈家湾工业区	2×3	6	2004
神木县宏光机制兰炭公司	柠条塔工业区	1×3、1×5	8	2001
神木县富源机制兰炭公司	柠条塔工业区	2×3	6	2001
神木县祥茂机制兰炭公司	柠条塔工业区	1×3	3	2001
神木县宏大机制兰炭公司	柠条塔工业区	1×3、1×5	8	2001
神木县来喜机制兰炭公司	柠条塔工业区	2×3	6	2002
神木县龙庆机制兰炭公司	柠条塔工业区	2×3	6	2002
神木县沙泉机制兰炭公司	柠条塔工业区	2×3、1×5	11	2002
神木县兴华机制兰炭公司	柠条塔工业区	3×5	15	2002
神木县龙祥机制兰炭公司	柠条塔村新民沟	2×3	6	2003
神木县开源机制兰炭公司	柠条塔工业区	1×3	3	2003
神木县汇源机制兰炭公司	柠条塔工业区	2×3	6	2003
神木煤电公司兰炭分公司	柠条塔工业区	4×3	12	2004
神木县煤海机制兰炭公司	柠条塔工业区	2×3	6	2002
神木县顺成机制兰炭公司	柠条塔工业区	3×5	15	2003
神木县神树塔机制兰炭公司	神树塔村	1×3	3	2000
神木县晟成机制兰炭公司	张家沟村	4×3	12	2003
神木县富达机制兰炭公司	海湾村	2×3	6	2002
神木县林海机制兰炭公司	海湾村	7×3、1×5	26	2003
神木县果树塔机制兰炭公司	刘石畔村好赖沟	1×3	3	2003
陕西恒源兰炭公司	赵家梁工业区	19×3、1×5	62	2003

2007—2008 年，神木县关闭年产量不到 60 万吨的兰炭企业，镇域兰炭企业整合为 9 户年产 60 万吨及以上的兰炭企业，企业延伸产业链条，一直稳定生产实现资源综合利用，利用兰炭炉尾气建成电厂、金属镁厂、硅铁厂等附属企业。2021 年，生产兰炭 947 万吨。2010 年镇域兰炭企业纳入园区管理后的产业

发展状况参见“产业园区”篇。

电力

20 世纪 90 年代，镇域利用煤炭资源丰富的优势发展火力发电企业。兰炭产业形成过程中，利用兰炭生产过程中产生的尾气发电，延伸产业链条，发展循环经济是多数兰炭企业的选择。2015 年以后，镇域开始规模建设太阳能光伏发电场，部分企业和村庄也建设小型光伏项目。

神木县煤焦电有限责任公司燕家塔电厂　位于燕家塔片区。该厂 1994 年 1 月筹建，4 月项目动工，11 月成立，一期总投资 2215 万元在燕家塔片区建成装机容量 6 兆瓦的资源综合利用电厂。1995 年 12 月，该厂利用焦化厂剩余煤气发电，配套一期 6000 千瓦并网发电。1997 年 5 月，继续利用剩余煤气发电，配套二期 6000 千瓦并网发电。1998 年，县煤电公司改制为民营企业。2002 年，三期发电机组投产，总装机容量达到 24 兆瓦。2012 年 12 月，燕家塔电厂并入龙华阳光发电公司，成为龙华煤业科技公司的子公司。2014 年，技改为 1 台 24 兆瓦汽轮发电机组。

陕西恒源投资集团发电有限公司　位于赵家梁片区，2001 年 4 月 27 日建成投产，一期机组 2×12 兆瓦，2019 年发展为有 7 台资源综合利用型发电机组，总装机容量为 175 兆瓦的发电公司，2021 年，建设 2×80 兆瓦发电机组，利用煤矸石、煤泥、兰炭尾气发电，年发电量 9.4 亿千瓦时。

神木市龙华阳光发电有限责任公司　位于燕家塔片区。2003 年由榆林供电局和龙华集团共同投资建设。2005 年，总投资 1.944 亿元的 3 台 25 兆瓦发电机组全部并网发电。2019 年，发电总装机容量 99 兆瓦，发电量 5.4 亿千瓦时。

神木市朱概塔资源综合利用发电有限公司　位于朱概塔村。2003 年，神兴煤电化有限公司成立，筹建资源综合利用电厂。2005 年，建成 2×30 兆瓦发电机组，利用煤矸石、兰炭尾气发电。2019 年，发电 3.7 亿千瓦时。2021 年开始技改，建设 1×60 兆瓦综合发电机组。

神木市洁能综合利用发电有限公司　位于柠条塔片区，部分土地属于神木市西沙街道。2010 年建成投产，利用附近户兰炭公司的尾气发电，规模为 1 台 50

兆瓦发电机组。

神木市新晨煤电化工有限公司附属电厂 位于柠条塔片区，2014 年建成投产，利用本公司兰炭尾气发电，规模为 1 台 30 兆瓦发电机组。2019 年，发电量 2.3 亿千瓦时。

神木市腾远发电有限公司 位于朱概塔村李家湾组，2016 年建成投产，利用兰炭尾气发电，规模为 2×30 兆瓦发电机组，2020 年发电 4 亿千瓦时。

神木市久业发电有限公司 位于孙家岔村二组，2017 年建成投产，利用兰炭尾气发电，规模为 30 兆瓦发电机组，2019 年发电 2.3 亿千瓦时。

神木市德润发电有限公司 位于燕家塔村，2017 年建成投产，规模为 2×30 兆瓦发电机组。利用兰炭尾气发电，余热为周边企业和居民供暖。

神木市兴旺源煤化工有限公司附属电厂 2017 年建成投产，位于王才伙盘工业区，规模为 1 台 4 兆瓦发电机组。利用本公司兰炭尾气发电，余热为周边企业和居民供暖。

陕西浩江洁能发电有限公司 位于孙家岔村二组，2018 年建成投产，利用本公司兰炭尾气发电，规模为 2×30 兆瓦发电机组，余热为周边企业和居民供暖。

神木市众邦煤化有限公司附属电厂 位于柠条塔片区，2020 年建成投产，利

朱概塔资源综合利用发电公司（摄于 2021 年 7 月）

用本公司兰炭尾气发电，规模为一台 50 兆瓦发电机组。

2015 年，三卜树村崔家村组 7 户村民在房顶安装太阳能设备，年发电量 37 万千瓦时。2016 年，北京云碳科技有限公司 20 兆瓦太阳能光伏发电场在燕家塔村王才伙盘建成、2 台 20 兆瓦太阳能发电光伏场在朱概塔村李家湾组建成。2017 年，赵家梁片区内的恒源发电公司、赵家梁煤矿、园区综合办公楼等场所利用建筑物屋顶，安装总容量为 710 千峰瓦的太阳能设备发电，实现了发电全部自用。

王才伙盘光伏发电场（摄于 2021 年 7 月）

陶瓷

清朝中期，张家沟村已经有瓷窑，产品有缸、盆、坛、罐、碗、碟、瓶、壶等盛具、餐具及灯壶、灯盏、灯座、火罐、花盆等日用品。制作工艺为：先将高岭土筛成像面粉一样的细末，用凉水和成团，再揉成直径 4 厘米左右的小团，累积成块，敲打成型，经过 3 次晾晒后定型，待干至七八成时，用硬黄土和成糊状，涂在坯子表面上釉，晾晒后，放入瓷窑烧 3 天，待冷却后出炉。

1956 年，张家沟村成立瓷业社，有 29 名工人，其中瓷匠 11 名，社长郭仲则。1978 年，孙家岔公社在张家沟村创建公社耐火陶瓷厂，委派张家沟大队党支部书记白铁则管理，有工人 40 多人，瓷窑 5 个，年产瓷器 13200 件，营业收入三四万元。20 世纪 80 年代末，张家沟有瓷窑 16 个，年最高产量达 2 万件。产品主要销售往神木周边及内蒙古鄂尔多斯地区。1990 年，产品改以陶瓷下水管道为主。40—90 年代，知名的手工艺人有陈憨东、陈治伟、郭九孩、王白如、张俊和、张占则、张平则、刘志彪、王子刚。2004 年以后，下水管道逐步被 PVC 管替代，陶瓷不再生产。

社办张家沟瓷窑工人合影（摄于 1978 年 1 月）

建材

20 世纪 70 年代，孙家岔、乔家塔生产大队生产手工砖。煤炭开发初期，为适应矿区大规模建设的需要，镇域大量开办机砖、水泥预制品等建材生产企业。后为适应环境保护、发展循环经济的要求，生产白灰、煤矸石综合利用机砖和商业混凝土等建筑材料。

白灰　2005—2010 年，镇域 3 户电石企业自产原料白灰。2010 年，神木市兴旺源煤化工公司利用兰炭尾气煅烧白灰，年产能 20 万吨。2017 年，陕西浩江煤业集团化工有限公司利用兰炭尾气煅烧白灰，年产能 20 万吨。

机砖　20 世纪 80 年代末，张家沟村、神树塔村苏家塔组、排界村先后建成小型机砖厂。2001 年起陆续修建年产量 100 万块以上的大型机砖厂，2018 年发展至 11 户机砖厂。2019 年，能耗机砖厂关闭后，镇域有 3 户煤矸石综合利用机砖厂，年产机砖 4500 万块。

1988—2021年镇域砖厂一览表

表15

企业名称	企业所在地	开办年份
排界机砖厂	排界村排界组	1988—2019
苏家塔机砖厂	神树塔村苏家塔	20世纪90年代中期
张家沟机砖厂	海湾张家沟村张家沟组	20世纪90年代中期
万家瑞机砖厂	排界村新伙盘	2009—2019
兴源机砖厂	宏光村前马连塔组	2001—2019
乔伙盘新型建材有限公司	排界村乔伙盘组	2012—2019
东源兴机砖厂	宏光村杨家湾组	2006—2019
宏盛机砖厂	乔家塔村高家村	2010—2019
德益机砖厂	乔家塔村张家村	2008—2019
永利机砖厂	柠条塔村柠条塔组	2010—2019
红旗源煤矸石建材公司	朱盖塔村朱概塔组	2016
腾业建材有限公司	庙沟村韩家梁组	2012
荣斌空心机砖厂	柠条塔村沙峁组	2008

石料　2000年后，在孙家岔镇朱概塔村李家湾组、宏光村马连塔、海湾张家沟村喇嘛寺组等地方，创建20多户石料厂，2021年减少到2户。

2000年后，在乌兰木伦河、牸牛川河道边开办的采石、采砂、砂砾石企业有10余户，2018年全部关闭。

商砼及水泥预制　2001年，燕家塔、水井湾成立水泥预制板厂。2005年后，先后在水井湾、李家湾、马连塔、燕家塔、柠条塔、张家村、平寺梁等村组开办水泥拌和站，至2021年共有8户。

其他工业

中华人民共和国成立前，镇域缸坊梁有酿酒作坊。20世纪70年代，碾房峁、柳树峁、庙沟、柠条塔等生产大队有集体油坊，刘石畔、红光等生产队生产铁制和木制小农具。1981年，孙家岔乡海湾农牧场创办防雹炮弹厂，生产2—

3 年后炮弹厂关闭；在柠条塔建成社办农业机械修配厂。1984 年，乡经济联合社、乡煤炭公司成立。1988—1995 年，燕家塔工业小区内先后建成县办铁厂、华原铁厂、宏吉铁厂 3 户生铁冶炼企业，1994 年在水井湾组建成水井湾铁厂。1993—2005 年，铁厂相继停产。1993 年，孙家岔乡建筑工程公司成立。2001 年，龙华煤焦电公司生产防爆柴油牵引车。2002 年，盛源硅钙厂、益源电石厂在燕家塔成立，后因环保不达标关闭。2003 年，神木市燕家塔铸造厂、水井湾组花柔纸业公司成立，2008 年水井湾组花柔纸业公司停产。2004 年，年产 5 万吨电石的神府经济开发区成泰电化有限公司在王道恒塔村成立。2005 年，乔家塔村张家村年产 1.2 亿条编织袋的榆林天盛包装有限公司成立。2011 年，孙家岔补连沟纯净水厂、王才伙盘永胜泡花碱厂建成，2014 年王才伙盘永胜泡花碱厂停产。

王才伙盘工业集中区

位于杨陈一级公路燕家塔村王才伙盘，镇政府负责管理。矿区油路横穿而过。2000 年，建成焦化企业 3 户和王才伙盘煤矿。2006 年建成的店红公路与杨陈一级公路的矿区连接线公路途经该区域。2015 年，北京云碳科技有限公司、博源废塑料环保科技有限公司成立。2017 年，神木市兴旺源化工有限公司成立，建成兰炭尾气发电综合利用项目，年生产兰炭 60 万吨，年洗煤 120 万吨，生产高炉喷吹料 20 万吨，生产白灰 20 万吨、活性炭 1 万吨，利用兰炭尾气可发电 2 亿千瓦时，2021 年，有员工 164 人。2009—2021 年，集中区先后建成洗煤企业 16 户（详见本志“煤炭工业·煤炭洗选”部分内容）、商砼站 1 户、加油站 1 户。2019 年，神木市政府批准王才伙盘片区总体规划（2018—2030），规划面积 2.2 平方千米。2020 年，建成工业区循环道路 3 千米。

王才伙盘集中区的化工企业（摄于 2021 年 7 月）

庙沟工业集中区

位于庙沟村域，矿区公路横穿而过，镇政府负责管理。2009—2018 年，逐渐建成洗煤公司 6 家、加油站 1 家、环保砖厂 1 家。

商业服务业

商业供销

20 世纪 50—70 年代，供销社、粮站是镇域仅有的商业主体。80 年代初，先有社办孙家岔贸易货栈成立，随后少量个体工商户在孙家岔村、柠条塔村等交通便利的村庄开办百货零售门店。1987—1988年，神木县爆发了一场羊绒毛“收购大战”，羊绒毛收购价格猛涨，镇域众多商贩介入牟利。羊绒毛掺沙造假，成为群众谈论最多的话题。不久，羊绒毛、皮张价格回落。1991年，羊绒毛价格再度回升，更多的人加入其中。羊绒毛市场再次萧条后给供销社和参与的众多商贩产生冲击。后随着矿区经济发展，镇区与柠条塔集市逐渐繁荣，工矿企业集中区域的商业规模日益增大。2004年，镇域个体工商店户349户。2021年年底，镇域个体工商店户800户，其中，超市、百货小商店128户，矿山机电经营部16户，粮油蔬菜店铺20户，肉食门市8户，供销社农用种子化肥门店1户，手机销售店铺10户，装修材料店铺3户，烟花爆竹店铺3户，家电店铺1户。

供销社 1950年，供销社在訾家庄成立。1953年迁至孙家岔村，1958年，供销社开办糖厂，用甜菜土法熬糖。1968年，设孙家岔门市部和大柳塔、刘石畔、石窑店等分销店。20世纪70年代，先后在刘石畔、小元梁、常家沟、石窑店、活鸡兔、庙沟、马家盖沟、韩家梁、柳树峁、张家村、海湾等村设立分销社。1974年，供销社组织各生产大队青年妇女开展蒲柳编织。1993年起，供销社实行承包经营。历任主任（指导员）为贾凤鸣、张启富、梁德英、解秀雄、刘培仁、武生有、王税林、单金柱、张世雄、郭世亮、孙福云、高和平。

粮食流通 1953年，粮食实行统购统销。1955年，孙家岔供销社代办粮食购销。1956年，孙家岔粮站在孙家岔村成立，开展粮食储存、购销业务，50年代，仓容量21万千克。80年代，增加到76万千克。1982年，粮站更名为孙家岔粮油购销站。1999年，改制为孙家岔粮食收储公司。2004年，有粮库15间，储存玉米216吨。2006年，粮食收储公司改制关停。历任主任为杨义于、罗占太、李宽喜、贾凤鸣、刘士居、杨义钦、李士君、张信、杭依新、刘志明、杨爱国。1979年开始，粮食市场开放，粮油经营户多为个体工商户。

贸易公司 1982年，孙家岔贸易货栈在柠条塔村设立，后更名为贸易公司。主要经营日用百货商品，并兼营餐饮、住宿，为镇域知名的商业服务类的乡镇企业。20世纪90年代初期，由个人承包经营。历任负责人为李永昌、陈胜良、孙俊良。

集市

镇域有镇区和柠条塔两处固定集市。

镇区集市　1976年，由公社倡导在孙家岔村设立牲畜交易集市，开办数年因交易稀少停办。2006年，孙家岔村孙根为、张斌飞等发起在新建农贸市场重新设立集市，集市摆摊只收取卫生费和管理费，集日为每月的农历初六、十六、二十六，即“逢六”赶集。2012年以后集市繁荣，集日车水马龙、熙熙攘攘，府谷县和内蒙古伊金霍洛旗的商贩们也远道而来，市场主要经营日用百货、蔬菜水果、农用物资和衣服等商品。2018年，农贸市场改建成广场，集市迁移在镇区南端。

孙家岔集市（摄于2021年6月）

柠条塔集市　1981年春设立，集日为每月的农历初七、十七日、二十七日，即“逢七”赶集。集市地点初设在贸易货栈门前的公路两侧，2016年，搬迁至店红公路柠条塔小组旁，并对集市场地进行硬化。

柠条塔集市（摄于 2019 年 12 月）

服务业

煤田开发后，镇域电信网络、金融保险、餐饮住宿、物流快递等服务业快速发展。

邮政 1952 年，排界村邮政所在排界村成立，有职工 4 人。1953 年 3 月，邮政所随区搬迁至孙家岔村。1958 年，有职员 7 人，负责公社至生产大队的投递工作。1995 年，邮政所搬迁至燕家塔村，建成 670 平方米的两层办公楼。1998 年，邮电分设时更名为孙家岔邮政所。2005 年，邮政所划归大柳塔邮政局管辖。2008 年，邮政所搬迁至孙家岔村一组街面，2011 年，再迁回燕家塔村。2013 年，在各行政村成立网点。历任所长为范振明、邱义祥、折永华、李春华、郑招贵、闫光华、刘兰生、孙太山、郭建平、张龙、王改娥。

电信 1956 年，孙家岔区安装电话。1972 年，邮电所安装农村简易会议电话设备，1976 年开通神木至孙家岔截波电话电路，1978 年，安装会议电话扩大机，1997 年，安装程控电话。1998 年，邮电分设为孙家岔电信所，镇区和柠条塔片区安装程控电话 300 余部。2000 年，手机逐渐普及，建成孙家岔、屈家梁、海湾等移动通信基站。2003 年，重新铺设固定电话线路，扩大装机容量。2004 年，孙家岔电信所改制为中国电信神木公司孙家岔分公司。2005 年 11 月，联通公司孙家岔镇办事处成立，移动通信网络信号覆盖率占到镇域的 95%，政府补贴农户 16 万元安装移动小康通电话 800 部，实现村村通电话。2012 年，孙家岔分公司隶属店塔电信公司。2015 年，移动公司大柳塔分公司孙家岔支局成立。全镇移动联通信号接收覆盖率达 100%，固定电话信号覆盖率达 90%。电信业务历任负责人为马志明、高振刚。

其他服务业　2021 年年底，镇域有餐饮店 100 余户、宾馆住宿 30 余户、广告电脑销售 3 户、网吧 1 户、洗衣店 3 户、洗车房 5 户、美容美发店 15 户。孙家岔集镇有圆通、顺丰等快递点，柠条塔村有中通、百世、圆通等快递点。

金融保险业

营业所　20 世纪 50 年代，中国人民银行神木支行成立孙家岔营业所。1983 年搬迁到孙家岔村一组，2002 年 6 月，营业所被撤销。历任主任为薛甫唐、张店卿、何万胜、朱喜明、倪存娃、李宝平、刘亚杰、乔志平、奥秀生。

神木农村商业银行孙家岔支行　1955 年，孙家岔信用社在孙家岔村成立，下设庙沟、庙梁、常家沟 3 个业务工作站。20 世纪 70 年代，各大队设立信用站。1983 年，搬迁到孙家岔村一组，2005 年搬迁至孙家岔村一组街道，建成三层办公楼。2005 年 8 月 6 日，信用社改制为神木合作银行孙家岔支行。2009 年 9 月 8 日，改为神木农村商业银行孙家岔支行。2021 年，有员工 15 人，存款余额 14.4 亿元。历任主任（行长）为贾过计、曹文斌、何万胜、郭治忠、何凤义、白富强、赵红旗、曹和平、郭军、尹治文、贺军、石光周。

神木农村商业银行西川分理处　2011 年 5 月，在柠条塔村沙峁组成立，金融服务涉及孙家岔镇的行政村，服务乔家塔村、柠条塔村、刘石畔村、海湾张家沟村。2021 年，有员工 11 人。历任主任为白小林、郭军、李小兵、曹磊、张文光。

建设银行神木孙家岔支行　2013 年 6 月，在孙家岔村一组成立，隶属大柳塔支行。2021 年，有员工 6 人，存款余额 6 亿元，贷款余额 5000 万元，个人客户 11000 余户，企业客户 200 余户。历任行长：孙瑞、白旭东、张健、白侯军。

保险公司　2016 年 5 月 25 日，西安乾坤保险代理有限公司神木县孙家岔营业部成立。2018 年 4 月 11 日，中国人民财产保险股份有限公司神木支公司柠条塔营销服务部成立。

煤炭工业

煤炭工业是镇域支柱产业。神府煤田开发后，先以乡镇企业办矿为主，1995 年，镇域煤矿数量达到 83 个。后历经多次资源整合与技术进步，煤炭工业不断向集群化、规模化、集约化、绿色化、智能化方向发展，并成为镇域最为重要的支柱产业。2021 年，镇域 37 个煤矿年设计产能 6290 万吨，既有年生产能力 2000 万吨的大型国有企业，也有为数众多的民营企业。

煤炭资源

煤层

镇域内所含煤层从上到下有五组九层，分别为$1^{-2上}$、1^{-2}、2^{-2}、3^{-1}、4^{-2}、4^{-3}、4^{-4}、$5^{-2上}$、5^{-2}。其中，4^{-3}煤、5^{-2}煤层在域内大部分面积均有分布，其余煤层在域内局部分布。1^{-2}、$2^{-2上}$、2^{-2}、3^{-1}、$5^{-2上}$、5^{-2}为可采煤层，4^{-2}、4^{-3}为局部可采煤层，4^{-4}为两层零星可采煤层，$1^{-2上}$为不可采煤层。

1^{-2}煤层　该煤层赋存于延安组第五段中上部，埋深60.21—180.26米，底板标高在1106—1170米之间，在考考乌素河及好赖沟煤层出露。可采煤厚0.80—2.50米，平均1.65米，结构简单，部分见煤点含1—2层夹矸，个别见煤点含3层夹矸，厚度0.12—0.68米，岩性均为粉砂岩。域内煤层厚度在西部及考考乌素河附近较薄，东北和东部较厚。其厚度变化趋势：由西部向东部逐渐增厚。该煤层为中厚煤层，大部可采，可采区范围内煤层厚度变化较小，且规律性明显，结构简单，煤类单一，煤质变化小，属较稳定型煤层。

2^{-2}煤层　该煤层位于延安组第四段的顶部，是镇域内北部主要可采煤层，煤层部分遭火烧或剥蚀，煤厚0—9.85米，平均厚度3.12米。煤层埋藏深度0—109.16米，底板标高1127—1154米。煤层结构简单，不含夹矸。煤层顶底板岩性以粉砂岩为主，泥岩、细粒砂岩次之。该煤层总体为中厚煤层，煤层厚度变化小且规律明显，煤层厚度西边最厚。例如陕煤张家峁煤矿井田周边最厚为9.85米，由西向东逐渐变薄，结构简单，个别区域遭剥蚀或自燃，大部分可采，煤类单一，属稳定型煤。

3^{-1}煤层　该煤层位于延安组第三段的顶部，距上部2^{-2}煤层间距0—37.77米，均为薄煤层，煤厚0.38—4.23米，平均厚度2.11米，煤层厚度西北边较厚，东南侧逐渐变薄。煤层埋藏深度0—144.48米，底板标高1090—1100米。煤层结构简单，部分范围内该煤层含1层夹矸，厚0.38—4.23米，层位较稳定。煤层顶板岩性以粉砂岩为主，局部为细粒砂岩或砂质泥岩；底板以粉砂岩为主。

4^{-2}煤层　该煤层位于延安组地层第二段，镇域内大部分可采，煤层厚度1.02—6.77米，平均厚度3.68米，煤层底板标高为1185—1200米，埋深4.00—53.60米，平均35米，层位稳定，局部含一层夹矸，夹矸厚度在0.30米左右，该煤层为中厚煤层，厚度变化小，结构简单，属稳定型煤层。

4^{-3}煤层　该煤层位于延安组地层第二段，域内4^{-3}煤层原属于4^{-2}煤层分叉煤层，仅在镇域西南片区分布，厚度0.1—2.12米，平均厚度1.3米，煤层底板标高为1180—1200米，埋深5.69—70.58米，平均28.80米，层位稳定，该煤层为中厚煤层，厚度变化小，结构简单，属稳定型煤层。

4^{-4}煤层　该煤层位于延安组第二段中下部，埋藏深度49.60—184.17米，底板标高1042—1118米，煤层厚度0.10—1.20米，平均厚度0.79米，极差1.10米，标准差0.23，镇域内局部含有该煤层，与5^{-2}煤层间距28.27—54.13米，平均间距35.14米。平面自燃宽度较小，一般不超过100米。

$5^{-2上}$煤层　该煤层赋存于延安组第一段的顶部，煤厚1.68—3.52米，平均厚度2.65米，北部薄南部厚。煤层埋藏深度72.03—235.26米，底板标高1010—1030米。煤层结构简单，部分范围内部含1层夹矸，厚0.14—0.54米。煤层顶板以细粒砂岩为主，局部中粒砂岩及粉砂岩；底板以粉砂岩为主，局部为粉砂岩和细粒砂岩。煤层厚度变化小且规律明显，结构简单，全区可采，大部分分布在镇域北部马连湾一带，煤类单一，属稳定型煤。也有勘探资料认为5^{-1}煤层与5^{-2}煤层为同一层煤。

5^{-2}煤层　位于延安组第一段中部或上部，井田内埋藏深度0.00—220.89米，底板标高1004—1080米，煤层厚度2.47—7.35米，平均厚度5.66米。该煤层厚度变化较大，属沉积稳定的全区可采中厚—厚煤层。镇域内由西向东呈分岔状，分岔区上分层编号为5^{-2}、下分层编号为5^{-3}煤层。5^{-2}煤层结构简单，大多数见煤点不含夹矸，部分煤层底部含1层夹矸，夹矸厚度一般为0.10—0.20米。直接顶板以粉砂岩和砂质泥岩为主，其次为中粒砂岩和细粒砂岩。底板以粉砂岩为主，次为泥岩。分岔区与5^{-3}煤层间距0.90—4.29米，平均间距为1.85米。平面自燃宽度较大，一般在200—2000米之间。

煤质

镇域煤炭煤质优良，总体上岩类型以半暗型、半亮型煤为主，部分为暗淡型和少量光亮型煤。各煤层中或中下部含有褐黑色菱铁质鲕粒或钙泥质似豆状结核，直径 1—5 毫米。各煤层矿物质含量很低，一般 0.2%—1.3%，以黏土类及碳酸盐类为主，其次为硫化物，氧化物很少。黏土矿物呈棕色粒状聚集和灰色粒状两种形态分布于各基质中；碳酸盐矿物为方解石、菱铁矿及菱镁矿，呈脉状充填于裂隙中；硫化物以黄铁矿薄膜和星散状晶体分布于裂隙中；氧化物为石英颗粒，呈稀疏状分布于基质中。各煤层均属低变质烟煤。煤类多为不黏煤，少量为长焰煤。煤挥发分产率高，热值高，特低硫，低灰，低磷，低砷，低氟，热稳定性强，抗碎强度高，可用作动力燃料和工业气化用煤。作为炼焦配煤，其用量一般不超过 10%，可多产气和降灰、降硫。各煤层原煤样燃点与氧化样燃点之差为 35℃—59℃，属于易自燃煤层。

储量

镇域面积 421.19 平方千米，煤炭地质储量 120 亿吨。各煤层储量分别为 2^{-2} 煤层约 16.9 亿吨，3^{-1} 煤层约 11.4 亿吨，4^{-2} 煤层约 19.9 亿吨，4^{-3} 煤层约 7 亿吨，4^{-4} 煤层约 4.2 亿吨，$5^{-2上}$煤层约 14.1 亿吨，5^{-2} 煤层约 30.7 亿吨，1^{-2} 煤层地质储量约 15.8 亿吨。

开采方式

镇域煤炭开采方式分为井工开采与露天开采两种方式。

井工开采

清雍正年间（1723—1735）无名氏编手抄本《神木县志》“境有燕塔等煤窑”，为镇域煤炭采掘的最早记载。民国时期，镇域有乔家塔村瓦灰窑煤矿、马连塔煤矿、庙梁煤矿。神府煤田开发前，仅有10余处社办煤矿。神府煤田开发后，采煤业开始发展。初为乡镇煤矿小规模开采，全部为独眼井，后开采方式由手工巷柱式逐步转变为手工房柱式开采。20世纪90年代，发展为长壁式炮采。21世纪初，发展为长臂后退式开采。2007年开始，通过资源整合逐渐发展为综合机械化采煤，生产效率大大提高。2009年，国有大型煤炭企业陕煤柠条塔矿业公司年产千万吨级矿井建成投产。

手工开采　神府煤田开发前，露头煤区域居民视煤炭若土石，当地居民使用燃料人工在崖畔、山沟开采露头煤极为方便。少数独眼井小煤窑规模小、采煤设备简陋，一般窑口最高不过2米，低的不足1米。窑工手持炭镢，匍匐入内，以人力掘进搬出。当地有俗语，农民“农忙随牛地里转，农闲下窑掏黑炭”。

房柱式开采　20世纪80年代，镇域多数煤矿采煤时采用木质支架支护的“房柱式”开采方式，即留块状支承煤柱的房柱式采煤法。通常把4—5个以上煤房组成一组同时掘进，煤房宽5—6米，煤房中心距为20—30米，每隔一定距离用联络巷贯通，形成方块或矩形煤柱，煤房掘进到预定长度后，即可回收煤柱。用爆破法落煤，人工装煤、输送机或普通矿车运煤。用此种方法回收残留煤，煤回采率为30%—40%。21世纪初发展为壁式布置房柱后退式开采，在巷道布置、煤体切割及煤柱回收方面较之前采煤方法有所不同。在盘区准备巷道一侧或两侧布置长条形房柱，即为条状煤柱房柱式采煤法。此种方法比之前块状煤柱房柱式采煤法有了提高，煤回采率达40%—50%。采用房柱式采煤方法的优点是回采工艺简单，采空区留煤柱支承，工作面人员少，生产灵活；缺点是采出率低，工作面串联扩散通风，通风效果差，劳动条件差，通风及安全隐患大。

综合机械化开采 随着科学技术的进步，到2010年，镇域大部分煤矿采煤工艺逐渐转变为技术先进的综合机械化采煤方式。综合机械化采煤是采煤工作面全部生产过程，包括破煤、装煤、运煤、支护、采空区处理及回采巷道运输、掘进等全部机械化，且在回采过程中，采用全部垮落法处理顶板。综采工作面的主要设备有：采煤机、可弯曲刮板输送机、液压支架，简称“三机”。刮板输送机是综合机械化采煤工作面的主要运输设备，除了运送煤之外，还可作为采煤机械的运行轨道和液压支架移动的支点。固定采煤机有链牵引的拉紧装置或

井下液压支架（摄于2020年5月）

采掘机正在割煤（摄于2020年7月）

陕煤柠条塔矿业公司采掘工作面（摄于 2020 年 3 月）

无链牵引的齿轨，并有清理工作面浮煤，放置电缆、水管、乳化液胶管等功能。综合机械化开采技术的应用，极大降低了煤矿开采劳动强度，提高了煤矿开采的安全性及生产效率。地方煤矿采用综合机械化采煤工艺，极大提高了资源的回采率水平。随着开采方式的转变，镇域煤炭产量变化较大。2018 年年底，镇域煤矿基本采用机械化综采设备矿井。陕煤柠条塔矿业公司采掘机械化程度达到 100%，地方煤矿的采煤机械化程度达到 60%，掘进机械化程度达到 60%。

智能化开采　从 2020 年开始，镇域煤矿逐步实现工业化与信息化融合，采用先进的设备和自动化控制系统，智能化程度逐渐提升。大部分煤矿的井下排水泵房无人值守系统、水文监测系统、自动风门远程控制及可视化系统、采空区光纤测温系统、主斜井自动报警灭火装置、井下自动精准测风系统、智能化喷雾集中控制系统、自动风窗应用与掘锚一体机及智能化系统、智能工作面和智能煤流控制及主运输系统、智能辅助运输管理系统、井下无线通信系统、井上井下视频智能辨识监控系统、一体化自动监测与控制平台均实现了升级改造。

陕煤柠条塔矿业公司智慧化建设处于国内煤矿领先水平，建成智能化煤矿综合管控与机器人集群协同调度平台，实现了一键启停采煤机、支护、煤流控制、运输管理、井下通信、巡检、供电、通风、防灭火等系统的远程集控。龙华煤矿的矿井供电、排水、通风、运输等集控系统完全实现远程控制和在线实时数据监测，实现了“无人值守，有人巡检”常态化运行和全工作面设备“一键”启停、煤机记忆割煤和支架自动跟机的常态化生产模式。2020 年，陕煤孙家岔龙华矿业公司建成陕煤集团第一个 400 米超长智能化工作面，月回采工效提高了 10.2%，巷道万吨掘进率降低约 14.6%。可产生直接经济效益 1.62 亿元。2021 年，该公司建成智能化工作面 2 个、快速掘进系统 1 个和自动远程集控系统 6 个，初步实现了智能化生产。

陕煤柠条塔矿业公司智能化操作（2021 年）

露天开采

镇域部分区域煤层埋藏浅，适宜露天开采。早在民国年间就有马连塔煤矿、庙梁煤矿等小型露天矿。20 世纪 80 年代，柠条塔乡办煤矿、水头沟煤矿、袁家湾煤矿、壕赖沟煤矿、柳树峁煤矿、庙沟沙坡煤矿等实行露天开采。2010—

露天开采（摄于 2020 年 6 月）

已经关闭的王洛沟煤矿
（摄于 2019 年 11 月）

2021 年，先后有阴湾煤矿、果树塔煤矿、硕家湾煤矿、瓷窑塔煤矿、朱概塔煤矿、三岔煤矿、润邦煤矿等企业由于可采煤层较多，前期对覆盖薄的区域进行露天开采，露天开采完毕后再对下层煤炭进行井工开采。

露天矿覆盖平均不超过 70 米，剥采比小于 15 立方米每吨。2010 年以后，均采用挖掘机剥挖，使用矿用自卸翻斗车运输，遇岩石台阶和煤台阶采用爆破松动后再剥挖。露天矿煤炭资源的回收率可达 100%。

开采程序为先由初始拉沟开挖，逐步分台阶，平常以 10 米一个台阶，15 米为一个平盘宽度，剥离至煤层位置，再沿工作面方向推进，直至矿权边界。具体工序为：清表—腐殖土收集—上覆土岩层的剥挖—排渣—回收煤及运输—开挖坑底部边界煤层露头黄土封堵、覆盖—开挖坑回填、整平—黄土覆盖—绿化种植。

煤炭生产

煤矿发展历程

20 世纪 50 年代，柠条塔村设煤业社，有工人 38 名。神府煤田开发之初，镇域仅有10余处乡镇企业性质的小煤矿，多分布在沟谷之间，由于埋藏较浅，采用露天或平硐开采，年产量一般不足5000吨，当地农民农闲时在煤矿务工。

20世纪70年代前镇域煤矿一览表

表16

煤矿名称	地址	经营体制	开采时间	开采方式	开采煤层	年产量（万吨）	说明
炭窑沟煤窑	宏光村	村办	清末	露天	1^{-2}	—	1990年关闭
瓦灰窑煤窑	乔家塔村	村办	清末	平硐	1^{-2}	—	20世纪70年代关闭
马连塔煤窑	宏光村	乡办	民国时期	露天	3^{-1}	0.5	20世纪80年代关闭
庙梁煤窑	三卜树村	联办	民国时期	露天	2^{-2}	0.5	20世纪80年代关闭
柠条塔煤矿	柠条塔村	乡办	1972年	露天	2^{-2}	1.5	—
宋家沟煤矿	柠条塔村	乡办	1976年	平硐	2^{-2}	0.4	—
张家沟煤矿	海湾张家沟村	村办	1976年	平硐	2^{-2}	0.1	—
柳树峁煤矿	柳树峁村	村办	1976年	露天	1^{-2}	0.1	20世纪80年代关闭

20世纪90年代，镇域煤矿有县办、乡办、村办、军办、个人合伙联办等多种形式，乡镇企业多采取个人承包方式组织生产经营。1991年，孙家岔有生产煤矿39个。1995年，镇域有煤矿83个。煤矿井田面积一般不足1平方千米，可采煤层为一层，设计年生产能力1万—3万吨。由于道路交通不畅，销售困难，导致煤矿生产时断时续，有的长期处于停产和半年停产状态，实际年产量不足1万吨。2001年，镇域煤矿合并为58个，规模有所扩大，煤矿井田面积扩至1—3平方千米，设计年生产能力一般3万—9万吨，神源张家峁煤矿、刘家峁、炭窑峁等煤矿提升至年产15万吨。

煤棚内景（2019 年）

20 世纪 80—90 年代镇域煤矿一览表

表 17

煤矿名称	地址	开办时间	企业性质	井田面积（平方千米）	地质储量（万吨）	设计能力（万吨/年）	开采煤层	1990年从业人数	说明
柠条塔煤矿	柠条塔村柠条塔组	1972 年 6 月	乡办	0.245	189	3	2^{-2}	45	—
宋家沟煤矿	柠条塔村	1976 年 5 月	乡办	0.75	450	3	2^{-2}	15	2000 年好赖沟乡办煤矿与宋家沟乡办煤矿合并为宋家沟镇办煤矿
好赖沟煤矿	柠条塔村	1984 年 8 月	乡办	0.78	527	3	2^{-2}	28	

续表 17

煤矿名称	地址	开办时间	企业性质	井田面积（平方千米）	地质储量（万吨）	设计能力（万吨/年）	开采煤层	1990年从业人数	说明
大塔煤矿	宏光村马连塔后组	1988年4月	乡办	1.445	480	6	3^{-1}	14	—
解家堡星火煤矿	宏光村马连塔前组	1988年4月	乡办	2.17	804	6	3^{-1}	20	—
袁家湾煤矿	柠条塔村	1984年	乡办	—	—	1	2^{-2}	—	1991年关闭
水头沟煤矿	柠条塔村	1984年	乡办	—	—	1	2^{-2}		1991年关闭
阳崖煤矿	海湾张家沟村海湾组	1984年5月	村办	0.42	170	1	3^{-1}	5	—
张家沟乡村联办煤矿	海湾张家沟村小元梁组	1984年7月	乡办	0.325	182	1	2^{-2}	20	2000年小元梁煤矿、张家沟乡村联办煤矿与园东煤矿合并为张家沟镇村联办煤矿
小元梁煤矿	海湾张家沟村小元梁组	1990年4月	村办	0.28	107	3	3^{-1}	15	
园东煤矿	海湾张家沟村小元梁组	1996年6月	私营	0.41	310	3	2^{-2}	13	
吴村煤矿	刘石畔村超害梁组	1986年	村办	0.27	238	2	2^{-2}	20	—
东梁煤矿	海湾张家沟村	1987年1月	村办	0.32	147	3	3^{-1}	15	—
白村煤矿	柠条塔村新民沟	1987年6月	部队和乡联办	—	—	—	1^{-2}	—	1991年关闭
挖应渠煤矿	柠条塔村新民沟	1987年6月	部队和乡联办	—	—	—	1^{-2}	—	1991年关闭
尔沟煤矿	海湾张家沟村	1987年9月	村办	0.57	189	3	1^{-2}	20	2000年关闭

续表 17

煤矿名称	地址	开办时间	企业性质	井田面积（平方千米）	地质储量（万吨）	设计能力（万吨/年）	开采煤层	1990年从业人数	说明
小谷地峁煤矿	刘石畔村超害梁组	1987 年 10 月	个人合伙	0.24	69	1	3^{-1}	12	2000 年小谷地峁煤矿与果树塔煤矿合并为果树塔煤矿
果树塔煤矿	刘石畔村超害梁组	1987 年 10 月	联户	0.23	69	1	1^{-2}	12	
石角塔煤矿	海湾张家沟村	1988 年	村办	1.17	470	3	4^{-2}	20	2001 年关闭
乔村煤矿	宏光村乔村组	1988 年	村办	0.28	—	1	3^{-1}	12	2000 年关闭
大哈拉煤矿	宏光村马连塔前组	1988 年	国营联办	3.62	1130	9	3^{-1}	30	先为部队和乡政府联办，后为陕北矿业管理局和乡政府联办
三岔煤矿	宏光村马连塔后组	1988 年	乡办	0.8	1200	6	3^{-1}	30	—
三卜树煤矿	三卜树村本头墕组	1988 年 4 月	村办	0.7	268	1	1^{-2}	25	—
榆树梁煤矿	孙家岔村	1988 年 8 月	村办	0.42	157	3	3^{-1}	—	1992 年关闭
后沟联办煤矿	海湾张家沟村张家沟组	1988 年 9 月	个人合伙	0.385	125	1	2^{-2}	12	2000 年，闻家梁煤矿、后沟煤矿和瓷窑塔煤矿合并为瓷窑塔联办煤矿
瓷窑塔联办煤矿	海湾张家沟村张家沟组	1990 年 5 月	乡办	0.59	350	1	2^{-2}	60	
闻家梁煤矿	海湾张家沟村	1996 年 8 月	个人合伙	—	—	2	3^{-1}	—	
庙湾煤矿	柠条塔村沙峁组	1988 年 10 月	村办	0.22	205	2	2^{-2}	13	—

续表 17

煤矿名称	地址	开办时间	企业性质	井田面积（平方千米）	地质储量（万吨）	设计能力（万吨/年）	开采煤层	1990年从业人数	说明
訾家庄煤矿	海湾张家沟村訾家庄组	1988年10月	村办	0.34	100	1	4^{-2}	15	2000年，后喇嘛寺煤矿并入訾家庄煤矿
后喇嘛寺煤矿	海湾张家沟村訾家庄组	1989年6月	村办	0.315	158	1	4^{-2}	20	
河岔煤矿	柠条塔村柠条塔组	1988年12月	联户	0.21	190	1	2^{-2}	14	—
井塔煤矿	柠条塔村柠条塔组	1994年5月	村办	0.35	268	3	2^{-2}	15	
炭窑沟煤矿	宏光村小沙坡组	1989年	村办	1.452	297	1	1^{-2}	12	—
兰空云石畔煤矿	燕家塔村云石畔	1989年	部队办	—	—	—	—	—	1991年沙沙庙煤矿并入兰空云石畔煤矿，2003年并入大湾煤矿
沙沙庙煤矿	燕家塔村沙沙庙	1989年	部队办	—	—	—	—	—	
榆林师范林海煤矿	海湾张家沟村	1989年4月	先国有，后民营	0.75	193	1	3^{-1}	15	榆林师范学校创办，后由榆林地区煤炭公司经营
黑龙庙煤矿	柠条塔村沙峁组	1989年4月	个人合伙	0.26	60	1	1^{-2}	9	1999年关闭
玄沟渠煤矿	刘石畔村	1989年4月	村办	0.38	87	1	1^{-2}	15	2000年玄沟渠煤矿与崔家沟合伙煤矿合并为崔家沟合伙煤矿
崔家沟合伙煤矿	柠条塔村	1989年6月	个人合伙	0.23	65	3	1^{-2}	12	

续表 17

煤矿名称	地址	开办时间	企业性质	井田面积（平方千米）	地质储量（万吨）	设计能力（万吨/年）	开采煤层	1990年从业人数	说明
平寺沟煤矿	神树塔村平寺梁组	1989年5月	村办	0.21	100	1	5^{-2}	13	—
阴坡煤矿	刘石畔村	1989年5月	联办	—	—	1	3^{-1}		1991年关闭
水井湾煤矿	孙家岔村水井湾组车尔盖沟	1989年6月	村办	0.3	112	1	3^{-1}	12	1999年关闭
前村煤矿	神树塔村	1989年6月	部队办	—	—	—	—	—	1991年关闭
车尔盖沟煤矿	三卜树村庙梁组	1989年6月	村办	0.675	203	2	3^{-1}	15	—
冯塔煤矿	柠条塔村沙峁组	1989年6月	村办	0 .22	97	1	2^{-2}	10	2000年冯塔煤矿与高家沟煤矿合并为冯塔煤矿
高家沟煤矿	柠条塔村柠条塔组	1989年8月	村办	0.34	257	2	2^{-2}	15	
朱概塔煤矿	朱概塔村朱概塔组	1989年7月	村办	1.6	—	3	3^{-1}	10	2000年朱概塔煤矿与哈拉陶亥沟煤矿合并为朱概塔煤矿
哈拉陶亥沟煤矿	朱概塔村	1994年11月	村办	—	—	1	3^{-1}	—	
马如不湾煤矿	三卜树村寸草壕组	1989年7月	村办	0.44	132	1	3^{-1}	10	2000年马如不湾煤矿与马连塔村办煤矿合并为马如不湾煤矿
马连塔村办煤矿	宏光村马连塔后组	1997年3月	村办	—	—	—	3^{-1}	—	
平寺梁当中沟煤矿	神树塔村平寺梁组	1989年8月	村办	0.25	170	1	5^{-2}	10	—

续表 17

煤矿名称	地址	开办时间	企业性质	井田面积（平方千米）	地质储量（万吨）	设计能力（万吨/年）	开采煤层	1990年从业人数	说明
石渠湾煤矿	柠条塔村	1989年8月	合伙	—	—	1	2^{-2}	—	1991年关闭
老曹渠煤矿	柳树峁村二组	1989年9月	村办	0.48	297	1	2^{-2}	10	2000年老曹渠煤矿与白巨善塔煤矿合并为老曹渠煤矿
白巨善塔煤矿	柳树峁村二组	1994年4月	个人合伙	0.55	85	1	2^{-2}	10	
海湾村办煤矿	海湾张家沟村喇嘛寺组	1989年9月	村办	0.25	125	2	4^{-2}	10	—
石窑湾煤矿	柠条塔村沙峁组	1989年9月	村办	0.17	100	1	2^{-2}	11	—
羊路渠煤矿	柠条塔村沙峁组	1989年9月	联户	0.48	288	2	2^{-2}	15	1999年关闭
庙梁煤矿	三卜树村庙梁组	1989年10月	村办	0.47	150	2	3^{-1}	15	—
沙渠煤矿	柠条塔村	1989年10月	村办	0.56	490	2	2^{-2}	40	—
饮牛沟煤矿	刘石畔村超害梁组	1989年10月	联户	0.17	129	1	2^{-2}	12	1999年关闭
河西煤矿	刘石畔村	1989年10月	村办	0.34	129	2	3^{-1}	30	—
阴湾煤矿	刘石畔村	1989年10月	村办	0.46	126	2	3^{-1}	30	—
杨昌湾煤矿	三卜树村寸草壕组	1989年11月	村办	0.76	125	1	1^{-2}	15	—
阴石崖煤矿	海湾张家沟村海湾组	1989年11月	村办	0.43	163	2	4^{-2}	30	关闭
平寺梁炭窑渠煤矿	神树塔村平寺梁组	1989年11月	村办	0.42	160	1	5^{-2}	13	—

续表 17

煤矿名称	地址	开办时间	企业性质	井田面积（平方千米）	地质储量（万吨）	设计能力（万吨/年）	开采煤层	1990年从业人数	说明
海湾煤矿	海湾张家沟村海湾组	1989年11月	集体	0.8	430	2	4^{-2}	—	—
前喇嘛寺煤矿	海湾张家沟村前喇嘛寺组	1989年11月	村办	0.3	90	1	4^{-2}	11	2000年前喇嘛寺煤矿与后塔煤矿合并为后塔煤矿
后塔煤矿	海湾张家沟村海湾组	1989年10月	村办	0.29	152	1	4^{-2}	12	
后杨家沟煤矿	燕家塔村折家伙盘组	1989年12月	村办	0.35	165	3	3^{-1}	40	—
刘家峁煤矿	宏光村石场峁组	1989年12月	村办	0.62	241	1	1^{-2}	11	—
崖窑峁煤矿	宏光村杨家湾组	1989年12月	村办	0.4	120	1	3^{-1}	20	—
高家堡牌界煤矿	排界村排界组	1990年	乡办	—	—	—	1^{-2}	—	1999年关闭
水头沟煤矿	柠条塔村	1990年	个人合伙	—	—	—	—	—	关闭
南沙湾煤矿	神树塔村平寺梁组	1990年	村办	0.37	176	1	5^{-2}	11	—
大阴湾煤矿	刘石畔村超害梁组	1990年3月	个人合伙	0.37	100	1	2^{-2}	12	1999年关闭
排界南沟煤矿	排界村排界组	1990年4月	乡办	1.16	260	3	2^{-2}	11	—
柳树塔煤矿	海湾张家沟村海湾组	1990年8月	村办	0.48	210	1	4^{-2}	17	1999年关闭
折家伙盘煤矿	燕家塔村折家伙盘组	1990年8月	村办	0.4	—	1	3^{-1}	12	—
燕家塔煤矿	神树塔村神树塔组	1990年10月	国营	2.13	750	9	5^{-2}	50	—

续表 17

煤矿名称	地址	开办时间	企业性质	井田面积（平方千米）	地质储量（万吨）	设计能力（万吨/年）	开采煤层	1990 年从业人数	说明
王洛沟煤矿	燕家塔村王洛沟组	1990 年 11 月	村办	0.41	125	1	3^{-1}	30	—
燕家沟煤矿	燕家塔村燕家沟组	1990 年 11 月	村办	—	—	1	3^{-1}	13	—
哈特兔联户煤矿	燕家塔村哈特兔组	1990 年 12 月	联户	0.74	260	3	3^{-1}	15	—
大湾煤矿	燕家塔村哈特兔组	1990 年 12 月	村办	0.95	480	1	3^{-1}	12	—
炭窑峁煤矿	宏光村炭窑峁组	1991 年	村办	0.52	191	3	3^{-1}	15	—
边不拉煤矿	柠条塔村边不拉组	1991 年	村办	0.308	278	3	2^{-2}	—	—
新民沟沙渠煤矿	柠条塔村生艾沟组	1992 年 5 月	村办	0.5	375	3	1^{-2}、2^{-2}	15	—
河神庙煤矿	柠条塔村	1991 年 11 月	个人合伙	—	—	—	—	—	关闭
大沟岔煤矿	海湾张家沟村小元梁组	1992 年	村组集体	—	—	—	—	—	关闭
河畔煤矿	海湾张家沟村海湾组	1992 年 5 月	个人合伙	0.66	295	3	4^{-2}	15	2000 年河畔煤矿与河对正阴畔煤矿合并为河畔煤矿
河对正阴畔煤矿	海湾张家沟村前喇嘛寺组	1992 年 10 月	村办	0.45	135	2	4^{-2}	12	
三道峁煤矿	神树塔村神树塔组	1992 年 5 月	国营	2.13	591	9	5^{-2}	50	—
马连湾煤矿	柳树峁村马连湾组	1995 年	村办	0.49	237	3	1^{-2}	16	—

续表 17

煤矿名称	地址	开办时间	企业性质	井田面积（平方千米）	地质储量（万吨）	设计能力（万吨/年）	开采煤层	1990年从业人数	说明
苏家塔煤矿	神树塔村苏家塔组	1996年	集体	0.714	412	6	5^{-2}	—	—
赵家梁二矿	神树塔村平寺梁组	1997年	集体	0.476	198	3	5^{-2}	23	—
瓦窑渠煤矿	乔家塔村	1997年4月	—	—	—	—	—	—	2000年被新民沟沙渠煤矿兼并
王才伙盘煤矿	燕家塔村燕家塔组	1997年8月	集体	9.8	2128	15	3^{-1}	12	—
何家村煤矿	燕家塔村何家村组	1998年	乡办	—	—	6	3^{-1}	18	1998年关闭
狼窝渠煤矿	海湾张家沟村	1998年1月	个人合伙	3.15	2400	9	2^{-2}、3^{-1}	20	—
燕伙盘煤矿	神树塔村燕伙盘组	1998年2月	集体	—	485	6	5^{-2}	—	—
赵家梁煤矿	神树塔村神树塔组	1998年6月	集体	1.98	760	9	5^{-2}	100	—
折家沟煤矿	燕家塔村沙沙庙	1998年6月	村办	0.41	179	3	3^{-1}	—	关闭
神源张家峁煤矿	海湾张家沟村海湾组	—	—	—	—	—	3^{-1}	—	—

2012年，镇域煤矿共有42个，除陕煤柠条塔矿业公司和陕煤孙家岔龙华矿业公司外，年产30万吨及以下煤矿有7处，其余多在60万—90万吨。

2001—2012 年镇域煤矿一览表

表 18

煤矿名称	地址	开办时间	企业性质	井田面积（平方千米）	地质储量（万吨）	设计能力（万吨/年）	开采煤层	2007 年从业人数	说明
朱概塔煤矿	朱概塔村朱概塔组	1996 年 12 月	村办	4.34	1217	6	3^{-1}	90	2007 年整合为朱概塔煤矿
马连湾村办煤矿	柳树峁村马连湾组	1995 年	联户到民营	0.49	196	9	1^{-2}	120	2007 年整合为朝源矿业有限公司
排界南沟煤矿	排界村排界组	1991 年 12 月	联办到民营	—	—	—	1^{-2}	135	2007 年整合为盛博煤业有限公司
三卜树村办煤矿	三卜树村本头墕组	1988 年 4 月	村办到民营	0.76	293	6	1^{-2}	97	
王洛沟村办煤矿	燕家塔村王洛沟组	1990 年 11 月	村办到民营	1.02	406	9	3^{-1}	90	2007 年整合为德泉矿业有限公司
杨昌湾煤矿	三卜树村寸草壕组	1989 年 11 月	村办到民营	3.96	179	3	1^{-2}	140	
庙梁煤矿	三卜树村庙梁组	1989 年 10 月	民营	0.5232	142	6	2^{-2}	60	2007 年整合为瑞祥煤业有限公司
庙梁村车尔盖沟煤矿	三卜树村庙梁组	1989 年 6 月	民营	0.538	141	6	3^{-1}	50	
冯塔煤矿	柠条塔村	1989 年 6 月	民营	0.57	313	3—6—9	2^{-2}	40	2009 年整合为隆岩煤业有限公司
宋家沟煤矿	柠条塔村	1976 年 5 月	民营	0.944	575	15	2^{-2}	80	

续表 18

煤矿名称	地址	开办时间	企业性质	井田面积（平方千米）	地质储量（万吨）	设计能力（万吨/年）	开采煤层	2007年从业人数	说明
柠条塔村庙湾煤矿	柠条塔村	1988年10月	民营	0.25	218	9	2^{-2}	60	—
柠条塔河岔煤矿	柠条塔村	1988年12月	民营	0.75	680	9	2^{-2}	80	2009年整合为创威煤业有限公司
柠条塔井塔煤矿	柠条塔村	1994年5月	民营	0.7466	666	9	2^{-2}	70	
柠条塔联办煤矿	柠条塔村	2000年	集体煤矿	1.62	794	15	2^{-2}	120	
新民沟沙渠煤矿	柠条塔村生艾沟组	1992年5月	民营	3.99	3127	15	1^{-2}、2^{-2}	125	2009年关闭，由陕煤柠条塔矿业公司用原煤给予补偿
边不拉煤矿	柠条塔村边不拉组	1991年	民营	2.9964	2727	3	2^{-2}	121	
崔家沟合伙煤矿	柠条塔村	1989年6月	民营	0.746	839	15	1^{-2}、2^{-2}	130	2007年整合为崔家沟合伙煤矿
柠条塔石窑湾煤矿	柠条塔村沙峁组	1989年9月	民营	0.2	245	3	2^{-2}	30	2008年关闭
刘石畔吴村合伙煤矿	刘石畔村超害梁组	1986年	民营	0.3	240	9	2^{-2}	50	2009年关闭

续表 18

煤矿名称	地址	开办时间	企业性质	井田面积（平方千米）	地质储量（万吨）	设计能力（万吨/年）	开采煤层	2007 年从业人数	说明
果树塔煤焦有限责任公司	刘石畔村超害梁组	1987 年 10 月	民营	0.74	908	3—6—9	1^{-2}、2^{-2}	60	2007 年整合为果树塔煤焦有限责任公司
刘石畔村阴湾煤矿	刘石畔村超害梁组	1989 年 9 月	民营	0.99	241	3	3^{-1}	40	2007 年整合为刘石畔村阴湾煤矿有限公司
河西联办煤矿	刘石畔村	1989 年 10 月	民营	0.72	285	6	3^{-1}	45	2007 年整合为河西联办煤矿有限公司
张家沟东梁煤矿	海湾张家沟村	1987 年 1 月	民营	0.31	86	3	3^{-1}	40	2007 年整合为东梁矿业有限公司
訾家庄村办煤矿	海湾张家沟村訾家庄组	1988 年 10 月	村办	0.5922	235	6	4^{-2}	30	2007 年，两矿与其他镇办煤矿整合为聚隆矿业有限公司
海湾村办煤矿	海湾张家沟村訾家庄组	1989 年 9 月	民营	1.38	580	9	4^{-2}	40	
榆林煤炭实业公司林海煤矿	海湾张家沟村	1989 年 10 月	国有到民营	2.772	670	9	3^{-1}	38	2007 年整合为榆林煤炭实业公司林海煤矿

续表 18

煤矿名称	地址	开办时间	企业性质	井田面积（平方千米）	地质储量（万吨）	设计能力（万吨/年）	开采煤层	2007年从业人数	说明
河畔煤矿	海湾张家沟村海湾组	1992年5月	民营	3.72	1047	3	4^{-2}	60	2007年整合为河畔煤矿
神源煤炭张家峁煤矿	海湾张家沟村海湾组	1992年	民营	2.55	1582	9	4^{-2}、5^{-2}	50	2007年整合为神源煤炭张家峁矿业公司
瓷窑塔联办煤矿	海湾张家沟村张家沟组	1990年5月	镇联办	1.72	1363	15	2^{-2}	60	2007年整合为瓷窑塔矿业有限公司
张家沟镇村联办煤矿	海湾张家沟村小元梁组	1984年7月	镇村联办	1.21	821	15	2^{-2}、3^{-1}	50	
阳崖煤矿	海湾张家沟村海湾组	1984年5月	村办	1.63	463	9	3^{-1}	40	2007年整合为阳崖煤矿
狼窝渠煤矿	海湾张家沟村	1998年1月	民营	3.42	2816	15—30	2^{-2}、3^{-1}	80	2007年整合为狼窝渠矿业有限公司
海湾煤矿	海湾张家沟村	1989年11月	集体	37.2385	29473	—	4^{-2}、4^{-3}、4^{-4}、5^{-2}	180	2007年整合为神府经济开发区海湾煤矿有限公司

续表 18

煤矿名称	地址	开办时间	企业性质	井田面积（平方千米）	地质储量（万吨）	设计能力（万吨/年）	开采煤层	2007 年从业人数	说明
神府集团王才伙盘煤矿	燕家塔村燕家塔组	1997 年 6 月	集体到民营	9.8	3216	9—15	3^{-1}	40	整合为神府集团王才伙盘矿业有限公司
大湾煤矿	燕家塔村哈特兔组	1990 年 12 月	民营	2.6013	582	9—15	3^{-1}	38	整合为大湾煤矿
哈特兔联户煤矿	燕家塔村哈特兔组	1990 年 12 月	联户	0.74	280	6	4^{-2}	—	整合为哈特兔联户煤矿
后塔煤矿	海湾张家沟村海湾组	1989 年 10 月	民营	2.04	980	15	4^{-2}	40	2011 年四矿与其他的六家煤矿整合置换为新的整合区
后杨家沟煤矿	燕家塔村折家伙盘组	1989 年 12 月	村办到民营	0.95	316	9	3^{-1}	45	
折家伙盘村办煤矿	燕家塔村折家伙盘组	1990 年 8 月	村办到民营	1.02	358	3	3^{-1}	38	
燕家伙盘煤矿	神树塔村燕家伙盘组	1998 年 2 月	民营	1.71	485	96	5^{-2}	40	
马如不湾煤矿	三卜树村寸草壕组	1989 年 7 月	联户到民营	1.3	688	15	2^{-2}、3^{-1}	40	整合为硕嘉湾矿业有限公司
燕家沟煤矿	燕家塔村燕家沟组	1996 年 8 月	村办到民营	1.089	287	6—9	3^{-1}	50	

续表 18

煤矿名称	地址	开办时间	企业性质	井田面积（平方千米）	地质储量（万吨）	设计能力（万吨/年）	开采煤层	2007年从业人数	说明
县煤炭公司燕家塔煤矿	神树塔村神树塔组	1990年10月	混合制	2.06	715	15	3^{-1}	60	整合为县煤炭公司燕家塔煤矿
三道峁煤矿	神树塔村	1997年2月	国营到民营	2.14	753	9	5^{-2}	50	整合为三道峁煤矿
赵家梁煤矿	神树塔村神树塔组	1998年6月	集体	32	12572	9	3^{-1}、5^{-2}	112	整合为陕西恒源投资集团赵家梁煤矿有限责任公司
神府经济开发区赵家梁二矿	神树塔村平寺梁组	1997年	集体	0.476	198	3	5^{-2}	58	2008年关闭
苏家塔煤矿	神树塔村苏家塔组	1996年	民营	1.26	267	6	5^{-2}	—	2005年关闭
平寺梁当中沟煤矿	神树塔村平寺梁组	1990年	民营	0.25	86	6	5^{-2}	—	2005年关闭
平寺沟煤矿	神树塔村平寺梁组	1989年5月	民营	0.253	105	3	5^{-2}	—	2005年关闭
南沙湾煤矿	神树塔村平寺梁组	1990年	民营	0.856	315	9	5^{-2}	—	2008年关闭

续表 18

煤矿名称	地址	开办时间	企业性质	井田面积（平方千米）	地质储量（万吨）	设计能力（万吨/年）	开采煤层	2007 年从业人数	说明
柳树峁村老曹渠煤矿	柳树峁村二组	1989 年 9 月	民营	0.93	227	9	1^{-2}	60	整合为神能乾安煤化矿业有限公司
沙坡村炭窑峁煤矿	宏光村炭窑峁组	1991 年	民营	2.75	2545	15	$1^{-2上}$、1^{-2}、3^{-1}	—	
沙坡村刘家峁煤矿	宏光村石场峁组	1989 年 12 月	民营	3.39	213	3	1^{-2}	80	整合为沙坡村刘家峁煤矿
沙坡村崖窑峁煤矿	宏光村杨家湾组	1989 年 12 月	民营	1.343	1095	15	1^{-2}、$2^{-2上}$	38	整合为崖窑峁矿业有限公司
炭窑沟煤矿	宏光村小沙坡组	1989 年	民营	1.44	—	15	1^{-2}	88	整合为天瑞煤业有限公司
三岔镇办煤矿	宏光村马连塔后组	1988 年	镇办	2.9	1200	6	3^{-1}	30	整合为三岔煤矿有限公司
栏杆堡乡大塔煤矿	宏光村马连塔后组	1988 年 4 月	乡办到民营	1.66	547	6	3^{-1}	58	整合为润邦矿业有限公司
星火煤矿	宏光村马连塔前组	1988 年 4 月	乡办到民营	2.19	437	15	3^{-1}	48	
陕北矿业管理局大哈拉煤矿	宏光村马连塔前组	2002 年	国营联办	3.2	600	15	3^{-1}	58	—
陕煤神木柠条塔矿业公司	柠条塔村	2005 年	国营	119.7735	249978	2000	1^{-2}、2^{-2}、3^{-1}、4^{-2}、4^{-3}、$5^{-2上}$、5^{-2}	320	—

续表 18

煤矿名称	地址	开办时间	企业性质	井田面积（平方千米）	地质储量（万吨）	设计能力（万吨/年）	开采煤层	2007年从业人数	说明
孙家岔龙华矿业公司	孙家岔村	2008年	民营	5.8643	19010	600	3^{-1}	—	—
神府经济开发区海湾煤矿二号井	燕家塔村何村组	2009年	民营	—	—	—	3^{-1}	120	—
神府经济开发区海湾三号井	排界村大沟组	2009年	民营	1.832	2806	90	$2^{-2上}$、2^{-2}、3^{-1}	—	—
陕西恒源投资集团赵家梁三一矿	王道恒塔村	2009年	民营	27.52	10881	120	3^{-1}	—	—
神木县惠宝煤业公司	乔家塔村	2010年	民营	7.872	13997	300	2^{-2}、3^{-1}、4^{-2}、5^{-2}	—	—
陕西神木朱盖塔矿业有限公司	朱概塔村	2011年	混合制	10.1226	12182	120	1^{-2}、$2^{-2上}$、3^{-1}、4^{-3}、5^{-1}、5^{-2}	—	—
神木县宝兴源矿业有限公司	乔家塔村	2012年	民营	17.3016	12953	120	2^{-2}、$2^{-2下}$、3^{-1}	—	—

2013年，陕北矿业管理局大哈拉煤矿关闭。2020年，神府经济开发区海湾煤矿二号井、县煤炭公司燕家塔煤矿、榆林煤炭实业公司林海煤矿、阳崖煤矿

关闭。2021年，经过多次资源整合，镇域共有煤炭生产企业37家，从业人员12000余人。

原煤产量

镇域的煤炭生产随着资源整合与开采方式转变，从年产几万吨到几十万吨再到千万吨级，原煤产能不断提升。1964年，孙家岔公社10个煤矿原煤产量3490吨，刘家石畔公社4个煤矿原煤产量1500吨。1989年，原煤产量12万吨。1990年，原煤产量17万吨，工业总产值365万元。1991年，原煤产量14万吨，工业总产值928万元，煤矿平均回采率30%。1992年，原煤产量15万吨，工业总产值994万元。1993年，原煤产量18万吨，工业总产值1193万元。1995年，镇域有煤矿83个，较1991年39个增加了1倍有余，原煤产量达到50万吨。1997年，经过整顿，镇域煤矿数量减少，但生产能力提高，大部分煤矿年产能力为3万吨，少部分煤矿达到6万吨和9万吨。

1995—2000年，年平均产量150万吨。2001—2005年，年平均产量660万吨。2006—2010年，年平均产量2335万吨。2021年，镇域共有煤矿37个，全部年产能6290万吨。其中，陕煤柠条塔矿业公司年产能2000万吨，陕煤孙家岔龙华矿业公司年产能1000万吨，有300万吨矿井3个，260万吨矿井1个，240万吨矿井2个，150万吨矿井1个，120万吨矿井4个，90万吨矿井6个，60万吨矿井14个，45万吨矿井1个，30万吨的矿井3个。年产能120万吨以上（含120万吨）的煤矿企业12家，总年产量占镇域全部煤矿产量的近81%。

企业集群

2021年，镇域37家煤炭生产企业中，有国有企业1家，为陕煤柠条塔矿业公司；混合所有制企业2家，为陕煤孙家岔龙华矿业公司、朱盖塔矿业有限公司；其余34家均为民营煤矿。硕嘉湾矿业有限公司、宝兴源矿业有限公司、瓷窑塔矿业有限公司、三道峁煤矿为在建矿井。

陕煤集团神木柠条塔矿业有限公司　位于神木市兰炭产业特色园区内的柠条塔村。2005年5月17日成立，为陕西陕煤铜川矿业有限公司（持股比例51%）、榆林市企业发展投资有限公司（持股比例25%）和神木市国有资本投资运营集团有限公司（持股比例24%）共同出资设立的国有股份制企业，注册资本金14.26亿元。2005年9月开工建设矿井，2013年11月投产。批准总投资为40.73亿元，井田东西宽约9.5千米，南北长约19.5千米，井田面积119.8平方千米，地质资源量249979万吨，剩余可采储量160941万吨，可采煤层分别为1^{-2}、2^{-2}、3^{-1}、4^{-2}、4^{-3}、$5^{-2上}$、5^{-2}煤层，核准生产能力2000万吨/年，剩余服务年限63.8年。2021年从业人员有1942人。

矿井采用斜井开拓，设主斜井、1号副斜井、2号副斜井、北翼回风斜井、南翼回风斜井5条井筒。以考考乌素河为界，井田按照南北两翼划分为4个盘区，一、二水平各2个盘区，井下工作面使用的采煤机及支架等主要设备均达到全国一流水平。配套建设有年产1200万吨的选煤厂。以建设“世界领先，全国一流特大型现代化矿井”为目标，依靠国际先进的综采综掘工艺以及信息监控管理系统，形成“生产集约化、技术现代化、队伍专业化、管理信息化”为特征的安全高效千万吨级矿井管理模式。公司先后获得“全国煤炭工业双十佳煤矿”、“全国煤炭工业文明煤矿”、“国家水土保持生态文明矿山”、“全国安全文化建设示范企业”、“国家安全高效特级矿井”、陕西省“五一劳动奖章”等荣誉。

陕煤柠条塔矿业公司全景（摄于2020年8月）

陕煤柠条塔矿业公司装车站夜景（摄于 2021 年 7 月）

陕煤柠条塔矿业公司煤棚（摄于 2020 年 8 月）

陕西煤业化工集团孙家岔龙华矿业有限公司　位于神木市兰炭产业特色园区内的孙家岔村。2008 年 3 月成立，由陕西煤业股份有限公司和陕西龙华煤焦电集团公司出资设立的混合所有制企业，注册资本 7147.56 万元。井田面积 54.4 平方千米，地质资源量 72648 万吨，剩余可采储量 36000 万吨，可采煤层分别为 1^{-2}、$2^{-2\text{上}}$、2^{-2}、3^{-1}、4^{-2}、$4^{-2\text{上}}$、4^{-3}、5^{-1} 和 5^{-2} 煤层。2021 年，核准生产能力 1000 万吨 / 年，剩余服务年限 28.4 年，从业人员有 983 人。公司配套有 600 万吨 / 年的选煤厂和快速定量铁路装车系统。公司先后被评为陕西省五星级非公有制企业党组织、陕西省劳动关系和谐企业、全国煤炭工业百强矿井、全国安全文化建设示范企业。

陕煤孙家岔龙华矿业公司（摄于 2020 年 7 月）

陕煤孙家岔龙华煤矿综采工作面（摄于 2020 年 5 月）

神府经济开发区海湾煤矿有限公司　位于海湾张家沟村海湾组。1999 年 5 月成立，为陕西恒源投资集团电化有限公司控股私营企业。井田面积 37.2385 平方千米，地质资源量 29474 万吨，剩余可采储量 12550.79 万吨，可采煤层为 4^{-2}、4^{-3}、4^{-4}、5^{-2}。核定生产能力 300 万吨 / 年，剩余服务年限 30 年。2021 年从业人员有 438 人。井田采用平硐斜井开拓，布置三条井筒，采用中央并列抽出式通风，主运输采用带式输送机连续运输方式，辅助运输采用防爆无轨胶轮车运输方式。公司先后被评为“省级一级安全高效矿井”“市级民营企业财税贡献百强企业”“省级安全生产先进集体”，综采队被评为“2018 年全国煤炭工业先进集体”。

神木狼窝渠矿业有限公司　位于海湾张家沟村张家沟组，私营企业。1996 年开始建设，2014 年 2 月 7 日正式投入生产，总投资 6.93 亿元，配备洗煤厂。

神府经济开发区海湾煤矿（摄于 2020 年 4 月）

狼窝渠矿业公司（摄于 2019 年 1 月）

2021 年从业人员有 529 人。井田面积为 6.1803 平方千米，地质资源量 10591.3 万吨，剩余可采储量 3815 万吨，可采煤层为 1^{-2} 、2^{-2}、3^{-1}、4^{-2}、4^{-3}、5^{-2}。核定生产能力 300 万吨 / 年，剩余服务年限为 9.4 年。2015 年获评为陕西省煤矿安全高效矿井，2018 年成为榆林民营企业主营业务收入百强企业。

神木市惠宝煤业有限公司　位于乔家塔村侯母河组，私营企业。2010 年 3 月成立，注册资本 1.5 亿元，2015 年竣工验收。井田面积 7.87 平方千米，地质储量为 13997 万吨，剩余可采储量 9764 万吨，可采煤层为 2^{-2}、3^{-1}、4^{-2}、5^{-2}，核定生产能力 300 万吨 / 年，剩余服务年限 21 年。2021 年从业人员有 680 人。2015 年，陕西省煤矿安全监察局授予“安全文化建设示范企业”，2017 年获评为“煤矿安全生产先进集体”，其矿井 2019 年被中国煤炭协会评为“特级安全高效矿井”。

惠宝煤业公司（摄于 2020 年 11 月）

神木市润邦矿业有限公司 位于宏光村，2007 年由原神木县大塔煤矿、星火煤矿整合而成，私营企业，2020 年开始露天生产。井田面积 8.7652 平方千米，地质储量为 6317 万吨，剩余可采储量 3934 万吨，开采煤层为 1^{-2} 、$2^{-2上}$、3^{-1}，其中，露天开采面积 2.1 平方千米，露天开采煤层 1^{-2} 、$2^{-2上}$，井工开采煤层 3^{-1}。核定生产能力 300 万吨 / 年，剩余服务年限 32 年。2021 年从业人员有 529 人。

润邦矿业公司露天采区（摄于 2021 年 7 月）

陕西神木县孙家岔镇崔家沟合伙煤矿 位于柠条塔村好赖沟，私营企业。1996 年建成合伙煤矿，2007 年，批准建设单井整合矿井，井田面积为 4.2185 平方千米，地质储量为 7529 万吨，剩余可采储量 3390 万吨，可采煤层 1^{-2} 、$2^{-2上}$、2^{-2}、3^{-1}、4^{-2}、$5^{-2上}$、5^{-2}，核定生产能力 260 万吨 / 年，剩余服务年限 11 年。2021 年从业人员有 474 人。2018 年度被授予“榆林民营企业财税贡献百强企业”荣誉称号。

崔家沟合伙煤矿（摄于2021年9月）

神木市孙家岔镇海湾村河畔煤矿　位于海湾张家沟村海湾组，私营企业。1992年建成，2016年技改投产，井田面积为3.7298平方千米，地质资源量为3542万吨，剩余可采储量1243万吨，可采煤层3^{-1}、4^{-2}、4^{-3}、5^{-2}，核定生产能力150万吨/年，剩余服务年限8.17年。2021年从业人员有451人。

河畔煤矿（摄于2021年7月）

陕西恒源投资集团赵家梁煤矿有限责任公司　位于神木市兰炭产业特色区内的赵家梁组，是陕西恒源投资集团下属的私营企业。1998年成立，井田面积为27.527平方千米，地质资源量12572万吨，剩余可采储量为2737万吨，可采煤层为5^{-2}煤层。核定生产能力120万吨/年，剩余服务年限为22年。2021年从业人员有440人。2018年被评为榆林民营企业主营业务收入百强企业。

神木市朝源矿业有限公司　位于柳树峁村马连湾组。2007年由原马连湾煤矿单井整合为私营企业，2014年开始建设，2018年通过竣工验收。井田面积2.9095

平方公里，地质资源量 4999 万吨，剩余可采储量 2736 万吨，可采煤层 1^{-2}、$2^{-2上}$、2^{-2}、3^{-1}、5^{-1}、5^{-2}。核定生产能力 120 万吨 / 年，剩余服务年限 18 年。2021 年从业人员有 450 人。公司先后获榆林市“百强企业”、神木市“十强民营企业”“先进企业”“先进基层党组织”“年度煤炭安全生产先进集体”“领军创新企业”等荣誉。

陕西神木朱盖塔矿业有限公司 位于朱概塔村李家湾组，神木能源集团煤炭有限公司控股的混合制企业。2007 年由 7 个煤矿整合而成，2011 年 4 月成立，注册资本金 1.5 亿元，2020 年开始建设。井田面积 10.1379 平方千米，地质资源量 12182 万吨，剩余可采储量 6795 万吨，可采煤层 1^{-2}、$2^{-2上}$、3^{-1}、4^{-3}、5^{-1}、5^{-2}。核定生产能力 120 万吨 / 年，服务年限 43.6 年。2021 年从业人员有 182 人。

恒源集团赵家梁煤矿（摄于 2020 年 6 月）

朝源矿业公司（摄于 2021 年 7 月）

2013—2021 年镇域年产能 90 万吨及以下煤矿企业一览表

表 19

企业名称	地址	井田面积（平方千米）	地质资源储量（万吨）	可采煤层	2021 年核定产能（万吨 / 年）	2021 年开采方式	2021 年从业人数
神木市东梁矿业有限公司	海湾张家沟村神官梁组	2.78	2980.1	3^{-1}、4^{-2}、4^{-3}、5^{-2}	90	井工开采	256
神木市孙家岔镇刘石畔村阴湾煤矿有限公司	刘石畔村昌城组	1.98	3957.6	2^{-2}、3^{-1}、4^{-2}、4^{-3}、5^{-2}	90	井工开采	405
神府经济开发区海湾煤矿有限公司三号井	排界村大沟组	1.88	2806	$2^{-2上}$、2^{-2}、3^{-1}	90	井工开采	296
神木县孙家岔镇朱概塔煤矿	朱概塔村朱概塔组	4.23	2510	1^{-2}、2^{-2}、3^{-1}、5^{-1}、5^{-2}	90	露天开采	160
神木市瓷窑塔矿业有限公司	海湾张家沟村小元梁组	3.69	5350.8	3^{-1}、4^{-2}、4^{-3}、5^{-2}	90	井工开采	310
神木市宝兴源矿业有限公司	乔家塔村侯母河组	17.3	12953	2^{-2}、$2^{-2下}$、3^{-1}	90	井工开采	16
陕西神能乾安煤化矿业有限公司	宏光村炭窑峁组	5.96	8931.9	$1^{-2上}$、1^{-2}、2^{-2}、3^{-1}、4^{-3}、5^{-1}、5^{-2}	90	井工开采	—
神木县孙家岔镇沙坡村刘家峁煤矿	宏光村石场峁组	3.39	3751.8	$2^{-2上}$、3^{-1}、4^{-3}、5^{-1}、5^{-2}	60	井工开采	—
神府集华王才伙盘矿业有限公司	排界村锁匠伙盘组	9.47	2696.5	2^{-2}、3^{-1}	60	井工开采	230
神木市瑞祥煤业有限公司	宏光村马连塔前组	6.5	2899	3^{-1}、4^{-2}、5^{-2}	60	井工开采	18

续表 19

企业名称	地址	井田面积（平方千米）	地质资源储量（万吨）	可采煤层	2021 年核定产能（万吨 / 年）	2021 年开采方式	2021 年从业人数
神木市聚隆矿业有限公司	海湾张家沟村訾家庄组	3.85	4241.7	3^{-1}、4^{-2}、4^{-3}、4^{-4}、5^{-2}	60	井工开采	268
神木市孙家岔镇崖窑峁矿业有限公司	宏光村杨家湾组	2.81	2898	1^{-2}、$2^{-2\text{上}}$、3^{-1}	60	井工开采	274
神木市创威煤业有限责任公司	刘石畔村石畔组	2.67	3503	1^{-2}、2^{-2}、3^{-1}、4^{-2}、4^{-3}、5^{-2}	60	井工开采	282
陕西神木神源煤炭矿业有限公司	海湾张家沟村海湾组	2.65	1690	4^{-2}、4^{-3}、5^{-2}	60	井工开采	180
神木市天瑞煤业有限公司	宏光村小沙坡组	2.64	4966	1^{-2}、$2^{-2\text{上}}$、3^{-1}、5^{-1}、5^{-2}	60	井工开采	236
神木市德泉矿业有限公司	三卜树村寸草壕组	1.99	3723	1^{-2}、$2^{-2\text{上}}$、2^{-2}、3^{-1}、4^{-3}、5^{-1}、5^{-2}	60	井工开采	368
神木市盛博煤业有限公司	柳树峁村郭家畔组	1.91	3251	1^{-2}、$2^{-2\text{上}}$、3^{-1}、5^{-1}、5^{-2}	60	井工开采	290
神木市硕嘉湾矿业有限公司	三卜树村寸草壕组	1.91	2744	3^{-1}、5^{-1}、5^{-2}	60	井工开采	215
神木市隆岩煤业有限公司	柠条塔村沙峁组	1.81	3043	3^{-1}、4^{-2}、5^{-2}	60	井工开采	130
神木市孙家岔镇河西联办煤矿有限公司	刘石畔村	1.54	2573.7	3^{-1}、4^{-2}、4^{-3}、5^{-2}	60	井工开采	138
神木市果树塔煤焦有限公司	刘石畔村超害梁组	0.81	966.4	3^{-1}、4^{-2}、4^{-3}、5^{-2}	60	井工开采	—
神木市孙家岔大湾煤矿	燕家塔村哈特兔组	2.6	503	4^{-2}	45	井工开采	119

续表 19

企业名称	地址	井田面积（平方千米）	地质资源储量（万吨）	可采煤层	2021 年核定产能（万吨 / 年）	2021 年开采方式	2021 年从业人数
陕西神木市三岔煤矿有限公司	三卜树村庙梁组	2.29	1701	1^{-2}、$2^{-2上}$、2^{-2}、3^{-1}	30	露天开采	245
神木市三道峁煤矿	神树塔村神树塔组	2.14	651	$4^{-2上}$、4^{-3}、5^{-2}	30	井工开采	48
神木市孙家岔镇哈特兔联户煤矿	燕家塔村哈特兔组	2.17	239.7	4^{-2}	30	井工开采	—
陕北矿业管理局大哈拉煤矿	宏光村马连塔前组	3.2	600	3^{-1}	30	井工开采	—
神府经济开发区海湾煤矿二号井	燕家塔村何村组	—	—	3^{-1}	30	井工开采	关停
县煤炭公司燕家塔煤矿	神树塔村神树塔组	2.07	715	3^{-1}、4^{-2}、4^{-3}、5^{-2}	30	井工开采	—
榆林煤炭实业公司林海煤矿	海湾张家沟村	3.2	670	3^{-1}	30	井工开采	—
阳崖煤矿	海湾张家沟村	1.63	476	3^{-1}	30	井工开采	—

煤炭洗选

煤矿生产出原煤大部分需经过洗选去除矸石或其他杂质，实现煤炭产品结构、质量优化。2021 年年底，全镇有煤矿企业配套洗煤厂 19 个，独立的洗煤企业 32 个，约占神木市煤炭洗选加工企业的 50%。

洗选工艺　先对原煤进行破碎和筛分；再采用跳汰—浮选联合流程，筛选出精煤、矸石、煤泥；然后将块煤和末煤脱水，浮选精煤脱水，煤泥脱水；利用热能对煤进行干燥；煤泥水的处理。起先，洗选系统分散、工艺复杂，效率低下。后随着智慧煤矿建设，洗选技术不断向集成化、智能化方向发展。柠条塔煤矿等企业应用智能洗选云平台技术和集成多功能系统，实现生产操作、视频监控、安全监测、电子计量综合实时监控，生产组织由现场巡视向无人值守转变。

产品类型　原煤经过洗选后，分为块煤、面煤，同时洗选出煤矸石和煤泥。洗选后的块煤大致分为大小为2—5厘米的“籽煤”、大小为3—8厘米的“三八块”，以及中块和大块。大部分块煤用于焦化厂烧制兰炭，小部分块煤为民用燃料，面煤则主要用于电厂发电。

洗选与型煤企业　2000年后，镇域内洗煤、型煤等煤炭初步加工企业增多，特别是洗选企业增长较快。2010年，镇域有洗煤企业17户。2021年，镇域在园区外有洗煤企业28个，型煤生产企业3个、高炉喷吹料生产企业1个（不包括煤矿附属洗煤厂，园区内洗煤与型煤企业见本志“产业园区”篇）。从业人员有1万余人。

2021年镇域煤炭洗选及型煤企业一览表

表20

企业名称	项目所在地	项目及规模	成立年份
神木市海湾洗煤有限公司	海湾张家沟村	30万吨/年洗煤生产线	2005
神木市相和洗煤有限公司	海湾张家沟村	20万吨/年洗煤生产线	2005
神木市洁华洗煤业有限公司	乔家塔村敖包梁组	120万吨/年洗煤生产线	2008
神木市泰江洗煤有限责任公司	乔家塔村侯母河组	120万吨/年洗煤生产线	2009
神木市万水洋硅煤有限公司	燕家塔村王才伙盘工业区	120万吨/年洗煤生产线	2009
神木市荣升洗煤有限公司	燕家塔村王才伙盘工业区	60万吨/年洗煤厂项目	2009
神木市荣升洗煤有限分公司	燕家塔村王才伙盘工业区	60万吨/年洗煤厂项目	2009
神木市宝华洗煤有限公司	燕家塔村王才伙盘工业区	60万吨/年洗煤厂项目	2009
神木市宝华洗煤有限公司洗煤分公司	燕家塔村王才伙盘工业区	60万吨/年洗煤厂项目	2009
神木市江源洗煤有限责任公司	庙沟村马家梁组	120万吨/年洗煤生产线	2009
神木市腾达精洗煤有限责任公司	庙沟村马家梁组	120万吨/年洗煤生产线	2009
神木市瑞鑫洗煤有限公司	庙沟村韩家梁组	120万吨/年洗煤生产线	2009

续表 20

企业名称	项目所在地	项目及规模	成立年份
神木市顺恒能源深加工有限公司	乔家塔村侯母河组	10 万吨 / 年高炉喷吹料生产线	2010
神木市运通商贸有限公司	燕家塔村王才伙盘工业区	15 万吨 / 年高炉喷吹料生产线	2010
神木市华亿精洗煤有限公司	燕家塔村王才伙盘工业区	40 万吨 / 年洗煤厂项目	2010
神木市宏源洗煤有限责任公司	庙沟村	120 万吨 / 年洗煤生产线	2011
神木市宇汇新洗煤有限责任公司	乔家塔村侯母河组	60 万吨 / 年洗煤生产线	2011
神木市富刚煤业有限公司	乔家塔村侯母河组	30 万吨 / 年型煤生产线	2011
神木县龙涛型煤有限公司	乔家塔村侯母河组	30 万吨 / 年型煤生产线	2011
神木市金浩源洗煤有限责任公司	乔家塔村袁家村组	120 万吨 / 年洗煤生产线	2013
神木市玉珠精洗煤有限责任公司	乔家塔村袁家村组	120 万吨 / 年洗煤生产线	2013
神木市世邦煤化有限公司	燕家塔村王才伙盘工业区	40 万吨 / 年型煤厂项目	2013
神木市宝润煤炭运销有限公司	燕家塔村王才伙盘工业区	30 万吨 / 年型煤项目	2016
神木市兴旺煤泥分选有限公司	海湾张家沟村	80 万吨 / 年废煤利用	2016
神木市聚汇盈能源发展有限公司	燕家塔村王才伙盘工业区	80 万吨 / 年废煤利用	2017
神木市汇东源洗煤有限公司	燕家塔村王才伙盘工业区	60 万吨 / 年废煤利用	2017
神木雄鼎洗煤有限公司	燕家塔村王才伙盘工业区	60 万吨 / 年废煤利用	2017
神木市浩成煤业有限公司	燕家塔村王才伙盘工业区	50 万吨 / 年废煤利用	2017
神木市永盟煤业有限公司	燕家塔村王才伙盘工业区	50 万吨 / 年废煤利用	2017
神木市龙北煤业有限公司	燕家塔村王才伙盘工业区	50 万吨 / 年废煤利用	2017
神木市聚汇盈能源发展有限公司	燕家塔村王才伙盘工业区	50 万吨 / 年废煤利用	2017
神木市宏拓环保能源有限公司	燕家塔村王才伙盘工业区	60 万吨 / 年废煤利用	2017
神木市新宝恒清洁能源有限公司	燕家塔村王才伙盘工业区	30 万吨 / 年型煤利用	2017
神木合丰汇洗选煤有限公司	海湾张家沟村	30 万吨 / 年洗煤生产线	2017

续表 20

企业名称	项目所在地	项目及规模	成立年份
神木市腾顺能源有限公司	燕家塔村王才伙盘工业区	60 万吨 / 年型煤生产线	2018
神木市神枫清洁能源有限公司	燕家塔村王才伙盘组	60 万吨 / 年废煤利用	2018
神木市北德能源煤炭有限公司	庙沟村苗家沟组	30 万吨 / 年废煤利用	2018
神木市荣垣煤业有限公司	庙沟村韩家梁组	60 万吨 / 年废煤利用	2019
神木市瑞臻能源有限公司	宏光村	60 万吨 / 年废煤利用	2019
神木市宏远亿盛有限公司	庙沟村韩家梁组	120 万吨 / 年洗煤生产线	2021

煤炭营销

20 世纪 80—90 年代，受技术条件差、交通不发达、外运力量不足等因素制约，镇域煤炭生产规模小，产量少，价格低。随着生产技术水平提高，煤炭运输通道打通，企业更加重视产品销售工作，按块煤、面煤、混煤分类进行销售，优质优价。柠条塔煤矿打造煤炭“柠条塔”“柠化一号”商标，提升销售服务水平。“柠化一号”混煤品牌，优质煤炭产品在港口作为免检产品，拓展至化工、建材、水泥等终端市场。

销售系统

柠条塔等大型企业建矿之初同步建设销售系统，后不断升级智慧销售装车系统，提供快捷装车服务。2020 年之前，镇域民营煤矿在煤炭销售中设置的人工环节多，装车效率低、销售数据与管理部门不互联。2020 年开始，大部分民营煤矿建设煤炭运销系统，实现系统在线订货、网上支付，在线生成提煤单，提高了运煤车辆通过率。

陕煤柠条塔矿业有限公司远程智能化装车系统融合物联网、大数据、云计算、数字孪生、工业自动化等关键技术，操作人员只需等待运煤列车自动对位后，按下装车按钮，再利用位置检测传感器、测速传感器和光电传感器等装置，对火车运行位置和速度进行检测，即可自动调节和控制装车放料闸板的开关，完成装车。系统操作人员利用远程控制技术，对防冻喷洒、抑尘喷洒、整平压实等环节进行集中控制，装车时间较以前每列平均减少 35 分钟，秋冬季夜间遇雾气大等恶劣天气时也不影响装车。监管部门也可通过系统实现数据自动采集。

销售价格

20 世纪 80—90 年代，煤炭价格低廉，原煤价格每吨不足 40 元。1988 年时只有每吨 20 元。2000—2008 年，价格缓慢上涨，最高时混煤涨至每吨 200 元。2009—2011 年，价格高涨，混煤价格高达每吨 550 元。2012 年，煤炭价格逐渐下滑，2015 年最低为每吨 120 元。2016 年起，价格出现反弹。2018 年年底，混煤平均价格回归到每吨 350 元左右，其中，中块价格每吨 360 元、三八块每吨 390 元、籽煤每吨 390 元、面煤价格每吨 330 元、混煤价格每吨 350 元。镇域 5^{-2} 煤煤质较优，平均价格比其他煤每吨价格约高 50 元。此后数年价格基本平稳，2021 年煤炭价格高企，2021 年秋季民营煤炭企业的原煤价格一度达到每吨 3000 元，远超历史最高值。后经政府调控，价格回落至每吨 1200 元左右。

1995—2021 年孙家镇区域煤炭销售吨煤平均价格一览表

表 21　　　　单位：元 / 吨

价格	1995—2000 年	2001—2008 年	2009—2011 年	2009—2011 年	2016—2021 年
最高价	40	200	550	280	3200
最低价	20	80	380	120	210
平均价	30	140	465	200	1700

销售市场

块煤主要销往兰炭产业园区、区域电厂、其他煤化工企业，面煤通过神朔铁路、红柠铁路、店红一级公路、杨陈一级公路销往全国各地。商品煤向东销往山西、河南、河北、山东等地，向南销往西安，向西销往宁夏、甘肃、青海等地，向北销往包头、呼和浩特及东北三省，主要出口到日本、马来西亚、新加坡、韩国等国家和中国香港地区。

镇域内煤炭企业与山东山水集团、河南心连心化工集团、山东鲁西化工集团、江苏灵谷化工集团等大型化工企业建立了长期稳定的合作关系，部分煤炭产品通过火车发运至黄骅港、秦皇岛港、曹妃甸港，部分煤炭产品通过石窑店站台发运至省内电厂。

监督管理

资源整合

20 世纪 80 年代，镇域乡镇煤矿大多数是由当地群众集资进行开发，从小规模起步，边开发边建设，在生产经营过程中逐步积累资金发展。小煤矿生产设备简单、安全设施简陋、煤炭回采率低，资源浪费严重，且由于企业管理水平低下，参与市场竞争无序，煤炭企业整体效益极低。从 1987 年起，按照国家统一安排部署，当地政府先后对镇域煤矿进行 4 次治理整顿。

1988 年，县煤炭工业局宣布此前发出的煤矿开采许可证于当年年底作废。新建煤矿需申领乡镇煤矿筹建许可证，煤矿建成后换发准采证、临时开采许可证，已经建成的生产煤矿经整顿达标后发给乡镇煤矿开采许可证。1991 年，神木县政府吊销孙家岔乡 7 处煤矿的煤矿采矿许可证。通过清理整顿，无证开采的现象基本消除，无序办矿的局面得到控制。

从 1992 年开始贯彻实施《神木县乡镇煤矿管理办法》，抓样板矿建设，促进乡镇煤矿办矿质量。

从1996年开始，重点贯彻煤炭生产法律法规，40个乡镇煤矿申办煤炭生产许可证。结合国家“关井压产政策”，对镇域小煤矿进行清理整顿，关闭安全生产条件不达标的小矿30余处。政府投资4500万元用于乡镇煤矿的通信、运输、供电、排水等设施的提升改造。1999年，镇域关闭小煤矿14个。2001年，全镇煤矿合并为42个。

2006年，启动煤炭资源整合工作，关闭存在重大安全隐患、不具备安全生产条件和资源已枯竭的矿井。2007年12月，淘汰核定生产能力3万吨以下（含3万吨）的矿井。2008年12月，淘汰核定生产能力6万吨以下（含6万吨）的矿井，重组后的煤矿平均单井产量接近30万吨。

2008年，煤矿实现“双回路”供电的矿井占到镇域煤矿总数的80%以上，年生产能力在30万吨以上的骨干矿井达到30个以上，并全部实现正规壁式开采，煤矿采掘机械化程度比整合前提高10%。2020年，资源枯竭矿井关闭完毕，煤矿开采自动化、信息化水平提高。

安全监督

管理体制　20世纪80年代初，国家鼓励地方小煤矿加快发展，县级政府部门具有煤矿开办的审批权，煤矿生产管理较为宽松。1984年2月，神木县煤炭工业局成立，加强对煤矿的管理。从1987年开始，重点查处无证开采、一证多开、私开矿井等行为，制止非法买卖、转让矿井的犯罪行为，对镇煤矿承包、合资经营的做法进行规范。1993年以后，煤炭法律法规进一步健全，煤矿安全生产基本规程逐步出台。1999年，国家煤矿安全监察局成立，榆林市监察分局与神木县煤炭工业局对镇域煤炭企业的安全生产工作进行指导、协调和监督。

2000年，实行企业负责、国家监察、群众监督三结合的安全监督工作体制，凡采矿许可证、煤炭生产许可证、营业执照和矿长资格证（四证）不齐全的煤矿一律予以关闭，凡不具备基本安全生产条件的煤矿一律予以关闭，合法的乡镇煤矿经整顿验收合格后方可恢复生产。2002年以后，安全监管体制进一步健全，审批权限逐渐上收，开办煤矿的资格条件不断提高，要求采矿许可证、安全生产许可证、煤炭生产许可证、矿长资格证、矿长安全资格证、营业执照等六大证照齐全。2019年机构改革后，神木市煤炭工业局改为神木市能源局，监督全市煤矿安全生产工作，孙家岔煤管所负责镇域煤矿生产情况的日常监管。

监管方式 煤矿安全管理实行属地行业管理，神木市能源局重点检查煤矿贯彻落实安全生产法律和标准的情况、履行安全生产主体责任及建立健全管理制度情况、提取和使用安全生产费用情况、煤矿各生产安全系统完善可靠性及灾害事故隐患防治情况、风险管控及标准化体系建设情况、煤矿企业主要负责人、安全管理人员、从业人员教育培训情况。

1992年，监管机构重点要求矿井完善生产系统，提高装备水平，消灭独眼井、消灭自然通风、消灭明火明电照明、消灭明火明电放炮、消灭明刀闸开关。1996年，重点要求煤矿办理煤炭生产许可证。2010年以后，安全监管逐步规范，监管机构要求煤矿配备驻矿安监员，综合考虑煤矿安全管理、灾害程度、生产布局等因素，对辖区煤矿实施分类监管；采取突击检查、随机抽查、聘请专家、专项检查等方式提高执法监管的效能，加大对安全保障程度较低的小煤矿的检查频次；建设信息化平台，煤矿与各级监管部门联网并上传数据，实现实时监测监管。监管部门若发现煤矿违法行为或事故隐患，及时予以纠正，并依法做出处理。

事故处理 2008年7月31日，赵家梁煤矿发生顶板事故，40万平方米采空区塌陷，导致9名矿工被困井下。经过123小时艰难救援，8名矿工于8月5日成功获救，事故造成1人遇难。

2016年1月6日，神能乾安煤矿、刘家峁煤矿发生煤尘爆炸事故，导致11人死亡。相关监管人员受到追责，22名责任人员被追究刑事责任。

管理机构 1991年11月30日，孙家岔乡煤矿管理所成立，由乡政府与县煤炭工业局双重管理，工作人员2人。2010年12月30日，孙家岔中心煤管理所，为县煤炭工业局下属的副科级事业单位，核定事业编制5名。2021年，机构改革将煤管所撤销，管理人员并入神木市煤矿安全和市场秩序保障中心，设分支机构孙家岔煤管所，管理人员15人。历任负责人：张宇君（任期1991.11—2002.3）、王万发（任期2002.3—2006.4）、郑增荣（任期2006.4—2007.3）、李恩义（任期2007.3—2013.3）、张根平（任期2013.3—2017.4）、张金贵（任期2017.4—2021.4）、李卫伟（2021.4任职）。

打击非法采煤

镇域煤层埋藏浅、露头煤多。从 2004 年开始，镇域车尔盖沟、刘域腰山、武当沟、王洛沟、石岩梁、刘家沟、马连塔、平寺梁、乏驴壕、沙沙庙等地私挖乱采情况时有发生，打击非法采煤成为政府重点工作。镇政府与矿管、煤炭、公安等相关部门采取日常巡查、突击检查、发动群众举报、联合执法等多种方式，打击非法采煤行为。至 2018 年，非法采煤行为基本得到遏制。

销售管理

1989 年，神木县制定煤炭运销管理制度，实行煤炭销售票据统一领用，由煤炭运销管理站在道路设立计量站查验。2021 年 1 月，道路计量站全部被撤销，由煤炭运销管理站派员驻矿监督，对煤矿运销行为实行源头管控。

运输煤炭的红柠铁路火车穿过柠条塔村（2021 年 6 月摄）

产业园区

神府煤田开发以来，依托镇域丰富的煤炭资源，以兰炭为主的煤化工产业发展迅速。兰炭产品包括原煤经过炭化炉低温热解后产生的固态兰炭、液态煤焦油和气态荒煤气三种产品。2019年，在燕家塔、柠条塔、陈家湾、赵家梁等工业集中区的基础上发展形成的神木市兰炭产业特色园区是全国最大的兰炭产业园区。园区以节能、减排、优化生产环境、提高产品质量为目标，对兰炭项目进行全面优化升级，向以兰炭生产及其衍生产业深加工为主的产业链条优化、延伸，通过大力发展煤炭清洁高效综合利用项目，做大煤炭初级转化产业，做强相关配套产业。

园区建设

1992年，神木县政府在燕家塔村成立燕家塔工业小区。1994年9月，陕西省政府批准成立神府经济开发区，燕家塔工业小区是其中的一部分，工业区内有县办电厂、铁厂、焦化厂等国有企业。

2007年，神木县实施兰炭产业优化升级，设立柠条塔、陈家湾、燕家塔、赵家梁、乌兰色太、石窑店、上榆树峁、何家塔8个兰炭工业集中区，其中，柠条塔、陈家湾、燕家塔、赵家梁4个工业集中区分布在镇域。

2010年12月，以燕家塔和陈家湾工业集中区为主体组建的燕家塔工业园区和以柠条塔工业集中区为主体组建的柠条塔工业园区规划获榆林市发改委批复，榆林市将燕家塔、柠条塔设置为副县级建制工业园区。2013年9月，燕家塔和柠条塔两个园区成为陕西省重点建设县域工业集中区。2015年5月，神木县实施“多规合一”规划，将赵家梁工业集中区划归燕家塔工业园区管理。2019年7月，根据榆林市委关于园区改革方案的要求，柠条塔工业园区和燕家塔工业园区合并成立神木市兰炭产业特色园区。

2021年，兰炭产业特色园区是全国最大的兰炭产区，全国清洁能源生产基地，全国兰炭出口基地。

神木市兰炭产业特色园区柠条塔片区一角（摄于2021年7月）

规划布局

兰炭产业特色园区由燕家塔区、柠条塔区和规划新区三个部分组成，已建成园区总面积 30.2491 平方千米，包括燕家塔片区 16.17 平方千米、柠条塔片区 14.71 平方千米。

柠条塔片区　位于镇域与锦界镇、西沙街道交界地带柠条塔村的东南部，片区所在地名为房子梁，距离神木市区 30 千米。园区北侧临近红柠铁路和 301 省道，北至西柠路、南至煤化三路、西至西环路、东至精煤南路，规划总占地面积约 14.71 平方千米。

燕家塔片区　与孙家岔镇区穿插比邻，东依乌兰木伦河畔，紧邻朱概塔村，面积 16.17 平方千米。距离神木市区 35 千米，北距大柳塔镇约 15 千米，神朔铁路、国道 336 在园区东缘穿过。园区占用马连塔、燕家塔、水井湾、孙家岔、朱概塔、王道恒塔等村土地。

燕家塔片区包括陈家湾、燕家塔和赵家梁三部分，陈家湾小片区规划面积 7.06 平方千米，燕家塔区 6.71 平方千米，陈家湾与燕家塔两个小片区通过平安路基本连为一体，东至镇区、杨陈一级公路及龙华电厂东界，南至燕家塔园区

俯瞰神木市兰炭产业特色园区柠条塔片区（摄于 2021 年 6 月）

垃圾填埋场，西至矿区路大源加油站，北至腾远发电厂。赵家梁小片区规划面积 2.39 平方千米，位于 204 省道东侧，东至恒源煤电化公司东界，南至恒源电厂，西至自然山体为界，北至填埋场以北。

神木市兰炭产业特色园区远景（摄于 2020 年 7 月）

神木市兰炭产业特色园区陈家湾片区近景（摄于 2019 年 9 月）

基础设施

柠条塔片区、燕家塔片区的道路、供水、污水处理、垃圾填埋等市政设施基本齐全。

道路　柠条塔片区对外交通主要依靠区内一条南北向道路，与省道301相接，道路宽度为18米。园区内部道路呈方格网状规整分布，主干路为东西向的西柠路、南环路，南北向的工业大道，道路宽度35米。次干路包括恒升路、精煤南路、煤化一路，路面宽度16—24米。支路包括精煤西路、恒泰路、顺德路、东兴路等，路面宽度8—16米。区内有停车设施3处，占地面积为6.13公顷，停车位约1200个。

燕家塔片区内道路交通网受地形限制，较为简单，主干路明显，分别呈“鱼骨状”在陈家湾、燕家塔、赵家梁三个区域分布，陈家湾工业大道、创业大道、赵家梁工业大道为主干道路，总长度14.4千米，均与S204省道相连。次干路和支路网较为缺乏，锦园路、科技一路、科技二路、平安路、工业小区道路等次干路总长度9.2千米。入园路、平安路、创业路、陈家湾矿区路、锦园路、科技一路、科技二路共13.4千米全部绿化，赵家梁工业大道、入园路、科技一路等道路全部亮化，共安装LED太阳能路灯190盏、市电路灯116盏，亮化里程7.1千米。共建成雨水排水管网17千米、生活污水管网4.2千米。

2021年园区市政道路一览表

表22

片区	道路类型	道路名称	道路宽度（米）	道路长度（千米）
燕家塔片区	干道	创业大道	7.5—28	3.8
	干道	陈家湾工业大道	14	6
	干道	赵家梁工业大道	12—18	4.66
	支路	科技一路	10.5	0.814
	支路	科技二路	12	1.3
	支路	平安路	8.6	2.6
	支路	工业小区道路	12	1.087
	支路	锦园路	7.5	2.83

续表 22

片区	道路类型	道路名称	道路宽度（米）	道路长度（千米）
柠条塔片区	干道	西柠路	28	1.6
	干道	南环路	34	2.1
	干道	工业大道	28	4.7
	干道	西环路	22	4.1
	干道	恒升路	18	1.6
	支路	节能路	15	1.5
	支路	永兴路	18	1.1
	支路	矿业路	18	1.4
	支路	精煤北路	7	1.2
	支路	精煤南路	18	1.6
	支路	恒泰路	14	1.44
	支路	煤化一路	18	2.4
	支路	东环路	14	1.6
	支路	新辰路	18	5.3

供水　柠条塔片区水源为考考乌素河渗渠或渗井取水，日供水量 1.7 万立方米。陈家湾片区水源为庙沟、乌兰木伦河渗渠或渗井取水，日供水量 0.28 万立方米。燕家塔片区水源为乌兰木伦河渗流取水，不足部分打深井补充，日供水量 0.48 万立方米。赵家梁片区水源为区内 10 眼水井，日供水量 0.28 万立方米。

垃圾填埋

柠条塔片区固体废物填埋场　2016 年 8 月开工建设，2017 年 8 月投入运行。总用地面积 8.28 万平方米，总库容 61.29 万立方米。其中，生活垃圾填埋区库容 15.13 万立方米，规划使用 12 年；一般工业垃圾填埋区库容为 46.16 万立方米，规划使用 8 年。填埋场采用厌氧填埋工艺，垃圾填埋区采用人工膜防渗系统，实际处理能力为每天 800 吨。垃圾填埋场由管委会负责运营。

燕家塔片区垃圾填埋场　2015 年开工建设，2016 年投入运行。位于燕家塔村燕家沟小组哈拉巴渠，占地面积17.26万平方米，总库容132.1万立方米，年处理能力17万立方米。采用卫生填埋的处理工艺，底层铺设红泥防渗层，在红泥层上边坡采用“两布一膜”防渗，库底采用“三布一膜”和卵石导流层，渗滤液通过导流管收集至渗滤液收集池，之后进入渗滤液处理系统进行处理，可处理一般工业固废92.47万吨，生活垃圾39.63万立方米，服务年限为8年。垃圾填埋场自2018年8月起由陕西德启环保有限公司特许经营。

污水处理

柠条塔片区污水处理厂　位于来喜煤化公司大门口南侧，2015年财政投资建设。该项目配套的生活污水处理系统，处理工艺选择以生化为主、物化为辅的厌氧—缺氧—好氧（A/A/O）加过滤、消毒的污水处理工艺流程，处理后水质达到《城镇污水处理厂污染物排放标准》（GB 18918—2002）一级A标准。2016年9月底基本建成，10月底完成空载调试、自动控制调试、菌种活性污泥培养等工艺调试。污水处理厂投资829.49万元，配套污水管网投资251.44万元，建成污水收集管网14千米，容量为300立方米的泵站蓄水池1座，污水收集罐2座（单罐容量50立方米），建成一座中水回用池300立方米、中水回用管线约6千米（由来喜、永盛源、昭德、祥鼎、浩盈等公司的泵抽回使用），实际处理水量每日400—600立方米。

燕家塔片区污水处理厂　位于燕家塔小区原宏吉铁厂厂区东，占地15亩。设计规模为每天5000立方米，分两期建设。一期投资2200万元，建设规模每天3000立方米，污水来源为燕家塔片区镇区生活污水，采用“预处理＋一体化＋混凝沉淀＋滤池＋消毒”的污水处理工艺，2017年4月投入运营，出水水质达到《城镇污水处理厂污染物排放标准》（GB 18918—2002）一级A排放标准。2017年8月，建成管网7.8千米，接入孙家岔镇生活污水管网，投资约400万元。

燕家塔片区一体化生活污水处理站　2018年，园区在陈家湾矿区路投资750万元建成2座一体化污水处理站及配套的污水管网4.2千米，处理设备采用“A/O生物接触氧化＋滤池”工艺，处理能力为每天400立方米。处理站建成后主要收集、处理矿区路沿线两侧企业及部分居民区的生活污水，处理后的清水可回用或达标后排放。

办公场所

2019年神木市兰炭产业特色园区成立后，原柠条塔工业园区和燕家塔工业园区办公场所分别改设为片区综合服务中心。

柠条塔片区综合服务中心 为产业园区管委会驻地。地处神木市西沙街道燕渠村，位于柠条塔片区西南角，周边分布有东兴路、南环路等四条道路。该综合服务中心于2013年建成，占地面积13333平方米，原为柠条塔工业园区管委会办公场所。院内建有办公楼、附属楼、环卫车库、消防车库等建筑物，并配套设有廉政灶、停车场、篮球场、健身活动室、路灯、箱式变电站、垃圾回收点等公共设施，并对庭院进行绿化。办公楼为5层框架结构，建筑面积3058平方米；附属楼为二层框架结构，建筑面积1177平方米。卫星消防站和市政环卫所入驻该服务中心。

柠条塔片区综合服务中心办公楼（摄于2021年6月）

燕家塔片区综合服务中心 位于镇区福慧山山麓，南距镇政府机关1千米，东与孙家岔镇九年制学校、孙家岔交警中队相邻。该综合服务中心于2013年建成，占地面积12403平方米，原为燕家塔工业园区管委会办公场所。院内建有办公楼、附属楼、环卫车库、消防车库等建筑物，同时配套有廉政灶、停车场、篮球场、健身活动室、路灯、箱式变电站、垃圾回收点等公共设施，并对庭院进行绿化。办公楼为6层框架结构，建筑面积4995.21平方米，附属楼为2层框

神木市兰炭产业特色园区管委会燕家塔办公楼（摄于 2021 年）

架结构，建筑面积 1725.87 平方米。该服务中心入驻有园区环卫所、卫星消防站、孙家岔国土资源所等单位。

产业技术孵化器　2017 年，燕家塔园区煤化工产业技术孵化器建成，2018 年被评为“榆林市科技企业孵化器”。孵化器整合燕家塔工业园区综合服务中心附楼约 420 平方米的面积，建有 6 个办公区，并配套相关生活服务设施。同时以园区恒源煤化、兴义源煤化、燕山型煤等企业为中试基地，拥有自主支配场地 3100 平方米。孵化器围绕园区煤化工产业产品高端化、装备现代化、工艺清洁化、控制自动化、资源循环化的发展要求，通过孵化引进新工艺、新技术。园区项目储备库已完成入库项目 15 个，引进科技成果及专利 23 个。2017 年，入孵项目 6 个，2 个项目已取得中试成果。

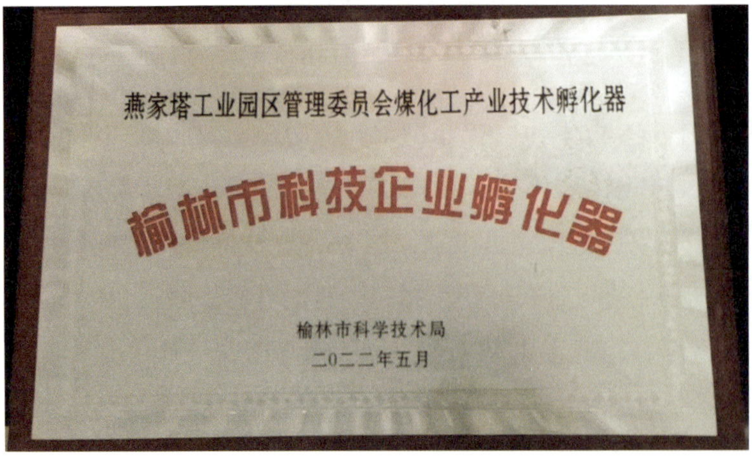

榆林市科技企业孵化器牌匾

兰炭产业特色园区环保工作推进会（摄于 2020 年）

兰炭产业特色园区环境卫生整治会（摄于 2020 年）

兰炭产业特色园区突发环境事件应急演练（摄于 2021 年 5 月）

卫星消防站　2018年2月，园区建成燕家塔工业园区及柠条塔工业园区两个卫星消防站。2021年，共有消防人员18名，其中，站长2名、执勤长2名、政府专职消防员10名和消防车驾驶员4名。配备6辆消防车，分别是1.2吨轻型泡沫消防车、6吨干粉消防车和16吨泡沫消防车。购置二截拉梯1个、单杠梯1个、空气呼吸器4具及个人防护装备8套、器材装备10余件。两个片区分别有2间消防车库、2间办公室、1间器材存放库、2间消防员宿舍和1间消防车驾驶员宿舍。

业态规模

产业链条

园区成立之前，镇域已形成以原煤开采、兰炭、煤焦油、洗煤、发电、金属镁、尿素等产业为主的工业企业集群。园区成立后，以煤热解为主导产业，以焦油气为支柱产业，以精细化工和化工新材料为接续产业，初步形成以煤—兰炭—硅铁—金属镁—航空材料、煤—兰炭—煤焦油—燃料油、煤—兰炭—兰炭干馏气—化肥（碳酸氢铵）、煤—兰炭—兰炭干馏气—电力等四大循环产业链，逐步形成以煤炭加工利用为主的新型煤化工产业集群，具备发展精细煤化工、新型材料加工利用的优势条件。

产业规模

2020年，园区的省外项目资金到位24.3838亿元，省内项目资金到位8.8436亿元，签约合同项目8个，引资109.2亿元；签约协议项目4个，引资56.8亿元；新开工项目5个；策划包装项目37个，项目概算141.4亿元。

2021年年底，园区共有企业115家，79家正常生产，停产或半停产的有36家，拥有企业职工约1.5万人，其中，柠条塔片区8000余人，燕家塔片区7113人。

2021年，生产原煤3377.21万吨、兰炭947.49万吨、焦油61.91万吨、洗煤778.97万吨、面煤791.74万吨、金属镁2.49万吨、电石42.62万吨、发电47.34亿千瓦时、液氨3.76万吨、高炉喷吹粉12.46万吨、型煤2.26万吨、硅铁13.08万吨。

金属镁冶炼车间（摄于2021年6月）

金属镁锭（摄于2021年6月）

2015—2021 年园区企业工业总产值统计表

表 23　　　　单位：亿元

年度	燕家塔片区	柠条塔片区	合计
2015	74.1	101	175.1
2016	87.12	110.00	197.12
2017	103.95	187.53	291.48
2018	123.9	211.3	335.2
2019	154.05	210.13	364.18
2020	138.85	189.41	328.26
2021	—	—	487.58

2015—2021 年园区企业缴纳税金统计表

表 24　　　　单位：亿元

年度	燕家塔片区	柠条塔片区	合计
2015	3.92	7.1	11.02
2016	4.72	8.1	12.82
2017	7.96	18.29	26.25
2018	10.37	21.54	31.91
2019	12.99	19.29	32.28
2020	17.89	26.91	44.8
2021	—	—	65.47

2017—2020 年园区固定资产投资统计表（包含产业项目投资及基础设施投资）

表 25　　　　单位：亿元

年度	燕家塔片区	柠条塔片区	合计
2017	11.21	15.71	26.92
2018	23.48	30.63	54.11
2019	21.20	36.79	57.99
2020	22.35	37.72	60.07
2021	—	—	19.8

园区企业

柠条塔片区企业

2021年，柠条塔片区累计入驻97家企业、113个项目。其中，建成投产企业49家，在建企业21家，规划拟新建项目投产企业27家。在建的项目以煤泥、废煤、矸石煤再利用项目和煤热解、发电项目为主，规划建设项目以煤泥、废煤、矸石煤综合利用项目和环保洁净型煤、水煤浆为主。

2021年柠条塔片区入驻企业一览表

表26

类别	企业名称	项目及规模	建设情况	入园时间	项目总投资（万元）
煤炭	陕煤集团神木柠条塔矿业有限公司	原煤2000万吨/年	建成	2005年	433300
兰炭	神木市江泰煤化工有限公司	90万吨/年兰炭及3万吨/年镁合金综合利用工程、2×30兆瓦煤气发电建设项目	建成	2007年	34005
		33万吨/年兰炭技改升级实验示范项目	建成	2018年	8000
	神木市恒升煤化工有限公司	90万吨/年兰炭化气联产资源综合利用项目、1×30兆瓦煤气发电建设项目	建成	2008年	23780
	神木市顺德煤化工有限公司	60万吨/年煤低温干馏项目、1×30兆瓦煤气发电建设项目	建成	2008年	29586
	陕西煤业化工集团神木能源发展有限公司五洲分公司	60万吨/年煤低温干馏项目	建成	2008年	13092

续表 26

类别	企业名称	项目及规模	建设情况	入园时间	项目总投资（万元）
兰炭	陕西煤业化工集团神木能源发展有限公司东源分公司	60 万吨 / 年兰炭综合利用项目	建成	2008 年	13092
	陕西煤业化工集团神木能源发展有限公司来喜分公司	60 万吨 / 年半焦资源综合利用项目	建成	2008 年	17866.82
	陕西煤业化工集团神木能源发展有限公司联众分公司	60 万吨 / 年兰炭综合利用项目	建成	2008 年	13092
		36 万吨 / 年煤泥干化加工利用项目	建成	2019 年	380
		25 万吨 / 年小粒煤低温干馏项目	建成	2019 年	2000
	神木市鑫泰煤化工有限公司	90 万吨 / 年小粒煤热解综合利用项目、2×30 兆瓦煤气发电建设项目	建成	2011 年	11446
		36 万吨 / 年煤泥烘干项目	建成	2019 年	381.31
	神木市新晨化工有限公司	60 万吨 / 年籽煤干馏、1×30 兆瓦发电	建成	2011 年	19775.19
		60 万吨 / 年兰炭项目配套建设洗煤工段	建成	2019 年	6500
	神木市亿通煤化有限公司	90 万吨 / 年小粒煤热解综合利用项目、2×30 兆瓦煤气发电建设项目	建成	2012 年	76569
	神木市众邦煤化有限公司	60 万吨 / 年兰炭配 1×50 兆瓦余能发电机组项目	建成	2019 年	43000
洗煤		120 万吨 / 年洗煤生产线项目	建成	2019 年	5982
	神木市荣资物贸有限公司	120 万吨 / 年洗煤厂项目	建成	2005 年	5626
	神木市广田洗煤有限公司	120 万吨 / 年洗煤厂项目	建成	2008 年	4800
		30 万吨 / 年高炉喷吹料生产线	建成	2017 年	1200
	神木市锦立能源科技有限公司	120 万吨 / 年洗煤厂项目	建成	2009 年	5560
	神木市永红煤炭运销有限公司	120 万吨 / 年洗煤厂项目	建成	2009 年	5560

续表 26

类别	企业名称	项目及规模	建设情况	入园时间	项目总投资（万元）
洗煤	神木市东源能源科技有限公司	120 万吨 / 年洗煤厂项目	建成	2010 年	5560
	神木市祥发洗煤有限公司	120 万吨 / 年洗煤厂项目	建成	2010 年	5626
	神木市浩鑫洗煤有限公司	120 万吨 / 年洗煤厂项目	建成	2010 年	2810
	神木市恒晖科技能源有限公司	120 万吨 / 年洗煤厂项目	建成	2012 年	5560
	神木市丰润洗煤有限公司	120 万吨 / 年洗煤厂项目	建成	2012 年	3000
	神木市永盛源精煤科技有限公司	年处理 120 万吨煤泥、废煤、矸石煤再利用项目	建成	2012 年	5811
	神木市宏大煤化有限公司	年处理 50 万吨煤泥、废煤、矸石煤再利用项目	建成	2013 年	4200
	神木市浩盈（巨同）煤业有限公司	50 万吨 / 年煤泥提取烘干综合利用项目	建成	2013 年	5000
		80 万吨 / 年废煤、矸石煤再利用项目	建成	2018 年	560
	陕西新华太精煤有限公司	300 万吨 / 年煤泥、废煤、矸石煤再利用项目	建成	2013 年	5900
		55 万吨 / 年煤泥干燥工段	建成	2018 年	—
	神木市汇瑞合商贸有限公司	300 万吨 / 年煤泥、废煤、矸石煤再利用项目	建成	2013 年	5500
	神木市祥鼎能源有限公司	60 万吨 / 年水洗煤项目	建成	2017 年	2000
		10 万吨 / 年煤泥烘干生产线项目	建成	2019 年	400
	神木市北辰煤业有限公司	60 万吨 / 年煤泥、粉煤、煤矸石综合利用项目	建成	2017 年	1000
	神木市爱思特煤炭深加工有限公司	80 万吨 / 年煤泥、废煤、矸石煤再利用项目	建成	2017 年	2000

续表 26

类别	企业名称	项目及规模	建设情况	入园时间	项目总投资（万元）
洗煤	神木市大晶煤业有限公司	年处理 30 万吨煤泥、煤矸石、工程煤项目	建成	2017 年	1700
		20 万吨 / 年煤泥、兰炭烘干项目	建成	2018 年	348
	神木市鑫润达煤业有限公司	50 万吨 / 年煤泥、煤矸石、工程煤回收再利用项目	建成	2017 年	3000
	神木耀星工贸有限公司	120 万吨 / 年煤泥、煤矸石综合利用项目	建成	2017 年	1000
	神木市鑫益源煤业有限公司	120 万吨 / 年煤泥提取烘干综合利用项目	建成	2017 年	5000
		50 万吨 / 年煤泥烘干综合利用项目	建成	2019 年	2000
	神木市辰财能源有限公司	30 万吨 / 年煤泥、煤矸石、工程煤洗选综合利用项目	建成	2018 年	200
	神木市煤炭交易中心有限公司	9000 万块 / 年煤泥制砖	建成	2018 年	2000
	神木市创勃煤炭运销有限公司	20 万吨 / 年环保洁净型煤、60 万吨 / 年洗煤生产线项目	规划	2018 年	1200
	神木市广益型煤有限公司	60 万吨 / 年洗煤生产线项目	建成	2018 年	1500
	神木凰鸣科技有限公司	新能源环保材料项目	建成	2018 年	10000
	神木市荣益成能源发展有限公司	30 万吨 / 年煤泥、煤矸石、工程煤回收再利用项目	建成	2018 年	1400
	神木市德欣环保清洁能源有限公司	60 万吨 / 年煤泥、煤矸石综合利用项目及 20 万吨 / 年高炉喷吹料生产线项目	建成	2018 年	700
	神木市西鼎煤业有限公司	90 万吨 / 年煤泥、煤矸石、工程煤再利用项目	建成	2019 年	1700

续表 26

类别	企业名称	项目及规模	建设情况	入园时间	项目总投资（万元）
洗煤	神木市海蓝煤业有限公司	60 万吨 / 年洗选煤、煤矸石、煤泥、废煤回收再利用项目	建成	2019 年	2500
洗煤	神木市隆凯煤业有限公司	30 万吨 / 年、60 万吨 / 年洗选工段项目	建成	2019 年	2000
型煤	神木市彦博煤业有限公司	30 万吨 / 年环保燃料型煤	建成	2007 年	1500
型煤	神木市广益型煤有限公司	60 万吨 / 年环保型煤	建成	2010 年	2400
型煤	神木市保蓝煤业有限公司	30 万吨 / 年清洁型煤	建成	2011 年	1000
型煤	神木市保蓝煤业有限公司	60 万吨 / 年清洁型煤配套建设洗煤工段项目	建成	2019 年	250
型煤	神木市神运能源型煤有限公司	30 万吨 / 年工业型煤、120 万吨 / 年洗煤项目	建成	2011 年	3104
型煤	陕西昭德环保型煤有限公司	100 万吨 / 年环保工业洁净型煤生产线项目	建成	2016 年	9000
型煤	神木市轩磊洁净型煤有限公司	30 万吨 / 年环保洁净型煤项目配套 60 万吨 / 年洗煤工段项目	建成	2017 年	1200
电石	陕煤神木能源发展有限公司电化分有限公司	30 万吨 / 年密闭电石综合利用示范项目	建成	2008 年	35000
电石	陕煤神木能源发展有限公司电化分有限公司	3 万吨 / 年石灰石制脱硫剂粉项目	建成	2018 年	90
水煤浆	神木市沐鑫能源有限公司	50 万吨 / 年水煤浆生产线项目	建成	2012 年	5000
水煤浆	神木市昊森能源有限公司	50 万吨 / 年水煤浆生产线项目、60 万吨 / 年洗煤项目	建成	2012 年	7000
水煤浆	神木市江鑫能源化工有限公司	50 万吨 / 年水煤浆生产线项目	建成	2012 年	5000
水煤浆	神木市翔宇能源化工有限公司	50 万吨 / 年水煤浆生产线项目	建成	2012 年	5000
水煤浆	神木市华远煤业有限公司	50 万吨 / 年水煤浆生产线项目	建成	2013 年	3500

续表 26

类别	企业名称	项目及规模	建设情况	入园时间	项目总投资（万元）
高炉喷吹	神木市金阳能源开发有限公司	90 万吨 / 年水煤浆生产线及配套、60 万吨 / 年洗煤段建设项目、60 万吨 / 年洁净型煤	建成	2018 年	3000
	神木市华通能源有限公司	10 万吨 / 年优质高炉喷吹料生产线项目、60 万吨 / 年洗煤生产线	建成	2011 年	1800
	神木市宏景净化煤有限公司	40 万吨 / 年高炉喷吹料项目	建成	2017 年	5000
	神木市隆凯煤业有限公司	新建 60 万吨 / 年新型节能环保优质高炉喷吹料项目	建成	2018 年	1700
	神木市雍腾能源化工有限公司	10 万吨 / 年高炉喷吹料生产线项目	建成	2018 年	4000
	神木市钰洲镁江能源化工有限公司	30 万吨 / 年高炉喷吹料生产线项目	建成	2018 年	4000
	神木市聚力煤业有限公司	新增 60 万吨 / 年洗煤工段	建成	2018 年	600
		40 万吨 / 年高炉喷吹料生产线项目	建成	2018 年	2000
焦油渣	神木市兆利焦油渣回收利用有限公司	16 万吨 / 年焦油渣制沥青综合利用项目	建成	2013 年	4800
	神木市秦达焦油渣废物回收利用有限公司	5 万吨 / 年焦油渣废物回收综合利用项目	建成	2013 年	5471
	神木市明乐焦油渣回收利用有限公司	5 万吨 / 年焦油渣综合利用项目	建成	2015 年	2028
	神木市翰东能源有限公司	3 万吨 / 年矿物油回收及 3 万吨 / 年煤焦油加温脱水项目	建成	2020 年	800
	神木市佰茂煤焦油深加工有限公司	20 万吨 / 年煤焦油加工项目	规划	—	8000
商贸	神木市明新煤炭运销有限公司	80 万吨 / 年煤炭销售	建成	2010 年	3000
	神木市天博煤炭运销有限公司	80 万吨 / 年煤炭销售、120 万吨 / 年洗煤生产线项目	建成	2010 年	3000
	陕西恒凯能源发展有限公司	加气 3 万标准立方米每日的加气站项目	建成	2013 年	1500

续表 26

类别	企业名称	项目及规模	建设情况	入园时间	项目总投资（万元）
发电	神木市安博新型环保节能有限公司	12000 万块 / 年新型墙体材料项目	建成	2017 年	3000
	陕西正通全矿山机械设备有限公司	激光熔覆再制造项目	建成	2018 年	8000
	神木市恒瑞泰商品混凝土有限公司	新建年产 20 万立方米商品混凝土搅拌站项目	建成	2019 年	1000
	神木市江通气体有限公司	年产 10 万瓶氧气、乙炔、二氧化碳气体生产项目	建成	2019 年	700
	神木市洁能综合利用发电有限公司	4×50 兆瓦煤气发电建设项目	建成	2014 年	129463
提质煤	陕西龙成煤清洁高效利用有限公司	1000 万吨 / 年粉煤清洁高效综合利用一体化项目	在建	2015 年	984400
天然气	陕西中盛天然气有限公司	柠条塔工业园区及周边天然气综合利用工程	在建	2020 年	7618.58
工业废水处理	神木至臻环保科技有限责任公司	酚氨废水处理厂	在建	2021 年	69770

燕家塔片区企业

2021 年，入园企业累计 77 家，有恒源、龙华、恒德、宏泰、银泉等大型企业，园区主要项目总计 81 个。其中，已建成项目有 61 个，在建项目有 13 个，新建企业及项目有 7 个。规划新建的企业类型主要有煤炭分质分级利用项目、煤泥煤矸石再利用项目、综合发电项目、废油渣处理生产线项目和 LNG 加气站项目等。

2021年燕家塔片区入驻企业一览表

表27

类别	企业名称	项目及规模	建设情况	入区时间	项目批复总投资（万元）	累计完成投资（万元）
煤炭	陕西恒源投资集团赵家梁煤矿有限责任公司	三一矿原煤60万吨/年，五二矿原煤120万吨/年	建成	1998年	5580	5580
	陕煤孙家岔龙华矿业有限公司	原煤1000万吨/年	建成	2008年	78700	78700
	神木市瑞祥煤业有限公司	原煤60万吨/年	建成	2008年	4600	4600
	神木市朱概塔煤矿	原煤90万吨/年	建成	2011年	—	—
兰炭	神木市四海煤化工有限公司	60万吨/年兰炭、1万吨/年金属镁	建成	2007年	10942	10942
	陕西延长石油鑫磊鸿盛煤化工有限公司	60万吨/年兰炭、6万吨/年焦油、每年6亿标准立方米煤气	建成	2008年	12875	12875
	神木市恒润煤化工有限公司	60万吨/年兰炭、2万吨/年金属镁	建成	2009年	14858	14858
	神府经济开发区恒源煤化工有限公司	60万吨/年兰炭、每年6亿标准立方米煤气	建成	2009年	10942	10942
	神木市腾远煤化工有限公司	60万吨/年兰炭、每年11.7亿标准立方米煤气	建成	2009年	38658	38658
	陕西恒源投资集团焦化有限公司	125万吨/年兰炭	建成	2010年	14804.9	14804.9
	陕西浩江煤业集团煤化工有限公司	120万吨/年兰炭，40万吨/年白灰，2×30兆瓦发电机组	建成	2011年	4121	4121
	陕西神木银泉煤业发展有限公司	60万吨/年兰炭、6万吨/年焦油，110万吨/年洗煤，8万吨/年合成氨、20万吨/年碳酸氢铵化肥	建成	2014年	24600	24600
	神木市宏泰煤化工有限公司	60万吨/年兰炭	建成	2014年	8658	8658

续表 27

类别	企业名称	项目及规模	建设情况	入区时间	项目批复总投资（万元）	累计完成投资（万元）
洗煤	神木市德润炭质还原剂有限公司	80 万吨 / 年兰炭	建成	2009 年	17778	17778
	神木市兴义源物资贸易有限公司	60 万吨 / 年兰炭、6 万吨 / 年焦油、1.5 万吨 / 年金属镁	建成	2017 年	15000	15000
	神木市鸿运洗煤有限公司	120 万吨 / 年洗煤生产线、10 万吨 / 年煤泥烘干，20 万吨 / 年环保洁净型煤，10 万吨 / 年煤泥烘干，	建成	2003 年	3000	3000
	陕西新兴能源有限公司	100 万吨 / 年原煤洗选项目	建成	2004 年	—	—
	神木市民生洗煤有限公司	120 万吨 / 年洗煤生产线	建成	2008 年	800	800
	神木市恒胜源洗煤有限公司	120 万吨 / 年洗煤生产线	建成	2009 年	1500	1500
	神木市金利源洗煤有限公司	120 万吨 / 年洗煤生产线	建成	2009 年	5626	5626
	神木市锦荣洗煤有限公司	120 万吨 / 年洗煤生产线	建成	2009 年	4100	4100
	神木市腾凌洗煤有限公司	120 万吨 / 年洗煤生产线	建成	2010 年	4200	3000
	神木市超源洗煤有限公司	120 万吨 / 年洗煤生产线	建成	2010 年	5800	5800
	神木市瑞鼎源煤深加工有限公司	20 万吨 / 年煤粉生产线	建成	2011 年	2000	2000
	榆林神木市银星洁净煤有限公司	300 万吨 / 年洗煤生产线	建成	2011 年	10600	10600
	神木市龙佰煤业有限公司	60 万吨 / 年洗煤，30 万吨 / 年高炉喷吹料，30 万吨 / 年型煤	建成	2016 年	3600	3600
	神木市海江洗煤有限公司	60 万吨 / 年洗煤	建成	2018 年	360	360

续表 27

类别	企业名称	项目及规模	建设情况	入区时间	项目批复总投资（万元）	累计完成投资（万元）
高炉喷吹	神木市益源煤炭运销有限公司	120 万吨 / 年洗煤生产线建设项目	规划	2020 年	2000	—
	神木市宏毅鑫能源综合开发有限公司	10 万吨 / 年碳素生产线	建成	2005 年	1200	1000
	神木市景渊洗煤有限公司	60 万吨 / 年高炉喷吹料生产项目	在建	2006 年	3200	1500
	神木市普源精煤深加工有限公司	10 万吨 / 年优质高炉喷吹料生产线项目	建成	2009 年	1000	1000
	神木市兴万丰煤能源深加工有限公司	10 万吨 / 年优质高炉喷吹料生产线项目	建成	2009 年	1000	1000
	神木市北汇亚圣煤业有限公司	120 万吨 / 年洗煤生产线，30 万吨 / 年高炉喷吹料	建成	2010 年	5560	5560
	神木市宇帆商贸有限公司	10 万吨 / 年优质高炉喷吹料生产线项目	建成	2010 年	1000	1000
	神木市正通化工有限公司	10 万吨 / 年优质高炉喷吹料生产线项目	建成	2010 年	1000	1000
	神木市世平煤炭运销有限公司	30 万吨 / 年优质高炉喷吹煤生产线及附属项目	建成	2016 年	2000	1800
	陕西科易节能服务有限公司	10 万吨 / 年高炉喷吹料	建成	2017 年	1500	900
发电	陕西恒源投资集团发电有限公司	Ⅰ期机组容量 2×12 兆瓦，Ⅱ期机组容量 2×25 兆瓦，Ⅲ期机组容量 2×25 兆瓦，Ⅳ期机组容量 1×25 兆瓦	建成	2002 年	19475	19475
	神木市龙华阳光发电公司	99 兆瓦（3×25 兆瓦、1×24 兆瓦）资源综合利用发电机组	建成	2004 年	4974	4974
	神木市朱概塔资源综合利用发电有限公司	2×30 兆瓦资源综合利用发电机组	建成	2007 年	15914	15914

续表 27

类别	企业名称	项目及规模	建设情况	入区时间	项目批复总投资（万元）	累计完成投资（万元）
	神木市腾远煤化工有限公司发电分有限公司	60 万吨 / 年兰炭、2×30 兆瓦焦炉煤气发电	建成	2010 年	38658	38658
	神木市德润发电有限公司	2×30 兆瓦发电机组	建成	2011 年	38560.28	38560.28
	神木市久业发电有限公司	48×500 千瓦发电机组及 1×25520 千伏安硅铁矿热炉	建成	2016 年	21693.64	21693.64
电石	陕西恒源投资集团电化有限公司	24 万吨 / 年电石生产线，20 万吨 / 年气烧石灰回转窑生产线	建成	2001 年	27000	27000
焦油渣	榆林神木市天效隆鑫化工有限公司	15 万吨 / 年煤焦油生产项目	在建	2008 年	2400	—
	神木市弘瑞科技发展有限公司	20 万吨 / 年劣质油提纯综合利用项目	在建	2019 年	10500	—
	神木市宏茂煤化工有限公司	15 万吨 / 年废油渣处理生产线建设项目	规划	2020 年	1000	—
尿素	陕西龙华集团煤业科技发展有限公司	50 万吨 / 年合成氨、80 万吨 / 年尿素、6 万吨 / 年三聚氰胺、2×50 万吨 / 年醋酸	在建	2011 年	707000	215000
运输	国能神东凯悦神木煤炭集运有限公司	1000 万吨 / 年集运站技改扩建项目	建成	2013 年	54700	54700
硅铁	陕西恒源煤电集团铁合金有限公司	2×33000 千伏安硅铁矿热炉项目；配套 6 兆瓦矿热炉烟气余热发电机组	建成	2017 年	13000	13000
	神木龙华硅铁厂	2×12500 千伏安硅铁矿热炉项目	建成	2017 年	3000	3000
建筑机械制造	神木力尔西机械制造有限公司	矿用液压支柱维修和装备制造项目	在建	2017 年	2000	—
	陕西庆安建设集团有限公司	产量为 20 万立方米每年的商品混凝土搅拌站建设项目	建成	2018 年	500	500

续表 27

类别	企业名称	项目及规模	建设情况	入区时间	项目批复总投资（万元）	累计完成投资（万元）
煤矸石、废煤、煤泥再利用行业	神木市昌瑞源煤加工有限公司	20 万吨 / 年优质煤粉加工	在建	2010 年	2000	1200
	神木市景凯能源有限公司	80 万吨 / 年煤矸石、废煤、煤泥综合利用项目	建成	2013 年	5811	5811
	神木市恒铭煤业深加工有限公司	50 万吨 / 年煤矸石、废煤、煤泥综合利用项目	建成	2014 年	1000	1000
	神木市赋帛洗选有限公司	30 万吨 / 年煤矸石、煤泥综合利用项目	在建	2018 年	1500	500
	神木市鸿德环保治理科技有限公司	100 万吨 / 年煤矸石治理综合项目	建成	2018 年	2800	2800
	神木市景盛新能源有限公司	60 万吨 / 年煤泥、煤矸石、工程煤再利用项目	在建	2018 年	1300	600
	神木市博能煤业有限公司	30 万吨 / 年煤矸石、煤泥综合利用项目	建成	2018 年	3000	3000
	神木市佳洋精煤科技有限公司	60 万吨 / 年煤泥、煤矸石再利用项目	在建	2019 年	—	—
	神木市龙博能源化工有限公司	60 万吨 / 年煤泥、煤矸石洗选综合再利用项目	在建	2020 年	1000	—
	神木市盛柏岩浮选洗选合伙企业	60 万吨 / 年煤泥、煤矸石再利用项目	规划	2020 年	500	—
	神木市金海顺煤业有限公司	30 万吨 / 年煤泥、废煤、煤矸石再利用项目	在建	2020 年	1000	—
型煤	神木市燕山环保型煤有限公司	10 万吨 / 年水焦炭球和助燃球生产线项目	建成	2007 年	500	500
	神木市聚利源煤炭物资有限公司	10 万吨 / 年型煤，10 万吨 / 年高炉喷吹料	建成	2008 年	4000	4000
	神木市浩正型煤有限公司	30 万吨 / 年洁净型煤	建成	2011 年	900	900
	神木市益源煤炭运销有限公司	20 万吨 / 年洁净型煤	在建	2014 年	1500	900

续表 27

类别	企业名称	项目及规模	建设情况	入区时间	项目批复总投资（万元）	累计完成投资（万元）
	神木市恒茹佳型煤有限公司	30 万吨 / 年型煤，20 万吨 / 年高炉喷吹材料	建成	2016 年	1500	1500
	陕西久业能源有限公司	30 万吨 / 年工业型煤	建成	2016 年	1480	1480
	神木市万多煤炭运销有限公司	30 万吨 / 年环保洁净型煤生产线项目	建成	2016 年	1500	1500
	神木市顺兴化工有限公司	20 万吨 / 年洁净型煤	在建	2017 年	1500	1500

企业选介

陕西龙华煤焦电集团有限责任公司　1994 年，地方国有企业神木县煤电公司成立于燕家塔工业小区。1998 年，改制为民营企业龙华煤焦电集团有限责任公司，后集团总部迁至神木市区。其所属主要工业企业陕煤孙家岔龙华矿业公司、龙华阳光电厂、龙华铁路集装公司等企业位于燕家塔片区。集团 2 次被陕西省委、省政府授予“省级优秀民营企业”称号，2018 年被授予“榆林市五一劳动

龙华硅铁有限公司冶炼作业（摄于 2020 年 6 月）

奖状”。2021 年，集团公司有员工 1780 人，资产总额达 54.7 亿元，煤矿工业总产值 67.71 亿元，生产原煤 912.8 万吨；电厂工业总产值 1.4 亿元，发电 5.2 亿千瓦时。

陕西恒源投资集团有限公司 1998 年成立的镇域民营企业，后集团总部迁至神木市区。集团下属的赵家梁煤矿、海湾煤矿、恒源发电公司、恒源电化公司、恒源焦化公司等主要工业企业位于园区赵家梁片区。2021 年，集团公司有员工 6000 余人，上缴税费超过 7 亿元，镇域的企业生产兰炭 134.49 万吨、洗煤 300 万吨、电石 19.49 万吨、硅铁 4.65 万吨、发电 9.43 亿千瓦时。

陕西恒德煤焦电化集团有限公司 位于燕家塔片区，民营企业。2008 年，神

恒源焦化公司兰炭楼（摄于 2019 年 8 月）

陕西恒源发电有限公司冷却塔（摄于 2021 年 6 月）

德润炭质还原剂有限公司
（摄于 2021 年 7 月）

木市德润炭质还原剂有限公司成立，建成年产兰炭 80 万吨、焦油 8 万吨的生产线，兰炭尾气用于自备电厂发电。同年，神木市恒润煤化工有限公司成立，建成年产兰炭 60 万吨、焦油 6 万吨、金属镁 2 万吨的生产线。2009 年 6 月，神木市超源洗煤有限责任公司成立，年产可达 120 万吨。2010 年 5 月，购买神木龙华硅铁厂。2012 年 4 月，建设德润兰炭尾气综合利用配套 2×30 兆瓦发电项目。2012 年 9 月，神木县瑞德煤基活性炭有限公司成立，可年产兰炭 60 万吨、活性炭 2 万吨。2015 年 5 月，神木市瑞德发电有限公司成立，1×30 兆瓦发电机组发电。2018 年 12 月，神木县恒德余能供热有限公司成立，利用余能集中供热。2019 年 4 月，神木市蓝天环保设备有限公司成立，建设年产 5 万吨焦油渣无害化处理项目。2011 年 12 月，组建企业集团。2021 年，企业有固定资产 23.6 亿元，员工 1263 人。

神木市鑫磊鸿盛煤化工有限公司　位于园区宏光村前马连塔组。2009 年，合伙投资 2.2 亿元建成年产兰炭 60 万吨、煤焦油 6 万吨、煤气 6 亿立方米的生产线。兰炭尾气送附近电厂发电。2011 年，吸纳陕西延长石油组建混合所有制企业。

陕西浩江煤业集团有限公司　位于园区内孙家岔村二组，民营企业。2011 年，投资 4.9 亿元建成年产兰炭 120 万吨、洗煤 120 万吨、白灰 20 万吨的生产线，建成 2×30 兆瓦发电机组。2021 年，公司有员工 300 余人，工业总产值 12.57 亿元，生产兰炭 95 万吨、洗煤 30.58 万吨，发电 3.9 亿千瓦时。

神木市四海煤化工有限责任公司　位于燕家塔片区。2006 年，投资 3 亿元建成年产兰炭 60 万吨的试验示范项目，是榆林市第一家年产 60 万吨兰炭的民营企

浩江煤业集团有限公司
（摄于2021年7月）

业。2010年，建成利用兰炭煤气年产2万吨金属镁生产线，吸纳陕西延长石油组建混合所有制企业。2020年，公司有员工360余人，工业总产值4.2亿元左右，生产兰炭38.7万吨、金属镁9327吨。2021年，因兰炭行业环保升级改造停产。

神木市宏泰煤化工有限公司 位于园区朱概塔村朱概塔组，民营企业。2010年，投资1.65亿元建成年产兰炭60万吨的生产线，其生产的尾气在附近电厂发电。2019年，生产兰炭23万吨、焦油1.3万吨、煤气8400万立方米，企业有员工75人、技术人员20余人，工业总产值54041万元。2020年，因兰炭行业环保升级改造停产。

陕西神木银泉煤业发展有限公司 位于园区宏光村前马连塔组，民营企业。2009年，建成年产兰炭70万吨、焦油6万吨、洗煤110万吨的生产线。2011年，建成以兰炭尾气为原料的合成氨装置，其规模为年产合成氨8万吨、碳酸氢铵化肥20万吨，填补了神木化肥产业空白。2021年，公司员工200余人，工业总产值8.84亿元，生产兰炭43.61万吨、合成氨5.24万吨。

神木市腾远煤化工有限公司 2009年8月成立，位于园区李家湾小组，民营企业。2021年，公司有职工260余人，固定资产2.75亿元，公司投资4.56亿元建成2条30万吨/年生产线，配套2×30兆瓦发电机组。年产优质兰炭60万吨、煤焦油6万吨、煤粉12万吨、干馏炉煤气6亿立方米，年发电量可达3.8亿千瓦时，年产值7亿元。

宏泰煤化工有限公司（摄于 2021 年 7 月）

银泉煤业发展公司 化肥厂（摄于 2021 年 7 月）

腾远煤化工有限公司（摄于 2021 年 7 月）

神木市兴义源物资贸易有限公司　位于园区孙家岔村二组，民营企业。2006 年，总投资 3 亿元建成年产兰炭 60 万吨、焦油 6 万吨、金属镁 2 万吨的生产线，同时利用兰炭尾气为燃料建成 30 兆瓦发电机组。2021 年，公司员工 300 余人，工业总产值 4.36 亿元，生产兰炭 68.53 万吨、金属镁 5311 吨，发电 2.4 亿千瓦时。

神木市新晨煤电化工有限公司 位于园区柠条塔片区，民营企业。2012 年，投资 2 亿元建成年生产兰炭 60 万吨、硅酸钠 30 万吨、硅胶 2 万吨、焦油 6 万吨的生产线项目。2014 年，技改为一台 30 兆瓦兰炭尾气发电机组。2021 年，公司有员工 190 余人，工业总产值 5.44 亿元，生产兰炭 40 万吨，发电 2.0699 亿千瓦时。

义兴源物资贸易公司（摄于 2021 年 7 月）

新晨煤电化工有限公司（摄于 2020 年 4 月）

陕煤神木能源发展有限公司五洲分公司 位于园区柠条塔片区。2009 年，成立民营企业神木市五洲煤化工有限公司，投资 3 亿元建成年产兰炭 60 万吨、焦油 6 万吨、煤气 6 亿立方米、洗煤 120 万吨的生产线，兰炭尾气用于附近电厂发电、生产电石。后改制为混合所有制企业。2021 年，公司有员工 170 余人，工业总产值 3.76 亿元，生产兰炭 33.86 万吨。

神木市众邦煤化有限公司 位于园区柠条塔片区，民营企业。2018 年，投资 5.1 亿元建成年产兰炭 60 万吨的生产线，建成 1 台 50 兆瓦兰炭尾气发电机组。2021 年，公司有员工 200 余人，工业总产值 7.75 亿元，生产兰炭 30 万吨，发电 6 亿千瓦时。

五洲煤化工有限公司（摄于 2021 年 7 月）

众邦煤化有限公司（摄于 2021 年 7 月）

管理服务

园区职能

园区管委会为神木市政府派出机关，其主要职能是编制和组织实施园区建设规划，负责园区的土地开发和基础设施的规划、建设和管理，负责园区招商引资和对外经济技术合作，负责园区国有资产的经营管理，负责园区内规划、财政、建设、科技、劳动、安全、人事、环保、统计等工作，负责园区内企业的设立、入驻、审核等工作，协调、管理和服务园区内企事业单位。管委会强化项目调度力度和频次，主动靠前精准服务，搭建银政企对接平台，大力招商引资，解决企业中长期人才和用工需求。管委会在神木市政务服务中心设立办事窗口，市政府授权的行政许可也可以在园区管委会办理。

管理机构

2011 年，燕家塔园区管委会和柠条塔园区管委会成立时均为副处级建制，设主任、副主任等领导职数，编制人数均为 25 人。2019 年，合并为神木市兰炭产业特色园区，仍然为副处级建制，编制人数 33 人。管委会党工委书记由神木市市长兼任，设主任 1 名、副主任 4 名，其中，孙家岔镇党委书记、西沙街道党工委书记分别兼任副主任；设党工委副书记 1 名，安全环保协调组组长、副组长各 1 名，内设综合办公室、经济发展和招商服务局、规划建设局、人力资源和劳动保障局、社会事业管理局、行政审批管理办公室、综合执法局等 7 个机构，另外，设置柠条塔片区环卫所与燕家塔片区环卫所。

燕家塔工业园区管委会及科室负责人一览表

表 28

姓名	性别	出生年月	籍贯	职务	任职时间
刘忠恩	男	1964 年 1 月	高家堡镇	主任	2011 年 12 月至 2019 年 8 月
王怀智	男	1969 年 9 月	沙峁镇	党委书记	2013 年 5 月至 2013 年 10 月
刘荣旺	男	1967 年 7 月	店塔镇	副书记	2014 年 6 月至 2019 年 8 月
麻　锐	男	1971 年 12 月	柠条塔村	副主任	2014 年 6 月至 2019 年 8 月
王志军	男	1973 年 5 月	麟州街道	副主任	2017 年 6 月至 2019 年 8 月
赵　龙	男	1978 年 11 月	高家堡镇	纪委书记	2017 年 6 月至 2019 年 8 月
田振军	男	1976 年 7 月	锦界镇	综合办公室主任	2011 年 8 月至 2014 年 5 月
贺睿杰	男	1987 年 3 月	栏杆堡镇	综合办公室主任	2014 年 6 月至 2019 年 8 月
谢　飞	男	1987 年 11 月	花石崖镇	经济发展科科长	2017 年 6 月至 2019 年 8 月
李　鹏	男	1982 年 8 月	海湾张家沟村	规划建设科科长	2017 年 6 月至 2019 年 8 月
王　军	男	1982 年 2 月	麟州街道	产业投资管理科科长	2017 年 6 月至 2019 年 8 月
郭　峰	男	1986 年 9 月	麟州街道	环卫所所长	2017 年 6 月至 2019 年 8 月
高　鹏	男	1985 年 8 月	万镇镇	环卫所副所长	2014 年 6 月至 2019 年 8 月

柠条塔工业园区管委会及科室负责人一览表

表 29

姓名	性别	出生年月	籍贯	职务	任职时间
郝怀宇	男	1963 年 5 月	栏杆堡镇	主任	2011 年 12 月至 2019 年 8 月
贺和平	男	1966 年 10 月	高家堡镇	党委书记	2013 年 5 月至 2019 年 8 月
李海军	男	1967 年 6 月	尔林兔镇	副主任	2011 年 8 月至 2019 年 8 月
解光亮	男	1967 年 12 月	滨河新区街道	纪委书记	2017 年 7 月至 2019 年 8 月
宋振平	男	1969 年 8 月	店塔镇	经济发展科科长	2011 年 10 月至 2019 年 8 月
薛　岗	男	1983 年 6 月	栏杆堡镇	规划建设科科长	2016 年 8 月至 2019 年 8 月
王志鹏	男	1984 年 7 月	迎宾路街道	企业管理科科长	2016 年 8 月至 2019 年 8 月
李艳萍	女	1982 年 4 月	滨河新区街道	公用事业科科长	2017 年 7 月至 2019 年 8 月

兰炭产业特色园区管委会及科室负责人一览表

表 30

姓名	性别	出生年月	籍贯	职务	任职时间
郝怀宇	男	1963 年 5 月	栏杆堡镇	主任	2019 年 8 月至 2020 年 4 月
王晓君	男	1974 年 9 月	中鸡镇	主任	2020 年 5 月
李海军	男	1967 年 6 月	尔林兔镇	副主任	2019 年 9 月
麻　锐	男	1971 年 12 月	柠条塔村	副主任	2019 年 9 月至 2020 年 10 月
张波涛	男	1976 年 4 月	靖边县	副主任	2019 年 9 月至 2020 年 8 月
张　鹏	男	1971 年 9 月	燕家塔村	党工委副书记	2019 至 9 至 2020 年 6 月
刘荣旺	男	1967 年 7 月	店塔镇	副主任级领导	2019 年 9 月
解光亮	男	1967 年 12 月	滨河新区街道	纪委书记	2017 年 7 月至 2019 年 8 月
王增强	男	1967 年 4 月	中鸡镇	协调办主任	2019 年 9 月
宋振平	男	1969 年 8 月	店塔镇	副主任级领导	2019 年 9 月
方尚鹏	男	1970 年 10 月	大保当镇	协调办副主任	2019 年 12 月
田振军	男	1976 年 7 月	锦界镇	副科级领导	2019 年 9 月
贾　鹏	男	1980 年 6 月	中鸡镇	综合办公室主任	2019 年 9 月
王　军	男	1982 年 2 月	麟州街道	经济发展与招商局局长	2019 年 9 月
薛　岗	男	1983 年 6 月	栏杆堡镇	规划建设局局长	2019 年 9 月
王志鹏	男	1984 年 7 月	迎宾路街道	社会事业管理局局长	2019 年 9 月
杨晓峰	男	1982 年 7 月	栏杆堡镇	综合执法局局长	2019 年 9 月
李艳萍	女	1982 年 4 月	滨河新区街道	行政审批管理办公室主任	2019 年 9 月
刘　智	男	1987 年 4 月	大保当镇	人力资源和劳动保障局局长	2019 年 9 月
高　鹏	男	1985 年 8 月	万镇镇	燕家塔环卫所所长	2019 年 9 月
张玉发	男	1982 年 11 月	燕家塔村	柠条塔环卫所所长	2019 年 9 月

生态矿区

镇域地处黄土高原与毛乌素沙地的过渡地带，生态环境脆弱，土地沙漠化严重。中华人民共和国成立后，党和政府组织群众长期不懈地开展植树造林，实施“三北”防护林、防沙治沙、长城沿线造林等工程。1999 年开始，实施退耕还林，封山禁牧，镇域林草覆盖率达 45% 以上。

神府煤田开发后，煤炭、化工企业生产引起的采空区沉陷及大气、河流污染，对环境产生诸多影响。政府、园区、企业同心协力，积极采取措施，坚持清洁生产，开展节能减排，加强污染源管理，大力发展循环经济，全面建设绿色矿山。“绿水青山就是金山银山”，孙家岔正在努力建设绿色、清洁、美丽的新矿区。

植树造林

林场管护

1958年，神木县孙家岔林场开辟苗圃20余亩，试种油松20亩。1961年，林场在柠条塔、乔家塔村栽种沙柳500余亩，在柠条塔村纸槽焉试栽杨树100亩，在朱概塔村设立苗圃基地。1970—1971年，大柳塔林场组织孙家岔公社社员在乔家塔村小母河栽植杨树1000亩。

1978年，孙家岔社办林场在柠条塔村和乔家塔村，搭建沙地障蔽，栽种沙柳、杨树。20世纪80年代，在张家村东梁集中连片种植松树300余亩，为镇域最早的规模化林区，公社林业员为张羊买，各村设护林员巡查管护。

敖包梁松树林地（摄于2020年8月）

神木县孙家岔林场 1958年10月成立，隶属县农林水牧局，场部有5孔窑洞修建在孙家岔村二组。1967年4月，林场迁址于大柳塔公社前柳塔村，并更名为神木县大柳塔林场。历任场长：王学荣（任期1958—1964年）、乔进喜（任期1964—1966年）、高凤岐（任期1966—1967年）。

孙家岔社办林场 1978年，在燕家塔村成立，负责社营林木的栽种和管护。1989年停办。林场有工人20余人，负责公社林木的抚育，在乌兰木伦河川道栽种管护林木，并养殖牛、马、骡、羊子等牲畜及配种，场长杜应福、郭子良、孙维昌。

排界村乔伙盘组村庄周边的林地（摄于2020年4月）

造林工程

从1980年开始，全镇先后实施"三北"防护林工程、防沙治沙工程、长城沿线造林工程等植树造林项目。1982年，镇域有林地18万亩、草地18.9万亩。1996—1998年，神木县开展灭荒造林。1999年，镇域贯彻中央"再造一个山川秀美的大西北"的指示，实施山川秀美工程，先后以工程管理形式营造绿色长城林、绿色通道（长廊）林等工程林。

2003—2014年，人工种草10万亩，实施"三个一百"造林工程（榆林市委、市政府提出从2003年起10年内，全市各级干部职工每人植树100株，居民和农户每户植树100株，鼓励在外工作、创业的榆林籍人士每人为家乡植树100株），镇域企业每年种植5.5万棵常绿树种。2003年，龙华煤电公司在矿区公路马连塔段东侧栽植柏树70亩。2010年，种植沙棘2万亩。2011—2021年，能源企业植树造林10万余亩。2013年，在杨陈公路燕家塔、神树塔段，店红公路海湾张家沟段沿线，栽植松树2000余亩。2014—2015年，在宏光村、燕家塔村哈特兔组实施“美丽乡村”造林，种植常绿树4000余棵。2020年，实施杨陈公路孙家岔段、矿区公路两侧植树造林。2021年，实施王才伙盘工业区绿化造林800亩，在杨陈路、矿区路、排李路实施生态修复治理工程6项，总绿化面积达51.4万平方米。

家庭造林

20世纪80年代，村民大量在房前屋后、荒山荒坡种植杏树、海红果树、苹果树等经济树木。1990年，进行林业所有制变革，对“五荒地”（即荒山、荒沙、荒滩、荒沟、荒坡）进行拍卖，由个体承包造林，实行“谁造谁有，允许继承，允许转让，永久不变”的方式，鼓励大户造林。2007年开始，村民在房屋周围、闲置土地上大量栽种杏树、松树等2米高的成片树木。

退耕还林

1999年，神木县被国家纳入首批退耕还林示范县，全镇开展退耕还林试点工作。1999—2004年，全镇共实施退耕还林1万余亩。按照乔灌草结合的原则，实施鱼鳞坑造林，每亩栽植33棵樟子松、油松、侧柏等常绿树种，并套种苜蓿、沙打旺等草本植物，从栽种年起16年内每年验收成活率，给予粮食补助或现金补贴。

2003年，全镇人工造林11250亩（其中，退耕还林4500亩），人工种草10720亩，圈舍改造30个，建成青贮窖64个。2004年，“三个一百”工程植树55000株，荒山造林4061亩，人工种草11067亩，实施乔家塔、张村项目区万亩示范工程。2005年，“三个一百”工程实施成果为55000株，退耕还林447亩，荒山造林5548亩，人工种草5200亩，草地改良3300亩。2006年，“三个一百”

工程植树55000株，荒山造林4000亩，人工种草10000亩，草地改良3300亩。2007年，荒山造林3900亩，“三个一百”工程植树5.5万株，人工种草9500亩，草地改良3500亩。2008年，荒山造林5500亩，秋季种植柠条3000亩，“三个一百”工程植树5.5万株，人工种草8500亩。2009年，完成荒山造林任务2000亩，“三个一百”工程植树5.5万株，人工种草7000亩。2010年，荒山造林20500亩，“三个一百”工程植树5.5万株，能源企业绿化造林8000亩，人工种草5000亩。2011年，荒山造林7700亩，“三个一百”植树工程5万株，人工种草5000亩，能源企业绿化造林10550亩。2012年，“三个一百”工程植树50600株，能源企业绿化造林14538亩，河流绿化2000亩。排界、张家沟、沙沙庙、刘家沟4个村实施人工种草4100亩。2013年，苗家沟、排界、乔家塔、沙沙庙、刘家沟等村实施人工种草9500亩，实施“三个一百”工程5万株，能源企业绿化造林14500亩。2014年，40户能源企业造林9000亩，沙坡村实施“千村万户”绿化项目，栽种臭柏、油松等10430株，庙沟村荒山治理850亩。2018年，庙沟、宏光、孙家岔等村实施义务植树16.94万株，28户能源企业绿化植树造林3000亩。2019年，柳树峁、庙沟等村组实施义务植树5.74万株。2020年，在燕家塔、排界、孙家岔等村组实施义务植树18万株。

苗家沟村退耕还林地（摄于2020年8月）

封山禁牧

2001 年，全镇率先实施“封山禁牧，舍施养畜（羊）”。2002 年，各村聘用护林员，巡查破坏林草行为。2008 年，实施《陕西省封山禁牧条例》，镇政府成立封山禁牧队，配备专人开展巡查。

森林防火

从 2001 年起，随着封山禁牧措施的落实，镇域林草覆盖率提高。春冬两季，林草干枯，尤其是清明节和冬至期间，村民上坟祭祖烧纸引燃山火的现象时有发生。镇政府每年安排各村护林员开展巡查，提倡文明祭扫，严防林草着火。

林长制

2021 年，神木市实行林长制，镇党委、政府领导干部为所辖区域林长，并与包村干部、村干部共同构成管护林草的网格化管理责任体系。

绿色矿山

2014 年，陕煤柠条塔矿业公司成为国家级绿色矿山试点单位。2021 年，陕煤孙家岔龙华矿业公司被纳入全国绿色矿山名录。2021 年，神木市惠宝煤业公司、神木市盛博煤业公司被纳入陕西省绿色矿山创建库。

煤矿企业普遍建设生产、办公和生活区，厂区内外建成景观带和文化园，形成生产、销售封闭一体的环境保护模式，矿井水处理后，循环使用。

龙华矿业公司鸟瞰图（摄于 2020 年 8 月）

采空区治理

镇域煤矿多，采空区经常发生沉陷。采空区塌陷引发地震、地表水渗漏，也会引起煤层自燃。2005 年，神木县政府决定由煤矿按 2 元 / 吨的标准补贴给当地群众，用于补偿当地村民遭受的林草枯死、环境污染、水源渗漏等损失。2014 年，县政府制定采空塌陷区土地、树木补偿办法和房屋搬迁办法。2007—2018 年，在柠条塔、河岔、排界、瓷窑塔等采空区，实施生态治理，复垦土地并植树种草近万亩。

陕煤柠条塔矿业公司采空区治理效果（摄于 2021 年 9 月）

2018年，政府建立矿山地质环境治理恢复与土地复垦基金专用账户，要求煤矿企业编制生态环境治理规划，实施生态环境修复与治理工程。2021年，陕煤柠条塔矿业公司在柠条塔村生艾沟采煤沉陷区，建成立体式生态示范区，种植经济林301亩，建成梯田916亩，植树造林2160亩。

煤矸石处理

煤矿在开采过程中对煤矸石进行井下环保处理，洗选矸石用于电厂发电及建材原料等综合利用，镇域有煤矸石生产建筑材料企业2个。

矿井疏干水处理

2010年以来，逐渐加强矿井疏干水管理。煤矿建设水处理站，减少矿井疏干水外排，按照“零排放”的要求实现综合利用，矿井水经处理后用于生产、消防、洒水降尘及绿化。2019年，陕煤龙华矿业公司投资2亿元启动矿井疏干水及工业废水处理与综合利用项目，形成疏干水及生产废水综合利用链条。

污染源管理

关闭污染企业

20世纪90年代初期，镇域煤炭产业形势低迷，块煤就地炼焦，形成土炼焦，造成大气严重污染。1996年4月1日，神木县加强土焦生产管理，开始逐步取消，不再允许煤矿以外的企业生产土焦，并按每吨煤炭3元的标准收取排污费。1999年，政府开始关闭、拆除所有土炼焦设施，推动企业建成小型焦化炉。2007 年，全镇关闭小型焦化厂 68 户，整合成年产 60 万吨以上的兰炭公司。2008 年，按照开展第一次全国污染源普查工作的要求，全镇普查域内污染企业。2011 年，关闭 2 户高耗能企业。2018 年，关闭“散乱污”企业 6 户，关闭非法晾晒煤泥场 6 处，全部恢复植被。

公路治污

2004 年，杨陈一级公路通车后，成立杨陈公路路政巡查大队，重点治理燕家塔、孙家岔等沿线的运煤车辆超载抛撒煤块问题。2014 年，神木县政府抽调煤炭、交警、交通、孙家岔镇政府等单位的人员，在燕家塔村临时组建治超队，加大治理杨陈公路车辆抛撒力度。2015 年，店红一级公路成立治超大队，治理超载车辆。

企业治污

从 2009 年起，煤炭企业的生产辅助区建设成品仓、储煤棚、矸石仓、危废库房等环保设施，对工业厂区的原煤、成品煤、煤矸石、煤泥均实行封闭储存，各主要产尘点装有洒水降尘除尘设施。车辆驶出厂区必须覆盖篷布，并按核定吨位运载。企业建设矿井在线监测系统，采取自行监测与委托第三方监测相结合的方式，对矿区水文、大气、噪声等环境因素开展常态化监测。2007 年，整合后的兰炭企业利用尾气发电，资源综合利用。2019 年，镇域其他工业企业，均建成防尘网、材料堆积大棚，采取洒水、密目网覆盖等措施降尘除尘。2020 年，47 家工矿企业改用天然气、电锅炉工作完成。

固废治理

煤田开发初期，煤矿产生的矸石排放在矸石场。2015 年以后，企业洗选的煤泥矸石开始综合利用。2017 年，燕家塔园区建成固废处理场。2018 年，建成处理煤泥煤矸石的机砖厂 3 个。2021 年，建成煤泥烘干企业 2 个。2020—2021 年，镇政府联合交警、路政部门组成综合执法队对超载车辆及乱倒煤泥、矸石等违法行为进行查处。

河道治理

修筑堤坝

1969 年，孙家岔公社在乌兰木伦河朱盖塔段修筑拦河坝。1979 年，孙家岔公社在庙沟河修筑库容为 192 万立方米的水库。2003—2012 年，县财政出资在特牛川平寺梁、苏家塔段修筑护堤 1500 余米。2011—2016 年，县财政出资在流经孙家岔、王道恒塔、神树塔等村的乌兰木伦河两岸，修筑浆砌河堤 8000 余米，防洪并保护耕地。沿乌兰木伦河的铁路集装站分别在水井湾、燕家塔村共修筑浆砌河堤 2000 米，并形成堤顶道路。店红一级公路建设时在考考乌素河柠条塔、刘石畔、海湾段修筑护堤 4000 米。

河道清污

20 世纪 90 年代至 2006 年，部分小焦化企业环保设施建设不到位，时有氨水泄漏或偷排事件发生，导致河流受到污染。镇政府多次配合环保部门进行查处并及时清理河道污染物。

2016—2021 年，开展清理乱占、乱采、乱堆、乱建河道的违法行为，清除河道垃圾淤泥，关闭河道旁的养殖场，关闭河道采砂场，镇域工业企业均建成污水处理站，建成 6 个居民生活污水处理站，河道生态环境得到有效治理。

流域治理

20世纪70年代，孙家岔公社在黄花界、柳树峁、庙沟、大沟等村建设淤地坝。80 年代初，部分村民在承包地的荒沟实施小型淤地坝工程，柳树峁村村民蔡宽则打坝的事迹被《榆林报》报道。2000 年，白圪堵、尚伙盘村集体和大沟组村民宋在强分别实施淤地坝，形成 80 余亩水域。2011 年，庙沟村张家沟组实施淤地坝，形成水域面积 50 亩。2018—2021 年，全镇治理小流域 20 平方千米。

河长制

2018 年，全县实行河长制，镇党委书记为乌兰木伦河孙家岔段河长，镇长为考考乌素河孙家岔段河长，各包站领导干部为所辖区域河流的河长。

土地管理

土地整理

2015 年，张家村平整土地 2000 多亩，其中建成高标准灌溉地 550 亩，硬化田间道路 3 千米，建成高位水塔 2 个，栽植常绿树 30 万株。2019 年，复垦工矿企业废弃地 2132 亩。2020 年，复垦废弃工矿企业和搬迁房屋土地 800 余亩。2021 年，王道恒塔村平整灌溉地 1000 亩，燕家伙盘组平整灌溉地 300 亩。

土地审批

1987 年，村民宅基地由乡政府负责审批。1996 年开始，企业用地和居民宅基地审批，先由林业部门、土地部门、镇政府初审后，报县政府审批。2011 年起，村组集中规划建设移民新村，统一审批宅基地土地手续。从 2019 年开始，农户申请使用宅基地经林业、国土部门初审后，由镇政府上报神木市政府。

张家村土地整理后的农田（摄于 2020 年 8 月）

排界村采煤沉陷区治理后的土地（摄于 2021 年 6 月）

执法监督

1996 年，神木县土地局店塔土地所成立，镇域属其日常管理。2007 年开始，重点整治未批先建的违法修建行为，拆除燕家塔至水井湾公路两侧乱修乱建的房屋。2009 年开始，开展土地卫星拍片执法。2010 年，拆除刘石畔、新民沟、新伙盘等村在煤矿井田内未批先建的房屋 152 间。2015—2021 年，拆除三卜树、排界、宏光、柳树峁等村在煤矿井田内乱修乱建的房屋 5 万余平方米，整治非法晾晒煤泥、乱倒煤矸石等占用土地行为，处罚未批先建行为。2017 年，开展农村土地确权登记颁证工作。2012 年，孙家岔国土资源所成立，先后在镇政府、燕家塔园区管委会办公楼办公，所长为呼鹏，副所长为李飞林、高永、王东。2020 年，因机构改革孙家岔国土资源所被撤销。

庙沟村敖包梁林地雪景（摄于 2020 年 11 月）

党政群团

1929 年，国民党神木县政府始在呼家山（今属海湾村）设区公所。1945 年，国民党神木县执行委员会在镇域设复兴乡分部。1947 年，神木县城解放，镇域国民党的基层党政组织机构也随之土崩瓦解。

1949 年 7 月，中共神木县第九区委及区乡人民政权在镇域成立。中华人民共和国成立后，随着镇域政区建置的变化，先后设置区、公社、乡、镇等基层党政机构，工会、共青团、妇联等群众团体相应成立，部分县级机关设置派出机构。

在中华人民共和国成立后的不同历史时期，孙家岔镇级党政机关带领全镇人民艰苦奋斗，发展经济，推进煤田开发，改变社会面貌。进入建设中国特色社会主义新时代，镇党委、政府大力推进工业化和新型城镇化，在全市率先推动镇域经济社会高质量发展。

中共地方组织

神木县第九区委员会

1949 年 7 月，随着神木县北部新解放区扩大，神木县撤销寨峁区，将其中部分区域及部分新解放区划为第九区，并成立中共神木县第九区委。区委机关驻地牌界村，区委书记为郭建华（任期 1949.7—1949.9）。区辖 4 个乡党支部，党支部设指导员。

牌界区委员会

1949 年 10 月，中共神木县第九区委更名为牌界区委员会，机关驻地牌界村。区辖 6 个乡党支部。1953 年 3 月，牌界区建制被撤销，牌界区委相应被撤销，其辖区划为孙家岔区。

1949 年，区委组织群众建立农民协会，进行土地改革。1950 年，组织开展抗美援朝工作。1951 年 12 月至 1952 年 4 月，土地改革结束，组织开展救灾及生产自救运动。在全区党政机关工作人员中开展“三反”（反贪污、反浪费、反官僚主义）运动，1952 年，组织乡级选举工作。

中共牌界区委员会书记、副书记一览表

表 31

姓名	性别	职务	任职时间
郭建华	男	书记	1949 年 10 月至 1950 年 4 月
薛子兰	男	书记	1950 年 4 月至 1950 年 7 月
郭建华	男	书记	1950 年 7 月至 1953 年 3 月
杨琦生	男	副书记	1950 年 5 月至 1952 年 8 月
黄玉琨	男	副书记	1952 年 8 月至 1953 年 3 月

孙家岔区委员会

1953年3月，中共神木县第十二区（孙家岔区）委员会成立，机关驻地孙家岔村，辖6个乡党支部。是年，宣传、贯彻、执行《中华人民共和国婚姻法》。7月，开展第一次全国人口普查，开始实行粮食统购统销。1954年4月，组织普选，选举出席县人民代表大会代表。加强对互助合作运动的领导，开展防沙造林、大办水利、爱畜保畜运动。1956年，区委辖乡支部8个、其他支部13个，全区共有中国共产党党员160人。是年，组织第二次普选，开始办农业生产合作社，组织生产救灾工作。1957年，在县区乡干部中开展整风运动，采取大鸣、大放、大字报、大辩论的方法，发动群众性反右派斗争。开展农村整社工作和社会主义教育活动。1958年，组织第三次普选，发动干部和教师写大字报，批判“四类分子”。1958年9月，因撤区并乡，孙家岔区委被撤销。

中共孙家岔区委员会书记、副书记更迭表

表32

姓名	性别	籍贯	职务	任职时间
郭兆举	男	沙峁镇	书记	1953年3月至1955年9月
温宝玉	男	贺家川镇	书记	1955年9月至1958年9月
梁子珍	男	沙峁镇	副书记	1954年12月至1957年12月
高尚全	男	迎宾路街道	副书记	1957年10月至1958年9月
李子岐	男	花石崖镇	副书记	1958年4月至1958年9月

孙家岔区工作委员会

1964年3月，中共孙家岔区工作委员会成立，机关驻地孙家岔村，辖刘家石畔、常家沟、孙家岔、大柳塔、活鸡兔5个人民公社党委。区工委发动群众进行生产救灾，组织开展“农业学大寨”运动。1965年9月，区工委被撤销。区工委书记为刘曰孝（任期1964.3—1965.9）。

孙家岔人民公社委员会

1958 年 9 月，寸草壕乡与锁匠伙盘乡合并为孙家岔乡。当月，改乡为人民公社，中共孙家岔人民公社委员会成立。公社 30 个生产大队建立党支部。

1959 年，公社党委贯彻“社会主义建设总路线”，掀起农业生产“大跃进”高潮，全区高级社转为生产大队，开展“反右倾、鼓干劲”的整风运动。1960 年，开展增产节约运动。1961 年，贯彻《农村人民公社工作条例》，组织农业生产，大办食堂，节约度荒。是年，公社有 18 个生产大队党支部。1963 年，在干部中开展新的“五反”（反对贪污盗窃、反对投机倒把、反对铺张浪费、反对分散主义、反对官僚主义）运动，公社和生产大队数名队干遭批斗。1964 年，公社、生产大队成立贫下中农协会，生产队设贫协小组。召开数次群众批斗大会。1965 年，开展农村社会主义教育运动，组织开展农田基本建设运动。公社成立毛泽东著作学习委员会，机关、学校和生产大队成立以党团员为核心的学习小组。1966 年，公社区划调整，有 27 个生产大队党支部。开展“破四旧”（破除旧思想、旧文化、旧风俗、旧习惯），“立四新”（立新思想、新文化、新风俗、新习惯）运动。1967 年 4 月，公社党委被造反组织“夺权”后被迫停止工作。12 月，安排首批上山下乡知识青年。1968 年 9 月，孙家岔公社革委会成立，公社成立党的核心小组，各单位相继成立革命领导小组。1969 年 9 月，公社整党建党工作开始，生产大队成立新的党支部。1970年，公社共有党员210人。年底，开展整党建党工作。

1971年，公社第五次党代会召开，全公社党员286人。是年，贯彻执行“抓革命、促生产、促工作、促战备”方针，提出“高举红旗狠抓纲，学习大寨赶昔阳，打好农业翻身仗，奋战四年粮上纲”的口号。开展批判林彪反革命集团的运动。1972 年春，编制公社农林牧“四五”规划。1973 年，公社有 26 个党支部，共有党员 315 人。是年，继续割“资本主义的尾巴”，抽减自留地、禁止个人养殖。公社召开群众大会，批斗“投机倒把分子”。1974 年，开展所谓“批林批孔”运动，组织学习“小靳庄经验”，大办政治夜校。1975 年，全公社有党员 387 人。是年，开展所谓“批邓、反击右倾翻案风”运动。1976 年，全公社有党员 414 人。是年 9 月 9 日，毛泽东主席逝世，公社组织悼念活动。是年，编制《孙家岔公社一九七六年—一九八五年发展规划》，规划重点为发展水利水保工程、“三田”建设及政治夜校等项目。1977年，全公社有党支部27个，党员426人。是年，组织开展打击反革命破坏活动、打击资本主义猖狂进攻的“一批两打”运动。1978年，开展揭、批、查运动，清理“文化大革命”期间打、砸、抢分子和闹派人物，纠正对农村干部的错误处理决定。1979年，中共中央作出《关于地主、富农分子摘帽问题和地、富子女成分问题的决定》，公社对多年来遵守政府法令、老实劳动的地主、富农分子，经过群众评审，县革命委员会批准，一律摘掉帽子，给予农村人民公社社员的待遇。。20世纪70年代，公社共有机关单位支部9个，供销社、粮站、医院等单位独立组建党支部，教育、社队企业、政法等按系统成立联合党支部。

1980年8月27—29日，公社第六次党代表大会召开。12月20日，公社革委会改为公社管理委员会。7月2日，公社出台《实行包干到户责任制试行办法》。1982年，公社机关由孙家岔村二组搬迁至一组。是年，开展“五讲”（讲文明、讲礼貌、讲道德、讲秩序、讲卫生）、“四美”（心灵美、行为美、语言美、环境美）、“三热爱”（热爱祖国、热爱共产党、热爱社会主义）活动。

中共孙家岔人民公社委员会书记、副书记一览表

表33

姓名	性别	籍贯	职务	任职时间
高增春	男	贺家川镇	书记	1958年9月至1958年12月
胡文标	男	麟州街道	书记	1958年12月至1961年1月
王道和	男	马镇镇	书记	1961年1月至1962年10月
刘文科	男	贺家川镇	书记	1962年10月至1964年3月
高增春	男	贺家川镇	书记	1964年3月至1965年12月
傅世勤	男	陕西汉滨区	书记	1965年12月至1966年9月
贺海乾	男	万镇镇	书记	1966年9月至1967年4月
焦丕俊	男	马镇镇	书记	1971年1月至1976年7月
刘买义	男	沙峁镇	书记	1976年7月至1984年4月
刘登荣	男	店塔镇	书记	1984年4月至1984年9月
崔希保	男	贺家川镇	副书记	1958年11月至1958年12月

续表 33

姓名	性别	籍贯	职务	任职时间
刘万信	男	刘石畔村	副书记	1961 年 9 月至 1962 年 5 月
何子英	男	大柳塔镇	副书记	1965 年 9 月至 1966 年 9 月
赵世贤	男	榆阳区	副书记	1964 年 12 月至 1965 年 12 月
张生满	男	花石崖镇	副书记	1964 年 12 月至 1965 年 9 月
乔　荣	男	—	副书记	1966 年 9 月至 1967 年 4 月
贾宏业	男	贺家川镇	副书记	1971 年 1 月至 1976 年 3 月
赵天文	男	迎宾路街道	副书记	1975 年 5 月至 1978 年 6 月
郭基有	男	马镇镇	副书记	1975 年 11 月至 1983 年 2 月
李守先	男	滨河新区街道	副书记	1978 年 4 月至 1983 年 2 月
路怀亮	男	贺家川镇	副书记	1983 年 4 月至 1984 年 4 月
王晋才	男	河北邢台	副书记	1984 年 3 月至 1984 年 7 月

刘家石畔人民公社委员会

1961 年 6 月成立，机关驻地刘家石畔村，公社有生产大队党支部 11 个、机关支部 1 个，党员 70 人。公社党委贯彻落实《农村人民公社工作条例》，组织农业生产，大办食堂，节约度荒。开展新“三反”、新“五反”运动，公社和生产大队数名队干遭批斗。开展农村社会主义教育运动。1964 年，公社、生产大队、生产队成立贫下中农协会组织。1965 年，公社成立毛泽东著作学习委员会，机关、学校和生产队成立以党团员为核心的学习小组。1966 年 9 月，刘家石畔人民公社建制被撤销，刘家石畔公社党委会相应被撤销。

中共刘家石畔人民公社委员会书记、副书记一览表

表 34

姓名	性别	籍贯	职务	任职时间
贺顺岗	男	栏杆堡镇	书记	1961 年 6 月至 1964 年 9 月
贾治国	男	大柳塔镇	书记	1964 年 9 月至 1965 年 4 月
刘生珍	男	花石崖镇	书记	1965 年 4 月至 1966 年 9 月
袁子珍	男	滨河新区街道	副书记	1963 年 9 月至 1964 年 6 月
高占琨	男	西沟街道	副书记	1964 年 11 月至 1965 年 9 月

孙家岔乡委员会

1984 年 7 月 4—7 日，乡第七次党代会召开，中共孙家岔人民公社委员会改为中共孙家岔乡委员会。是年 8 月，马家盖沟、板定梁两个村划归店塔乡管辖，全乡有党支部 32 个，其中，机关支部 7 个，农村党支部 25 个。1985 年，整党工作全面开展，党委工作以服务煤田开发和经济建设为中心，将整党工作与发展经济、整顿社会治安和推进精神文明建设相结合。1986 年 6 月，乡党委、政府作出《关于进一步加强计划生育工作的决定》。

1987 年 6 月 2—4 日，乡第八次党代会召开，全乡党员 408 名。是年 12 月，开展为期 2 个月的端正党风工作。

1989 年 7 月，乡第九次党代会召开。1991 年 3—6 月，开展由省地县乡四级干部参加的农村社会主义思想教育，重点加强村党支部建设，清理村集体财务。

1992 年 12 月，乡第十次党代会召开。1995 年，实施乡镇机构改革。

1996 年 1 月，乡第十一次党代会召开，全乡有党员 504 人。

孙家岔公社出席神木县第八次人代会代表合影（摄于 1978 年 7 月）

孙家岔公社出席神木县第九次人代会代表合影（摄于 1980 年 4 月）

孙家岔公社出席神木县第九次党代会代表合影（摄于 1980 年 4 月）

孙家岔乡出席县第十次党代会代表合影（摄于1984年4月）

中共孙家岔乡第十次代表大会代表合影（摄于1992年12月）

中共孙家岔乡委员会书记、副书记一览表

表 35

姓名	性别	籍贯	职务	任职时间
刘登荣	男	店塔镇	书记	1984 年 9 月至 1986 年 10 月
张世峰	男	店塔镇	书记	1986 年 10 月至 1989 年 3 月
乔申有	男	高家堡镇	书记	1989 年 7 月至 1992 年 10 月
王治厚	男	永兴街道	书记	1992 年 10 月至 1995 年 12 月
刘国富	男	高家堡镇	书记	1995 年 12 月至 1997 年 6 月
李贵贤	男	朱概塔村	副书记	1984 年 7 月至 1986 年 11 月
徐占华	男	中鸡镇	副书记	1985 年 10 月至 1986 年 10 月
乔申有	男	高家堡镇	副书记	1986 年 10 月至 1989 年 7 月
康国玉	男	贺家川镇	副书记	1989 年 8 月至 1992 年 10 月
刘进玺	男	永兴街道	副书记	1989 年 8 月至 1992 年 10 月
李文林	男	店塔镇	副书记	1992 年 10 月至 1995 年 12 月
白忠厚	男	迎宾路街道	副书记	1993 年 6 月至 1995 年 12 月
袁如生	男	滨河新区街道	副书记	1995 年 12 月至 1997 年 6 月
刘志胜	男	尔林兔镇	副书记	1995 年 12 月至 1997 年 6 月

孙家岔镇委员会

1997 年 6 月，孙家岔乡改设为镇。全镇开展“双学”（学习邓小平理论和党章）活动。1998 年，实施“双万”（万名干部下基层进万村）工程，农村整建工作队下派任职干部到农村基层开展工作。

1999 年 1 月，镇第十二次党代会召开。镇机关党支部 6 个，其中，联合支部 4 个。是年，开展“四教育”（以实事求是思想路线、为人民服务宗旨、党在农村的基本政策和民主法制为主要内容的思想作风教育）活动，在农民中进行“九教育”（邓小平理论、党的基本路线和农村政策、农业和农村形势、爱国主义、集体主义和社会主义思想、民主法制、艰苦奋斗优良传统、科技文化和移风易俗、社会公德和家庭美德教育）活动。2000 年，开展“三讲”（讲学习、讲政治、讲正气）活动，开展“三个代表”重要思想学习教育活动，在农村开展十星级文明农户评比活动。2001 年，开展“党建示范村”“乡镇党委服务示范基地”创建活动，发展“党员双带户”（党员带头致富、带领群众共同致富）。

2002 年 4 月，镇第十三次党代会召开。是年，开展农村基层组织集中整建，开展反邪教警示教育活动。组建非公有制企业联合党支部 2 个，党员较少的企业相互之间成立联合党支部，或与企业所在村成立联合党支部。2003 年，建成党委服务示范基地 2 个，科技服务示范基地 3 个，落实党员双带户 60 户。全镇非公有制企业有党员 176 名，组建非公有制企业联合党支部 11 个。陕西省委组织部分配一名选调生为镇长助理。2004 年，镇党委提出“畜牧奠基，工业富镇”思路，加快资源开发转化，实施农业产业化经营，提升基础设施水平。2005 年，开展保持共产党员先进性教育活动，开展基层组织创建整顿活动，组织第六届村级班子换届选举工作。

2006 年 10 月 14 日，镇第十四次党代会召开，参加会议的代表有 50 名。会议提出总体工作思路：贯穿结构调整主线，加强农牧基础地位和发展非公有制经济，逐步解决就业难、农村偏远地区生活困难、“五小”企业资源浪费和环境污染治理难，继续巩固壮大煤、电、油、运四大主导产业。开展“双百帮扶”工程，实现村企共建协调发展。是年，开展践行社会主义荣辱观教育活动。创建省级文明乡镇。镇政府 8 名干部到村到企业挂职。2007 年，全镇有农村党支部 25 个，镇机关、学区联合、医院等机关单位党支部 3 个，党员 663 人，其中，女党员 79 人，农民党员 584 人。是年，开展以党的知识和党在农村的新政策、科学发展观、构建和谐社会、法制和科技知识为主要内容的“四教育”活动。安排 4 名公开选拔的大学生村官的工作，为流动党员发放流动党员证。2008 年，开展“升级晋档、科学发展”活动，在农村开展党员干部现代远程教育。2009 年，开展深入学习实践科学发展观活动，各行政村均成立村民监督委员会。开展平安创建活动，创建平安村 20 个，平安单位 30 个，平安家庭 500 个。当年成为农村居民人均纯收入超过万元的乡镇。2010 年，全镇有党支部 31 个，党员 743 人，其中，男党员 664 人、女党员 79 人。是年，开展以创建先进基层党组织、争当优秀共产党员为主要内容的“创先争优”活动。

2011 年 7 月 7 日，镇第十五次党代会召开，参加会议的代表有 50 名。会议提出总体工作思路：以科学发展观为统领，以强镇富民、提高群众的幸福指数、加快经济社会又好又快发展为目标，以基层班子建设为关键、以不断提高群众思想素质、转变干部作风为重点，以大力发展民营经济为主抓手，着力抓好“一河两岸、一川”（乌兰木伦河两岸和西川）的规划治理和“三园两带”（柠条塔、燕家塔、赵家梁工业园，马连湾—张家村、燕家塔—张家沟工业带）综合开发，打造“经济强镇、工业重镇、和谐乡镇”。是年，全镇有村党支部37个，其中，非公党支部11个、机关支部1个，共有党员659名。镇党委政府机关大楼在原址落成。2012年，学习宣传贯彻中共十八大精神，组织村级班子换届选举工作，开展干部下基层活动。2013年，开展“三访五促、为民服务”（访村庄、访党员、访群众、促干部作风转变，促基层科学发展，促社会和谐稳定，促为民服务水平提高，促党群干群关系密切）活动，开展民间借贷专项稳控工作。2014年，全镇有党支部41个，党员717名，其中，女党员142名。是年，开展党的群众路线教育实践活动，排查处理矛盾纠纷，解决群众诉求，开展镇村综合改革和行政村整合工作。2015年，行政村合并后全镇有农村党支部14个。镇党委开展“三严三实”（严以修身、严以用权、严以律己，谋事要实、创业要实、做人要实）活动，社会主义核心价值观学习，“党员干部志愿服务”、支部书记向镇党委述职和非公有制企业党建等活动。实行安全生产“党政同责，一岗双责”。完成行政村合并和村级组织换届工作，推行村干部和企业负责人双向交流任职，选派4名村党支部书记兼任4个村矿联合党支部书记。

2016年6月29日，镇第十六次党代会召开，全镇有党员758名，参加会议的代表50名。提出总体工作思路：坚持发展第一要务，贯彻“创新、协调、绿色、开放、共享”的新发展理念，坚持党建引领带动、工业主导拉动、项目支撑促动、环境友好联动、园区协作互动，厚植发展优势，破解发展难题，逐步建设陕北能化区域“工业重镇、经济强镇、民生大镇、生态新镇”。2017年，镇党委提出建设“陕北能化区域工业重镇、经济强镇、民生大镇、生态新镇、文化名镇”，学习宣传贯彻中共十九大精神。2018年，开展扫黑除恶专项斗争、村集体清产核资工作，确立“三变改革”试点村，推进乡村振兴。2019年，镇党委确定“矿区基层党建工作示范镇、矿区全面建成小康社会先行镇、矿区环境卫生综合治理样板镇”建设目标，开展“星级创建、追赶超越”活动，评定五星级党支部2个、四星级党支部9个、三星级党支部3个。2020年，组织防控新冠肺炎疫情，开展脱贫攻坚专项行动，建设11个村级活动阵地，打造孙家岔村、燕家塔村、宏光村3个五星级党支部，14个村书记、村委会主任实现任职"一肩挑"。

2021年6月27日，镇第十七次党代会召开，参加代表50人。确定建成矿区乡镇"转型升级示范镇、生态修复重点镇、民生工作标杆镇"总体工作思路。加强基层组织建设，强化非公企业党建，统筹经济发展和疫情防控工作，促进乡村振兴和经济社会高质量发展。是年，全镇有22个党支部。其中，14个农村党支部，共有党员804名（其中，农村党员732名）；机关支部1个，共有党员33名，其中，女党员8名；非公有制企业党支部7个。开展党史学习教育、中国共产党成立100周年系列庆祝活动及"我为群众办实事"活动。"七一"期间，向全镇61名党龄满50年的老党员颁发"光荣在党50年"纪念章。其中，女党员4人，庙沟村杜应福1952年入党，党龄最长。

2016年，第十六届党委开始设组织委员，历任组织委员为孟海军、乔小文、郝秀虹。2021年，第十七届党委开始设宣传委员，宣传委员为张建龙。

中共孙家岔镇第十七次代表大会代表合影（摄于2021年6月）

中共孙家岔镇第十七次代表大会会场（摄于 2021 年 6 月）

中共孙家岔镇委员会书记、副书记一览表

表 36

姓名	性别	籍贯	职务	任职时间
刘国富	男	高家堡镇	书记	1997 年 6 月至 1998 年 2 月
王振兴	男	府谷县田家寨镇	书记	1998 年 2 月至 2001 年 11 月
徐生玮	男	大保当镇	书记	2001 年 11 月至 2006 年 10 月
郝怀宇	男	栏杆堡镇	书记	2006 年 10 月至 2011 年 5 月
李玉亭	男	店塔镇	书记	2011 年 5 月至 2016 年 4 月
王浩彪	男	马镇镇	书记	2016 年 4 月至 2019 年 7 月
薛振荣	男	西沙街道	书记	2019 年 7 月至 2020 年 4 月
杨　鹏	男	中鸡镇	书记	2020 年 4 月至 2021 年 6 月
李永智	男	高家堡镇	书记	2021 年 6 月
袁如生	男	滨河新区街道	副书记	1997 年 6 月至 1998 年 11 月
刘志胜	男	尔林兔镇	副书记	1997 年 6 月至 1998 年 11 月
徐生琦	男	尔林兔镇	副书记	1998 年 11 月至 2003 年 2 月

续表 36

姓名	性别	籍贯	职务	任职时间
李治渊	男	大柳塔镇	副书记	1998 年 11 月至 2000 年 12 月
杨振华	男	西沙街道	副书记	2000 年 12 月至 2001 年 11 月
庄泽华	男	麟州街道	副书记	2001 年 1 月至 2001 年 11 月
何树强	男	高家堡镇	副书记	2001 年 11 月至 2005 年 6 月
袁荣恒	男	锦界镇	副书记	2001 年 11 月至 2006 年 10 月
吕小平	男	麟州街道	副书记	2003 年 2 月至 2009 年 9 月
惠学武	男	清涧县	副书记	2006 年 10 月至 2008 年 3 月
杨全生	男	沙峁镇	副书记	2009 年 9 月至 2014 年 6 月
刘先荣	男	永兴街道	副书记	2011 年 6 月至 2016 年 6 月
吴　瑜	男	锦界镇	副书记	2014 年 6 月至 2018 年 2 月
魏晓峰	男	中鸡镇	副书记	2016 年 6 月至 2017 年 2 月
项青贤	男	高家堡镇	副书记	2017 年 2 月至 2019 年 7 月
薛振荣	男	西沙街道	副书记	2018 年 2 月至 2019 年 7 月
贾永利	男	大柳塔镇	副书记	2019 年 7 月至 2020 年 4 月
赵贵荣	男	尔林兔镇	副书记	2019 年 7 月至 2021 年 6 月
贺晓东	男	万镇镇	副书记	2020 年 4 月
孟海军	男	锦界镇	副书记	2021 年 6 月

孙家岔镇（乡）纪律检查委员会

中华人民共和国成立初期，区委设纪检委员，开展监察工作，各村设监委会，后期取消。1961 年，公社第一次代表大会选举公社监察委员会委员。1989 —2021 年，孙家岔镇（乡）先后召开代表大会 9 次，选举产生历届镇（乡）纪律检查委员会。1992 年，孙家岔乡建立“党风廉政公开栏”。2000 年起，镇党委与各村签订党风廉政建设责任制。2006 年，镇党委副书记兼镇纪委书记，查处土地卫片违法案件。2009 年，各村成立村民监督委员会，设主任 1 名。2011 年，县纪委要求干部申报煤矿入股，接到信访举报案件 8 件，查处违纪党员 2 人。2013 年，认真执行中央八项规定精神，取消灶外招待，执行办公住房要求。2014 年，镇纪委设副书记，纪委工作人员专管纪检监察工作，开展党风廉政学习活动，组织村党支部书记向镇纪委述职述廉和村级干部任期经济责任审计工作。2015 年，执行《中国共产党廉洁自律准则》。2016 年，执行神木县关于《关于规范党员和国家工作人员办理婚丧喜庆事宜的暂行办法》，加强纪委工作宣传报道，制定村干部坐班值班制度。2018 年,《中华人民共和国监察法》施行，查处扫黑除恶专项斗争的违法案件，全年查处违纪党员 10 人。2019 年，镇纪委加挂“神木市监察委员会派出孙家岔镇监察组”牌子，督查脱贫攻坚工作，查处破坏生态环境的违纪案件，举行镇村干部廉政考试。2020 年，镇纪委建成硬件设备标准化、队伍建设专业化、程序运行规范化的阵地，按要求改建成标准的一般谈话室和标准谈话室，开展党风党纪和廉洁教育，组织村党支部书记向镇纪委述职述廉，开展新冠肺炎疫情督查工作。7 月 1 日,《中华人民共和国公职人员政务处分法》施行，查处违纪党员 13 人。2021 年，开展镇村干部警示教育和红色教育，督查镇重点工作落实情况，党纪政务处分 12 人。

中共孙家岔镇（乡）纪律检查委员会书记一览表

表 37

姓名	性别	籍贯	职务	任职时间
乔申有	男	高家堡镇	书记	1987 年 11 月至 1989 年 7 月
郭林忠	男	永兴街道	书记	1989 年 8 月至 1995 年 12 月
刘志胜	男	尔林兔镇	书记	1995 年 12 月至 1996 年 5 月
李海军	男	尔林兔镇	书记	1996 年 5 月至 1998 年 11 月
张振华	男	孙家岔村	书记	1998 年 11 月至 2001 年 11 月
何　龙	男	大柳塔镇	书记	2001 年 11 月至 2006 年 10 月
惠学武	男	清涧县	书记	2006 年 10 月至 2008 年 3 月
王延平	男	西沟街道	书记	2011 年 6 月至 2016 年 6 月
马向利	男	高家堡镇	书记	2016 年 6 月至 2019 年 7 月
张利平	男	马镇镇	书记	2019 年 7 月至 2021 年 6 月
郭艳霞	女	马镇镇	书记	2021 年 6 月

人民政权

镇（区、公社、乡）人民代表大会

1953 年 3 月，孙家岔区公所成立，辖 6 个乡人民政府（1955 年 5 月改称乡人民委员会）。1956 年 3 月，全县区划调整后，辖 7 个乡人民委员会。1954—1958 年，先后召开 3 次区人民代表大会。

1961 年 10 月 17—18 日，刘家石畔公社第一次人民代表大会召开。1961 年 10 月 18—20 日，孙家岔乡人民代表大会召开，出席人民代表 21 人。1963 年、1965 年分别召开公社代表大会。

1980 年 11 月 27 日至 12 月 1 日，孙家岔公社第八次人民代表大会召开。出席会议代表 60 人，其中，女代表 6 人，非党员代表 10 人。大会决定改公社革命委员会为公社管理委员会。

1984 年 7 月 7—9 日，孙家岔乡第九届人民代表大会召开。大会决定改

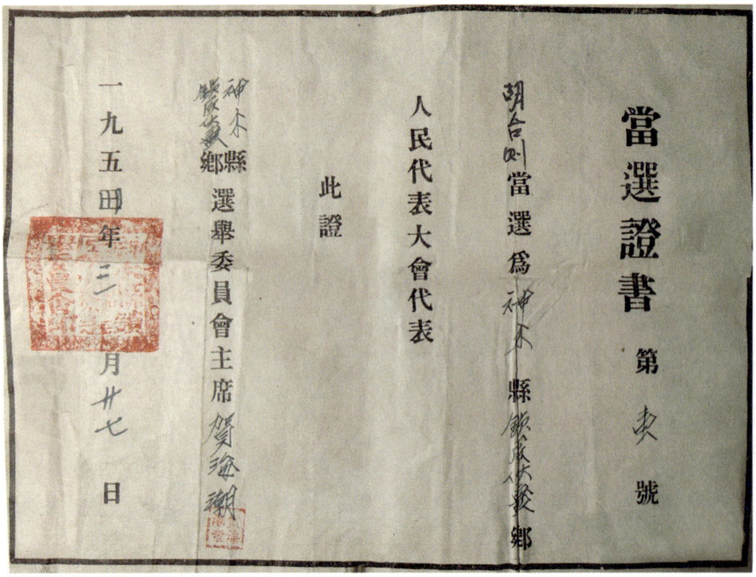
當選證書
第　號
當選為神木縣鎖匠伙盤鄉
人民代表大會代表
此證
神木縣鎖匠伙盤鄉選舉委員會主席
一九五四年三月廿七日

锁匠伙盘乡人大代表当选证书（摄于 1954 年 1 月）

公社管理委员会为乡人民政府，大队管委会为村民委员会，实行政、社分设。1987年5月7—9日，孙家岔乡第十届人民代表大会召开。1990年4月，孙家岔乡第十一届人民代表大会第一次会议召开，设立乡人大主席团，选举乡人大主席团常务主席，由乡党委书记兼任。1992年10月，乡人大主席团设立主席团副主席。同年12月，乡第十二届人民代表大会召开。1996年1月，乡第十三届人民代表大会召开。

1998年2月，孙家岔镇第十四届人民代表大会召开。2003年1月，镇第十五届人民代表大会召开。2007年9月，镇第十六届人民代表大会召开。2011年10月，镇第十七届人民代表大会召开。2012年3月，镇人民代表大会设立“人大代表之家”。2015年4月1日，镇第十七届人民代表大会第二次会议召开。2016年10月25日，镇第十八届人民代表大会召开。2021年12月16日，镇第十九届人民代表大会召开，出席会议代表55名。

孙家岔镇第十九届人民代表大会（摄于2021年12月）

孙家岔历届人民代表大会主席团主席、副主席一览表

表38

姓名	性别	籍贯	职务	任职时间
王治厚	男	永兴街道	主席	1992年12月至1995年12月
刘国富	男	高家堡镇	主席	1995年12月至1998年2月
王振兴	男	府谷县	主席	1998年2月至2000年12月
杨振华	男	西沙街道	主席	2000年12月至2001年11月

续表 38

姓名	性别	籍贯	职务	任职时间
何树强	男	高家堡镇	主席	2001 年 11 月至 2005 年 6 月
袁茂林	男	高家堡镇	主席	2006 年 10 月至 2011 年 6 月
刘永安	男	绥德县	主席	2011 年 6 月至 2016 年 9 月
王浩彪	男	马镇镇	主席	2016 年 9 月至 2017 年 2 月
魏晓峰	男	中鸡镇	主席	2017 年 2 月至 2020 年 4 月
高小文	男	大保当镇	主席	2020 年 4 月
刘进玺	男	永兴街道	副主席	1992 年 12 月至 1997 年 10 月
李文林	男	店塔镇	副主席	1995 年 12 月至 2000 年 12 月
秦文彪	男	栏杆堡镇	副主席	2001 年 11 月至 2003 年 2 月

神木县第九区（牌界区）公署

1949 年 7 月，寨峁区撤销后，将划出的部分区域和新解放的部分地区划为神木县第九区，区公署设在牌界村。区长为王根元（任期 1949.7—1949.9）。区公署下辖 4 个乡人民政府，一乡乡长为白明胜，二乡乡长为张凤鸣，三乡乡长为崔志卿，四乡乡长为王天德。

牌界区公所

1949 年 10 月至 1950 年 4 月，牌界区公所下辖 6 个乡人民政府，机关驻牌界村。1950 年 4 月，牌界区所辖的乡人民政府增加至 7 个。1952 年，区公所发展互助组、办识字班和读报组。1953 年，组织实施第一次人口普查和粮食统购统销。1953 年 3 月，牌界区公所改为孙家岔区公所。

牌界区公所区长、副区长一览表

表 39

姓名	性别	籍贯	职务	任职时间
贾正英	男	贺家川镇	区长	1949 年 10 月至 1950 年 4 月
刘耀西	男	沙峁镇	区长	1950 年 4 月至 1952 年 8 月

续表 39

姓名	性别	籍贯	职务	任职时间
王士科	男	沙峁镇	区长	1952 年 8 月至 1953 年 3 月
高伸山	男	—	副区长	1949 年 10 月至 1950 年 4 月
王根元	男	马镇镇	副区长	1950 年 10 月至 1952 年 8 月

孙家岔区公所

1953 年 3 月成立，机关驻孙家岔村，辖 6 个乡人民政府（1955 年 5 月改称乡人民委员会）。1956 年 3 月，区划调整为下辖 7 个乡人民委员会。区公所发展农林牧生产，开展推广良种、发展畜牧业、大办水利、组织防沙造林，在社队之间开展“八比”（比生产、比造林、比牲口、比技术、比劳动生产率、比节约、比文化、比政治）竞赛活动，查禁罂粟，推动文教建设。培养提高互助组，组织农业生产合作社，发展瓷业、煤业等合作社，组织认购国债。1957 年，组织开展以“除四害”为主的爱国卫生运动，开展禁毒工作，基本实现农业社高级合作化。1958 年，开展生产救灾、工具改革、统购统销、农业税改革等工作。1958 年 9 月，因撤区并乡，区公所被撤销。

孙家岔区公所区长、副区长一览表

表 40

姓名	性别	籍贯	职务	任职时间
王士科	男	沙峁镇	区长	1953 年 3 月至 1956 年 4 月
王定选	男	花石崖镇	区长	1956 年 4 月至 1956 年 8 月
张启亮	男	沙峁镇	区长	1956 年 8 月至 1957 年 12 月
高增春	男	贺家川镇	区长	1957 年 12 月至 1958 年 9 月
贺海潮	男	万镇镇	副区长	1953 年 12 月至 1954 年 4 月
张启义	男	马镇镇	副区长	1954 年 4 月至 1956 年 10 月
王启诚	男	—	副区长	1955 年 2 月至 1956 年 4 月
郭德高	男	栏杆堡镇	副区长	1957 年 9 月至 1958 年 9 月

1964 年 3 月，孙家岔区公所再次成立，隶属神木县人民委员会领导，机关驻孙家岔村，下辖刘家石畔、常家沟、孙家岔、大柳塔、活鸡兔 5 个人民公社管理委员会。区公所组织生产救灾，到内蒙古用木料、石器、葱蒜换取代食品、草籽和食盐，开办油坊、炭窑，并组织第二次人口普查。1965 年 9 月，区公所撤销。区长为胡文标（任期 1964.3—1965.9）。

孙家岔人民公社管理（革命）委员会

1958 年 9 月，寸草壕乡与锁匠伙盘乡合并为孙家岔乡。当月，改乡为人民公社，孙家岔人民公社管理委员会同时成立，隶属神木县人民委员会领导，机关驻孙家岔村。

1958 年 12 月，公社辖区扩大，有 372 个生产队、30 个生产大队。是年，组织“大跃进”运动，冬季全民大炼钢铁，全民扫盲识字。各生产大队设保卫股，生产队设保卫小组。1959 年，对革命军人进行普查，补办烈士手续，向烈属发放抚恤费。组织土壤普查。各生产大队保卫股改为治安调处委员会。1961 年 6 月，将部分村庄划归大柳塔、活鸡兔、刘家石畔公社，公社下辖 21 个生产大队。是年，组织实施农村人民公社“六十条”，实行“三级核算”，开展农田基建、植树造林、文教卫生等方面的工作，重点解决粮食减产及救灾问题。各生产大队治安调处委员会分设为治安保卫委员会和调解委员会。

1964 年 3 月，公社管理委员会改归孙家岔区公所领导，组织实施第二次人口普查，开展农业学大寨，纠正单干。1965 年 9 月，公社复归神木县人民委员会领导，开展以农田基建为中心的生产自救运动。1966 年冬，随着“文化大革命”运动升级，公社管理委员会的领导受到“造反”组织的批斗，工作处于瘫痪或半瘫痪状态。1967 年 4 月，公社管理委员会被迫停止工作。1968 年 9 月，公社革命委员会成立，实现党的一元化领导体制，按照“武、干、群”三结合原则组建，设主任委员 1 名、副主任委员 3—4 名、脱产与不脱产的委员若干名，下设办公室、生产、政工、武装等办事机构。各生产大队也设革命委员会。

1969—1972 年，公社配合府（谷）新（街）、陈（家沟岔）大（柳塔）公路建设，组织生产队大办农村合作医疗。1971 年，开展农业粮食生产“达纲要，过黄河，跨长江”。此后数年，重点组织开展农业学大寨，实施农田基建，发展蒲柳编织业、开办煤矿、瓷窑等社队企业，公社派 48 名社员参加黄河天桥水电站建设工程。1976 年，组织架设孙家岔、燕家塔、刘石畔、柠条塔等村通电线路，修通排界、沙沙庙、三卜树等村道路。1977 年，公社有干部 17 名，设教育专干、计划生育专干、养猪专干、农机员、农技员、林业员、水保员、水利员等工作人员。是年，组织开荒地，种柠条、糜子。

1980 年 12 月，公社革命委员会改为公社管理委员会，设主任、副主任、委员，下设办公室、武装部及农、林、水、牧、计划生育、教育、文化等专职干部。是年，贯彻中央十一届三中全会精神，适当放宽政策，加快经济建设。试行农村联产承包责任制，创办土火箭制造厂，整顿农村社会治安，组织实施地名普查，制定《计划生育工作二十条规定》。1981 年 1 月 1 日，各生产大队革命委员会改称为大队管理委员会。是年，孙家岔公社在全县率先实施家庭联产承包责任制，组织架设 10 千伏高压线路 15.7 千米，为 25 个生产队通电，并解决煤矿、瓷厂、农机修配厂、土火箭厂的电力问题。1982 年，组织开展造林、种草和新修“三田”活动，扩大海湾农牧场、燕家塔林场、修配厂、柠条塔煤矿等社办企业规模。1983 年，组织“严打”刑事犯罪斗争，兴建庙沟、黄花界水库，组织实施小流域治理。

孙家岔公社代表出席榆林地区农业“三户”代表会议的合影留念（摄于 1982 年 4 月）

孙家岔人民公社管理委员会（革命委员会）负责人一览表

表 41

姓名	性别	籍贯	职务	任职时间
李　平	男	沙峁镇	社长	1958 年 9 月至 1958 年 12 月
高增春	男	贺家川镇	社长	1958 年 12 月至 1965 年 9 月
王忠科	男	马镇镇	社长	1965 年 9 月至 1967 年 4 月
王忠科	男	马镇镇	主任	1968 年 9 月至 1970 年 6 月
焦丕俊	男	马镇镇	主任	1970 年 6 月至 1976 年 7 月
刘买义	男	沙峁镇	主任	1976 年 7 月至 1980 年 12 月
郭基有	男	马镇镇	主任	1980 年 12 月至 1983 年 2 月
路怀亮	男	西沙街道	主任	1983 年 2 月至 1984 年 4 月
张世卿	男	店塔镇	主任	1984 年 4 月至 1984 年 9 月
姜万德	男	迎宾路街道	副社长	1958 年 9 月至 1958 年 11 月
贺顺岗	男	栏杆堡镇	副社长	1958 年 11 月至 1959 年 11 月
郭德高	男	栏杆堡镇	副社长	1958 年 12 月至 1961 年 6 月
贾治国	男	大柳塔镇	副社长	1959 年 9 月至 1961 年 9 月
刘万信	男	刘石畔村	副社长	1961 年 6 月至 1962 年 5 月
安亚华	男	神树塔村	副社长	1962 年 5 月至 1965 年 9 月
杨秀娥	女	贺家川镇	副社长	1962 年 12 月至 1964 年 3 月
王占雄	男	中鸡镇	副社长	1964 年 4 月至 1967 年 4 月
袁子珍	男	滨河新区街道	副社长	1964 年 8 月至 1966 年 9 月
乔学荣（干部代表）	男	马镇镇	副主任	1968 年 9 月至 1975 年 11 月
王宽厚（干部代表）	男	中鸡镇	副主任	1968 年 9 月至 1975 年 11 月
王面占（群众代表）	男	孙家岔村	副主任	1968 年 9 月至 1970 年 2 月
白福太（群众代表）	男	柠条塔村	副主任	1968 年 9 月至 1970 年 2 月
王占雄	男	中鸡镇	副主任	1969 年 5 月至 1975 年 3 月
贾鸿业	男	贺家川镇	副主任	1970 年 11 月至 1976 年 3 月
高全海	男	贺家川镇	副主任	1974 年 8 月至 1976 年 10 月
李守先	男	滨河新区街道	副主任	1975 年 11 月至 1976 年 10 月
赵天文	男	迎宾路街道	副主任	1975 年 5 月至 1976 年 10 月

续表 41

姓名	性别	籍贯	职务	任职时间
郭基有	男	马镇镇	副主任	1975 年 11 月至 1980 年 12 月
赵天文	男	迎宾路街道	副主任	1976 年 10 月至 1978 年 6 月
高全海	男	贺家川镇	副主任	1976 年 10 月至 1978 年 4 月
王林有	男	麟州街道	副主任	1978 年 4 月至 1979 年 2 月
白庆玉	男	府谷县	副主任	1978 年 9 月至 1979 年 2 月
袁子珍	男	滨河新区街道	副主任	1979 年 2 月至 1980 年 12 月
王志荣	男	迎宾路街道	副主任	1980 年 4 月至 1983 年 4 月
刘登荣	男	店塔镇	副主任	1980 年 12 月至 1982 年 7 月
王晋才	男	河北邢台	副主任	1983 年 4 月至 1984 年 3 月
郝云霄	男	大柳塔镇	副主任	1983 年 4 月至 1984 年 3 月
李贵贤	男	朱概塔村	副主任	1984 年 3 月至 1984 年 7 月

刘家石畔人民公社管理委员会

1961 年 6 月，刘家石畔人民公社管理委员会成立，隶属神木县人民委员会领导，机关驻刘家石畔村，下辖 18 个生产大队。1961 年，重点安排粮食分配和群众生产生活工作。1964 年 3 月，改归孙家岔区公所领导。1965 年 9 月，复归神木县人民委员会领导。1966 年冬，随着“文化大革命”运动升级，公社管理

孙家岔公社出席县“双先”代表合影（摄于 1987 年 9 月）

委员会领导受到造反组织的批斗，工作处于瘫痪或半瘫痪状态。是年 9 月，刘家石畔人民公社建制被撤销，刘家石畔公社管委会相应被撤销。

刘家石畔人民公社管理委员会社长、副社长一览表

表 42

姓名	性别	籍贯	职务	任职时间
王文英	男	贺家川镇	社长	1961 年 6 月至 1962 年 2 月
杨俊秀	男	店塔镇	社长	1962 年 2 月至 1962 年 11 月
李世岐	男	沙峁镇	社长	1962 年 11 月至 1965 年 12 月
赵世贤	男	榆阳区	社长	1965 年 12 月至 1966 年 9 月
安亚华	男	神树塔村	副社长	1961 年 6 月至 1962 年 5 月
刘万信	男	刘石畔村	副社长	1962 年 5 月至 1964 年 3 月
袁子珍	男	滨河新区街道	副社长	1962 年 6 月至 1964 年 5 月
高占琨	男	迎宾路街道	副社长	1965 年 9 月至 1966 年 9 月

孙家岔乡人民政府

1984 年 9 月，孙家岔公社管理委员会改为孙家岔乡人民政府，设正副乡长及武装、民政、财政、农经、农技、科普、农机、水保、林业、计划生育、教

孙家岔乡干部合影（摄于 1992 年 2 月）

育、司法、多种经营、统计、文书等专职干部。同月，马家盖沟、板定梁2个村划归店塔乡。10月，实行村民自治，各行政村改设村民委员会，村民委员会设主任、副主任、委员，村内设若干个村民小组。是年，确定工作重点为服务神府煤田开发，大力发展商品生产。1985年，公社组织春节大型文娱活动。1986年，成立乡经济联合社、乡煤炭公司，开展计划生育工作。1987年，乡政府印发《关于发展乡村企业的决定》，有乡办企业12个、村办企业14个。1988年，乡政府通过招商引资，先后合作创办排界机砖厂、三岔煤矿、大哈拉煤矿、排界煤矿、何村煤矿、瓷窑塔煤矿、小元梁煤矿、柠条塔煤矿、好赖沟煤矿、宋家沟煤矿、孙家岔建筑公司等乡镇企业。1990年，协调燕家塔工业小区和铁路建设征地，组织开展第六次人口普查。1992年，开展全乡计划生育秩序整顿。1993年，乡政府机关编制35人，实有44人。1994年，组织落实土地承包延长至30年不变的政策。1995年，普及九年义务教育，实施政府机构改革。1996年，整顿计划生育秩序。

孙家岔乡人民政府乡长、副乡长一览表

表43

姓名	性别	籍贯	职务	任职时间
张世卿	男	店塔镇	乡长	1984年9月至1986年6月
郝亚雄	男	府谷县庙沟门镇	乡长	1986年6月至1986年10月
徐占华	男	中鸡镇	乡长	1986年10月至1989年7月
王治厚	男	永兴街道	乡长	1989年7月至1992年10月
白忠厚	男	迎宾路街道	乡长	1992年10月至1995年12月
袁如生	男	滨河新区街道	乡长	1995年12月至1997年6月
郝亚雄	男	府谷县庙沟门镇	副乡长	1984年7月至1986年6月
白银树	男	中鸡镇	副乡长	1986年11月至1992年10月
王治厚	男	永兴街道	副乡长	1987年3月至1989年7月
李胜宽	男	燕家塔村	副乡长	1989年8月至1992年1月
白子荣	男	三卜树村	副乡长	1989年9月至1992年10月
李文林	男	店塔镇	副乡长	1992年1月至1995年12月
段立智	男	大保当镇	副乡长	1992年10月至1997年6月

续表 43

姓名	性别	籍贯	职务	任职时间
刘志胜	男	尔林兔镇	副乡长	1992 年 10 月至 1995 年 12 月
呼光玉	男	锦界镇	副乡长	1992 年 10 月至 1995 年 12 月
王　丽	女	麟州街道	副乡长	1992 年 10 月至 1994 年 12 月
秦文彪	男	栏杆堡镇	副乡长	1995 年 12 月至 1997 年 6 月
庄泽华	男	麟州街道	副乡长	1995 年 12 月至 1997 年 6 月
任海英	女	吴堡县	副乡长	1995 年 12 月至 1997 年 6 月

孙家岔镇人民政府

1997 年 6 月，孙家岔乡改为孙家岔镇，其辖区和政府机关驻地不变。2016 年，镇政府下设社会保障服务站、经济综合服务站、公共事业服务站，站长分别为李雄、王丰、吕小龙。

2019 年，镇政府下设退役军人服务站、社会保障服务站、经济综合服务站、公共服务中心。站长分别为何云峰、王艳梅、李文军、王红霞。2021 年，镇机关有行政编制 25 名、事业编制 20 名、协管员 21 名。

1997 年，组织开展第一次全国农业普查。1998 年，组织普及九年义务教育工作，实施农村土地二轮承包，发放土地承包经营证，拍卖五荒地，推行村务公开，规范税费征收，发放农民负担明白卡。1999 年，实施退耕还林，招引内蒙古、河北等地 5 户客商在王才伙盘、陈家湾投资兴办焦化企业。2000 年，组织开展第五次人口普查。2001 年，配合煤炭资源整合，协调电石厂、洗煤厂、硅铁厂、焦化厂等企业项目建设，调处村民与企业的各类矛盾纠纷，在全县率先实行封山禁牧、舍饲养畜工作。2003 年，协调杨陈一级公路、神朔铁路复线等工程项目征地建设，修建屈家梁至平寺梁砂砾石公路，实施农网改造，防控非典型肺炎，开展流动人口清查服务工作。2004 年，配合开展“五小”企业清理整顿工作和全国第一次经济普查工作，组织农民参加新型农村医疗保险。2005 年，建设孙家岔农贸市场。协调煤矿生产企业按吨煤提取 2 元的标准，补偿当地村组群众，以弥补企业造成的水源渗漏、环境污染等损失，同时发展公益事业。组织第六届村级组织换届。加强安全生产管理，严查“黑口子”“开明盘”等违法采煤行为。这一时期，镇政府动员企业帮扶所在村组实施新农村建设，组织基本农田建设，实施人畜饮水工程，实施培育新型农民的“阳光工程”，对煤矿、兰炭厂、非煤矿山及地质灾害隐患、交通道路、环境安全、民爆物品、食品药品、农村房屋的安全隐患进行排查，为农民安装“小康通”电话，实现村村通广播电视和电话目标。

2006年，组织修建矿区路延线柳树峁至袁家村油路、水井湾至朱盖塔油路、集镇水泥道路；协调配合红柠铁路、陕煤柠条塔矿业公司和柠条塔工业集中区征地建设。2007年，配合对高耗能高污染的小企业整顿、煤炭资源整合和68户兰炭企业优化升级工作，组织建设苗家沟、庙沟、水井湾、沙坡、柳树峁、柠条塔、海湾、哈特兔、燕伙盘等新农村，规划建设燕家塔、陈家湾、赵家梁、柠条塔四个兰炭企业集中区，发展沼气池建设130个，组织开展第二次全国农业普查，制定镇政府监管煤矿安全20条措施。2008年，组织开展第二次全国经济普查和第一次全国污染源普查，组织镇域企业参与帮扶农村基础设施建设资金1350万元，拆除燕家塔、孙家岔、水井湾道路两旁的违章建筑，整治环境卫生，参与赵家梁煤矿事故救援。2009年，组织村民参加神木县全民免费医疗，建设柠条塔、燕家塔园区道路，协调神朔铁路朱盖塔站扩能改造征地建设。组织各村成立村民监督委员会，监委会设主任1名。2010年，组织开展土地流转，组织农民参加新型农村养老保险，拓宽马连湾矿区油路，实施平安镇建设，组织开展第六次人口普查。2011年，实施改造张燕公路、赵家梁工业园区公路，修通乔家塔至侯母河油路、赵家梁至石窑店工业园区道路、柠条塔至神木西客

孙家岔镇村两级干部合影（摄于2001年9月）

站道路，协调店红一级公路征地建设项目，实施孙家岔市政工程建设。这一时期，实施采空塌陷区综合治理工程和37个村组人畜饮水工程改造工程，计划生育工作以稳定低生育水平目标、控制性别比为重点，开展企业对所在村组实施帮扶活动，继续查处非法采煤行为。

2012年，实施乌兰木伦河孙家岔段河堤护岸工程。2013年，建成燕家塔垃圾填埋无害化处理场。2014年，建设新民沟移民村和朱盖塔移民新村，实施沙坡、哈特兔两个“美丽乡村”建设项目，整治环境卫生，开展第二次全国地名普查工作和第三次全国经济普查。2015年，推进精准扶贫工作，开展镇村文化活动。2016年，建成水井湾“美丽乡村”，建成镇区污水收集管网，参与神能乾安刘家峁煤矿事故救援。这一时期，实施农田水利等基础设施建设项目，建成镇中心卫生院。使用“一卡通”兑现农业补贴资金，组织能源企业绿化造林工程，继续查处非法采煤行为，组织化解民间借贷、股权纠纷、村益分配和地企矛盾。

2017年，建设三卜树至马连塔、柳树峁至纳林沟等村水泥公路，开展镇村环境“三整治三提升”活动，组织开展第三次全国农业普查。2018年，投资建设镇区中心广场，对河流进行清污清淤综合整治，开展农村“三变”改革工作和第四次全国经济普查。2019年，协调柳袁路道路改建工程，修通三卜树联网道路、王道恒塔水泥路，启动镇域供水、供暖、供气工程，推进农村厕所革命。2020年，组织新冠肺炎疫情防控工作，对杨陈公路孙家岔段、矿区公路、排李公路两侧进行绿化，实施燕家塔市政美化、亮化、绿化工程，开展村组人居环境整治，发展农民专业合作社，开展集体土地所有权、农村宅基地及集体建设用地使用权房地一体确权登记发证，组织开展第七次人口普查。2021年，建成杨陈路镇区高架桥及柠条塔、神树塔生活垃圾填埋场，拆除三卜树、排界、柳

孙家岔镇便民服务中心
（摄于2021年9月）

树峁、宏光、乔家塔等村违章建筑8.6万余平方米。这一时期，政府编制《孙家岔镇总体规划修编（2018—2035）》《孙家岔镇乡村振兴规划（2018—2022）》，在干线公路建设集维修、停车、餐饮于一体的运输服务站，拆除整改燃煤锅炉，治理煤泥煤矸石非法存放，组织化解民间借贷、股权纠纷、村益分配和地企矛盾，建设孙家岔幸福院、朱概塔幼儿园、市政广场等项目。

孙家岔镇人民政府镇长、副镇长一览表

表44

姓名	性别	籍贯	职务	任职时间
袁如生	男	滨河新区街道	镇长	1997年6月至1998年11月
徐生琦	男	尔林兔镇	镇长	1998年11月至2003年2月
吕小平	男	麟州街道	镇长	2003年2月至2009年9月
杨全生	男	沙峁镇	镇长	2009年9月至2014年6月
吴　瑜	男	锦界镇	镇长	2014年6月至2018年2月
薛振荣	男	西沙街道	镇长	2018年2月至2019年7月
贾永利	男	大柳塔镇	镇长	2019年7月至2020年4月
贺晓东	男	万镇镇	镇长	2020年4月
段立智	男	大保当镇	副镇长	1997年6月至1998年11月
秦文彪	男	栏杆堡镇	副镇长	1997年6月至2001年11月
庄泽华	男	麟州街道	副镇长	1997年6月至2001年1月
任海英	女	吴堡县	副镇长	1997年6月至1998年5月
张志兴	男	永兴街道	副镇长	1998年6月至2001年11月
乔振平	男	麟州街道	副镇长	2001年11月至2006年10月
曹　琦	男	麟州街道	副镇长	2001年11月至2011年6月
屈光霖	男	高家堡镇	副镇长	2001年11月至2011年6月
贾永利	男	大柳塔镇	副镇长	2006年10月至2011年6月
宋振平	男	店塔镇	副镇长	2006年10月至2011年6月
闫治荣	男	沙峁镇	副镇长	2011年6月至2016年6月
邹青艳	女	定边县	副镇长	2011年6月至2016年6月

续表 44

姓名	性别	籍贯	职务	任职时间
张利平	男	马镇镇	副镇长	2011 年 6 月至 2019 年 7 月
呼永锋	男	高家堡镇	副镇长	2016 年 6 月至 2021 年 6 月
杨婷婷	女	府谷县	副镇长	2016 年 6 月至 2020 年 10 月
孟海军	男	锦界镇	副镇长	2019 年 7 月至 2021 年 6 月
白　鹏	男	麟州街道	副镇长	2021 年 6 月
吕小龙	男	万镇镇	副镇长	2021 年 6 月
乔小文	男	高家堡镇	副镇长	2021 年 6 月

人民武装

征兵

解放战争时期，有雷春风（峰）等参加解放军，张根武等参加县武工队。中华人民共和国成立之初，动员党员青年参军，适龄青年进行兵役登记，经政审体检合格入伍。抗美援朝期间，白国良、马维则等青年参加志愿军赴朝鲜参战。1957 年，孙家岔区设新兵征集站。此后至 20 世纪 70 年代，先后有雷四九、燕国章、王永和、李和庄、胡富生、武福虎、李文广、张元、刘标治、白治厚、王荣华等青年服役。全公社参战荣立一等功 1 人，三等功 10 人。2013 年开始，征召应届大学生入伍。2020 年起，将义务兵征集由一年一次征兵一次退役，调整为一年两次征兵两次退役。农村义务兵复员返回原籍后，进行预备役登记。至 2021 年，返回孙家岔镇生产生活的退役军人中，1 人荣立特等功，1 人荣立一等功，1 人荣立二等功，29 人荣立三等功。

1949 年神木县政府授匾以嘉奖雷春峰为人民革命事业做出贡献

民兵工作

1958 年，按公社编团，按生产大队编营、连，按生产队编排的体制设置民兵组织，选拔基干民兵，配发武器，执行应急任务。1975 年，公社组建民兵小分队，次年 10 月解散。民兵军事训练多安排在秋冬农闲季节。人民公社期间，民兵连组织民兵参加农田基本建设。1981 年，民兵编制改为按公社建营，按生产大队建连、排。2020 年，镇设民兵应急排，镇人民武装部部长兼任排长，建立“青年民兵之家”。

人民武装部

人民武装部开展国防教育、国防动员和双拥工作，组织民兵训练。1951 年 6 月，区人民武装部接受县人民武装部和区委双重领导，设部长 1 人、助理 2 人。1954 年，撤销区人民武装部，设武装助理。1961—1973 年，公社设 1—2 名武装干事。1980 年，公社成立人民武装部，设部长 1 人、干事 1 人，受县人武部、公社党委双重领导。后改乡设镇，均设人民武装部。1986 年 1 月，乡武装部将所管理的武器移交县人民武装部。从 1988 年 10 月起，武装干部配备制服。2001 年起，镇人民武装部指导龙华集团公司电厂等企业员工军训。2019 年，向退役军人发放“光荣之家”铭牌。

政法机构

人民法庭

神木市人民法院派出人民法庭，负责审理辖区民事案件。1958 年，神木县人民法院在孙家岔临时成立，不久被撤销。1966 年 1 月，孙家岔法庭成立，辖区包括孙家岔、大柳塔、活鸡兔、刘家石畔、常家沟等公社，1968 年法庭被撤销。1976 年 6 月，孙家岔法庭恢复，辖区包括孙家岔、大柳塔、店塔等乡的区域。1992 年，辖区范围划出大柳塔镇区域。法庭工作人员 1—4 人，下乡进村巡回审理民事案件，案件多以调解处理结案。1999 年 5 月，孙家岔法庭被撤销，镇域民事案件由大柳塔人民法庭办理。

历任庭长：韩志韬（任期 1975.6—1981.12）、刘绍明（任期 1981.12—1983.5）、张治华（任期 1983.6—1986.5）、折侯彦（任期 1986.5—1990.10）、王明发（任期 1990.10—1994.4）、张振军（任期 1994.4—1999.5）。

公安派出所

1949 年，牌界区设公安助理员。1951 年，在乡成立治安保卫委员会，在村级设立治保小组。生产大队设保卫股，生产队设保卫小组。1954 年改为公安特派员，高岐山、折万胜先后任职。1958 年在公社设保卫部，由公安特派员任部长。1959 年 6 月，基层治安组织和人民调解组织合并，在生产大队设治安调处委员会，生产队设治安调处小组。1961 年 9 月，生产大队将治安调处委员会分设为治安保卫委员会和调解委员会，规定治保人员必须是党、团员和贫下中农中的积极分子。1965 年 11 月，孙家岔派出所成立。1967 年 6 月，派出所工作停顿，基层治保组织解体。1968 年 10 月，派出所干警改称政法干部，被调回县参加“斗、批、改”。1970 年 2 月，撤销孙家岔派出所。1971 年，恢复生产

孙家岔派出所（摄于2021年6月）

大队治安保卫委员会，在机关、学校、事企业单位设治保小组。1973年，政法干部改称公安特派员。1979年11月，孙家岔派出所恢复并对外办公。1990年，派出所业务归大柳塔分局管理。1997年10月，派出所迁至新址。1998年10月，设孙家岔中心派出所。2003年，成立西川警务室和巡逻队。2006年，在马连塔、燕家塔、赵家梁、海湾4个村设立警务室，配备民警，成立124个义务巡逻队。2007年，孙家岔派出所被陕西省公安厅命为“二级公安派出所”。2008年，被陕西省公安厅授予“全省实施社区和农村警务战略优秀警务室”。2010年，被榆林市公安局评为“优秀公安基层单位”，被榆林市纪委、榆林市监察局评为“创建人民群众满意基层单位活动优秀集体”。2011年，被评为“榆林市公安机关模范派出所”。2014年10月，孙家岔派出所迁入新址办公。2015年，成立麻柠警务室。历任所长：高岐山、张波、毛永东、康治福、高振祥、段迎春、曹仲堂、杜光亮、李庆祝、杜银秀、姚志飞、薛浩、郄应文。副所长：冯振兴、张世考、薛浩。历任指导员（教导员）：段兴田、张英、白银柱、王继军、毛江波。

公安交警中队

神木市公安局交通警察大队在镇域东、西分别设有孙家岔交警中队和柠条塔交警中队，维持道路交通秩序，处理一般交通事故。

孙家岔交警中队　2015年10月成立，位于孙家岔镇区。设中队长1名，指导员1名，警务人员10余人。辖区范围包括杨陈一级公路部分及附近乡村道路，涉及镇域6个行政村。中队长王军平（2015年任），指导员燕军（2015年任）。

柠条塔交警中队　2013年8月成立，位于乔家塔村，设中队长1名，指导员1名，警务人员10余人。辖区范围包括店红一级公路部分及附近乡村道路，涉及镇域4个行政村及西沙街道部分村庄。中队长李志刚（2013年任），指导员李永刚（2017年任）。

司法所

1961年9月，各生产大队成立调解委员会。1981年，公社设立司法助理员。1984年，村成立整顿治保委员会。1986年，建立乡法律服务站，开展普法宣传教育，指导25个村调解委员会工作。2001年，组织镇政府干部普法考试。2003年，制定“四五”普法、依法治镇五年规划。2006年，开展平安创建活动。镇党委书记任社会治安综合治理领导小组组长。镇综治办和镇司法所牵头，各村健全调解委员会，小组建立治安中心户长，学校配备保安人员，企业单位成立护厂（矿）队。在集市、人流密集场所开展远离毒品、反邪教等普法宣传教育。2010年，司法所改为副科级建制，并开展社区矫正工作。重点企业配备红外线监控设备。2011年，制定“六五”普法规划，宣传平安建设。2016年，推行一村一法律顾问。2020年，实施“八五”普法规划。历任司法所长为项国伟、高飞、韩林伟、苏锋、卢飞祥、郭娴霞。

群众团体

工会

20世纪90年代，镇工会联合会成立。工会组织开展职工文化体育活动，慰问一线职工，资助困难职工，推荐上报劳动模范人选。2002年后，县级劳动模范有王子清、邱外则、崔崇敬、王宽泽。2021年，镇域有基层工会101个，会员8241人。历任工会主席为张世明、高飞、张利平、王和平、张可。

共青团

20世纪50年代，中国新民主主义青年团孙家岔区委成立。区团委协助区党委开展以互助合作为中心的农业增产工作，健全乡村团组织，重点在合作社内吸收符合条件的青年入团，在合作社外培养入团积极分子，发展女青年团员，并鼓励团员应征入伍。

1957年，中国新民主主义青年团改名为中国共产主义青年团。次年，公社团委成立，生产大队和企事业单位组建团支部。20世纪60年代初期，学习解放军精神、开展阶级教育，开展学习雷锋活动，加强劳动教育和文体活动，指导少先队活动。

1971年10月，共青团孙家岔公社委员会成立，全公社有团员365人，书记贾宏业。次年，基层团组织逐渐恢复，公社团委下设28个团支部，其中，有25个大队支部，团支部委员106人，团员391人，其中，女团员128人。20世纪80年代以后，公社团委组织青少年开展“学雷锋、树新风”“文明礼貌”“五讲四美三热爱”“争当新长征突击手”“劳动致富”“扶贫”“四有”等系列活动，参与评选县级以上“五四青年手”“十大杰出青年”等活动。1984年，李福华任团委书记。2021年，全镇共有团支部17个，团员299名。1998年后历任团委书记为李向军、李剑、王志恩、罗靖、贺艳、王成。

妇女联合会

1949年，神木县民主妇女联合会成立，随后区妇联分会成立。农业合作化时期，区设妇女联合会。1958年，孙家岔公社妇女联合分会成立。次年，生产大队和机关单位设妇联小组。1962年，妇女干部被精简，公社妇联多为虚设。“文化大革命”期间，妇联工作停顿，组织解体。1972年11月，孙家岔公社召开第四届妇女代表大会，公社妇联恢复，24个生产大队组建妇委会。

1984年，孙家岔乡设乡妇女联合会，村、企事业单位设妇女委员会或女工委员会。妇联组织“三八”妇女节庆祝活动和妇女志愿活动，开展创建“五好家庭”“五好文明家庭”“双学双比”（学文化、学技术、比成绩、比贡献）竞赛活动，鼓励妇女学习科学文化知识，对妇女进行技能培训，创建家庭文明户。2012年，为创业妇女申请县妇女创业贷款。2013年开始，评选“最美家庭”等荣誉，组织妇女开展乳腺癌和宫颈癌筛查，帮扶因病返贫妇女。2020年，各村召开妇女代表会，成立村妇联，开始为村妇委会主任按月发放工资。1955—2021年，历任镇级妇联主席为刘廷英、王玉英、刘秀兰、高秀霞、李玉兰、赵秀秀、王玲娥、郭娴霞。

贫下中农协会

1949年，镇域建立区、乡、村各级农民协会。1964年，公社、生产大队成立贫下中农协会，简称贫协，生产队设贫协小组。各级贫协设主席、副主席、委员等职，贫协小组设组长。贫协举办政治夜校，进行阶级教育。让贫下中农管理学校、管理商业、管理合作医疗，对上山下乡知识青年进行再教育，监督社队财务、监督社队干部执行党的路线、方针和政策。1981年10月，撤销各级贫下中农协会。

文教卫生

中华人民共和国成立前，镇域文化教育与医疗卫生均处于落后状态，小学教育停留在私塾水平，文化活动主要表现为“打玩意儿”“二人台”“窝班子”戏等自娱或节庆演出，医疗救治仅靠草医草药。中华人民共和国成立后，文化教育和卫生事业逐步发展。进入 21 世纪，镇域义务教育全面普及，基本医疗得到保障，镇村与企业开展的群众性文化活动丰富多彩。

学校教育

学校建设

清代中晚期，孙家岔镇域村落逐渐形成。受生产生活环境的条件限制，居民不甚重视教育，镇域仅有极少私塾。光绪十九年（1893），排界村杨姓财主与燕姓大户共同出资，利用黑龙庙创办私塾，聘燕家塔村燕连海为教师，招收学生10余名。民国时期，朱盖沟有武培免私塾、新伙盘郭大恼私塾，好赖沟和庙沟也有私塾。

1941年，维新乡中心小学设在刘家石畔村，办学条件简陋、师资力量缺乏。1947年，陕西省政治视察员对神木县教育情况的考察报告言“国统区中心学校发展为14所，国民小学103所，形式既嫌简陋，教科尤多分歧，俨然私塾”，该校办学水平可见一斑。

中华人民共和国成立后，镇域乡村教育开始发展，区文教助理员具体负责全区教育行政工作。1951年秋，水头小学成立。1955—1958年，呼家山小学开办。1956年，孙家岔完全小学成立，水头小学的高年级学生并入孙家岔完全小学。同期，农村大量开办冬学。

1958年，教育工作“大跃进”，各农业社普遍创办小学，60户以上的合作社独立办学，60户以下的合作社联合办学，适龄儿童入学率达80%。学校分为公办与民办两种，有的小学设1—3年级，有的小学设1—4年级。公社设立学区，配学区校长，除对学校进行管理外，还负责开办扫盲夜校。学校大力开展勤工俭学活动，庙沟村王文学是出席全国群英会的扫盲积极分子。

1962年，压缩学校、精简教师，业余教育和扫盲工作继续推进。各耕读小学每天半日学习、半日劳动，农闲办学、农忙停办。1964年镇域有教师38人。1965年，朱概塔、孙家岔等大队设补贴制教导员，专门负责推进业余教育，朱概塔小学的教学改革试验得到省教育厅的肯定。其时，学区共有民办小学48所，民办教师52人。

1966年，孙家岔小学改为七年制学校。“文化大革命”开始后，学区解体，学校教育遭受严重干扰。7月，学校全面停课，8月，全体教师参加全县举办的为期105天的集训会，部分老师遭围攻批判。1969年，刘石畔小学改为七年制学校。同年，贫下中农管理学校领导小组成立，实行开门办学。

1971年以后，教育秩序有所恢复。次年，正常教育秩序再次受到冲击，学生将大量时间用于勤工俭学和下乡劳动，文化课教学时间无法保证。1973年，高校恢复招生，采取推荐加考试的方式，孙家岔公社先后在下乡知识青年和返乡知识青年中推荐选拔杨金娥、王存才、刘国振等“工农兵学员”分别进入西北大学、西北工业大学、南京医学院等院校学习。

1973年，孙家岔九年制学校成立。其中，小学学制5年，初中学制2年，高中学制2年。高中部招收孙家岔、中鸡、大柳塔、永兴等公社的初中毕业生。

1974年，农村学习“小靳庄经验”，办政治夜校，学校教师承担夜校的教学任务。1975年春，学校开展“学农支农”活动，学校普遍开设生产劳动专业课。是年11月，孙家岔公社在王洛沟大队燕家塔成立社办“五七”农林中学，与社办林场实行场校合一，因其招生条件与完全中学冲突，生源数量和质量均有所限制，后被撤销。

1977年冬，高考制度恢复。杨耀光、刘世昉、白光耀、杨正荣、李文清、杨建国等成为恢复高考后的孙家岔公社第一批大中专学生。

1978年，孙家岔学区进行整顿，神树塔和三卜树两所“戴帽初中”（意指小学附带初中班）被撤销，学生按片区转入刘石畔七年制学校和孙家岔中学，学校教育逐渐步入正轨。1979年后半年，大柳塔、中鸡、麻家塔公社中学的高中部并入孙家岔中学，办学条件亦大幅改善。是年，县文教局给孙家岔中学配置电

孙家岔中学部分学生中考后留影（摄于1978年12月）

影放映机和录音机各1台，开展电化辅助教育。

1980年，孙家岔公社共设立6个教育工作站，各设站长、副站长1名。全公社共有2所中学、32所小学，中学生506人，小学生1158人，教职工中公办教师42人，民办教师65人。中小学校校舍面积6900平方米。1983年，公社重新设立学区，学区校长由中学校长兼任，保留教育专干，新设成人教育专干（“扫盲”专干）。1983年秋，全县教育资源整合，孙家岔中学高中部撤销，学生整合至神木中学，孙家岔中学改为初级中学。这一时期，孙家岔初级中学教师队伍精干，中考升学屡创佳绩，升学率居全县前列。是年，开始实施普及小学教育规划，年底儿童入学率达90%、巩固率达85%、合格率达70%以上，1986年，全乡小学义务教育顺利完成目标任务，有教师89人。1984—1988年，教育投入加大，全乡群众为教育集资15.4万元，学校实现“一无两有”（无危房、有教室、有桌椅）目标。同时，培训在职教师，实行教师职称评聘，强化师资队伍建设。

20世纪80年代，初中毕业生升中专学校竞争激烈，大批初中毕业生放弃升入高中的机会，连续复读报考中专，不允许毕业生复读后，局面始得扭转，当时只有成绩较为优秀的学生能升入高中就读。

孙家岔中学毕业照（摄于1983年5月）

刘石畔中学初中毕业合影（摄于 1983 年 4 月）

孙家岔中学毕业照（摄于 1985 年 4 月）

孙家岔学校初中学生毕业照（摄于 1990 年 4 月）

孙家岔中学学生毕业照（摄于 1991 年 6 月）

1992 年，孙家岔乡开始普及六年义务教育。其时，全乡共有初级中学 1 所、小学 28 所。经过改造和重建，校舍 5 间有余，教师办公室 1 间有余，且多为砖混结构建筑。其时，全乡小学入学率达到 99%，巩固率达到 99%，学生总人数达 2650 人，教师达 110 余人。1994 年，孙家岔乡通过地、县“普六”检查。

孙家岔中学歌咏比赛（摄于 1992 年 6 月）

孙家岔中学部分师生合影（摄于 1993 年 6 月）

孙家岔中学小学部学生毕业照（摄于 1993 年 6 月）

1995 年，孙家岔乡开始普及九年义务教育。次年，小学生毕业通过检测考试，全部升入初中。1997 年，对中学进行扩建。1998 年 10 月，孙家岔镇“两基”（基本普及九年义务教育、基本扫除青壮年文盲）工作经省级评估验收合格。在普及六年义务教育和普及九年义务教育期间，全乡干部职工捐款，群众投工投料，企业积极捐资助学。是年，镇学区单独设立，配备学区校长，增设教育专干、成人教育专干，学区实行学生学籍管理档案。2000 年，镇域有初级中学 1 所、完全小学 4 所，初级小学 24 所，有小学生 1823 人，中学生 735 人，教师职工 157 人。2003 年，镇域尚有 26 所学校。随着矿区经济发展和人口流动，农村人口大量流入城镇，村庄小学的学生陆续转入镇、县学校，因生源锐减导致大部分停办。至 2006 年，经过撤点并校，镇域学校减少至 5 所。2003 年，实行校长和教师聘用制。2005 年，神木县在全国率先实行中小学免费教育，实现了免除学费、杂费、课本费，对寄宿生补助生活费用的“三免一补”政策，全镇学生普遍受益。2008 年，镇教育办公室被撤销，全镇共有镇中心小学、刘石畔完全小学、燕家塔完全小学和孙家岔初级中学 4 所学校，各小学附设有幼儿园。

2011年，孙家岔镇中心小学并入孙家岔初级中学，学校更名为孙家岔九年制学校。同年，神木县实行十五年免费义务教育（包括学前三年）。2020年，全镇共有孙家岔九年制学校1所、刘石畔完全小学1所及幼儿园4所，学生多为厂矿企业和外来经商务工人员的子女。

孙家岔中学学生毕业照（摄于2000年5月）

孙家岔初级中学学生毕业照（摄于2010年6月）

孙家岔学区（教办）负责人（专干）一览表

表 45

姓名	籍贯	职务	任职时间
李明照	高家堡镇	孙家岔学区专干	1956 年至 1958 年
刘裕刚	沙峁镇	孙家岔学区专干	1958 年 8 月至 1959 年 7 月
侯永林	乔家塔村	刘石畔学区专干	1959 年 8 月至 1966 年 7 月
张世卿	店塔镇	孙家岔学区专干	1965 年至 1970 年
李建华	高家堡镇	教育专干	1970 年 2 月至 1977 年 7 月
刘玉钧	沙峁镇	学区校长	1973 年 8 月至 1979 年 8 月
慕汝超	吴堡县	学区校长	1979 年 8 月至 1980 年 8 月
高文玉	永兴街道	教育专干	1977 年 8 月至 1979 年 7 月
杨文忠	柠条塔村	教育专干	1979 年 8 月至 1981 年 7 月
麻怀仁	柠条塔村	教育专干	1981 年 8 月至 1996 年 8 月
雷永华	柳树峁村	成教、普教专干	1984 年 7 月至 2007 年 5 月
贺正义	柳树峁村	教育专干	1996 年 8 月至 1999 年 7 月
杨耀清	宏光村	学区校长	1995 年 8 月至 1999 年 7 月
王生顺	排界村	少先队辅导员	1998 年 8 月至 1999 年 8 月
王彬亮	中鸡镇	教育办常务副主任	1999 年 8 月至 2002 年 7 月
折世平	栏杆堡镇	成教、普教专干	1999 年 8 月至 2007 年 12 月
王生顺	排界村	专干	2002 年 8 月至 2007 年 12 月
宋玉怀	锦界镇	教育办常务副主任	2002 年 8 月至 2007 年 12 月

教育教学

学制招生　1950 年，小学实行六年制，招收一至四年级学生的学校为初小，招五、六年级学生的学校称为高小，全部都招的学校为完全小学。1969 年，学制改为小学五年、初中两年，上高中实行推荐。1970 年，学校由秋季招生改为春季招生。1978 年，再恢复秋季招生。1983 年，学制恢复为初中三年、高中三年。1988 年，小学学制改为六年。

课程开设　20 世纪 50 年代，小学开设语文、算术、珠算、习字（写仿）。

初中开设语文（1956—1959年改为汉语、文学）、数学（含几何、代数）、植物、动物、物理、化学、生理卫生、政治、体育、音乐、美术；高中为语文、数学（含立体几何、三角等）、俄语、物理、化学、体育。1960年起，中学开设时事政治课。

20世纪60年代，初小开设语文、算术、珠算、体育、唱歌、美术，高小另设自然、地理、历史。1969年后，一至三年级开设思想品德、语文、算术、体育、唱歌、美术，三至四年级增设自然、作文，五年级再增地理、历史。

20世纪80年代，小学开设语文、数学、自然、常识、体育、音乐、美术、劳动。初中开设语文、数学（代数、几何）、政治（社会发展简史、法律常识）、物理、化学、历史、地理、生物、体育、音乐、美术。

20世纪90年代以后，学前班开设拼音、识字、数学、音乐、体育、美术。小学开设语文、数学、思想品德、常识、体育、音乐、美术、劳动。

教材教法 “文化大革命”前，中小学均使用全国统编教材。“文化大革命”期间，使用省编教材，课程体系混乱，语录课、劳动课成为主要教学内容。1980年，开始使用全国统编教材。

中华人民共和国成立前，私塾开设经典启蒙课程，教学主要靠死记硬背。1950年后学习苏联教学经验。1958年，教学方法强调学生自我管理能力、动手能力，教师送教到家。因教学条件简陋，小学多采用复式班教学。20世纪60—70年代，政治运动与教育教学相结合，教育与生产劳动相结合。

20世纪80年代，学校以课堂教学为中心，以教师为主导、学生为主体，精讲多练，常用讲授法、谈话法、演示法、参观法、实验法等方法。

2000年以来，教师授课的参考资料丰富，广泛采用现代化教学手段，应用先进的教学设备。

2010年以后，教师编写导学案，开展集体备课。课堂教学方式改革，加强德育，提高学生综合素质，减少学生作业负担，但考试仍具指挥棒作用。

学前教育 20世纪80年代中后期，随着煤炭资源开发进程加快，镇域流动人口快速增加，学前教育需求增大。1990年，柠条塔小学、张家村等小学相继开设学前班（学制1年）。2008年9月，刘石畔小学、孙家岔镇中心小学开办3年学制的附属幼儿园。2010年以后，镇域先后有公办、民办幼儿园成立。2017年，孙家岔幼儿园获得“榆林市绿色校园”“榆林市先进单位”称号。2019 年年底，镇域共有 4 所幼儿园，教职工 100 余人，入园儿童 800 余名，其中有 500 多名幼儿来自全国 20 多个省市。幼儿园开设“艺术、健康、社会、科学、语言”五大领域特色课程，出于安全考虑，园内幼儿活动区域实现全部软化，户外大型教学玩具丰富多样。

2020 年孙家岔镇幼儿园基本情况简表

表 46

幼儿园名称	办园性质	地址	成立时间	占地规模（平方米）	办班数量（个）	学生人数	教职工人数
创艺幼儿园	民办	孙家岔村	2010 年 9 月	2400	10	330	36
孙家岔幼儿园	公办	孙家岔村	2011 年 9 月	11304	9	220	41
智慧树幼儿园	民办	海湾张家沟村	2012 年 9 月	2100	4	100	17
刘石畔小学附属幼儿园	公办	刘石畔村	2013 年 9 月	1380	4	130	16

学校简介

孙家岔九年制学校　1966 年，孙家岔小学设立初中部，学校更名为孙家岔七年制学校。1972 年，开始筹建高中部，1973 年春季招生，首届招收学生有张自明、高德树、王文亮、张元信、杨培贤、李子清、马世良等 54 人，生源来自孙家岔、麻家塔、永兴 3 个公社，学校更名为孙家岔九年制学校。骨干教师马伟荣、刘秉功、刘玉均、杨国纪、雷占义、刘生如等。通过政府投资、学校勤工俭学，先后扩建窑洞 30 孔、石木结构房 10 间、砖混结构教室 12 间，总建筑面积 3000 余平方米。

1974 年，孙家岔九年制学校中学部与小学部分离，更名为孙家岔完全中学。1979 年，大柳塔、中鸡、麻家塔学校的高中生并入孙家岔中学，各年级设 3 个教学班，优秀学生有张增光、张凌云、李治渊、李子录、魏子斌、王智贤等。

1983 年，孙家岔中学撤销高中班，更名为孙家岔初级中学，学生人数达 200 多人，优秀教师有杨自力、杨耀清、贺正义、王生良、高成栓、白和平、白福昌、马世良、刘正国、张增光、张振华等，优秀学生有王志琴、苏阳、李光胜、雷杰祥、张艳英、郝光耀、史丕功、李光斌、王嘉、王学峰、何平等。

1993年，学校新建教室18间，教学环境得到改善。1995年，有学生400余名，教师达30余名。1996年，乡政府投资60余万元，机关单位工作人员共捐资5万多元，民营企业家杨清和捐资10万元，对教学办公用房翻修，新建二层教学楼1栋，并对操场和校园硬化，学校总占地面积达13000多平方米。2004年，镇政府投资70万元再建1栋教学楼。2008年，陕西恒源投资集团公司董事局主席孙俊良倡导新建学校，向企业家集资1600多万元，县财政配套1800万元，对学校进行整体搬迁。2009年，学校在原址东侧重新建设。新校址占地面积33333平方米，建筑面积16924平方米，绿化面积5000平方米，2011年投入使用。是年，孙家岔镇中心小学并入中学，更名为孙家岔九年制学校。2019年，孙家岔中学中考成绩居全县第一名。2020年，学校共有26个教学班。其中，初中6个班，小学20个班，1064名学生来自全国25个省（自治区），共98名教师，临时聘用人员4名。其中，神木市级以上学科带头人、骨干教师、教坛能手、教坛新秀20人，具有高级职称的8人，具有一级职称的17人。学校总建筑面积近2万平方米，绿化面积8000平方米。其中，宿舍楼建筑面积6280平方米，教学楼两栋建筑面积8250平

孙家岔九年制学校初中学生毕业照（摄于2021年6月）

方米，餐饮楼3200平方米、塑胶操场750平方米。学校建筑包含教室30个、多功能报告厅1个、多媒体教室26个（含2个新媒体教室）。

2010年以来，学校先后荣获榆林市绿色文化校园、榆林市实施素质教育"优秀学校"、榆林市后勤管理示范学校等30多项荣誉。

孙家岔九年制学校历任校长一览表

表47

姓名	籍贯	学历	任职时间	学校规格
侯永林	乔家塔村	中师	1966年7月至1966年12月	初级中学
王万昌	锦界镇	中师	1966年12月至1967年8月	初级中学
侯永林	乔家塔村	中师	1967年8月至1973年8月	初级中学
刘玉钧	沙峁镇	中师	1973年8月至1979年8月	完全中学
慕汝超	吴堡县	大专	1979年8月至1982年8月	完全中学
王文章	中鸡镇	中师	1982年8月至1983年8月	完全中学
刘秉功	店塔镇	大学	1983年8月至1986年2月	初级中学
杨文忠	柠条塔村	中师	1986年2月至1987年8月	初级中学
蒋忠山	庙沟村	中师	1987年8月至1990年8月	初级中学
白福昌	大柳塔镇	大专	1990年8月至1995年8月	初级中学
杨耀清	宏光村	中师	1995年8月至1998年2月	初级中学
马世良	海湾张家沟村	大专	1998年2月至2002年8月	初级中学
王彬亮	中鸡镇	大专	2002年8月至2011年10月	初级中学
王彬亮	中鸡镇	大专	2011年10月至2014年8月	九年制学校
苏俊平	栏杆堡镇	本科	2014年8月至2020年8月	九年制学校
折　敏	贺家川镇	本科	2020年8月	九年制学校

刘石畔小学　1951秋，水头小学在柠条塔村成立，校址设在原国民党复兴乡乡公所，校舍为土坯房9间。当年设一至五年级，次年增设六年级，有教师10余名、学生100余名，时为神木县北部地区唯一的完全小学。1954年，政府投资修建砖木结构校舍9间。1956年秋，将五、六年级撤并至孙家岔小学后，水头小学改为初级小学。1960年，又恢复为完全小学，学生150余人。1965年秋，迁址至刘石畔村，更名为刘石畔小学。1967年，附设初中部。1969年，更名为

刘石畔小学学生毕业照（摄于 1995 年）

刘石畔七年制学校，学生达 200 人。1983 年，撤销初中部，恢复为小学。2008 年，归神木县教育局直管。2013 年，增设附属幼儿园。学校经过多次扩建，至 2020 年，共有 7 个教学班，200 余名学生；有教职工 36 名，其中在编教师 15 人，一级教师 4 人，二级教师 11 人，其中，神木市级骨干教师优秀教师 6 人，辅导员教师 21 人。学校总占地面积 9800 平方米，校舍面积达到 3268 平方米；操场 4000 平方米，铺设塑胶跑道，设置标准篮球场 2 个、羽毛球场 1 个、排球场 1 个、五人制足球场 1 个；设置电子白板教室 10 间，另有微机室、美术室、实验室、音乐室、图书室、卫生室、心理辅导室、少队室等部室。2019 年 3 月，学校被评为神木市文明校园。

刘石畔小学历任校长一览表

表 48

姓名	籍贯	学历	任职时间	学校规格
王凤山	中鸡镇	高中	1951 年 8 月至 1952 年 8 月	完全小学
张润翙	迎宾路街道	中师	1952 年 8 月至 1954 年 8 月	完全小学

续表 48

姓名	籍贯	学历	任职时间	学校规格
孙广业	孙家岔村	中师	1954 年 8 月至 1955 年 8 月	完全小学
李明照	迎宾路街道	中师	1955 年 8 月至 1956 年 8 月	完全小学
王学礼	中鸡镇	中师	1956 年 8 月至 1960 年 8 月	初级小学
张贵荣	孙家岔村	中师	1960 年 8 月至 1964 年 8 月	完全小学
刘景通	高家堡镇	中师	1964 年 8 月至 1966 年 8 月	完全小学
邢加玉	高家堡镇	中师	1967 年 8 月至 1969 年 8 月	七年制学校
蒋忠山	庙沟村	中师	1969 年 8 月至 1971 年 8 月	七年制学校
张贵荣	孙家岔村	中师	1971 年 8 月至 1979 年 2 月	七年制学校
麻怀仁	柠条塔村	中师	1979 年 2 月至 1980 年 7 月	七年制学校
刘志荣	刘石畔村	中师	1980 年至 1990 年	完全小学
王继荣	绥德县	中师	1990 年至 1992 年	完全小学
訾德亮	海湾张家沟村	中师	1992 年至 2005 年	完全小学
高　瑞	大柳塔镇	本科	2005 年至 2013 年	完全小学，附设幼儿园
王晓轩	神树塔村	本科	2013 年	完全小学，附设幼儿园

孙家岔小学　1947 年，孙家岔村民张贵荣在家创办私塾。1952 年，孙家岔初小在原私塾的基础上成立，租赁孙家岔村孙飞则家几间土木结构房，张贵荣任校长。1954 年，占用孙家岔村二队土地 300 多平方米建设校舍。1956 年升格为完全小学，并接收水头小学高年级学生。20 世纪 60 年代初期，小学砖瓦房校舍总建筑面积达 1000 多平方米。1966 年，学校设立初中部，更名为孙家岔七年制学校。1972 年，增设高中部。1974 年秋，中小学分离办学，小学在孙家岔村一组重新修建并招生，更名为孙家岔中心小学，学生人数达到 300 多名，校园占地 15 亩、校舍 50 间、操场 130 平方米，学生综合成绩多次位列神木市前三名。1986 年，学校增设学前班。2006 年，附设幼儿园。2011 年，神木县教育局将孙家岔小学合并到孙家岔初级中学，成立孙家岔九年制学校。

孙家岔小学学生毕业照（摄于 1998 年 5 月）

燕家塔小学毕业照（摄于 2012 年 6 月 30 日）

孙家岔小学历任校长一览表

表 49

姓名	籍贯	学历	任职时间	学校规格
张贵荣	孙家岔村	初师	1947 年至 1952 年	私塾
张贵荣	孙家岔村	初师	1952 年至 1954 年	初级小学
孙广业	孙家岔村	中师	1955 年至 1958 年	初级小学
李明照	迎宾路街道	中师	1959 年 2 月至 1961 年 9 月	完全小学
刘裕刚	沙峁镇	中师	1961 年 9 月至 1963 年 9 月	中心小学
侯永林	乔家塔村	中师	1963 年 9 月至 1966 年 11 月	完全小学
王万昌	锦界镇	中师	1966 年 11 月至 1967 年 8 月	七年制学校
侯永林	乔家塔村	中师	1967 年 9 月至 1973 年	七年制学校
刘玉钧	沙峁镇	中师	1973 年至 1978 年	完全中学
王文博	陕西略阳县	中师	1978 年 3 月至 1978 年 8 月	完全小学
贺凤成	中鸡镇	高中	1978 年 8 月至 1979	完全小学
李世华	乔家塔村	中师	1980 年至 1981 年	完全小学
孙好勤	孙家岔村	中师	1981 年至 1996 年 8 月	中心小学
马世良	海湾张家沟村	中师	1996 年 9 月至 1999 年 7 月	中心小学
王生顺	排界村	中师	1999 年 8 月至 2002 年 8 月	中心小学
李　伟	海湾张家沟村	本科	2002 年 9 月至 2011 年 11 月	完全小学，附设幼儿园

燕家塔小学　1985 年秋，校舍面积约 70 平方米。杨治国任老师，招收 8 名学生。1990 年，燕家塔小组出资在村北新建楼板房 9 间，建筑面积 180 平方米，学生 30 余人，分 4 个年级 2 个班，施行复式班教学。1993 年秋，增设五年级。1995 年，校舍建筑面积达到 1200 平方米，升级为布点完全小学，设一至六年级，改为单班教学，附设学前班。2005 年，有学生 498 名，分设 9 个教学班，有教师 18 人。2012 年 12 月，燕家塔完全小学更名为孙家岔第一小学，附设幼儿园，属神木县教育局直管。学校新建二层综合楼一栋，修建标准化塑胶操场，装修旧校舍，配置新的信息技术设备。2015 年，学校占地面积达到 12 亩，建筑总面积达 2546 平方米，在岗教师 20 人。2017 年 9 月，小学撤并到孙家岔九年制学校，学校所在地成为孙家岔幼儿园的分园。

燕家塔小学历任校长一览表

表 50

姓名	籍贯	学历	任职时间	校名
李治茹	大柳塔镇	高中	1984 年 8 月至 1991 年 2 月	初级小学
刘建业	排界村	高小	1991 年 2 月至 1995 年 7 月	初级小学
何治亮	庙沟村	初中	1995 年 8 月至 2004 年 6 月	完全小学
王治平	神树塔村	本科	2004 年 7 月至 2012 年 11 月	完全小学
王治平	神树塔村	本科	2012 年 12 月至 2017 年 8 月	完全小学，附设幼儿园

神树塔小学 1949 年，该小学在私塾基础上成立。校址设在村集体大院东房，首任教师名为王老虎，学生 20 余人。1958 年，学校改为公办小学。1977 年，学校改为七年制“带帽”中学，学生 200 余人，有教师 7 人。校舍 15 间，300 平方米。1979 年，改为完全小学，2010 年停办。历任校长：燕治宗、刘乐义、马鹏高、张君纶、王子美、李培兰、尚好礼、张玉朴、马治国、李子良、刘鸿儒、孙广业、张兰华、张子珍、马世良、李世廷、燕永则、崔崇刚、杨正荣、麻香玲、王继昌、王卡荣等。

神树塔学校初中学生毕业照（摄于 1978 年 6 月）

三卜树小学 1950年，在冬学基础上开办。1952年，迁址至三卜树村赵家村小组厦子院。1975年改为七年制学校。1977年下半年停办，1978年，学校新建。1991年，改建为完全小学，校舍扩为35间，学生达200人。2002年，改为初小，2006年停办。历任校长：訾买良、刘建国、李功德、李维学、赵怀礼、崔志江、边在存、崔志泽、李世廷、郭光泽、沈小军、杨怀亮。

三卜树小学学生毕业照（摄于1998年9月）

呼家山小学 1955—1958年开办，位于海湾村呼家山，利用旧地主院落的5孔石窑为校舍，有一至四年级，学生最多时有45名。历任教师有刘录义、郭长寿、李瑞林、刘建业，学生来源于海湾、沙沙庙、脑毛山、刘二墕、板定梁、新伙盘等村庄。

其他小学 中华人民共和国成立后，镇域先后开办的村级小学有30余所，这些小学多为规模较小的初级小学。在普及九年制义务教育时期，学校数量与规模达到最高峰。2000年前后，学校生源流失，逐渐停办。

呼家山小学旧址（摄于2021年9月）

中华人民共和国成立后镇域先后开办的村级小学一览表

表51

校名	办学时间	校址变迁	规模变迁	办学规格	学生人数（高峰期）	说明
排界小学	1949年至2000年	先后在杨家沟、山梁上、缸房梁	旧有石窑1孔，1972年新建砖木结构房5间	初期私塾（冬学），1972年为初级小学	30	—
尔林兔小学	1950年至2003年	村民李关有家	平房4间	初级小学	30	—
刘城腰山小学	1951年至1998年	刘城腰山组	校舍3间，60平方米	初级小学	25	—
马连塔小学	1955年至2004年	马连塔小组	土坯房2间，1972年新建校舍砖木结构房8间，面积200平方米	初级小学	50	—
乔伙盘小学	1956年至1960年	黑龙庙内枕头石窑	石窑1孔	私塾、初级小学	18	1960年与排界小学合并，改为排界小学
张家村小学	1957年至2003年	庙沟折家梁折长树家、乔家塔村张家村组张德锁家、张家村	旧窑洞，1973年建砖木结构房屋10间	初级小学（含1个学前班）	30	—

续表 51

校名	办学时间	校址变迁	规模变迁	办学规格	学生人数（高峰期）	说明
新民沟小学	1958 年至 1999 年	白家村、喷素叶组	土窑 1 孔，1960 年中期迁往他处	初级小学	20	—
庙沟小学	1958 年至 2001 年	马家后村、前马家梁，韩家梁、张家沟组	校舍扩建为 9 间砖木结构	初级小学	50	—
乔家塔小学	1958 年至 2002 年	碾房峁组	土窑洞 1 孔，1970 年新建砖木结构房 9 间，后扩建至 12 间	初级小学	150	—
柳树峁小学	1958 年至 2003 年	柳树峁一组	初期面积不到 100 平方米，1971 年，扩建至砖木结构房 12 间	初级小学	50	—
朱盖塔小学	1958 年至 2004 年	朱盖塔组	校舍 7 间，140 平方米	五年制小学	72	—
沙坡小学	1958 年至 2005 年	沙坡杨家湾组	最初民房 3 间扩至 12 间	初级小学	50	建校初名为活落色太湾小学，“文化大革命”中更名为红旗小学，改革开放初期更名为沙坡小学
訾家庄小学	1958 年	訾家庄组	土窑洞 1 孔，后扩建为预制板结构房 3 间	初级小学	30	创建初名为喇嘛寺小学
庙梁小学	1960 年至 1999 年	庙梁小组	砖木结构房 4 间	初级小学	15	—
海湾小学	1960 年至 2003 年	海湾小组	砖混房 8 间，教室 2 间，办公室 2 间	初级小学	86	由訾家庄小学和捣不赖沟小学合并而来

续表 51

校名	办学时间	校址变迁	规模变迁	办学规格	学生人数（高峰期）	说明
柠条塔小学	1961 年至 2003 年	柠条塔村上院、柠条塔村沟塔	土窑洞 1 孔，1964 年，迁址新建土坯房 3 间，1987 年扩建为砖混结构房 9 间	初级小学，1990 年增设学前班	50	—
哈特兔小学	1962 年至 1976 年	哈特兔组	石墙木料房 3 间	初级小学	20	1976 年与沙沙庙小学合并，改为沙沙庙小学
李家湾小学	1962 年至 1978 年	李家湾组	石头房 3 间，教室 2 间，办公室 1 间	初级小学	20	—
平寺梁小学	1962 年至 1999 年	平寺梁组	校舍 3 间，60 平方米，教室 2 间，宿舍 1 间	初级小学	25	—
尚伙盘小学	1963 年至 2001 年	排界村崔家梁、排界黄土峁	土窑 1 孔，1965 年迁址新建砖木结构房 8 间	初级小学	40	—
肯铁令河小学	1963 年至 2002 年	肯铁令河组	土坯房 3 间，1998 年砖混结构 3 间	初级小学	20	1973 年停办，1998 年重办
燕家伙盘小学	1963 年至 2003 年	燕家伙盘组	土窑 3 孔，后为平房	初级小学	25	—
白家渠小学	1964 年至 1973 年	白家渠土窑洞	土窑 1 间，20 平方米	初级小学	20	—
燕家沟小学	1966 年至 1995 年	燕家沟组	土窑 4 间，80 平方米	初级小学	50	原名为王洛沟小学
沙沙庙小学	1966 年至 2002 年	沙沙庙组、哈特兔组	石墙木料房 3 间，1976 年迁往哈特兔，校舍 5 间，140 平方米，教室 3 间、办公室 1 间、灶房 1 间	私塾、初级小学	50	1976 年与哈特兔小学合并

续表 51

校名	办学时间	校址变迁	规模变迁	办学规格	学生人数（高峰期）	说明
王道恒塔小学	1966 年至 2003 年	王道恒塔组	土窑 4 孔，80 平方米	初级小学	30	—
水井湾小学	1969 年至 2004 年	水井湾组	砖木结构房 3 间，65 平方米	初级小学	30	—
苗家沟小学	1972 年至 2001 年	苗家沟组	砖木结构房 7 间	初级小学	50	从原来的庙沟小学分出
苏家塔小学	1975 年至 2002 年	梁家山、苏家塔组	土窑 3 孔，1990 年秋迁址新建砖木结构房 4 间	初级小学	18	原名为梁家山小学，1990 年改为苏家塔小学

农技学校　1975 年 11 月，孙家岔公社“五七”中学在海湾张家沟村创建，海湾张家沟村人訾永启为首任负责人。1976 年春，向社会招收了 20 余名学员，主要任务是培育玉米、高粱、马铃薯等作物的种子，传授养猪、养羊、养蜂技术，建成砖厂、酒厂、防冰雹炮弹厂。学校共有校舍 15 间、石窑 3 孔、土窑 2 孔。

1977 年增派贺正义等 3 名教师，招收 50 多名半工半读的学生，在学习高中课程的同时，参加校办的农、林、工等各项生产活动。1978 年开办第一批拖拉机驾驶员培训班，共培训驾驶员 10 多名，包括 1 名女司机。农技学校主要试种和推广良种小麦、油沙豆等，引进良种佳米驴进行配种改良；选派崔崇高、薛宽昌去内蒙古伊金霍洛旗气象局学习制作防冰雹炮弹的技术，为各生产队提供防冰雹炮弹，并将神木老爷庙炮弹厂搬迁至该校进行生产。

1978 年上半年，学生转入孙家岔中学高中部，“五七”中学撤销，改为农牧场，进行稻谷种植，设立配种站、羊子养殖场、酿酒厂，还进行沙地开垦等。1984 年停办。学校历任负责人为訾永启、杜应福、高永卿、刘宗义、王子莫、宋银柱、王鸡则、王买良、乔玉和、陈占良、陈兰柱、折世平、刘子清。

群众文化

窝班子

即家族培育的“二人台”戏班，多为祖父辈具有演奏某种乐器的特长，传授给后代。农闲期间，一家几代人在家传习吹拉弹唱，共同演奏曲目。乐器有二胡、四胡、笛子、三弦、梆子、碰铃等，演出《五哥放羊》《水刮西包头》等二人台节目或道情片段。遇有春节、祈福敬神或者喜庆活动，“窝班子”自娱或演出，附近群众来观看称为“看红火”。民国初期至“文化大革命”开始前，镇域“窝班子”戏最为活跃，排界村的赵振昌家族、尚伙盘村的宋三毛家族、缸房梁村的赵武社家族、马连塔村组的赵志先家族均比较有名。部分家庭也有学习民间乐器的传统。20 世纪 90 年代以后，居民娱乐方式多元，“窝班子”演出形式基本消失。

秧歌表演

镇域秧歌多为节庆期间酬神娱已的集体歌舞表演，多发端于庙会演出，较大村庄多有固定秧歌队。表演方式有二人台、唱小戏、打霸王鞭、搬水船等，伴奏乐曲融入信天游、漫瀚调、山曲、爬山调、大秧歌调、酒曲、道情、传统小调等曲调。

孙家岔村秧歌　清代末年，孙家岔村秧歌队在石岩梁庙成立，最早的秧歌队全部是男演员。20 世纪 40 年代，秧歌队组织者为孙广义，村内 20 多人参加该队，主要表演二人台，节目有《走西口》《要女婿》《害娃娃》《红云降香》《八仙庆寿》《珍珠倒卷帘》《听房》等，有时也唱道情、信天游、漫瀚调等。有时还到周边的内蒙古自治区、府谷县演出。50 年代，秧歌队发展到 40 多人，由村支书李永昌、生产队队长孙维昌负责。春节期间秧歌队的演出从正月初二开始，到

1983 年孙家岔公社参加全县文艺调演人员合影（摄于 1983 年 9 月）

二月二结束，有时到周边的村庄演出，有时在庙会演出。李世昌为秧歌队伞头，孙广义能表演二人台《打樱桃》、哨梅[①]，李二仁能喊道情、表演《顶灯》小戏，也可哨梅、拉二胡，孙维昌和李怀功可表演“坐水船”、唱小戏，张满洞、孙明能表演搬水船，孙五小能表演弹弦。李世昌、张厚则、孙录花、张召儿、孙能则、孙满喜、孙狗凤、孙加女、孙同厚、孙五小、张二女、李怀功等也能够唱小戏，绰号“老乡怪”的李怀功常扮演丑角。60 年代，村秧歌队人数增加到 50 余人，由李二仁、张贵荣负责，秧歌队自编自演《一把镰刀》《一颗鸡蛋》等剧目。80 年代，乡文化站管理村秧歌队，并组建二人台文艺宣传队，秧歌队经常参加全县文艺会演，多次受到表彰奖励。2002 年，孙青山、李占光、白国平等重新组建孙家岔秧歌队，购买秧歌服装、道具。随后秧歌队人员发展到 60 余人，由雷国荣、孙增亮负责。马艳兰、王宁、李占光在福慧山文化广场组织排练，主要节目有扭大秧歌和小戏。每年春节秧歌队会到厂矿企业、机关单位表演，并参加县城秧歌表演，从正月初二开始到正月十五结束。乐器演奏人员及

① 哨梅，二人台表演中吹奏笛子。

分工是孙五小弹三弦，孙青山、孙好勤拉四弦，李文智吹笛子，李占光、雷帆、王宁打鼓，李永昌、李占光打梆子。队内孙成宽、李三勤、孙子宽、李占光可表演舞蹈《逛新城》《十唱孙家岔》，雷国荣编导的《四个老汉夸孙家岔》由李占光、孙增亮、孙志发、王宁表演。

海湾秧歌　20世纪50年代，海湾村七个合作社在青龙庙成立秧歌队，每年演出从正月初二开始，到元宵节结束。秧歌队有张进玺、张进昌、张录子、张银珠、张外善、李根寿、张玉良等40余人，表演《搬水船》《赶骡子》《打连成》《方四姐》《刮大风》《双喜临门》《拜大年》《跑灯弯》《点花灯》等节目，主要在考考乌素沟一带表演。元宵节在海湾村黑龙庙转九曲黄河阵时表演。"文化大革命"期间，秧歌队停办。2012年，海湾村委会恢复秧歌队。

王洛沟秧歌　20世纪30年代，秧歌队在王洛沟缸房梁大仙庙成立，由王洛沟的赵公保负责，随后由赵文举、赵国英负责。演出时间为从正月初八至元宵节的春节期间、十月初一的庙会期间，主要表演形式为"搬水船"、唱二人台。赵公保唱小戏、二人台，赵五义、赵社则、赵文这拉四弦、弹弦，赵正歧、赵正福"搬水船"，赵侯花唱小戏。该秧歌队有时也到附近的村庄表演。"文化大革命"期间，秧歌队停办。恢复以后，参与者由20余人发展到50余人。

海湾民间艺术团　2012年7月，在镇文化站支持下，海湾村村民訾怀清在海湾秧歌队基础上创办海湾民间艺术团，有专业演职人员15名，舞台车1辆，道具车2台，配置灯光音响、乐器设备和服装道具。艺术团在春节期间扭秧歌，其余时间到周边企业、村组、社区演出。演出形式为歌舞、二人台、小品、小戏，节目多宣传普法、安全、环保、家庭和睦等。其中,《酒令》《婆婆的惊醒》荣获神木市2016年"司法杯"普法宣传二等奖,《暴富梦破灭记》获优秀奖。《悔恨的泪》荣获2018年神木市司法杯优秀奖。从成立到2020年，该艺术团编演剧目20余个，演出3000余场。

柳树峁秧歌　清光绪年间（1875—1908），柳树峁秧歌队在圣母庙成立，由柳树峁村一组、二组、四组和中鸡镇纳林沟、栅子沟等村人员组成。每年演出从正月初三开始，农历二月初二结束，到庙宇周围的各村各户演出，有时到孙家岔镇、中鸡镇等地扭秧歌，所到之处，先要焚香敬圣母，然后扭秧歌。剧目有《珍珠倒卷帘》《十里墩》《要女婿》《走西口》,《林英降香》是必演的敬神节目。20 世纪 60 年代，柳树峁的雷起亮为秧歌队负责人，新编了节目《十唱雷锋美名扬》《一把镰刀》《一颗鸡蛋》《社会主义好》《夫妻识字》等。70 年代，演出人员工资由所在生产队集体计工分。80 年代以后，村集体给予演出人员补贴。

电影放映

1968 年，文化站工作人员张治富、李正荣参加县上组织的培训后组成公社电影队，巡回各村放映电影，每场收费 6 元。“文化大革命”时期大部分影片被封存，经常放映的影片有《英雄儿女》《奇袭》《打击侵略者》《南征北战》《地道战》《地雷战》等，此后又放映《春苗》《红雨》《青松岭》《决裂》和八部样板戏电影。1976 年，电影队被评为先进放映队，配备 8.75 毫米放映机 1 台。1977 年后，放映的影片增多，有《卖花姑娘》《沙漠的春天》《北大荒人》《艳阳天》《战洪图》《金光大道》等故事片，有《红旗渠》《大寨红旗》等纪录片，有《拖拉机保养》《大寨田》《节柴灶》等科教片。放映电影前播放幻灯片，宣传国家政策，普及农业常识。1982 年，设备升级为 16 毫米的放映机。1984 年，赵志先和杨爱平成为电影队工作人员，向全乡每人每年收取 0.2 元放映费，公社礼堂后被作为电影放映室。1987 年 8 月，全国农业科教电影汇映活动经验交流表彰会上，孙家岔电影队受到表彰。

当地青年在电影院前合影（摄于 1990 年 4 月）

20 世纪 90 年代，放映录像流行，孙家岔、燕家塔村街道旁有经营性质的录像厅、歌舞厅，电影放映场次减少。2005 年，电影放映免费。2009 年，电影放映设备实行数字化。2011 年，政府对电影放映设备进行卫星定位，确保每个行政村每月能够看到 3 场电影。2012 年，赵志先被评为陕西省优秀流动电影放映员。其后随着电视、互联网与智能手机的普及，镇域电影放映量减少。

广播电视

1970 年 8 月，孙家岔放大站成立，放大站场所为 3 孔窑洞，用发电机广播，各村接通扩大机广播线路，使用铁丝电线木头电杆进行广播，主要转播中央人民广播电台、陕西人民广播电台和县广播台的内容并发布公社重要通知。1986 年，放大站对村线路进行维护，值机实行责任承包制。1987 年，放大站购买 1 套录像机，建立孙家岔、刘石畔电视差转台。1997 年，该两台收转县广电局多路微波发射信号，用户达到 500 多户。1999 年，孙家岔镇实现广播电视村村通，电视信号进入每家每户。2004 年 12 月接入网络光缆信号。2013 年，发展广播电视“户户通”用户 2829 户。2014 年，县广电局为镇广播电视站维修改造办公场所。2019 年事业单位机构改革，镇广播电视站并入镇政府。镇广播电视站工作人员先后有孙飞则（站长）、刘世昉、王子亮、焦秀英、刘金荣、高永强、孙剑平、徐静、任培华（站长）、张俊义、李峰。

文化站

1982 年，孙家岔公社文化站正式成立，办公地点在孙家岔村二组，设置图

群众观看文艺演出（摄于 2020 年 9 月）

书阅览室、礼堂、电影放映室及篮球、乒乓球、羽毛球场地。文化站举办文艺培训班、舞蹈训练班，开展电影放映、图书阅览等活动，组织每年的春节文娱活动。是年10月，孙家岔公社文艺宣传队成立，队长刘鸿彪，副队长赵志先，宣传队的成员有郭子亮、李维学，表演队有王利华、李永宽、李占光、李三勤、苏俊华、张兵功、张鲜泽、王香翠、李鲜娥、李霞等，演出主要节目有《挂红灯》《五歌放羊》《打金钱》《卖碗》《探病》等二人台，刘鸿彪和赵志先编写的现代家庭教育剧《一颗鸡蛋》深受群众欢迎。文艺宣传队每年除在全公社演出外，还去周边的大柳塔、府谷县大昌汗、内蒙古新庙等地演出。

1983年，乡文化站随公社机关搬迁至孙家岔村一组，配置图书阅览室、歌厅、乒乓球室及篮球、羽毛球场地。文化站管理文艺宣传队和电影队。3月，文艺宣传队参加神木县文艺会演时，二人台《挂红灯》和霸王鞭表演获奖。是年，乡文化站被评为全省群众文化先进单位。文艺宣传队坚持数年后，由于经费不足和人员流失而停办。1987年，各村逐步开办文化活动室和农家书屋，共有藏书8万余册。此后，农村青年多去厂矿务工或外出经商，镇文化站开展活动量减少。

2002年，镇综合文化站修建3000平方米的三层文化楼，配置电子阅读室（配备10台电脑）、图书室（藏书8000余册）、棋牌活动室、乒乓球室、科技信息室、排练室、多功能活动厅，外设露天羽毛球场、篮球场；开展报刊借阅、法制教育、科普教育、文艺演出活动、数字化信息服务，进行公共文化资源共

镇安全生产文艺晚会（摄于2020年9月）

享，组织体育健身和青少年校外活动等，传播涉农政策、农情资讯、农业技术、致富策略等信息资源，放映电影，举办村级文化建设培训班。2002 年，镇综合文化站参加神木县文艺会演，获得荣誉奖。2005—2013 年，文化站多次参加县民歌大赛并获奖。2015 年，镇综合文化站改为镇综合文化服务中心，新建村级文化活动室 14 个，老年人活动中心 3 处，在行政村设立农家书屋 14 个。当年，镇综合文化服务中心被评为神木县先进单位。孙家岔广场建成后，村民开始跳广场舞。2018 年，镇综合文化服务中心组织全镇 14 个村的广场舞队在福慧山会演。2021 年，镇政府投资 4500 万元启动建设孙家岔文化活动广场和文化大楼建设。

历任站长：李光华（任期 1982—1983 年，兼任公社秘书）、张治富（兼任 1983—1987 年）、李正荣（任期 1987—1995 年）、赵志先（任期 1995—2021 年）、刘贤（2021 年任职），工作人员先后有高秀霞、刘鸿彪、杨爱平等。

企业文体活动

陕煤柠条塔矿业公司、孙家岔龙华矿业公司等大型企业设有内部文体中心，常年组织职工开展文体活动，每逢重大节日举办文艺晚会、体育比赛、主题演讲比赛。2019 年，陕西龙华煤焦电集团有限责任公司编印《龙华志（1994—2018）》。

陕煤柠条塔矿业公司文体活动中心（摄于 2014 年 10 月）

陕煤柠条塔矿业公司职工篮球比赛（摄于 2021 年 9 月）

陕煤孙家岔龙华矿业公司工间操比赛（摄于 2019 年 9 月）

陕煤孙家岔龙华矿业公司参加庆祝建党 100 周年歌咏比赛（摄于 2021 年 6 月）

谱牒家乘

2000年后，镇域民间兴起寻根联宗，编修谱牒之风。家谱族谱是反映镇域人口迁徙分布、追溯姓氏祖源及经济社会发展状况的重要资料。

《兴神孙氏家谱》 孙家岔村孙广智、孙学勤、孙好勤等组织编写，2007年12月印制。记述其先祖于清朝嘉庆年间从山西省兴县孙雅庄移居神木县城经商，随后移居东寨村（今属栏杆堡镇）务农，后其中一支系迁至孙家岔村居住，部分族人又迁往内蒙古伊金霍洛旗、杭锦旗等地居住。该谱主要包括孙氏源流、祠堂坟墓、世系表、孙氏名人录等内容。

《兴神张氏家谱》 中鸡镇张存泽、张占华主编，2008年印制。该谱记述乔家塔村张家村张氏一族，先祖由山西省唐家庄迁徙至神木。清同治年间（1862—1874），张家大院被毁，该族被迫迁居至张家村（今属孙家岔镇）。该谱世系分明，记述其家族成员信息。

《郝氏家谱》 栏杆堡镇郝怀孝主编，柳树峁村郝治昌参与编纂，2009年8月印制。该谱记录神木郝氏的分布、世系、人物等内容。杨家湾组郝氏于清代由郝家中墕村（今属栏杆堡镇）迁往神木城南单家滩，清末再迁至柳树峁村二组定居。

《神木县平西里八甲李氏族谱》 中鸡镇李杰主编，朱概塔村李志斌参与编写，2011年印刷。该谱记载其先祖在清乾隆年间（1736—1795）由排界村杨家沟（今属孙家岔镇）迁出，繁衍生息，发展壮大，后代迁至孙家岔镇排界、庙梁、沙坡、朱概塔，中鸡镇黄特老害、超害石梨、呼家塔、秦家疙瘩、壕赖及内蒙古伊金霍洛旗、乌审旗等地。该谱除记录世系图谱及重点人物外，收录聚集村落、风土人情、传统习俗以及居住地的经济文化状况，图文并茂，可作为了解镇域山地民情风俗的参考读物。

《家族发展史》 海湾张家湾村訾家庄组马维则主编，2011年印制。该书记述神木永兴街道马梁家湾马氏小二门的家族发展史。民国时期，马外信从马梁家湾迁移至海湾张家沟村居住。2011年，马氏有人口40余人。该书从家族溯源、发展、历代成员简介、家族人物、艺文等方面进行记述。

《王氏族谱》 内蒙古自治区的王明和主编，燕家塔村燕家沟组王生良为副主编，2011年11月印制。该族谱记载，王氏父子三人于18世纪初由山西临县曲峪镇王家庄村迁移至孙家岔燕家塔村燕家沟组居住，都甲为神木盘西里二甲，后大部分迁移至内蒙古居住，2011年，燕家沟有王氏人口百余人。该谱从谱牒知识、祖源探寻、家族精神内涵、字辈谱、家族世系图表、家族人物、随笔、回忆、故事、附录等方面，记述王氏家族的发展过程，考究详细、人物采访突出，图文并茂、文字翔实。

《苗氏族谱》 山西省河曲县苗长大主编，苗家沟村苗怀则等参与编写，2015年3月由作家出版社出版。该族谱记载，苗氏旧有从明万历年间至清道光年间的七部家谱，该谱为重新续编。以河曲苗彦成为一代，记述了晋陕蒙三地苗氏的繁衍迁徙。其一支在清道光年间，由山西赴陕西剿匪定居神木，其后裔迁至神木市锦界镇，为盘西里二都八甲，以农耕为主，后逐渐向北迁徙。其中，古日半乌素支后人迁至孙家岔镇庙沟村，并将落居地命名为苗家沟村。该谱编排完整，装帧精美，以编码区分各代，记录详尽，谱分两册，记述世系图表及姓氏源流、家规家训、各支家谱以及艺文传记等内容。

《撖氏族谱》 撖向明、撖恩昌、撖来树、撖光耀、撖开军编纂，2015年8月印制。该谱记述其先祖于明末清初由山西平阳府（现临汾市境内）移民至神木县城南关和三塘。后从清嘉庆八年（1803）开始，陆续搬迁至沙峁、折家山、骆驼场（现属滨河新区街道）等地。骆驼场其一支后人迁居到孙家岔镇三卜树村本头墕组。该谱记录定居于神木、内蒙古自治区西部、宁夏回族自治区的部分撖氏的世系图谱，图文并茂，编排精致。

《神木缸房梁张氏家谱》 宁夏回族自治区张万海主编，排界村红村组张增田参与编写，2015年印制。该谱记述其先祖张应龙在清乾隆中期，由山西省偏关县西街迁至神木排界缸房梁村，主要从事煨缸、做曲、酿酒。清光绪晚期至宣统年间，部分族人迁徙至马连塔（今属孙家岔镇）、双庙梁（今属大柳塔镇）等地，后又迁徙至甘肃、宁夏、内蒙古等地。缸房梁约有张氏20余户近80人，马连塔约有12户40人。该谱收录家族个人照片及重点人物，族规祖训及合族祭祖的诗词与文稿，世系清晰，收录完整。

《张氏族谱》 海湾张家湾村海湾组张胜荣主编，2015年印制。该谱记载，明代，张总兵一脉从安徽六安舒城迁移至神木县城。清嘉庆年间（1796—1820），迁移海湾张家沟村喇嘛寺，部分族人迁移到海湾组，当时有人口260余人。该谱从述祖、寻根、亲族、学校、胜迹、人文、大事等方面记述张氏的发展历程。

《杨氏十二代家谱》 杨哲主编，庙梁村杨春、杨光增等参与编写，2017年印制。该谱记载，合河都七甲杨氏先祖于明代移民至府谷，清光绪年间（1875—1908）定居于排界，后人散居于寸草壕、杨家沟、赵村等村。该谱记述杨氏十二代世系、人物及支系在镇域分布情况，内容丰富，编排精致。

《赵氏家谱》 缸房梁赵子华、赵国英、赵子胜、赵光宪、赵利军等参与编修，2017年12月印制。该谱记述缸房梁赵氏于清乾隆年间（1736—1795）从长岭村（今属韩城市卫东乡）迁至缸房梁，1958年，赵氏迁至王洛沟、马连塔、孙家岔和水井湾等地居住。该谱分赵氏起源、行辈、世系、文化等部分进行记述。

《神木訾氏族谱》 訾贵林、訾宏亮任主编，海湾张家沟村訾德仁任副主编，2018年6月印制。谱中记载，明末，山西訾家堨訾姓一户迁移至訾家大庄（今属栏杆堡镇），随后部分族人迁移至訾柏沟村。清朝光绪年间（1875—1908），部分族人迁移至海湾张家沟村訾家庄村。2018年，有人口160余人。部分族人迁移至哈特兔村，后再迁至崔家梁，定居三卜树村訾家村。2018年，有人口140余人。该谱分概述、迁徙、人口世系、人物、艺文逸事等部分。

《神木崔氏族谱》 三卜树村崔村组崔志江主编，柠条塔村崔志良、三卜树村崔志耀参与编写，2018年8月印制。谱中记载，清代中期，盘西里二都三甲崔氏从崔家畔迁移至崔家梁（今属排界村尚伙盘组）。清末，崔氏部分族人迁移至三卜树村崔村组、花石岩组，柳树峁村马连湾组。2018年，有人口400余人。该书详细记述崔氏渊源、崔氏分布、世系人物、字辈、风土人情等内容。

《崔家沟崔氏家谱》 柠条塔村崔志良主编，2018年12月印制。谱中记载，其先祖于明永乐年间（1403—1424）从山西洪洞县迁至陕西米脂县。清乾隆二十年（1755），崔氏一支迁居到超害梁村（今属孙家岔镇），后又迁至柠条塔村崔家沟组和庙沟村苗家沟，置田创业，繁衍生息。清朝末年民国初期，崔氏家族人口开始向外流动，大批后代迁至内蒙古等地。该族谱世系清晰，图文并茂，收录人物资料完整，并记述民俗风情、婚丧嫁娶、家规族训，侧面反映镇域民情风貌。

《神木盘西里二都六甲杨氏族谱》 杨国伟主编，中鸡镇杨鹏等参与编写，

2018 年印刷。该谱记载，盘西里二都六甲杨氏为麟州杨家将后裔，此一支先祖起源于沙峁镇杨家峁村，清康熙至乾隆时期，杨氏族人迁徙北上，其后人遍布神木县域。部分族人越过边墙先在伙盘地立足，继而买地落户定居。其中，县城西大街 3 号院杨氏一支部分后人迁至柠条塔村（今属孙家岔镇），2018 年，达到 12 户 45 人。西沟一支部分后人迁至苗家沟村（今属孙家岔镇），2018 年，有 5 户 19 人。该谱记述杨氏在神木市域分布情况，世系清晰，人物收录完整。同时收录关于杨家将的历史文献及近现代文章，内容丰富，编排精致。

《神木雷氏二门家谱简编》 内蒙古伊金霍洛旗雷云泽主编，柳树峁村雷杰祥、雷云山参与编纂，2018 年印刷。该谱以雷霖瑞为一世，记载雷氏二门先祖由山西洪洞大槐树迁往河北，后又迁至陕西佳县雷家洼。清时迁至神木县城定居。早年雷霖瑞为官，后弃官以耕读为业，兼商持家。清末，由于战乱、饥饿等原因，其后人陆续迁至排界村（今属孙家岔镇），又迁至庙沟村（今属孙家岔镇），后并入柳树峁村。民国时期，家族成员为生活所迫，正值内蒙古放垦，一大部分人迁往伊旗、杭锦旗、乌审旗等地。该谱世系清晰，收录人物简介及家庭照片完整。

《神木长乐里都五甲麻氏族谱》 西沙街道麻永维主编，柠条塔村麻怀仁参与编写，2019 年 3 月印制。根据谱中记载，神木麻氏先祖于清代中期从山西右玉迁来已达十余代。民国初年，前麻家塔麻银则一支与后麻家塔麻老贵一支迁至柠条塔村（今属孙家岔镇）。2019 年，有 22 户 64 人。该族谱世系清晰，收录的个人资料完整。全谱详细记载麻氏先祖的遗址建筑及麻氏后裔居住的村组情况，同时列出了麻氏礼仪习俗及族训，内容丰富，记述完整。

《陕西神木长乐里一甲居易堂乔氏家谱》 乔子伟主编，2019 年 5 月印制。家谱中记载，乔氏原有家谱为七世祖乔植所编，毁于清同治七年（1868）。光绪二十五年（1899），九世祖乔璋再编，该谱为续谱。明代乔氏先祖由山西省高平迁徙至乔家峁村（今属沙峁镇），后部分人口移居神木县城北大街拔贡巷和二街西三道巷、五道巷。清乾隆年间，其一支迁至七道沟（今属西沟街道），后又迁至庙沟村杜家梁（今属孙家岔镇）。20 世纪 40—70 年代，部分族人又迁至内蒙古等地。该谱印刷时保留了清光绪版家谱，并详细介绍各支现居地及家族成员情况，收录古钟、旧宅照片以及艺文文稿，世系清晰，图文并茂，编排精良。

《何氏族谱》 内蒙古自治区的何文忠主编，燕家塔村乔家梁何昌则等参与，2019年7月印制。根据该族谱记载，何氏于清末从神木大兴庄的何家兴庄迁徙至燕家塔村何村组和乔家梁组的阳畔墕居住。道光年间（1821—1850），部分族人迁移至鸡圪坨（今属神木市中鸡镇）、内蒙古包头和鄂尔多斯等地。该谱分渊源、世系、家风家训、教育、记述、荣誉、群影、爱心等篇。

《陕西省神木市盘西里二都七甲张氏家谱》 内蒙古张建华主编，宏光村张云亭参与编写，2019年8月印制。该家谱记载，清代中期，神木县盘西里二都七甲张氏从张家寨（今属栏杆堡镇）迁移至孙营岔村（今属店塔镇）。民国时期，部分迁移至宏光村小沙坡组和庙梁。2019年，有人口30余人。该谱详细记述张氏溯源、都甲、字辈、人口支系、乡风民俗等内容。

《张氏家谱》 燕家塔村王洛沟组张福子为主编，2019年印刷发行。该谱介绍王洛沟组张氏于明朝从山西岢岚县迁移卧丹山村（今属永兴街道），属盘西里，后又在清康熙年间迁移王洛沟居住。清光绪二十六年（1900），一户迁往内蒙古东胜区。宣统二年（1910），一户迁往双庙梁（今属大柳塔镇）。后又有多户迁往内蒙古居住。2019年，王洛沟张氏有百余人。该谱记述张氏迁徙、人口世系、族人风采、坟茔、风俗民情等内容。

《邱氏家谱邱元满1—10世卷谱》 柠条塔村邱子亮任编纂委员会主任，邱明安为主编，2020年1月印制。该谱记载，清道光年间邱元满从神木县城迁移到半切墩（今属西沟街道）居住，随后部分人士迁往买力湾、阿鸡曼、塔墩沟（今属西沙街道），瓜地渠（今属西沟街道），北关、南关（今属麟州街道）等地，后来该支系部分人士迁往内蒙古等地。民国初期邱万长迁往柠条塔村（今属孙家岔镇）打工并定居，该谱记录2020年柠条塔村有邱氏60余人。

《李氏家谱》 乔家塔村碾房峁组李志平任编委会主任，2021年9月印制。该谱记载，清代中期，李氏二人从神木县李家大庄（今属栏杆堡镇）迁移至柳树沟村（今属西沟街道）。清末，李四脑迁移至白家渠村（今属孙家岔镇）。20世纪70年代，白家渠村李氏迁移并入乔家塔村碾房峁组。2021年，有人口200余人。该谱从寻根溯源、家规、故园情愫、家族世系、人口简介、乡风民俗等方面进行记述。

《郭氏族谱》 排界村新伙盘组郭树怀等参与编写，2021年6月编写。根据该族谱记载，清同治七年（1868），神木县郭家塔村郭富贵一家为避战乱搬迁至柳树峁村郭家畔。光绪年间（1875—1908），郭家塔村郭氏兄弟二人移民至新伙盘。2021 年，共有人口 200 余人。该谱从姓氏溯源、人口世系、族人风采、文从辑录、风俗民情等方面进行记述。

《赵氏家事回忆》 排界村乔家伙盘组赵振昌编写，赵志先等人配合，2021 年编写。书中记载，清道光年间（1821—1850），平西里赵氏家族迁至赵家梁村（今属孙家岔镇），后赵顺成因租地迁至排界村乔家伙盘居住，生一子赵存则。其四子中有两个秀才。后四子分别定居乔家伙盘村、沙沙庙村、马连塔村和内蒙古伊金霍洛旗石灰沟村。该书较为详细地记述赵存则后代的分布与家庭状况。

部分家谱资料

医疗卫生

中华人民共和国成立前，镇域处于缺医少药的状态，只有少数乡村医生用草药土方为患者诊疗。中华人民共和国成立后，政府开办医院，医疗条件逐步改善。随着医疗卫生事业的发展，城镇干部职工先后参加公费医疗和医疗保险，农民先后参加农村合作医疗和新型农村合作医疗。同时，全镇广泛开展爱国卫生运动，农村的卫生面貌得到改善。2021 年，省级卫生镇创建成功，全镇共有中心卫生院 1 所，民营医院 1 所，村卫生室 14 个，药房门店 5 户，享受“赤脚医生”补助人员 26 名。

医疗机构

庙梁医院　1953 年，在庙梁村成立民办医院，院长李永昌，医生有杨子桧、赵功宝、王永昌，医院仅有土木结构房 3 间。1958 年，庙梁医院归公社集体所有。1965 年，庙梁医院迁至燕家塔村，院长为贺鹤林。1966 年，庙梁医院并入孙家岔区卫生所。

孙家岔中心卫生院　1958 年，孙家岔区卫生所在孙家岔村阳湾成立，医生 10 人，卫生所受县卫生局和区公所领导，业务受县医院指导。历任所长：折文玉、张文明、李玉功、刘文明。

1966 年，庙梁医院并入孙家岔区卫生所，合并后更名为孙家岔地段医院，简称为地段医院，同时管理刘石畔医院。20 世纪 70 年代，医院规模进一步扩大，周金林、王克美、王子林、豆永进、李世杰、贺鹤龄、徐仁兰、田佩之、刘兰生等外地医生支援医院，医院的诊疗水平显著提高。80 年代，医院科室基本齐全，有杨吉林、王尚明、庞文胜、乔书光等医生，可进行肠梗阻手术。1997 年，医院更名为中心卫生院，院址搬迁至孙家岔村一组街面，建成建筑面积 800 平方米的两层楼房。2015 年，医院临时搬迁至镇文化站，镇政府在医院原址上新建医院，2016 年完工。回迁的新建医院为建筑面积 2000 平方米的三层楼房。2021 年，中心卫生院有职工 22 人，住院病床 20 张，设有全科门诊、理疗科、药房、护士办、收费室、接种室、公共卫生科、放射科、B 超室、心电图室、检验科等科室，收住院病人 200 余人次，门诊诊疗 8000 余人次。中医科设中医诊室、中医治疗室、中药煎药室、针灸室，配备中频、红外线、电针仪等仪器，中药饮片达 260 种，应用针刺和理疗方法治疗病人 1000 余人次，进行中医体质识别 1563 人次，全年营业总收入 102 万元，医院和村医总进药达 170 万元，为 37 人办理慢性病保障，指导建立神树塔村、宏光村、乔家塔村等 4 个省级标准化村卫生室。2021 年 12 月，中心卫生院医生王艳支援西安抗击新冠病毒疫情 1 个月。2015—2021 年，医院先后获县基层卫生岗位练兵和技能竞赛三等奖，获评为“市级卫生先进单位”“神木市医疗服务能力提升工作先进集体”“基层中医工作先进集体”“榆林市基本医疗有保障达标乡镇卫生院”，医生王巧梅获得神木市“最美抗疫人”称号。

孙家岔镇中心卫生院（摄于 2021 年 6 月）

孙家岔镇中心卫生院历任院长一览表

表 52

姓名	籍贯	职务	任职时间
王凤林	高家堡镇	地段医院院长	1966 年至 1970 年
胡子亮	高家堡镇	地段医院院长	1970 年至 1979 年
李春光	米脂县	地段医院院长	1979 年至 1982 年
奥成功	高家堡镇	地段医院院长	1982 年至 1983 年
王子钧	永兴街道	地段医院院长	1983 年至 1987 年
郭文功	栏杆堡镇	地段医院院长	1987 年至 1996 年
高怀彪	锦界镇	中心卫生院院长	1996 年至 1998 年
郭文功	栏杆堡镇	中心卫生院院长	1998 年至 2003 年
高连生	高家堡镇	中心卫生院院长	2003 年至 2007 年
王孔彦	麟州街道	中心卫生院院长	2007 年至 2008 年
白苏南	佳县	中心卫生院院长	2008 年至 2019 年
刘小平	西沟街道	中心卫生院院长	2019 年至 2020 年
郭玉明	沙峁镇	中心卫生院院长	2020 年

孙家岔镇中心卫生院欢迎抗疫英雄凯旋（摄于 2021 年）

刘石畔公社医院　1961年，刘家石畔公社在刘石畔村成立医院，开展中医、西医诊疗，可开展小型手术。1966年，刘石畔公社医院划归孙家岔地段医院，更名为社办卫生室。20世纪90年代停办。历任负责人为乔应开、范振兴、刘文彦、高明才、王志林、杨吉林、孙谦、王尚明。

村卫生室　1956年，有条件的生产大队确定保健员和接生员，由公社统一培训后为社员服务。1965年，生产大队设立医疗站，配备经过卫校短期培训的赤脚医生，赤脚医生不脱离农业劳动，开展打针输液、创伤包扎等诊疗服务，大队计工分补偿。20世纪60—70年代，赤脚医生有三卜树村訾买良、李国章，庙沟村张凤林，尚伙盘村郭长寿，宏光村张明魁、杨侯儿、杨俊奎，马连塔村李需维，马连湾雷四九，神树塔村安二则、苏林则，王道恒塔村赵子华，刘城腰山村乔宗厚，孙家岔村孙文焕、杨兰英、刘凤琴，柠条塔村马子清，燕家塔村燕国正、王贵荣、贾春兰，柳树峁王迎喜，乔家塔村李在奎、白清亮、张永善、杜毛儿，柠条塔村杨艳芳，刘石畔村刘德昌、刘锦娃，张家沟村郭顺怀等。

20世纪80年代后，对乡村医生给予补助。2003年后，县卫生局统一为村卫生室配备医疗设备，向具备资质的村医发放补贴。1994—2021年，村医有高正平、何生生、刘忠秀、白军、张艳芳、杨雄、李海斌、李永东、李增亮、王丽、刘艳、郭俊标、李志忠、贾文文、何忠明等。

企业内部医务室　2000年后，陕煤龙华矿业公司、陕煤柠条塔矿业公司、神朔朱概塔扩能改造站等大型企业成立后，设置企业内部医务室，配备专业医生，购置基本医疗器械和药品，为职工提供简单医疗服务。

神木第二医院海湾分院　2008年，神木县第二人民医院在海湾村设立分支机构，2012年停办。

孙家岔创伤康复医院　2016年成立，是集医疗、康复、急救为一体的民营医院。位于孙家岔村，医院建筑面积2400平方米，设有内科、外科、急诊科、中医科、放射科、超声科、检验科等，有标准化手术室、供应室，设置病床40张。2021年，有职工20人，其中，医技人员15人。

医疗保险

新型农村合作医疗　2004 年，神木县实行新型农村合作医疗制度，全镇农民参保率在 98% 以上，每人每年缴纳保险费 10 元，住院治疗按规定比例报销。2009 年 3 月 1 日，神木县实施全民免费医疗制度，参保的镇籍居民缴纳保险费后在门诊就医可仅支付医疗费 100 元，住院治疗费用按规定比例报销。超过报销封顶的费用，可享受大病救助。2010 年起，对不同病种的慢性病患者每年定额报销门诊医药费。2021 年起每人缴纳保险费 100 元，财政全额返还。

城镇职工医疗保险　1952 年，镇域工作的公职人员开始实行公费医疗制度。1992 年，试行按工龄比例报销医疗费。1998 年起，职工参加基本医疗保险。

公共卫生

爱国卫生运动　20 世纪 50 年代，镇域开展大规模的群众性爱国卫生运动，清除垃圾、疏通渠道、改建水井、室内外大扫除、集中捕麻雀、捕鼠，消灭“四害”。1962 年，公社成立爱国卫生运动委员会。70 年代，开展以“两管五改”（管水、管肥，改水、改厕所、改棚圈、改通道、改环境）为中心的爱国卫生运动。1980 年后，群众改水，自打深井，后大力修建自来水。2000 年后，村民大都改厕，新建房屋使用水冲厕所。2005 年，开展农村卫生创建活动。2007 年，村组配备保洁员，对各村环境卫生评比。2015 年，宏光、柠条塔、燕家塔村创建成榆林市级卫生村。2019 年，镇区修建水冲厕所 3 个，村庄垃圾集中收集、统一处置。宏光、柠条塔村创建为省级卫生村。2020 年，开展环境卫生整治暨“厕所革命”，神木市孙家岔幼儿园为省级卫生单位。2021 年，孙家岔镇创建为省级卫生镇，燕家塔村创建成省级卫生村。

疫病防控　中华人民共和国成立前，镇域天花、伤寒、疟疾、霍乱、麻疹等流行性疾病频发，防治措施缺乏。1928 年 8 月，崔元梁某村民去内蒙古探亲染病，传给其亲属及柠条塔村其他村民，导致 9 名村民染疫死亡。

中华人民共和国成立后，政府重视流行性疾病的预防和控制，通过预防接种和开展爱国卫生运动，改善环境卫生，加强传染病的防控。1954 年，接种牛痘、伤寒疫苗。1961 年，镇域麻疹流行，共有患者 20 余例，此后开展大规模麻疹灭活疫苗接种，发病率大为降低。1964 年春，全公社 3688 人接种牛痘，占总人口的 73%。其时，重点开展鼠疫、肠道传染病防控工作，接种天花、麻疹、斑疹伤寒、甲乙伤寒、白喉、炭疽疫苗，卫生院派出医生到学校为儿童接种。1965 年后，传染病防控管理实现常态化，基本再无大的疫情暴发。脊髓灰质炎又称“小儿麻痹症”，旧时患者一般都留有跛脚等后遗症，造成终身残疾，1973 年后，经过疫苗接种病例已极少出现。1983 年，儿童计划免疫开始实行。1999 年，实行传染病普查、建卡、报告制度。2003 年，全国暴发非典型性肺炎疫情，镇政府组织人员在村庄村口设置检查点，对来往人员进行登记、测体温。2004 年，开展高致病性禽流感防控工作。2019 年，开展猪瘟传人防治工作。2012 年，儿童计划免疫疫苗种类有乙肝疫苗、卡介苗、脊髓灰质炎糖丸、百白破、白破、麻疹类、流脑、乙脑、甲肝疫苗，可预防 13 种常见传染病，接种率达到国家规定要求。2019 年，按照国家免疫规划，接种一类疫苗 2370 剂次，总接种率 95%。2020 年 1 月，国内发生新冠肺炎疫情，全镇在村庄路口设卡检查流动人口，设置隔离室。各村、各单位人员进出扫码登记并接种疫苗。2021 年 5—12 月，在孙家岔医院接种新冠疫苗的有 28741 人次，常规疫苗接种 1238 针次。

新冠肺炎疫情管控（摄于 2021 年 2 月）

地方病防治 镇域地方病主要有碘缺乏病、麻疹和脊髓灰质炎。碘缺乏病俗称“大脖子病”，1957 年，发病患者最多，时为全县重病区，后采取服用碘油丸补碘等预防措施，患者逐步减少。2005 年起，神木县政府向居民免费发放碘盐，该病基本消失。1992 年后，投放毒饵灭鼠。2008 年，卫生部门对域内氟病重发的 5 个村进行监测。2011 年，普查氟骨症，加强大骨节病、布鲁氏菌病、鼠疫的防治。2016 年后，企事业单位安置“四害”消灭器。

健康管理 镇卫生院通过发放健康教育资料、举办健康教育讲座、组织健康教育咨询活动等方式开展健康教育。2021 年，镇卫生院累计为 12328 人建立居民健康档案并联网管理，居民健康档案信息维护 1 万人。全年累计有 9596 人签约家庭医生。此外，镇卫生院还在镇区管辖地区发放母子手册、开展访视，对 1203 名 65 周岁及以上老年人进行体检，对患高血压、糖尿病等慢性病的 1200 余人进行管理，管理严重精神障碍病人 41 名，管理结核病人 3 名。

妇幼保健 1985 年，全镇推行新法接生、妇女“两病”普查普治和婴幼儿建卡建档工作。20 世纪 90 年代后，孕妇在医院生产。1997 年，实施定点分娩。2011 年开始，实施母亲健康工程，每年对 20—49 周岁的妇女进行免费健康检查和“两癌”（子宫癌、乳腺癌）筛查，并建立健康档案。2014 年，全镇新法接生普及率已达 100%。2021 年，镇卫生院服务管理孕产妇 35 名。

职业病防治 1984 年开始，镇卫生院开展煤矿职业病健康体检。2002 年起，煤矿、化工等企业职工，每年进行健康体检，合格者方可上岗。2002 年 5 月，《中华人民共和国职业病防治法》施行，随后厂矿产业请第三方做职业病危害检测鉴定企业采取措施，防范煤肺等职业病。

文化遗产

镇域有新石器时代遗址、战国秦长城、秦汉墓葬、宋辽西夏时期古城、清代寺庙殿宇和藏传佛教石窟寺，这些遍布镇域、历经风雨的不可移动文物无言地记述了先民生存奋斗的故事，见证了这片农牧交错的土地上农耕与游牧文明的冲突与融合。

旧时，镇域地广人稀，群众居住分散。民间文艺爱好者在劳动之余表演的信天游、二人台、霸王鞭，既是休闲娱乐、表情达意的重要方式，也是充满乡土气息的非物质文化遗产。

战国秦长城

战国秦长城为秦昭王所筑，镇域战国秦长城所处地区为黄土或沙土沟壑区，顺山势而建，整体呈北—南走向，由大柳塔镇生油村蜿蜒而来，继续沿着牸牛川西岸山腰之上向南延伸，进入王道恒塔村，经过神树塔村，向西南越过乌兰木伦河，再沿窟野河西岸向南延伸，进入店塔镇碾房湾村。2017 年 4 月，镇域战国时期秦长城遗址被列入陕西省级文物保护单位。

墙体

共 8 段。其中，在刘城腰山有 3 段，在平寺梁有 3 段，在燕家伙盘有 1 段，在高家塔有 1 段，全长约 13 千米。由于风雨侵蚀、黄土湮没、自然坍塌、沟壑发育等自然原因，加上修筑公路、开垦耕地、开山采砂等人为原因，墙体整体保存较差，坍塌严重，根据沿线残留的少许瓦片确定墙体走向。其中，平寺梁的一段长城墙体周围有较多的瓦片，外饰绳纹、内饰麻点纹。墙体东侧遭到破

绵延的长城墙体平寺梁段（摄于 2019 年 10 月）

战国秦长城墙体局部平寺梁段（摄于 2019 年 10 月）

坏，西缓坡上散落大量片石。燕家伙盘长城东侧可见夯层，部分墙体可见不连续片石层。

河险

共 1 段，即乌兰木伦河河险，具有天然防御功能，位于苏家塔村的高家塔东北，起于燕家伙盘村，止于店塔镇碾房湾村东南，全长 1150 米，整体呈东北—西南走向。西北侧为河谷切成的断崖，东南侧为河漫滩。因年代久远，加上人为改造、风雨侵蚀、河道下切等原因，河险有较大改变。

墩台

敌台共 7 座。其中，刘城腰山村有 1 座，平寺梁村有 2 座，燕家伙盘村有 3 座，苏家塔村有 1 座。台体均分布在牸牛川西岸山顶的缓坡上。台体呈卧鲸状、缓坡状或其他不规则形状，台体平面呈近圆形、椭圆形、半月形成其他不规则形，剖面呈弧拱形、梯形或其他不规则形。台体均由黄土夯筑而成，部分夹杂料姜石、鹅卵石，台体上长有杂草。台体周围散落板瓦或筒瓦瓦片。其中，刘城腰山村敌台外包石片。烽火台共 2 座，均位于平寺梁村。台体分布于牸牛川西岸，为土石混筑而成，保存差，坍塌严重。

战国秦长城燕家伙盘敌台（摄于 2019 年 10 月）

刘城腰山遗存

位于刘城腰山村东南 1.7 千米处、特牛川的西岸山体上。遗存平面略呈矩形，东西 69 米、南北 49 米、周长 236 米、面积 3381 平方米。遗存整体保存差，仅存零星板瓦残片。

石窟寺遗存

镇域石窟寺为开凿于清代的藏传佛教石窟寺，其时，由于当地邻近鄂尔多斯地区，当地蒙古族民众信仰藏传佛教，窟外均有梵、藏、蒙古文字题刻。清末，陕西与内蒙古划界后，蒙古族民众北迁，石窟寺不再供奉。石窟由于风化严重，均保存较差，造像壁画亦残毁严重。

喇嘛庙石窟寺

位于乔家塔村侯头窨自然村的油坊梁南壁。共有12窟，从右至左排序。顶部岩体较厚，窟前为考考乌素河。石窟形制有方形窟、后壁设坛窟，各窟均无造像保存。7号窟左右侧壁画绘有白塔，8号窟为主窟，后壁与侧壁多拱形小龛。部分窟口外侧共有蒙古文、藏文题刻7处20方。其中，9号窟窗口外左侧有大面积的题刻。题刻为阴刻或减地阳刻，内容为六字真言、五字真言、不动佛真言及如意轮咒等。

喇嘛寺石窟壁画（摄于2019年11月）

喇嘛寺石窟外题刻（摄于2019年11月）

庙沟石窟寺

位于庙沟村东的石岩塔西、南侧崖体上，庙沟河从其背后环绕而过。石窟开凿于清代，共有10窟。顶部岩体较厚，窟前为废弃耕地。石窟形制有方形窟、后壁设坛窟、三壁设坛窟、中心柱窟，多数窟无造像保存。部分窟壁画由泥皮抹平，白灰粉刷，红、绿、黑三种颜料绘制，剥落褪色严重。壁绘坐佛，中央多为主尊佛像，四周为成排佛像。佛像有背光，高肉髻，着袈裟、施手印，结跏趺坐。有三处石窟口外有题刻，共7方题刻。

庙沟石窟寺外景（摄于2019年11月）

庙沟石窟外题刻（摄于2019年11月）

庙沟壁画 1（摄于 2019 年 11 月）

庙沟壁画 2（摄于 2019 年 11 月）

王洛沟石窟岩画与题刻 1
（摄于 2019 年 11 月）

王洛沟石窟岩画与题刻 2
（摄于 2019 年 11 月）

王洛沟石窟岩画与题刻 3
（摄于 2019 年 11 月）

王洛沟石窟寺

位于燕家塔村西的王洛沟北侧凹湾内。地名喇嘛石岩，开凿年代不详。单窟，形制为中心柱窟。部分坍塌，窟口外壁有岩画和题记，用暗红色颜料涂成。岩画为动物图案。题记 10 幅，用蒙古文、藏文书写，蒙古文内容为“愿万佛保佑，愿大地保佑”，藏文内容为六字真言。

名寺大庙

超害梁大庙

大约建于清代中期伙盘地开放后，传说寺庙由栏杆堡镇訾家大庄寺庙僧人所建。后超害梁大庙分出龙泉寺。寺庙供奉龙王、观音菩萨、仙家等。寺庙兴盛时和尚多达十余名，庙内有铸铁大钟，钟内空间可以蹲坐三个人。20 世纪 60 年代寺庙被毁坏。21 世纪初民间集资重修。每年农历七月举办庙会。

柠条塔村龙泉寺（摄于 2021 年 9 月）

龙泉寺

俗称水头庙，位于柠条塔村瓷窑塔组考考乌素河西岸边，紧靠陕煤柠条塔煤矿。寺庙大约建于清代中期伙盘地开放后，其时位于神木县与札萨克旗的交界地。民间传说，距离龙泉寺南边四千米的訾家庄喇嘛寺（已毁）的一个喇嘛去西藏朝圣，诵经三年后返回，到达此地休息时，梦中佛祖谕示，喇嘛寺应建于此处。寺庙建成后先由蒙汉两族会首共同管理，清末陕西与内蒙古划界后，蒙古族民众因草场退化北迁，龙泉寺部分土地卖与郭姓大户。从神木县栏杆堡訾柏沟寺庙来的一个僧人成为第一代住持。历经十代，前四代住持僧人已不可考，后六代其法名取字依次为空、英、诚、缘、果、满。

龙泉寺内有红水泉，汇入考考乌素河。由于泉眼及周边全是红色的石头，水石相映，其色嫣然。泉水冬暖夏冰，对治疗风湿类疾病有奇效。每到酷暑天气，来此处沐浴的人络绎不绝，当地俗语称“坐水”。此地在蒙古语中被称为哈潦乌素，意为暖水。由于泉水量大，20 世纪 70 年代当地政府曾设想在此处建小型水电站。2000 年后，采煤活动导致地下水下漏，泉水干涸。每年农历六月初一举办庙会。

其他遗存

镇域其他遗存主要有史前、秦汉、宋辽金元、清代等各个时期的遗址和东周时期至汉代的墓群，保存状况总体较差。北宋时期的刘家石畔古城遗址发现较早，规模较大。

古遗址

新石器时代遗址遍布镇域，主要分布在河流的二级台地上，遗物主要为地表散见的石器和陶器残片。1987 年 6 月 20 日，省文物普查队在调查中发现面积为 2000 平方米的张村细石器遗址。2009 年，在全国第三次文物普查中登记的古遗址有：连家伙盘村北的东梁遗址、东峁遗址，东沙沙庙村南的大路畔遗址，刘城腰山村南的常圪垯遗址，平寺梁村东北的大湾梁遗址、三垧地遗址，平寺梁村西北的土儿畔遗址，敖包梁村北的墕家地遗址，燕家伙盘村南的对面梁遗址，赵家梁村西的大路墕遗址，赵家梁村北的赵家梁遗址，赵家梁村东的杏树沙梁遗址，王道恒塔村北的大沟滩遗址，王才伙盘村西北的王占奎壕遗址，王洛沟村马贵伙盘的马贵伙盘梁遗址、坝梁遗址，排界村的排界遗址、马崖石畔遗址、排界梁遗址，沙坡李家墕村北的放马圪垯遗址，沙坡炭窑峁村西北的黄腰地峁遗址，马连塔村北的树儿畔梁遗址、马连塔遗址，苗家沟村东北的王兰才梁遗址，王家梁村西北的榆树畔遗址，活落色太湾村东南的脑畔梁遗址、石场峁西南的石场峁遗址，敖包墕村南的敖包梁遗址、张家峁遗址、秦头圪垯遗址，康家梁村东南的康家梁遗址，衙门地梁村的衙门地梁遗址，武家梁的担青墕遗址、武家梁遗址、敖包沙梁遗址，三卜树村东的三卜树遗址，訾家村的家沙梁遗址、西圪台遗址，杨家梁村南的柴敖包遗址，尚伙盘村的沙界壕遗址、崔家梁遗址、马贵伙盘坝梁遗址、尚家伙盘遗址，张家村的张家村遗址、袁家村遗址、高村遗址、阳坬梁遗址、白家渠遗址，乔家塔村的小母河沙梁遗址、牛筋峁遗址，柠条塔村的肯铁令河遗址、肯铁令南沙梁遗址、柠条塔遗址、新民沟山遗址、王家沟西圪台遗址，刘石畔村的刘石畔北遗址、超害梁遗址，张家沟村西北的坟圪旦遗址，孙家岔村北的孙家岔遗址，本头墕村的庙沙梁遗址、本头墕遗址，寸草壕村西北的大坬坡遗址，庙梁村的白泥渠遗址，呼家山村北的呼家山遗址，海湾村东的驴尾巴峁遗址。

秦汉时期的遗址有柳树峁村北的沙滩遗址、活落色太湾村东南的大塔沙峁遗址。宋辽金元时期的遗址有喇嘛寺村东南的月亮沟遗址、柳树峁村西北的后圪坨遗址、刘石畔村的李峁梁城址。清朝时期的遗址有柠条塔王家沟村龙王庙、张家沟村西北的庙圪垯、哈特兔村西的九天圣母庙等。

刘家石畔古城遗址　为北宋时期城址，位于刘石畔村西北超害梁山顶，西面为深沟，南为大川，下为考考乌素河。地势险要，视野开阔。大古城在山顶上，南北长约 62 米，东西宽约 36 米；小古城在斜坡形台地上，南北长约 32 米，东

刘家石畔古城遗址（摄于2021年12月）

西宽约30米。大古城北侧残存城墙最高处达四五米，东侧城墙为阶梯状两层。砌墙石头多烧变岩，呈琉璃光。1958年全国第一次文物普查时，考古专家认定古城为宋代城址，发现灰色瓦罐、带粗绳纹陶片、玉片、玉石等器物。1987年，考古专家戴应新调查古城遗址。

古墓葬

文物普查发现的古墓葬主要为东周时期至汉代的墓群。

东周时期墓群 主要有连家伙盘村北的东峁墓群、燕家伙盘村东南的梁家山墓群、马连塔村北的马连塔墓群、沙坡刘家峁村北的后石坨墓群、张家村袁家村南的袁家沙峁墓群、本头墕村南的本头墕庙沙梁墓群、哈特兔村西的石畔梁墓群、东沙沙庙村东北的冯壕墓群。

汉代墓群 主要有敖包梁村北的墕家地墓群，平寺梁村的边墙梁墓群、土儿畔墓群，敖包梁村东南的敖包圪垯墓群，燕家伙盘村南的对面梁墓群，赵家梁村东南的赵家梁墓群，沙沙庙村西南的沙沙庙墓群，王才伙盘村北的王才伙盘墓群，炭窑峁村西北的黄窑地峁墓群，马贵伙盘村的坝湾墓群，排界村东北的马崖石畔墓群，沙坡李家墕村北的李家梁墓群，柳树峁村西北的后圪坨墓群，苗家沟村东北的上沙梁墓群，沙坡石场峁村西南的石场峁墓群，敖包墕村南的秦头圪垯墓群，康家梁村东南的康家梁墓群，訾家峁村西南的西圪台墓群，尚家伙盘村的沙界壕墓群、凉亭湾墓群，捣不赖沟村西北的闻家梁墓群，张家村的瞒圪台墓群、高家村沙峁墓群、阳坬梁墓群、老袁峁墓群，乔家塔村的小母河沙梁墓群、牛筋峁墓群，柠条塔村的肯铁令河墓群、边不拉沙柳梁墓群、新民沟山墓群，刘石畔村的超害梁大庙梁墓群，海湾南梁村东北的老王梁墓群，张家沟村的喇嘛寺沙塔墓群。

民间艺术

镇域民歌主要有以爬山调为主的信天游和酒曲，二人台、霸王鞭等表演形式统称为“打玩艺儿”。

信天游

受独特地域文化影响，信天游风格鲜明、曲调优美、洒脱奔放，韵味独特，高亢粗犷，有爬山调、卖瓷调等曲调。发源于镇域的《泪蛋蛋泡在沙蒿林》等

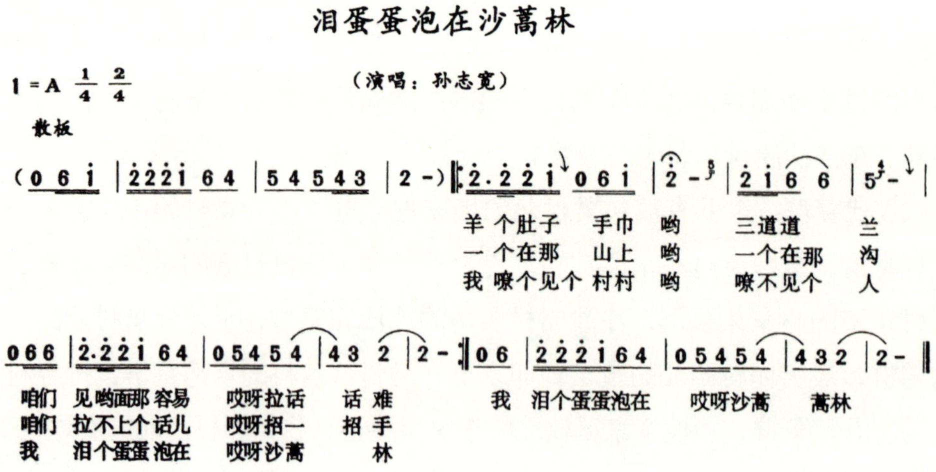

《泪蛋蛋泡在沙蒿林》曲谱

名曲远近传唱。

信天游采用比兴手法吟唱，多有夸张。歌词以两句一组为主，上下句押韵，易唱易记，前一句为日常所见事物，后一句点题。如“阳婆不高高，早些瞅睹圪崂崂”“扬了一把黄沙风刮跑，见不上人儿好心焦”“新掏窑来新安门，新交朋友想死人”“日头（儿）登山山，三天没见你想得心动弹”“想你想成人糁糁，黄柏子认成甜根根”“灯坬坬点灯半炕炕明，烧酒盅盅挖米不嫌哥哥穷”“沙蒿蒿林林捡干柴，你有心事慢慢来”“羊肚子手巾三道道蓝，见面面容易拉话话难”“瞭见村村瞭不见人，泪蛋蛋泡在沙蒿蒿林”。

孙志宽在演唱陕北民歌（摄于 2003 年）

20 世纪 70 年代，信天游演唱尤其集中于春节期间表演。孙家岔村传唱信天游的氛围最为浓厚，主要传承人有李世昌、李二仁、孙维昌、孙广礼、张召儿、张厚则、孙录花、孙能则、孙满喜、孙狗凤、孙加女、孙同厚、孙五小、张二女、李怀功等，青少年学唱信天游成为风气。80 年代初孙家岔村张成飞、张侯阳、孙志宽、李永刚等人被招录到神木剧团。1982 年，孙志宽向孙狗凤学唱《泪蛋蛋泡在沙蒿林》。从 1983 年起，孙志宽多次获陕西省和国家民歌大赛大奖，多次在国外演出。2004 年，孙志宽参加中央电视台主办的西部民歌大赛，获“信天游歌王奖”。2011 年，孙家岔村的青年歌手孙刚获得中央电视台“星光大道”月冠军；2019 年，孙刚发布原创歌曲《西口情思》，成为当代信天游实力派青年歌唱演员。2010 年以后，三卜树村的訾真亮、张生云等歌手多次参加市县的民歌和酒曲比赛。

酒曲

镇域盛行喝酒时唱酒曲助兴。酒曲内容贴近生活，形式多样，有喝酒曲，敬酒曲、劝酒曲、对酒曲、散酒曲等，曲调有爬山调、漫瀚调等。酒曲传承代表人有孙家岔村的孙加女、孙广礼、孙长青、雷国荣，张家沟村的张蓝月，排界村宋耀力、王利华。唱酒曲时后缀要加哎、哟、呀等语气词。选取部分酒曲词如下。

陕北民歌歌手孙刚（摄于 2019 年 9 月）

喝酒曲：“前窑点灯后窑明，照见主家大酒瓶，三套五套尽你斟，套套上来都要清。”

敬酒曲：“风尘尘不动树梢梢摆，什么风把亲亲刮将来，双手手敬你酒一杯，喝了酒儿表心意。”

劝酒曲：“你的酒量我通精明，这盅烧酒你底都清。人对酒对坛场对，三杯五杯喝不醉。烧酒本是五谷精，喝上两盅长精神。”

辞酒曲：“两瓶瓶烧酒四碟碟菜，感谢主家的好招待。烧酒本是好东西，喝得多了伤身体。”

对酒曲有多种，属于饮酒时带有惩罚性的娱乐，双方对唱，如果一方对不上来就要喝酒。例如甲唱：“明月儿弯弯照高楼，几人欢喜几人愁，什么人在高楼饮好酒，什么人丢下在外头。”乙可对：“明月儿弯弯照高楼，新女婿欢喜新媳妇愁，客人亲戚在高楼饮好酒，吹鼓手丢下在外头。”甲唱：“什么上来一点红？什么上来像弯弓？什么上来成双对？什么过来黑洞洞？”乙对：“太阳上来一点红，月儿上来像弯弓，星星上来成双对，乌云过来黑洞洞。”

霸王鞭

霸王鞭是民间舞蹈艺术，俗称舞连枷。霸王鞭道具响鞭分为粗、细两种，制作方法是在五六十厘米长的空心木杆或竹竿上，隔段均匀挖四至五孔，钉入二三枚铜钱，杆头绑扎花样布。在乐曲伴奏下，舞者手执响鞭在本人身上和地下击打旋舞，发出沙沙响声。舞蹈动作分为立打、坐打、滚身打等，舞姿矫健洒脱，轻快活泼，表演多在秧歌、酬神等场合。可一人单打，可两人对打，也可多人集体表演。

20 世纪 40 年代，民间艺人陈三定与其子陈万毅游走江湖，后居住在柠条塔村瓷窑塔组。陈三定当私塾先生，陈万毅从事巫神活动且打霸王鞭。陈万毅的霸王鞭最受群众追捧，当地传有“交朋友要交陈万毅，前晌秧歌后晌戏”的山曲歌词。陈万毅授艺于柠条塔村瓷窑塔组的刘虎子。

中华人民共和国成立后，霸王鞭舞者有海湾村的李根寿，孙家岔村的李二仁、李怀功、张满屯，柳树峁村的王国正、雷起亮。为李根寿伴奏的有新民沟村喷素叶组的庞雷栋、海湾张家沟村的蒋在良、张玉良、张进喜、张进昌等，他们经常组团参加市、县的表演。1982 年，刘虎子在榆林地区民间文艺汇演表演霸王鞭获奖，后授艺于刘石畔村超害梁组李占光。

霸王鞭（摄于 2021 年 4 月）

民间艺人李根寿与李占光在表演霸王鞭（摄于 2021 年 4 月）

民间艺人李根寿在表演霸王鞭（摄于 2021 年 4 月）

二人台

清代，二人台是“走西口”的农民在劳作闲暇自我娱乐的一种表演形式，早期组织形式多为家族成员组成的“窝班子”。表演形式单一，角色只有一丑一旦。表演者边唱小曲边舞蹈，舞蹈的身段与秧歌大同小异。伴奏乐器有梅（笛子）、四胡、扬琴、四块瓦（或梆子）。主要剧目有《一把镰刀》《刮大风》《打金钱》《五哥放羊》《挂红灯》《卖碗》《刮野鬼》《打樱桃》等。20 世纪 40 年代，镇域表演者经常外出到内蒙古、府谷、店塔等地演出。知名表演者有孙广义、李二仁、张召儿、陈福柱、孙录花、孙花园、孙飞林、王利华、王香翠等。神木二人台是陕西省级非物质文化遗产保护项目，李二仁为该项目的第一代传承人，李二仁、孙志宽为代表性传承人。

对唱二人台《打樱桃》

社会生活

神府煤田开发前，镇域物资匮乏，居民生活条件简陋。神府煤田开发后，居民经济收入不断增加，衣食住行方式逐渐多样化，社会保障各项目齐全，在神木全市率先达到小康生活标准。

镇域居民忠实厚道，质朴善良，有着乐善好施、见义勇为、济困扶危的优良传统。物质生活条件改善后，全镇更加重视精神文明建设，企业重视、支持公益事业，积极履行社会责任；干部职工与居民热心参与志愿服务，多有善行义举；镇域机关、企事业单位和村级组织更是积极参与文明单位创建。公民道德素质和文明程度得到全面提升。

收入支出

经济收入

中华人民共和国成立前，镇域居民以农业生产为主，除农牧所得外，少有其他收入。20 世纪 70 年代，公社组织编织蒲柳是当时为数不多的副业，出售羊皮毛绒等取得微薄收入以换取生活日用品。少数生产队组织贩卖瓷器至内蒙古，换取食盐和粮食。

1980 年，人均分口粮 117 千克。煤田开发之后，第二产业、第三产业发展加快，在煤炭等工矿企业务工以及从事运输、商业、餐饮服务业的居民逐年增多，农民劳动性收入逐年大幅度增加。另外，居民投资入股煤矿、兰炭厂等民营企业，出租房屋场地，靠存款获得利息，财产性收入不断增多。

农村居民人均纯收入　1982 年，镇域居民人均纯收入 118 元。1987 年，人均纯收入 350 元。1992 年，人均纯收入 461 元。1996 年，人均纯收入 1509 元。2003 年，人均纯收入 2070 元。2006 年，人均纯收入 5000 元。2009 年，人均纯收入 10017 元。2010 年，人均纯收入超过 12000 元。2014 年，人均纯收入超过 20000 元；2020 年超过 30000 元；2021 年为 33500 元。

村集体经济收益分配　从 20 世纪 90 年代开始，因公路、铁路等基础设施和工矿企业建设引起征地及拆迁，村集体会得到经济补偿。2014—2021 年，通过镇财政所兑现的村集体经济收益款共 12.9 亿元。村集体将经济收益向村民分红。

惠农补贴　从 1999 年开始，镇域实施退耕还林。补助标准为每亩补助粮食资金 140 元、生活补助 20 元，连续补助 16 年。2008 年 12 月至 2012 年 11 月，实施家电下乡补贴，纳入补贴范围的产品有彩电、冰箱（含冰柜）、手机、洗衣机 4 类，给予销售价格 13%的资金补贴，全镇共补贴 71 户，补贴金额 16439 元。2009—2010 年期间，国家对购买汽车、摩托车的村民进行相应比例的现金补贴。

补贴范围为微型载货车、轻型载货车和微型客车，每辆销售价格在 5 万元及以下的，补贴销售价格的 10%；每辆销售价格在 5 万元以上的，定额补贴 5000 元。孙家岔镇补贴 40 户，补贴金额 179110 元。2012 年，通过“一折通”发放粮食综合补贴、退耕还林补贴、贫困大学生补贴、各项惠农补贴。

消费支出

20 世纪 80 年代以前，镇域居民消费水平低下，更无金钱积蓄。住房简陋，几代沿袭旧居老屋。随身衣物缝补使用，数年不换新衣。饮食消费为自家所产，遇灾荒年馑难以解决温饱。1950 年，1 角钱可以购买 10 个鸡蛋，羊肉每斤价格 0.55 元。家庭中唯婚嫁支出占消费支出的比重较大，遇较大灾病则无抵抗能力，往往要东挪西凑，寻求亲友借贷帮助。20 世纪 50 年代，火柴尚属稀缺品，大部分居民生火使用火镰或火盆取火。火盆为灰烬覆盖、常年不熄的炭火，用火时用麻秆引火。1982 年，镇域有电视机 1 台、录音机 4 台、收音机 1215 台、自行车 202 辆、手表 849 块、缝纫机 750 台，朱概塔村李家湾组村民李功德用 5000 元购买了全乡第一辆轻骑摩托车。

煤田开发之后，随着各类收入增加，镇域又多豪爽之风，村民除普遍在村庄翻修房屋外，在神木市区、西安等地大量购置房产物业。据 2021 年统计，在西安市区购房的镇域居民 300 余户，镇域二分之一村民在神木市区有房屋，村民日常在神木与镇域居住。在神木居住的村民大都在孙家岔经营自己的产业。同时，居民普遍购买小汽车，对红白事务大操大办，此仍为大宗支出。2000 年以后，外出旅游渐成风气，家庭亲子、同学战友结伴报团旅游，出国（境）旅游者不断增多。2010 年以后，周边旅游或户外近郊游玩休闲活动兴起，旅游支出成为生活消费的一个重要组成部分。居民日常消费支出普遍使用移动支付方式，年轻人多网上购物。

2005 年以后，煤炭价格涨幅较大，神木及邻近的鄂尔多斯市经济升温。收入增多的镇域居民多投资煤矿、房地产等行业，由此产生的民间借贷现象十分普遍。2012 年，经济转冷导致民间借贷风波发生，前期盲目投资的居民损失严重。

衣食住行

服饰

传统服饰粗糙简单。旧时，男子剃头，未婚女子梳辫子，已婚妇女将头发绾起。男子冬季戴棉皮帽、夏季戴草帽，妇女冬季罩头巾。服装由手工缝制，色彩多为黑、白、灰、蓝。夏季，男子穿无袖、系有“桃疙瘩”纽扣的对门襟褂子，妇女穿“兜肚”加布衫。春秋季穿夹衣，套双裤。冬季，男子内穿“裹腰子”（用粗布制作裹在腰部用以保暖）、坎肩，外穿皮袄、皮裤或棉裤，妇女穿大襟棉袄或皮袄。皮袄多用绵羊皮制成。棉裤裤腰宽松肥大，穿时要把裤腰打褶。条件稍好者穿羊皮小氅或大氅，布面皮衣被称为“脱面皮大氅”。衣服的纽扣为布条结成的“桃疙瘩”。鞋为手工纳制的布鞋，鞋帮用麻线纳，鞋底用细麻绳纳。夏季不穿袜子的人多，冬天则多人穿毛毡鞋、羊毛袜子。男人基本不戴首饰，妇女婚后戴耳环、耳钉、项链、手镯、戒指等银质饰物。

20世纪50年代，服装样式简单，衣服布料多为海昌蓝市布、花碎布，品种有斜纹、卡机、条绒、回绒、平绒等。60年代，布料品种增加华达呢、凡立丁。“文化大革命”期间时兴穿草绿军装和中山服。1965年，新伙盘王姓工作人员购买回镇域第一台缝纫机。70年代，涤纶、的确良、涤卡、锦纶等布料上市，服装样式逐渐增多，时兴到缝纫机部制作衣服，村民以戴手表为时尚。80年代以后，化纤纺织品增多，衣服款式层出不穷，西服、裙子、夹克衫、运动服、牛仔裤、羊绒衫、羽绒服等服装及皮鞋、运动鞋等成为村民的选择，镇域年轻居民多到神木县城、大柳塔镇等处购买服装，妇女流行烫发，时兴戴“三金”（黄金项链、戒指、耳环）。2000年以后，随着网络购物兴起，镇域青年人穿戴与国内潮流同步，并流行戴品牌手表，妇女戴玉手镯、铂金戒指。企业职工上班期间穿着统一配发的工装。2020年以后镇域则流行戴运动手表等数字设备。

饮食

旧时，饮食结构简单，粮食以自产的糜谷、荞麦、玉米、豆类为主。肉类以猪、羊为主。牧羊时，在野外煮食小米羊奶饭。蔬菜、薯类品种单调，以萝卜、白菜、马铃薯为主。秋季将大白菜腌制成酸菜，将萝卜、蔓菁加工成丝腌制成碎菜，在冬、春两季食用。冬季缺粮少菜，家家户户近乎以腌酸菜为食。春夏之交，将未食用完的碎菜晒干，作为助餐小菜。烹饪方式多为炖煮，甚少炒菜。醋、酱均自行酿造。旧时，婚礼等宴席必备的饭食有油糕粉汤、油调饸饹、炒熟米、烩三鲜，档次高些为“八大碗”。20 世纪 80 年代的“八大碗”有烧肉、蒸白肉、炖羊肉、炖鸡肉、粉鸡①、肉丸子、海带丝菜、黄花菜。

20 世纪 80 年代以后，随着温饱问题得到解决，白面、大米逐渐成为主食，猪肉烩酸菜、杂粮仍然是习惯性食物。工矿区居民开始在餐馆用餐，白酒消费大幅增多，啤酒消费也开始增长。随着外来人口的增多，不仅企业职工餐厅的饭菜品种多样化，经营着本地烩菜、关中面食、内蒙焖面、山西杂粮、兰州拉面、东北炖菜、川菜火锅、湖南土菜、新疆烧烤、山东海鲜等各类饭菜的餐馆遍布镇域，本地居民开始尝试并逐渐适应外来的饮食风味。

2000 年以后，消费能力大幅度增强，居民喜好与亲友在餐馆饮酒聚餐。夏日，镇区及工矿集中区的夜市异常火爆。

2010 年以后，在农村举办红、白事务或请吃“杀猪菜”等宴席时多使用流动帐篷。

居住

从清代种伙盘地的移民定居开始至中华人民共和国成立前，镇域村民居住分散，居住条件因陋就简，在山崖上掏挖窑洞或修建茅庵草舍即居住于内，村庄面貌无从谈起。中华人民共和国成立后，镇域居民居住条件不断改善，民居建筑形态多样化。1982 年，镇域人均住房面积 13.7 平方米。2000 年，平均每户住房 3.04 间，人均住房建筑面积 21.05 平方米。

---

① 当地将鸡块与淀粉、鸡蛋混合后炸制而成的食品。

民居建筑　镇域中部山区，民居建筑以窑洞为主，河谷地区以房屋较多，院内配套搭建棚圈、草房、凉房、大门。2000年后，山地区、川地区住房形式基本趋于一致，多为套房、排房、四合院、小楼房，多层楼房民居也逐渐增多，也有部分仿古建筑的民居小院。

房屋按建筑材料与结构分为“一出水”、“狗脊梁”、卷棚房、起脊房、椽木房、砖瓦房、砖混房等。旧时房屋多为土木、石木结构，20世纪80年代后期，改为砖木结构，90年代改为砖混结构。

“一出水”房　房屋简易，石木结构。面积小、后墙高、屋檐低，便于排水，屋顶抹泥后再压近似黏土的干泥以防漏保暖。

“狗脊梁”房　石木结构，用木料少。屋脊两面斜面似等腰三角形，便于排水，屋顶抹泥再加压干泥。

卷棚房　屋顶近似椭圆形，较前两种结构的房子高级，房间面积稍大。

建于20世纪90年代的王洛沟村民居（摄于2015年11月）

排界村民居（摄于2020年4月）

起脊房 屋顶呈三角形，架构由柁、檩、椽组成，在柁上放“人”字形木结构架，上面放置檩，再将椽置于檩子上。有五檩四和六檩五两种形式，五檩四为一间房用五根檩和四搭椽组成，六檩五为一间房用六根檩和五搭椽组成。六檩五可以多出一个穿廊。

椽木房 有土打墙椽木房和石墙椽木房。土打墙用红胶泥夯筑土墙，内外墙用麦草等混合砂石、红胶泥抹墙，最后用白泥粉刷里墙。石墙用石头垒砌，房建成后，用泥抹里外墙，再在墙上搭挂椽木而成。土打墙椽木房虽不坚固，但保暖防晒效果好。石头墙椽木房结实坚固但保暖防晒效果差。

砖瓦房 用砖砌墙，木头搭架，屋顶铺片瓦或用筒瓦。20 世纪 70 年代后期，逐渐用红陶瓦、瓷瓦、水泥瓦。砖瓦房防雨性能好，屋内可吊顶装潢。

砖混房 墙壁用砖砌成，用楼板或现浇的钢筋混凝土盖顶，水泥抹墙，墙面多贴瓷砖。平房居多，也有二层或多层楼房。砖混房坚固耐用，造价较高。1986 年，朱概塔村村民王子清耗资 2 万余元盖楼板房 6 间，为朱概塔村第一家

乔伙盘村民居（摄于 2019 年 4 月）

乔家塔村民居（摄于 2019 年 10 月）

水泥盖板房。20 世纪 90 年代后，大都建设砖混房，用瓷砖铺设地面、外墙面、卫生间，门窗先后采用钢、铝合金、塑钢等材料。

组合房 20 世纪 90 年代以后，居民在建设固定民居之外，多选择用铁皮、彩钢瓦、树脂、水泥预制板等新型建筑材料快速建房，以满足经商、储藏、临时居住等需要。

窑洞建筑经历土窑、接面土窑、石窑、砖窑等多种形态，2000 年后，少见新建窑洞建筑。

土窑 选择向阳的红胶泥土崖处，平整土崖后掏挖窑洞。窑洞一般宽度约 3 米，高度不足 3 米，进深约 8 米。窑洞挖好后戳烟筒、盘土炕、垒灶台。土窑洞冬暖夏凉，但通风采光欠佳，坚固性较差。

刘石畔村民居（摄于 2019 年 1 月）

神树塔村民居（摄于 2019 年 10 月）

苗家沟村村民在自家窑洞前留影（摄于 1977 年 1 月）

接面土窑 也称接口土窑。在土窑洞的门面部用石块或砖砌筑，形成整齐美观的门面，也可防止风雨侵蚀。

石窑 石砌窑洞，形状大小与土窑基本相同。石窑建筑成本比土窑高，但坚固结实。

砖窑 砖砌窑洞，砖窑比石窑更美观且省工省料。20世纪80年代流行。

居家陈设 旧时，居民多贫穷，可谓家徒四壁，室内土炕上一般无铺设，或有一两只木箱，但必有若干用作腌菜、放粮的瓷瓮和盛水的大缸。冬季室内取暖靠火炕、火盆。

20 世纪 60—70 年代，农家时兴在室内用砖石砌筑躺柜，冬季室内取暖开始使用铁火炉，家里安装广播喇叭。80 年代，时兴打制衣柜、高低柜、组合柜等木质家具。90 年代，添置茶几、沙发、录音机。随后电视机、洗衣机、冰箱等家用电器逐渐普及。冬季室内取暖使用土暖气炉。2000 年后，屋内装修吊顶、铺地板、安装暖气较为普遍，屋内客厅、餐厅、厨房、卧室、卫生间分设，安装太阳能热水器和淋浴设施，使用电磁炉、电饭煲等家电，电脑、手机等电子设备逐渐普及。2018 年以后，部分居民逐渐使用天然气，居住方式与城市居民逐渐趋同。

职工宿舍 20 世纪 80 年代以来，煤矿矿工居住多人集体宿舍，睡大通铺。2000 年以后，园区企业和煤炭企业一般都建造多层或高层住宿楼，职工住宿条件不断改善，一般为单人或双人宿舍配备卫生间。陕煤柠条塔矿业公司、龙华矿业公司等大型企业的职工公寓配套厨卫设施，网络电视、宽带和无线网络同步配置。

出行

旧时，出行靠徒步，成人日行里程可达四五十千米。行人多拄手杖，既用于防身又可减轻双腿压力。夏天出门戴草帽遮阳防雨。出行遇见喜鹊叫、挑满水桶、出殡则视为吉兆，远行需择吉日。

1972 年，府谷至新街公路建成，西川村民出行条件稍有改善，每天有一趟客车班次路过该区域。1985 年，大柳塔到神木的公路开通，镇域居民可乘坐客车赴县城。随后各村通达公路，三轮车、拖拉机、摩托车、小型面包车成为不同时期的代步工具。孙家岔村孙登宽买回全乡第一辆大卡车。20 世纪 90 年代初期，海湾村企业家张占彪购回全乡第一辆私家车“北京吉普”。

1991 年，包神府二级公路通车后，东川沿线的居民出行可以乘坐客运班车。随后，个体营运的中巴车增多，出行更加方便。镇域魏树泽、贾伟胜、边光升等个体户从事客车运输经营。2000 年后，镇域出现大量短途营运的“面的”车，居民私家小汽车数量也剧增，私家小汽车的品牌档次不断提升。

2010 年以后，镇域大型煤矿和工业园区基本建成，企业职工多居住在神木，在镇域工作，潮汐式上下班现象明显。企业职工多自驾车，企业的通勤车每日多次往返市区接送职工，途经镇域的客运班车逐渐减少。

社会保障

社会救济

中华人民共和国成立后，遇大旱、冰雹等灾害之年，政府减免公粮，发放救灾粮、款、籽种和衣物，组织群众生产自救。家庭或个人若遇特殊生活困难，政府给予临时性救助。

1956 年，孙家岔公社开始对于鳏寡孤独社员实行保吃、保穿、保住、保医、保葬或保教的农村“五保”供养政策。1997 年，五保对象供养标准为：每人每年细粮 180 千克、食用油 6 千克、马铃薯 150 千克、蔬菜 150 千克、零花钱 180 元。2011 年，供养标准为每人每年 3200 元。2016 年，供养标准为每人每年 5500 元。2007 年，县财政开始为所有五保对象交纳合作医疗保险，住院医疗实行全额报销。2011 年开始，五保户可以选择在市中心养老院集中供养。

2000 年开始，政府对部分和完全丧失生活自理能力的人群，按月发放救助金和护理补贴。对大病患者在报销合作医疗保险款的基础上进行二次救助，对超过报销标准的超额医疗费予以补贴性报销。对残疾人和孤儿均按照相应的补助标准发放扶助金。

2004 年，全镇实施城乡最低生活保障政策，动态确定低保户，做到应保尽保。

社会优抚

镇籍革命烈士 5 人，政府向义务兵家属发放优抚金。2012 年，对农村籍 60 周岁以上退役士兵按军龄发放生活补助。2019 年，按国家要求，给退伍军人发放“光荣之家”门牌。

社会保险

干部职工按规定参加养老保险、医疗保险、工伤保险、生育保险、失业保险。2009 年，16 周岁以上的农民参加神木县农村养老保险，个人缴纳养老保险费，财政予以补助。

社会福利

2000 年后，政府实行危房改造补助，为在 20 世纪 60 年代精简城镇人口过程中到农村的人员发放生活补助，资助贫困大学生，发放精神病人监护费。对 60 岁以上老年人实行免费体检，对 70 岁以上老年人发放老龄保健费。2013 年，庙梁村建成老年爱心灶，柠条塔村瓷窑塔组建成集体灶。2021 年，孙家岔村、三卜树村建成养老院。

2021年孙家岔镇社会保障情况一览表

表53

项目	对象	领取标准
老龄保健费	70—79周岁768人	每年600元
	80—89周岁395人	每年1200元
	90—99周岁28人	每年2400元
	100周岁以上1人	每年7200元
低保金	低保户75户	每人每年365元，每户每年取暖费500元
临时救助	190户330人	发放52.4万元
残疾人补助	一至三级222人	每人每月生活补贴60元 每人每月一级护理补贴120元 每人每月二级护理补贴80元
	四级84人	每人每月生活补贴50元
无抚儿童、孤儿补助	无抚儿童9人 孤儿2人	每人每月1000元
退伍军人补助	60—69岁44人 70—79岁21人 80—89岁5人	每服役一年补助每月68.15元
养老保险	女1218人	女性年满55周岁自己未缴纳的每人每月领取250.5元，自己缴纳的每人每月领取341.15元
	男1217人	男性年满60周岁自己未缴纳的每人每月领取250.5元，自己缴纳的每人每月领取323.26元
五保户金	集中供养4人 分散供养20人	分散供养的每人每月578.5元

脱贫攻坚

2014 年，按照统一部署，全镇开展脱贫攻坚工作。虽然孙家岔镇没有符合认定标准的贫困村，但也在 2020 年按期实现了脱贫攻坚的目标。

贫困人口

2014 年，全镇认定无贫困村，有建档立卡的贫困户共 92 户 147 人，其中兜底贫困户 68 户 74 人。

帮扶措施

按照“两不愁三保障”标准，主要在产业、就业、教育、生态、健康、金融等方面开展扶贫，具体帮扶方式有畜牧引种、农机具补贴、技能培训、贷款支持、安置公益性岗位，对贫困户的在校学生进行资助，财政代缴贫困人口新农合、大病保险个人自付部分，对贫困户全额报销医疗费，并实施危房改造，对五保户等特殊群体实行兜底保障。建设排界、庙沟等村的通村道路 6 条，对

海湾村水利灌溉渠（摄于 2019 年 9 月）

孙家岔村、乔家塔村的农灌系统进行改造提升。镇域内 54 户企业向贫困户提供帮扶资金 200 余万元。

帮扶成效

2014 年，脱贫 18 户 48 人。2015 年，脱贫 1 户 4 人。2017 年，脱贫 1 户 1 人，2018 年，脱贫 18 户 24 人。2019 年，脱贫 28 户 36 人。2020 年，脱贫 26 户 34 人。2017—2020 年，镇村干部魏晓峰、赵贵荣、王艳梅、李静、杜美连、刘倩、刘静、张可、贺艳、冯艳、赵鹏、樊虎生、郝增胜等先后被评为神木市脱贫攻坚先进个人。2020 年，三卜树村被评为神木市脱贫攻坚先进集体。

精神文明建设

文明单位创建

2000—2021 年，镇域机关、企事业单位和村级组织共获得县级文明单位 10 个、市级文明单位 7 个、市级文明标兵单位 3 个、省级文明乡镇 1 个。

2000—2021 年镇域文明单位一览表

表 54

年度	单位名称	荣誉
2000	孙家岔派出所	市级文明单位
2011	孙家岔工商所	县级文明单位
2011	孙家岔镇	省级文明乡镇
2013	黄河水利委员会王道恒塔水文站	县级文明单位
2014	陕煤集团神木柠条塔矿业公司	市级文明矿山

续表 54

年度	单位名称	荣誉
2014	孙家岔供电所	县级文明单位
2015	陕西恒源投资集团赵家梁煤矿有限责任公司	市级文明矿山
2015	孙家岔中心卫生院	县级文明单位
2016	神府经济开发区海湾煤矿公司	县级文明矿山
2016	神木县惠宝煤业有限公司	县级文明矿山
2016	海湾村	市级文明村
2017	孙家岔派出所	市级文明单位标兵
2017	神木县燕家塔工业园区管理委员会	市级文明单位标兵
2018	陕煤集团孙家岔龙华矿业公司	市级文明矿山标兵
2019	刘石畔小学	县级文明校园
2019	孙家岔幼儿园	县级文明校园
2020	神木供电分公司孙家岔供电所	市级文明单位
2020	神木农村商业银行孙家岔支行	市级文明单位
2020	神木公安交管大队孙家岔中队	市级文明单位
2020	燕家塔村	县级文明村
2020	孙家岔九年制学校	县级文明校园

好人评选

小镇存大爱，诸多平凡的人做着不平凡的事。全镇涌现出一批又一批的乡村好人。镇党委政府每年评选文明居民户、十星级文明户、遵纪守法户、五好家庭等活动，并评选“好婆婆”“好媳妇”。

陕西恒源投资集团有限公司董事局主席孙俊良热心社会公益事业，多次救助灾区、扶贫帮困，大力支持新农村建设，多次为教育和慈善事业捐款，2013年被榆林市评为爱心企业家，2014年被中华慈善总会授予第二届“中华慈善突出贡献（个人）奖”，2018年被民政部授予第十届“中华慈善奖”捐赠个人，2020年被中共陕西省委文明办、陕西省慈善协会授予第三届“三秦善星”（捐赠个人）奖，被中华慈善总会授予“全国慈善会爱心企业家”荣誉称号。龙华矿业公司职工王兴华于 2016 年 11 月入围第四届榆林好人（五好文明家庭）提名奖，2017 年 12 月先后被授予陕煤集团“最美员工”“最美家庭”“榆林市五好文明家庭”“最美家庭”“神木市最美家庭”等荣誉。龙华矿业公司职工高军于 2016 年 11 月入围第四届榆林好人（最美工人），2018 年 10 月入围第七届榆林市道德模范（敬业奉献）。龙华矿业公司职工李彦云 2017 年被授予神木市第二届“最美神木人”荣誉称号。孙家岔镇九年制学校学生强鑫瑞于 2015 年被评为“最美神木人”的美德少年。宏光村党支部书记王宽泽热心公益，积极参与新农村建设，于 2017 年被评为“榆林好人”。陕煤集团神木柠条塔矿业有限公司总工程师王建文被评为陕煤集团 2018 年度最美员工。2018 年 6 月，镇党委、政府表彰首届道德模范 15 名。庙沟村郝增胜和海湾张家沟村边光升均是多年尽职尽责服务村民的村干部，被评为敬业奉献模范；柠条塔村负责人武玉雄带领村民发展经济，被评为自强励志模范；三卜树村退役军人梁怀功经营工程机械并为村集体办理公益事业，被评为自强励志模范；乔家塔村袁平被评为自强励志模范；柳树峁村杨吉先被评为诚实守信模范；燕家塔村李志标资助贫困村民，被评为助人为乐模范；刘石畔村刘德昌、王道恒塔村王香芬、朱概塔村李存发，家庭和睦，教子有方，被评为文明家庭模范。三卜树村王在林从粪坑中救出六岁儿童，被评为见义勇为模范；神树塔村王祥云、孙家岔村刘凤琴、宏光村王明昌、排界村訾建平等被评为孝老敬亲模范。

善行义举

镇域居民多有见义勇为行为，企业与群众积极为教育、文化、救灾等公益事业积极捐资捐物，在脱贫攻坚中全力开展扶贫帮困，2020 年全国发生新冠肺炎疫情后助力抗疫。

见义勇为　1984 年 1 月 3 日，解放军某部一辆军车陷入冰河，邻近的乔家塔、圪泊沟两村群众闻讯赶来，跳进刺骨的冰水中将汽车拉出来。1998 年，王道恒塔村张鹏飞复员返乡乘坐卧铺汽车行至延安，凌晨时分车厢内意外着火，张鹏飞首先发现险情并不顾个人安危率先参与灭火。2008 年 7 月 31 日，赵家梁煤矿开采区发生冒顶事故后9名矿工被困，老曹渠煤矿矿长王宝来带领该矿工人组成救援队在井下掘进救援巷道，为成功救援创造条件。2016年秋，三卜树村王在平在店塔镇区公厕跳进粪坑救出遇险女童。

兴教助学　20世纪90年代，镇域普及九年义务教育，镇村干部群众积极捐款修建学校。从90年代开始，孙俊良及其所办企业先后向神树塔小学、燕家塔小学等镇域内外20余所学校捐赠2000余万元，向孙家岔中学捐资750余万元，每年为贫困家庭大学生发放助学金20余万元。2013年，镇籍企业人士为新建孙家岔九年制学校共捐资1658.6万元。其中，排界村委会和孙俊良、郝治昌、张公字、燕光军、李金喜、高林涛、宋银柱、孙杰、张增昌、张胜荣、张强、李占飞、孔明礼、郭增贵、曹福昌、白治清、白治彪、孙俊礼、邱子亮、崔崇敬、张世华、屈万华、白治耀等捐资均在10万元以上。2016年，龙华矿业公司通过神木慈善协会资助贫困大学生，高杰、贺治军等4人资助5名贫困大学生，共计5万元。2021年，柳树峁村曹和平资助孙家岔镇5名贫困学生共计2万元。

扶贫帮困　1999—2018年，龙华集团公司帮扶弱势群体，累计投入资金50余万元。2001年以来，孙俊良为本村及高家堡镇、中鸡镇的贫困老人捐助生活费62万元。2007年，神木县政府实施“百企帮百村”行动，恒源集团、大塔煤矿、刘家峁煤矿等企业共向镇域外村庄提供帮扶资金3000余万元。2011年起，海湾张家沟村张明向本村60岁以上老人每人每年补助5000元，柳树峁村曹和平资助本小组24户村民5万元，捐赠慈善机构2万元。2015年，柳树峁村高林涛向本村村民提供帮扶资金500余万元。2017年，孙俊良向陕西省慈善协会捐赠善款500万元，向陕西省中国社会扶贫网募集平台捐赠200万元。孙俊良及恒源集团先后为锦界镇14个帮扶村投入资金近1000万元，以“公司＋基地＋农户”的方式在中鸡镇纳林采当村设立现代农业公司，捐资50余万元建成中鸡镇纳林采当村“爱心公寓”，为全市大病患者和贫困家庭捐资1000余万元。2018年，公司被授予“全国‘万企帮万村’先进民营企业”荣誉称号。2017年，赵家梁煤矿、创威煤业、阴湾矿业、惠宝煤业、陕煤龙华矿业、陕煤柠条塔矿业、盛博煤业、河西煤矿等29户企业，结对帮扶神木市内29个贫困村或低收入村。截至2020年年底，累计帮扶资金3000余万元。煤田开发以来，镇域大部分煤矿企业一直为企业所在村组免费配送生活用煤。2021年冬，神木市政府向在村居住户每户送 2 吨烧火炭用以取暖。

2021 年，神木市开展“百企兴百村”行动，孙家岔镇崔家沟矿业公司、狼窝渠矿业公司、润邦矿业公司等企业向镇域外村庄提供帮扶资金。盛博煤业公司、崖窑峁矿业公司、朝源煤业公司等企业资助 2800 余万元支持全镇的公益事业。

公益捐资　2003 年，龙华集团为神木县举办陕西省第五届农运会捐款 20 万元。2006 年，赵兴华、孙俊良、张公字、宋银柱、郝治昌等 10 人为杨家将文化研究会捐款 180 余万元。2009—2011 年，龙华集团为神木县禁毒协会捐款 30 万元。2010—2021 年，镇域企业和村内爱心人士共资助 2000 余万元修建标准化村级活动场所 25 个，同时资助维修道路、水利等基础设施。2010 年，孙俊良向陕西省黄帝陵保护工程基金捐资 700 万元，向孙家岔镇福慧山文化广场捐资 3600 万元。2012 年，孙俊良出资 4800 余万元为水井湾村 144 户建设别墅。同年，孙俊良捐赠 2500 万元、恒源煤电集团捐赠 600 万元在省慈善协会建立基金，定向关爱农村留守儿童。2010— 2012 年，龙华集团为宋庆龄基金会捐款 20 万元，2013 年为子洲县银光慈善协会捐款 10 万元。2011 年，海湾张家沟村张明向神木县医院捐赠价值 250 多万元的房车 1 辆。2011 年，陕煤柠条塔矿业公司、陕煤龙华矿业公司、恒源集团、三道峁煤矿、果树塔煤焦公司、朱盖塔煤矿等 40 余户企业向神木县民生慈善基金会捐款 2 亿余元。个体工商户共捐款 60 余万元，

陕煤孙家岔龙华矿业公司慰问三卜树村贫困户（摄于 2017 年 8 月）

孙俊良、赵兴华、张明、蒋清亮、武小春等个人捐款1500余万元，镇村干部职工捐款10余万元。2018年，龙华集团向神木市捐款1000万元设立“龙华公民道德建设基金”，向公安民警英烈基金捐款50万元。2021年，镇域40余户企业和孙俊良等个人共为杨家城保护开发项目捐款3500余万元，约占全市捐资总量的三分之一。

救灾救济 2008年，镇村党员干部群众向四川汶川地震灾区捐款。2010年4月，龙华集团向青海玉树地震灾区捐款10万元，海湾张家沟村张明捐赠20余万元的物资。2017年7月，孙俊良向遭遇特大暴雨的绥德、子洲两县捐款500万元和1辆价值75万元的越野车，龙华矿业公司组织员工向子洲县灾区募捐108134元。

助力抗疫 2020年，全国发生新冠肺炎疫情，三卜树、燕家塔、排界、朱概塔、庙沟、宏光、神树塔等村党员群众400余人捐款13万余元。龙华集团、恒源焦化公司、久业发电公司向神木市慈善协会捐款70多万元，龙华集团、恒源集团、久业发电公司等职工捐款30多万元。瓷窑塔矿业、腾达洗煤、江泰煤化工等企业捐资捐物。孙俊良向榆林市慈善协会捐抗疫经费1000万元，孙家岔村张孝喜向神木市慈善协会捐款6万元，1名中年男子到孙家岔派出所值班室捐款2022元。

青年志愿者为矿工送暖心食品（摄于2020年3月）

志愿服务

2013 年，镇志愿服务队成立，116 人注册成为志愿者。志愿者配合陕西省神木市民生慈善基金会，在三卜树、庙沟、排界等村开展慰问贫困孤寡老年人和留守儿童、打扫房屋卫生等活动 20 余次。2017 年，志愿者张可和刘静被神木市民生慈善基金会评为先进个人，镇志愿服务队被评为先进集体。

从 2014 年开始，陕煤柠条塔矿业公司、龙华矿业公司等企业的志愿者开展矿区卫生清理，慰问农村贫困孤寡老年人，组织义务植树，进行多种多样的志愿服务活动。2020 年，孙家岔九年制学校的 13 名党员教师和孙家岔幼儿园 12 名女教师集体申请参与疫情防控，到卡点值守。

陕煤柠条塔矿业公司职工植树造林（2021 年 3 月）

煤乡风俗

孙家岔镇地道的风味美食、淳朴的礼仪习俗，极具陕北塞上特色，又融合了草原文化元素。

这里有走西口的遗风，北草地的豪情，酒坛场的笑声，沙蒿林的乡音。独特的煤乡风情，承载着难忘的乡思与乡愁。

饮食习俗

风味美食

食材简单，烹饪方式粗犷，难忘的是家乡味道。

杀猪菜 大雪节令，宰杀肥猪；农家聚会，邀朋唤友；大块肉片，酸菜土豆；铁锅炒烹，小火烩炖；佐以烧酒，不醉不休。

羊肉蘸糕 糕面蒸熟，揉成糕卷；金黄色泽，切块如豆；羊肉臊子，汤鲜味美；糕蘸臊子，待客佳肴；肉酥糕绵，回味悠悠。

油糕粉汤 软糜碾面，蒸熟成糕；素糕油糕，皆为美食；素糕即食，油糕炸制；臊子粉汤，最佳搭配；豆面饸饹，亦可代替。

乡村老席 乡间宴席，号称八碗；猪羊鸡肉，先下锅烧；清蒸五碗，再配丸子；海带金针，蘑菇鲜汤；本地食材，美味实惠。

手抓羊肉 现宰羊肉，大块卸开；凉水炖煮，捞去浮沫；软嫩脱骨，即食为宜；左手抓肉，右手执刀；大块吃肉、大碗喝酒。

风干羊肉 小雪期间，宰杀羯子；羊肉切条，凉房阴干；食时浸泡，铁锅炖煮；干而不柴，耐嚼好吃；陈香醇厚，美味饱腹。

腌猪肉烩菜 猪肉切块，放入瓷坛；撒盐封口，以待来年；食时清洗，翻炒熬烩；酸菜豆角，一锅绝配；“哈喇”味道，陈香浓郁。

荞剁面 杂粮荞麦，本地盛产；荞麦面条，大刀拔剁；粗细均匀，长短适中；大碗宽汤，臊子香浓；筋道爽口，待客佳品。

油调饸饹 荞麦面团，压制饸饹；沸腾水锅，稍煮即熟；猪油拌酱，葱花点缀；虽不美观，别有风味；乡村快餐，“事务”[1]多食。

炖土鸡 散养土鸡，宰杀待客；切剁成块，炒干入味；小火焖炖，香气四

---

① 方言，指代宴请宾客的场合。

溢；可添土豆，荤素搭配；鸡汤拌面，回味无穷。

炒米　优质糜子，加水煮沸；捞出炒熟，脱皮即食。干嚼有味，亦可泡食；奶茶黄酒，咸甜均宜；炒香爽口，耐饿充饥。

摊黄儿　黄米面粉，温水搅糊；热火鏊子，上盖加热；薄饼金黄，形似满月；酸甜适口，清香扑鼻；粗粮细作，老幼皆宜。

米凉粉　小米面糊，热锅搅和；加入蒿籽，熟后摊匀；切成条状，拌入调料；特色佐料，麻子糊糊；清凉爽口，夏季美食。

浑酒　糕面蒸熟，加入曲面；搅拌成浆，盛于瓷坛；添加白酒，密封发酵；米酒煮沸，酸甜可口；驱寒暖身，生津开胃。

饮酒

镇域民众善饮，酒风浓郁。红白事务、动工开业、亲朋相聚、御寒解闷都离不开酒。参加订婚、结婚喜宴，称为“喜酒”；婴儿满月宴，称为“满月酒”；新居落成宴，称为“暖房酒”，喝酒的场合统称“酒坛场”。喝酒有礼节。喝酒时多行酒令，必唱酒曲，图个气氛红火热闹。喝酒时肉、菜相伴，无肉时放一盘酸菜，熬一壶老茶也能开怀畅饮。宴饮习俗尤为复杂。

酒礼　正式场合喝酒称为斟酒，普通场合称为敬酒。斟酒时一般不碰杯，普通场合客人相互碰杯，遵循长者高、小辈低的原则，按长者在东依次入座敬酒。敬酒时见人敬三杯酒或敬两杯陪一杯。再喝提议酒、感谢酒、友好酒、酒令酒。20 世纪 90 年代前，婚宴喝酒论套，女方的送嫁亲戚到男方家需住一晚，晚上主家斟酒三次称为“三套”，次日白天斟酒两次称为“两套”，斟酒的人分别是主家的房头（族长）和新婚夫妇。斟酒用半斤或八两的大盅或碗。喝酒的过程中主家要唱劝酒曲，客人也唱喝酒曲，主动要求喝酒。

酒具　传统酒具分为酒盅、酒盘、酒鼻。酒盅分为大、中、小三种，酒壶有银质、瓷质、铜质三种，有钱人家用银质壶，普通人家用铜质或者瓷质壶，酒鼻可随身携带。玻璃酒具也使用频繁。

酒令　有猜拳、摇骰子、打杠子、划哑拳（又称大压小）、玩扑克等各种形式。

食糕

每逢婚丧嫁娶、乔迁安家，或孩子生辰满月、升学考试等家庭重大事件都会宴请宾客，无论宴请规模大小、档次高低，主家必备油糕与粉汤，取糕谐音“高”之意。俗语说：“人生必吃的三顿糕，出生、结婚和去世。”

岁时节俗

传统节日

镇域内除夕、春节、清明节、中元节、冬至较为重要，其他节日亦有相应风俗。

除夕　称为“月尽”。上午炸油糕称为“炝三十”，捞米饭称为“隔年捞饭”，以备正月初一食用；下午打扫院落、挂灯笼、贴对联、剪窗花、垒火塔；入夜全家人享用丰盛的年夜饭，饭后把餐具清洗干净，家人一起看春晚，同时品茶饮酒守岁，小孩子在院内吃喝打闹放炮。有的家庭用醋、蒜泥喷洒门口，在门后或门外立擀面杖、菜刀、铡刀（刀刃向外）等物镇宅避邪，给小孩戴上用红枣和干草圪节制成的项链。家家户户的灯笼整夜都亮着，意为“长明灯”彻夜不熄。

春节　腊月置办过年的饮食，准备祭祀用品，打扫居室卫生。男人女人皆理发，当地有俗语“有钱没钱不能连毛过年”即指过年前必剪发。

正月初一早晨，各家各户先放开门炮，再进行祭祈活动。晚辈向长辈拜年请安，长辈发压岁钱给晚辈。当日家中讲究不动笤（扫）帚，不打扫卫生。

正月初二，多上庙敬香许愿。吃饺子，走亲访友见面互问“过年好”，成人小孩均相聚进行各种娱乐活动。

正月初三，大多数家庭要“叫女”，即娘家把女儿叫（请）回家。

正月初五，送“穷媳妇”，村民会在凌晨鸡叫时分将垃圾送至村外偏僻处，返家时不回头望。

正月初六，过小年。讲究不担水、不扫地、不切剁，其余习俗与除夕相仿，家家户户放鞭炮、吃年夜饭、挂灯笼、点香烛。

正月初八，旧有去佳县白云山“朝山”（即登山）的习俗。后非提前许愿者，只在当地参加该活动。

元宵节 镇区内挂灯笼、点火塔、扭秧歌。

正月二十三 俗话称在当天“老驴老马歇一天”，村民整天不干活，晚上烧一大堆柴火，待火快熄灭时，跳过火堆，有消灾祛病的寓意。

二月初二 “龙抬头”，整个正月讲究不理发，男女老少会选择在这一天理发。傍晚“围灰城”，即用过筛的细炉灰将宅院、家人、农具等围圈，以保佑平安、祈求丰收。当日忌挑水。

清明节 又称“寒食节”，村民会踏青扫墓，上坟添土，烧纸钱给祖先。有的村民会在当日磨豆腐、压粉条，食用用豆腐、粉条、腌猪肉烩制的细杂烩菜，或食用猪耳朵烩干豆角，也有的食用炖猪头、炖猪蹄和灌肠。

端午节 村民采艾苗拧成绳挂在门头辟邪，吃粽子或凉糕，饮雄黄酒。给小孩戴艾草和“花线”，即用绵蓬等野草的汁液染制线绳戴在小孩的手腕、足腕和脖颈。

五月二十五 当地有“领旱牲”的习俗。当日村民会“开庙门”祭祀龙王，在庙中领一只或几只黑山羊。领牲仪式结束后，在三日内必须杀掉所领的山羊，然后全村人分牲。如遇干旱，领牲仪式结束后要“抬楼子”，即将龙王塑像放入木制小楼内，由四个人抬着，走村串户祈雨，“抬楼子”者光脚不能穿鞋，以示虔诚。

中元节 农历七月十五在一年中至为重要。节前或过节当日要祭祖、捏面人（即面花）、杀羊、磨麦子、邀请女儿回娘家。面人的形状为罗汉、美女、小鱼、小青蛙等，一般不捏成花状。生活困难时期，几户人家杀一只羊，生产队集体杀羊则按社员人口分肉。当日村民还会用新小麦磨面做揪面片。

中秋节 旧时，镇域对中秋节不甚重视，少有吃月饼的习俗。煤田开发后，受外界影响，逐渐重视。中秋节前探望亲友，中秋节当日食用羊肉。

冬至 冬至前村民会上坟烧纸，为祖先送寒衣（用纸制的冥衣）。冬至前夕，流行煮猪蹄、羊蹄，俗称“熬冬”。冬至日，多数人家吃烩菜，或用前一天炖肉的汤熬粥或煮面。

腊八节 村民在节日当天食用糯米、瓜、豆煮成的“瓜焖饭”，先敬供神灵，后全家食用。旧时腊八节早晨，年轻人会到河沟里打捞冰块，俗称“掏腊冰”，太阳露头时将冰块放在粮仓、水缸、门道和墙头上。

腊月二十三 村民在当日有“送灶王爷”的习俗。备红糖、花馍等贡品祭拜灶神，同时烧香磕头祷祝：“灶马爷爷本姓张，我的家事你知详，上天言好事，回宫降吉祥，马饮好，料吃饱，甜糖酥饼做干粮。”念毕烧掉灶神牌位，再舀一碗清水，水里放上七粒黑豆和一把干草，泼入灶膛。

现代节日

有元旦、妇女节、劳动节、青年节、儿童节、建党节、教师节、国庆节等，机关单位、厂矿企业、学校医院多在节日前表彰先进，慰问职工，有的举办联欢会等文体活动。职工会在法定节假日外出休闲旅游。

礼仪习俗

过满月

妇女生产后的一个月要修养身体，俗称“坐月子”。其间，亲友携带礼品前来探望，称为“送面”。旧时，新生婴儿穿“百家衣”、戴“七姓帽”。婴儿出生三日时洗澡，称为“洗孩儿”。 婴儿满月时，要“剃胎发”，戴“长命锁”，宴亲请友。婴儿出生满百日时，称“过百岁”，亦设席庆贺。“过满月”“过百岁”

的宴席规模接近婚宴。

开锁

旧时，为祈佑儿童健康成长，求神为儿童“保锁”。儿童十二岁生日时家人为其“开锁”庆贺。后“保锁”习俗淡化，儿童十二岁生日仍被视作家中大事，家家户户都会宴请亲友，宴称“开锁宴”，或称“圆生宴”。

寿诞

俗称“过寿”。民国时期，富裕人家遇“寿星”七十、八十、九十岁时，举办家族宴席，亲朋好友登门祝贺，有“窝班子”戏的家族，吹拉弹唱助兴。20世纪50年代至80年代末，过寿风俗基本废止。90年代后，寿庆活动增多，各家邀请亲属的范围各有不同。宴席通常庆祝两日，安排四餐，必备油糕、粉汤、猪肉、羊肉，订制大蛋糕。规模大的贺寿宴席比照婚宴标准。拜寿仪式上，“寿星”着新装、坐正堂，主持人恭读祝寿词，子孙及亲戚晚辈跪行磕头礼，全程照相或录像留念。2000年后，寿庆活动多在酒店举行。2012年后，大操大办之风渐息，举办寿庆活动一般在近亲属范围，仪式相对简单大方。

婚嫁

20世纪80年代之前，婚姻经媒人介绍。后自由恋爱逐渐成为主流。但婚嫁礼仪仍一般经过探话、订婚、放拜礼、做事务等程序。

探话　男女双方经人介绍，相互了解一段时间后，媒人带女方到男方家“看家”，双方有诚意结婚时，男方家长请托媒人携带烟酒等礼品到女方家提亲，称为“探话”。女方家长表示同意，称为“放话”，即意味着双方对婚事的基本认可。

订婚　俗称“订亲”，或称“喝酒”。男方择日携带烟酒等物品到女方家商量亲事。女方邀重要亲友聚餐，商谈彩礼等事宜。商谈毕，男方向女方敬酒，但酒瓶内的酒不能喝完，女方给男方带来的酒箱内放香节、艾草、小米等物。

20 世纪 90 年代以后，经济条件改善，双方多各自举办订婚宴席，邀请重要亲友参加。

放拜礼 男方携带为迎娶女方准备的彩礼，如首饰、衣物、烟酒、羊肉等各类用品到女方家商定成婚日期及娶聘事宜。旧时，有的女方家经济不宽裕还要增加彩礼。

做事务 娶亲、送亲前一日称为“人攒”，亲友在此时聚会宴饮，商谈嫁娶事务安排。结婚之日，娶亲队伍由 7 名或 9 名男方的亲属组成，也有 20 余人的，但人数均为单数。娶亲轿车由婚庆公司进行装饰打扮，车队一般为 6—10 辆品牌、颜色统一的轿车。旧时新郎不随娶亲队伍去新娘家，后改为新郎必去。娶亲队伍到达女方家后先行宴席，女方摆“拦门酒”，娶亲人员需每人喝一碗“拦门酒”。旧时送亲人数一般为娶亲人数的两倍。送亲和娶亲要走同一路线，队伍到达男方家后，举行新娘下轿仪式，男方向送亲人员敬三盅酒，称为“下轿盅酒、上头盅酒、开脸盅酒”，由新郎为新娘梳头，然后举行酒席，依次邀请媒人、双方的眦家、姑母姨母等亲朋好友入座。酒席后“闹洞房”。次日中午举办典礼，俗称“站大小”。“站大小”后男方再举行仪式谢媒人，旧时，答谢媒人是送其猪头食用。答谢媒人礼成后男方宴请亲朋。宴席上新人给亲朋好友多次敬酒，俗称“斟酒”，或斟三套酒，或斟五套酒，酒杯逐渐增大。宴请后，送亲队伍返程，此时男方再摆“拦门酒”，送亲人员需每人喝一碗。在结婚举办的多场宴席上，亲朋宾客在宴席上唱酒曲、玩游戏、放鞭炮、燃火塔，喝酒欢庆，通宵达旦。

2010 年之后，镇域居民多在神木城区有房屋，婚礼多在县城或集镇酒店举办。

丧葬

逝者临终时，家属将其移放至棺材盖上，理发、清洗、穿寿衣。逝者入棺后，焚烧“倒头纸”，并祭献一只鸡和捞饭。请平士择定出殡日，向亲朋报丧，孝子穿白色孝服逢人叩头行礼，家人亲戚每日守灵迎接亲友吊唁。出殡前一日，举行集中祭奠仪式，并用猪、羊致祭。傍晚，设置酒席，孝子向眦家家族长者汇报逝者临终前状况及丧事安排，以表示对眦家尊重。酒席后“吃夜面”。出殡日清晨，亲友再焚纸吊唁，随后孝子摔碎砂锅，灵柩启程去往墓地。到达墓地后由平士主持安葬仪式，焚烧纸扎祭品。丧事期间，大部分家庭要做法事。20世纪90年代中期开始用鼓手乐队，燃放爆竹。镇域内乌兰木伦河东西两岸村庄的安葬风俗略有不同。安葬后当日、次日、第三日连续三晚在坟地与村庄之间拢火。次日上坟烧纸称为“复二”，从逝者去世之日起算49日内的每隔7天、逝者的百天忌日和周年，均需上坟烧纸，直至三周年服孝期满。2010年后，丧葬中封建迷信活动逐渐变少。

社交

镇域居民性格豪爽，待人诚恳，喜好交往，处事大方。

宴请　宴请客人时，对重要亲戚必须登门邀请，否则视为不敬。尤其是丧事，孝子必须登门叩头请人。移动通信普及后，邀请客人多使用短信或电子请柬。

行礼　遇红白事务，亲戚朋友前来参加典仪或宴请都会奉上礼金、礼品，称为“行礼”或“搭礼”。礼金标准随身份辈分不同和关系亲疏而有不同，其中，驰家的礼金最高。也有对等行礼的做法，俗称“一碗来一碗去”。

邻里关系　农村非常重视邻里关系，村民修房盖屋、办红白事务都离不开邻居帮忙，故有“有千年的邻居，无百年父子”的说法。

称谓　有血缘亲戚关系的，称谓与其他地方未有不同。无亲戚关系的村社邻居，比照对家人长辈的称谓，按年龄以爷、叔、婶、姨等称呼，平辈人可直呼姓名。

待客　客至迎客，客人进门要邀请上炕。然后给客人递烟（旧时递旱烟袋）、敬茶（或敬白开水），留客吃饭。旧时女人缠足，脱鞋不方便，故女客上炕不脱鞋。送客时要招呼客人再来。

拜拜识　旧时，人际交往有限，意气相投者交朋友称为“拜拜识”。结拜时举行点香、磕头、发誓仪式后，正式成为拜识。后交往广泛，民间结拜的现象渐少。

聚会　2000年以后，镇域盛行聚会，同学、战友、同村出嫁女子等时常聚会，形式主要是宴饮，伴合影话旧等娱乐活动。

煤乡旧俗

敬窑神

旧时，小煤窑作业条件简陋，安全没有保障，人们对下窑挖煤的恐惧感相当严重，敬窑神就成了矿工的一种期望和寄托。农历腊月十八为窑神爷的“圣诞节”，煤窑歇窑并祭祀窑神和山神，以祈求平安。祭祀时在井口立案燃香，鸣放鞭炮。祭品以牲猪、牲牛、牲羊（俗称三牲）为主，多用黑山羊，将淋过牲羊耳朵血的尾巴羊毛用黄表裹住焚烧，俗称“祭毛血”。

歇窑

农历腊月十八，不允许任何人进煤窑，随后即停止当年生产。次年，择吉日开窑，开窑日避开农历初一、十五两日。

禁忌

旧时，受封建迷信影响，村民生产生活中的禁忌较多，有的流传至今成为生活中的忌讳。

日常禁忌　忌农历逢四逢六日、单日和下午探视病人，忌直呼长者姓名，忌单手递饭碗，忌做客剩饭。

节日禁忌　正月里忌讳较多，忌说不吉利话、忌单日出门、忌理发、忌做针线活儿、忌打破餐具，宰杀畜禽时忌传递刀具。

婚礼禁忌　迎娶和送亲时讲究“姑不迎，姨不送”，且男方姐姐不接亲，女方妗子不送亲。忌寡妇、孕妇、再婚之妇迎亲送亲，迎接娶亲队伍时，女方家要用红布或红被子等物将院前碾磨遮挡，不让迎亲队伍看见，恐怕“冲犯青龙白虎”。婚礼中忌打碎碗、杯、盅等器物，忌打破镜子。

葬礼禁忌 忌将亡故说成“死”，以表对逝者尊重。老年人去世说成“老下了”，中年人去世说成“殁了”，小孩死亡说成“撂了”。逝者死于外地，灵柩忌入村院，协办白事的亲朋需带红布条避邪。入葬后墓内忌留下手足印，填埋葬坟时忌传递铁锨等工具。

修建禁忌 修窑建房时忌随便动土，要按黄历查看吉日。

井下禁忌 不得用筐抬井下伤亡人员升井。煤窑内忌高声叫唤，忌打口哨，忌说不吉利的话。忌井下打老鼠，认为老鼠有灵性、有预感，如井下有大量老鼠跑到井外，工人要立即升井。

方言俗语

方言

镇域方言属于神木方言北乡话，即以山西“晋语”为主，用词缀“圪”组成的词多、儿化音多、分音词突出、叠词多，词汇量总体较少。

日常方言词汇与普通话对应表

表 55

类别	方言词汇	对应的普通话或释义
天文地理	阳婆儿	太阳
	月儿	月亮
	星宿	星星
	川地	平川上的土地
	水地	能进行灌溉的土地

续表 55

类别	方言词汇	对应的普通话或释义
	塔地	河谷边上相对平缓的土地
	二阴地	地下水位较高的土地
	沙沙地	沙化程度高的土地
	沙巴拉	高山处的沙地
	普雨	降水面积大的雨
	连阴雨	降水连续时间长的雨
	绛	彩虹
	现山	雨后出现海市蜃楼的气象现象
	麻堰	小塘坝
	跌潲	小瀑布
	衍水	初春浮于冰面的水
	山水	洪水
时节方位	春上、夏上、秋上、冬上	对四季的称谓
	真（正）年	今年
	年时	去年
	时分八节	过节的统称
	月尽儿	月底
	亮红晌午	夏日正午
	前晌	上午
	后晌	下午
	晚些	过一会儿
	倒把儿	最终
	打多时	隔一段时间
亲属称谓	先人	祖宗
	驰爷	外爷
	驰婆	外婆
	大大	父亲
	妈妈	母亲

续表 55

类别	方言词汇	对应的普通话或释义
	外父	岳父
	老老	对叔父辈的尊称
	拜老	对父辈男性长者的尊称，父亲的结拜兄弟
	双生儿	双胞胎
	老生儿	年龄较大生育最小的一个子女
	隔（发音 jie）山	同母异父的兄弟姐妹
	姑舅	姑表兄弟姐妹
	两姨	姨表兄弟姐妹
	先后	妯娌
	老命儿	长辈对晚辈的昵称
	单爪爪	单独一个
	拜识	结拜兄弟
	和尚	对男人的昵称
	姑子	对女人的昵称
	殿窝窝	人或动物最后出生的那一个
	骷子	脑袋
	奔颅	额头
	后页窝、搅家圪坨	后脑勺的下半部分
	旋子	脑袋上的发旋
	歇顶	秃顶
	眉眼	脸
身体灾病	花眼	双眼皮
	眼子毛	睫毛
	鼻斜子	人中穴
	耳朵穗子	耳垂
	二羊棒	胫骨
	胳崂扯	腋窝
	赤条子	裸体或光膀子

续表 55

类别	方言词汇	对应的普通话或释义
	箆箩、簸箕	手指头尖的纹理
	圈脸胡	连鬓胡子
	不鬏鬏	女童的小辫子
	颔水	涎水
	舒徐	舒服
	难活	有病
	时令病	流行性感冒
	醋心	胃酸
	跑肚	腹泻
	不乖	专指小孩生病
	燎焦	皮肤烫伤后的色块
	葫芦	甲状腺肿
	急嗑	结巴
	左膀子	左撇子
	豁唇唇	兔唇
	六指	有六个指头的畸形的手指
	近曲子	近视眼
饮食服饰	吃水	饭菜饮食
	菜水	蔬菜
	捞饭	无汤的米饭
	油烹蛋	鸡蛋与面粉混合而成炸制的泡泡状食品
	焖饭	温火焖干的米饭
	拌汤	用面粉或米面拌和而成的汤状食品
	和菜饭	加入蔬菜的稀米饭
	蜥气	食物过期变质
	糊卜烟串	饭菜焦煳
	窝窝	杂粮面做的窝头
	浑酒	用糯米制作的米酒

续表 55

类别	方言词汇	对应的普通话或释义
生活起居	熬菜	烩菜
	滚水	开水
	道衩衩	衣兜
	坎肩子	马甲
	肚肚	兜肚
	留裆裤	开裆裤
	洗眉脸	洗脸
	打扑髓	打喷嚏
	呵牙	打哈欠
	转腿肚子	小腿抽筋
	眼坌	进入眼睛的灰尘微粒
	害孩儿	妊娠反应
	恶水	污垢
	裂子	裂缝
	务引（养）	抚养
	瞭哨	照看
	拈瓦瓦	抓阄
	寻不是	找碴
	挨头子	受到批评或挨骂
	接答	对话或居中调停
	带害	受到损失或不良影响
	事法	情形
	捎打	指桑骂槐
	囫囵	说话模糊不具体
	不言传	不说话
	日眼	因张扬而令人讨嫌
	圪糁糁	碎粒
	歇缓	短暂休息

续表 55

类别	方言词汇	对应的普通话或释义
	脚地	房间的地板
	行户	行李
	家私	炊具与餐具
	实受	勤劳
	细法	认真细致
	出跳	有出息
	利洒	办事利索
	钻捷（钻干）	机灵或善于抓住机会，多贬义
	勤拾	喜欢干净
	威显	有能力
	皮不利	赖账
	跌死痞	耍赖
	费事	儿童调皮
	精嘴	贪吃
为人处事	一生	不合群
	死抠抠	呆板
	黑痞、爬痞、死痞	流氓
	灰疙泡	傻笨
	喧匠	特指爱吹牛的人
	一眼子	呆板或吝啬
	撑扁脑	抬杠
	破败星	干不成事
	具体人	不通情理或不懂变通的人
	打帮的	说合人
	炭猫儿	旧时对煤矿工人的俗称
	哨瞭	探望
农事商贸	耩地	耕地
	秋翻	秋收后为除杂草耕地

续表 55

类别	方言词汇	对应的普通话或释义
	调（发音 tiao）牛	训练耕牛
	笼头	使役的牲畜头戴的用具
	迷眼子	用布将使役牲畜的眼睛遮住
	连枷	打场的农具
	衩子	分叉的装粮食口袋
	褡裢	比衩子大的装具
	车棚子	车厢
	年馑	遭灾造成的饥荒
	饥荒	负债
	年成	收成
	倒买卖	做生意
	朋伙	合伙
	卧羊	冬天宰杀羊子
	牙子	交易员，买卖双方的中介人
	捏码子	买卖双方暗中用手指数字讨价还价
	出女	出嫁女儿
	参厨	宴席上答谢厨师
	犯月	出生时间与属相相克
	大相不合（“合”发音为 ge）	指男女属相不宜婚配
	保锁	为儿童戴锁保佑平安
	开锁	保锁的儿童年满十二岁时举行开锁仪式
民间习俗	老迁	去世
	抬埋	安葬
	下马	巫神跳神
	平士	风水先生
	顶门子	作为继子
	白虎	石磨
	青龙	石碾子

续表 55

类别	方言词汇	对应的普通话或释义
植物动物	稞子	糜谷的原粮
	稻黍	高粱
	金稻黍	玉米
	黍子	软糜子
	糜子	穄子，加工为黄米
	谷子	加工为小米
	倭瓜	大南瓜
	沙盖	沙生野菜
	金针	黄花菜
	山药	马铃薯
	地软	雨后土地上生长的菌类
	大出气	蜀葵
	沙奶奶	野生草本结角植物
	狗尿腿	状似蘑菇的有毒苔藓
	扎藜	果实外有刺的野草
	绵蓬	沙生植物，籽粒加工成面可充饥
	沙蓬	沙生有刺的野草
	菅草	生命力极强的多年生草本植物，影响农作物生长
	百草	一种优质牧草
	苦菜	败酱草，可食用
	芦草	生长在湿地的高秆草本植物
	牲口	牲畜
	儿马	公马
	骒马	母马
	叫驴	公驴
	草驴	母驴
	骡子	马与驴交配生下的后代
	犍牛	被骟了的公牛

续表 55

类别	方言词汇	对应的普通话或释义
	騇牛	母牛
	圪羝	公羊
	牙狗	公狗
	草鸡	母鸡
	恨虎	猫头鹰的一种
	无边	鹰类
	红嘴鹰	一种小鹰
	山鸡	石鸡
	半翅	灰山鹑
	鸽树木	啄木鸟
	粪扒牛	屎壳郎
	毛爹爹	蜈蚣
	鞋底虫	地鳖虫
	油旱	蚜虫
	骚秃子	臭板虫
	沙虎儿	沙漠蜥蜴
	蛇鼠子	蜥蜴
	红火柱	蜻蜓
	铜蝇子	绿蝇
	疥圪泡	癞蛤蟆
	黑虻	寄生在动物身上吸血的昆虫

熟语

熟语包括俗语、谚语、歇后语，来源于日常生产生活，乡土气息浓郁，多短小精练，直白俚俗，生动形象。

俗语

丑不烂天（丑陋）

心比肝花重（贪婪）
狼不吃，鬼不捉（无人喜欢）
穷舍命，富抽筋
投亲不如歇店
年好过，月难过
人倒霉，连晌午也不歇
一分一分上万了，一颗一颗上石了
做豆腐，喂母猪，三年熬成个小地主
嘴没一黑豆深（嘴快，无城府）
高山点灯，赫赫有明（名）（意指名声大）
一颗黑豆掐成两半截（意指形象相似）
讨吃赶不上早饭（意指因懒惰误事）
五台山上的蘑菇（指过高估计自己）
嘴头子铁硬，后把子稀烂（心虚但口头不承认）
秤锤鼻子猪眼窝（相貌丑陋）
烧死人处也伸一条腿（讽刺管闲事的人）
在家靠娘娘，出门靠墙墙
小着偷针，大了抽筋
损人一千，自损八百
满瓶子不响，半瓶响
人穷没良心，天旱刮黄风
自夸没人爱，残花没人戴
打人休打脸，骂人休揭短
茶无盐不如水，人无钱不如鬼
亲戚远离香，弟兄高打墙
人是衣架，马是鞍鞯
有千年的邻居，无百年的父子
一辈子儿女，不如半辈子夫妻
穿衣吃饭趁家当，搽粉抹脂趁人样

宁给饿汉吃一口，不给富汉吃一顿

英雄汉，桃杏花能开几日红

良善人，松柏树冬夏常青

牛头不烂，多用两驮柴炭

宁叫牛厥死不能让车退坡

好马出在腿上，好男人出在嘴上

谚语

一年打两春，黄牛贵出金。

三月清明不见青，二月清明遍地青。

春冷夏不收。

春冻圪梁秋冻坬。

春雨贵如油，瘦马不瘦牛。秋雨如刀剐，瘦牛不瘦马。

春旱收，秋旱丢。

掏钱难买五月旱，六月连阴吃饱饭。

处暑不出头，不如砍得喂了牛。

夜晴没好天，投明又阴住。

东虹葫芦西虹雨，南虹葫芦发大水。

雷雨能隔犁场壕。

早雨下不多，饭罢下晌午。

天阴就怕明晃晃，过一阵又一下场。

九月响雷十月雾，子父老子不相顾。

秋分糜子寒露谷，霜降黑豆没生熟。

闰月年早种田。

天旱一大片，雨打一条线。

八月十五阴一阴，正月十五雪打灯。

秋雾连阴冬雾冻。

立秋糜子四指高，出穗拔尖溜人腰。

水瓮穿裙，大雨淋淋。

天旱多锄田，雨涝多浇园。

早霞不出门，晚霞行千里。

花朵云等不到天明。

河张口，饿死狗。

小雪结小河，大雪结大河。

水马年，旱羊年。

马羊年广种田，要吃好饭等猪年。

春甲子下雨，犁耧高垛；夏甲子下雨，树头生烟。秋甲子下雨，碎头（庄稼的果实）生芽；冬甲子下雨，冻死牛羊。

歇后语

驴啃脖子——工变工

秀才学阴阳——用不了一后晌

挂面不调盐——有盐（言）在先

夏天穿棉袄——夸富了?

坛子上放屁——响（想）不开

鼻子流在眼窝圪坨——喝了倒流水

站上豆腐看戏——试打软硬

炉炕里炒豌豆——灰乐崩

炉炕里生豆芽——灰根子不退

怀肚婆姨看戏了——里外都是人

一碗水倒下了——揽不起了

羊圈跳进驴——数你大了

爷爷孙子看戏——七大八小

老子给儿子跪下——戏唱到那儿了

毛爹爹腿上害疮——没几点脓血

西瓜掉油瓮里——难拿圪蛋

老犍牛追兔子——有力用不上

脑畔[①]上探脚片子[②]——不知深浅

---

① 方言，指房顶。

② 方言，指脚。

人物

从走西口开伙盘到神府煤田开发，从贫瘠困苦到富裕兴盛，百年来孙家岔经历了天翻地覆的变化。无数优秀儿女在镇域这片热土上辛勤工作，又有不少走出家乡的骄子为国家和社会无私奉献。不同时期，来自四面八方的干部职工与孙家岔人民共同奋斗。本志设人物小传、简介、名录、名表，收录各类人物，以彰其贡献与业绩，展现各行各业的代表性人物风采。

小传人物 35 名，均为镇籍已故人物，故去时间截止到 2021 农历年底。简介人物 131 名，为镇籍各行各业知名人士。人物名录设 3 种，分别为历任镇级党政主要负责人 55 名，各村党支部书记、村委会（生产大队）主任（队长）、村监委会主任共 342 名，2021 年“光荣在党 50 年”党员 61 名。人物名表设 5 种，分别载录镇籍科级以上党政军界干部、中级职称以上知识分子、工商企业界优秀人士等。其中，先进模范人物表兼收在镇域工作的镇籍外人士。

小传

苏胶琪（1896—1948） 刘石畔村超害梁组人，革命烈士。榆林中学毕业后，在崔家沟学校任教。1947年参加革命工作，后任神木县第九区文书。1948年，在刘石畔村巫家沟山梁上被国民党残余力量杀害。

张根武（1930—1948） 海湾张家沟村张家沟组人，革命烈士。1948年，参加革命，任神木县武工队司务长。同年，在孙家岔被国民党残余力量杀害。

赵凯则（1922—1949） 刘石畔村刘石畔组人，中共党员，革命烈士。1948年参加革命，任神木县第九区一乡乡长。1949年，在庙沟被国民党残余力量杀害。

王永和（1939—1959） 排界村锁匠伙盘组人，革命烈士。1958年参军，兰州军区某团战士。1959年，在青海省马关平叛战斗中牺牲。

李和庄（1936—1960） 朱概塔村李家湾组人，革命烈士。1958年参加革命，兰州军区某团战士。1960年，在青海省玉树县平叛战斗中牺牲。

胡富生（1939—1983） 海湾张家沟村小元梁组人，中共党员。1959年参军，在解放军某部任副班长，被授予“二级优等射手”称号。1959年，在平叛战斗中作战勇敢，荣立三等功1次，被军区司令部评为“五好战士”。1963年退役返乡。1964—1980年，任小元梁生产队队长。农业学大寨期间，多次被评为先进生产队干部，曾出席地、县、乡群英会。

孙广业（1921—1984） 孙家岔村一组人。榆林师范学校毕业后从事教师工作，历任花石崖中学校长、高家堡文化馆馆长、孙家岔水头学校校长，后在神木县文教局、孙家岔中学工作。喜好文艺，擅长书法。每逢春节和村民办理喜事，义务为村民书写对联。

李永昌（1916—1986） 三卜树村庙梁组人。李永昌自幼家贫，青年时赴内蒙古贩绒毛、当伙计、学中医，在蒙古王府任副官以谋求生计。1956 年任庙梁社办医院院长，1964 年因历史问题退职回家务农，后任庙梁大队“赤脚医生”。1980 年，平反并恢复公职。1982 年，任孙家岔贸易公司经理。其见识过人，经营有方，贸易公司生意兴隆。

李二仁（1911—1987） 孙家岔村二组人。从小喜好民间艺术，多才多艺，务农之余当木匠和泥瓦匠。先为孙家岔村秧歌队的骨干队员，后为秧歌队负责人，能喊道情、唱信天游，会哨梅、拉二胡、弹扬琴、打霸王鞭，拿手小戏节目《顶灯》。冬闲时排练节目，春节期间在神木、府谷、内蒙古伊金霍洛旗等地演出。为陕西省级非物质文化遗产保护项目神木二人台的第一代传承人、代表性传承人。

张科举（1912—1988） 又名凤鸣，燕家塔村王洛沟组人。少时读过两年冬书，青年独自在内蒙古谋生闯荡。1949 年 7 月，张科举任神木县第九区二乡（常家沟）乡长。1955 年起，先后长达 20 余年任王洛沟大队大队长、革委会主任。其为人正派，处事公道，经常主持调解各类矛盾纠纷。重视村办学校教育工作，督促全村女童上学。扶弱济贫，向贫困乡亲无数次送粮赠物，抚养孤儿张义昌，并助其上学参军，成家立业。

高宗才（1932—1988） 柠条塔村喷素叶组人，中共党员。1952—1988年，任新民沟村（大队）生产队队长、村委会主任。其处事公道，吃苦耐劳，带领村民修地、打坝。1988年，为村集体丈量土地时，突发疾病去世。

刘万信（1926—1989） 刘石畔村刘石畔组人，中共党员。1950年参加工作，历任孙家岔公社副社长、副书记，刘家石畔公社副社长，麻家塔管委会副主任，万镇公社副书记，水磨河林场场长，县水利局副局长。在任期间，注重打坝漫地、修渠植树。在麻家塔公社工作时，主持修筑硬地场水坝。

白国良（1921—2002） 海湾张家沟村神官梁组人。抗日战争时期在国民党军董其武部当骑兵，后升任参谋，先后参加绥西战役、五原收复战、包头百灵庙保卫战。1949年，参加绥远起义，任中国人民解放军某部作战参谋。后参加抗美援朝战争，受到嘉奖。1954年，转业至包头兵工厂，后调中建二局工作，退休后定居河北省石家庄市。

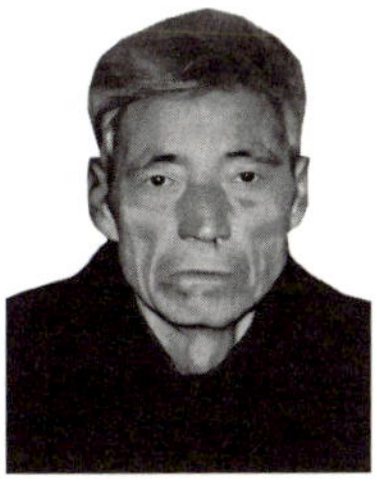

崔志卿（1925—2002） 排界村大沟组人。1949年，在排界区参加工作，历任孙家岔乡乡长、活鸡兔乡乡长、栅子沟乡乡长、大柳塔公社助理员、麻家塔公社助理员。其语言表达能力强，善于调解矛盾纠纷。

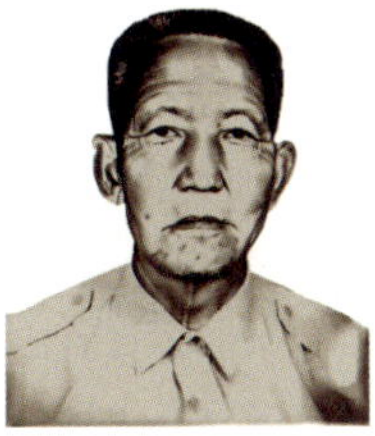

张贵荣（1930—2002） 孙家岔村一组人，中共党员，一级教师。1946年脑毛山小学毕业，1950年与李子良等创办孙家岔小学。1956年，榆林师范学校毕业后在孙家岔小学工作，后历任水头小学校长、大柳塔小学校长、刘石畔学校校长、孙家岔中学总务主任。为人诚信正直，处事宽厚。

侯永林（1934—2003） 乔家塔村侯母河组人，中共党员。1956 年神木中学毕业后，在神木县第二小学任教。后任高家堡中学总务主任，又曾担任尔林兔中学、孙家岔小学、孙家岔中学、永兴中学、贺家川中学、神木县“五七”大学、神木县第二中学、神木卫校等学校校长。1986 年，任县教研室主任，1988 年，任神木县宾馆总经理。

高在良（1954—2003） 柳树峁村一组人，中共党员。1969 年起，先后在孙家岔、中鸡、神木县供销社工作。1987 年起，在中国建设银行神木支行工作，先后任股（科）长、行长，建行神府煤铁专业支行店塔办事处主任，建行神府煤铁专支专业支行信贷科科长。其积极为村集体办理煤矿协调手续，争取通电、修路等项目资金，并资助困难乡亲。

张光飞（1964—2003） 海湾张家沟村张家沟组人。1983 年参军，1985 年参加中越边境自卫还击战，任突击队班长。张光飞作战英勇，负重伤后只身炸毁敌方火力点。手术治疗时在其身上取出重约 3 千克的 200 余块弹片，右臂被截肢。荣立一等功 1 次，授予“优秀老山战士”荣誉称号，被评定为二等甲级伤残。1988 年，退役后在神木县农科所工作。张光飞虽残疾多病，经常住院，但爱岗敬业，工作积极。

刘虎子（1927—2005） 柠条塔村瓷窑塔组人，其心灵手巧，会柳编，好文艺，擅长舞霸王鞭、唱二人台，经常参加村社文娱活动。其技艺娴熟，舞姿优美，特别是“躺地滚鞭”可以一口气连做 30 遍，堪称一绝。多次参加省市民间舞蹈比赛，1982 年获榆林地区民间文艺调演获二等奖，后授艺于刘石畔村李占光。其事迹收录于《中华舞蹈志·陕西卷》。

张世雄（1934—2005）王道恒塔村补连沟组人，中共党员。1956年参军，1958年，在平叛战斗中工作积极，严格遵守党的民族政策和群众纪律，荣立三等功1次。1964年，转业至兰州军工厂。1973年，调至神木县委组织部工作。1977年起，历任大柳塔供销社、孙家岔供销社主任。其工作热情，经常帮助困难群众。

张占彪（1941—2008）海湾张家沟村前喇嘛寺组人，中共党员。少年时在水头小学学习，后在神木卫校学习，任大队“赤脚医生”，购买全公社第一辆自行车，骑车行医。改革开放之初，创办村瓷窑，购买全公社第一辆卡车运输瓷器。后创办海湾村办煤矿、神广煤矿、张家沟园东煤矿、朱概塔煤矿、海湾焦化公司等煤炭企业。2000年后，任海湾村主任、党支部书记。其间，自己承担缴纳村民的农业税费，当选神木县人大代表，多次为公益事业捐款。

雷春风（1925—2009）孙家岔村二组人，中共党员，大尉军衔。1946年，参加解放军。1948年3月，参加解放神木县鸡儿圪坨战斗。同年6月，在解放太原的北线峰圪梁战斗中，主动承担爆破任务，爆破敌军前沿阵地2个地碉堡，立功1次。8月，在山西忻县加入中国共产党。同年11月，在牛驼寨战斗中被评为特等战斗英雄，荣立特等功1次。1949年2月，神木县政府为其颁发“群众光辉”匾。1949年，任独一师班长，参加解放榆林战斗，荣立一等功1次，参加解放宁夏战斗时荣立三等功1次。1950年，在东北某部任坦克师副排长、排长，被评为“进军模范”，立功1次。1952年12月，赴朝鲜参加抗美援朝战斗，历任坦克师排长、副连长，后在河南、山东、浙江等坦克学校和部队工作。1955年被授予中尉军衔，1956年被授予上尉军衔。1971年，返回神木休养。1983年起享受副团级待遇。1984年，被中央军委授予“胜利

功勋”荣誉勋章。同年，享受正团级待遇。

张治斌（1938—2009） 燕家塔村王洛沟组人。1960年，榆林师范学校毕业后在万镇、孙家岔、神木县城等学校任教，后任教育专干。20世纪70年代，调至《榆林日报》社工作，先后任记者、编辑、广告部主任，多次获省、市级奖励。80年代初，其为孙家岔架设电力线路一事积极与榆林地区相关部门协调，帮助解决材料费用问题。

蒋国玮（1964—2010） 庙沟村韩家梁组人，中共党员，工程师。1988年起，先后在中铁建包神铁路运输处工务段、华能精煤公司交通分公司包神铁路管理处、包神铁路公司运营分公司工务段燕家塔等工区工作。2003年起，历任神朔铁路分公司工务段副段长、工会主席、党委书记。

杨子彬（1923—2012）曾用名录寿，宏光村杨家湾组人，中共党员。1950年，任村主任。1952年起，历任排界区五成功乡乡长、孙家岔区棚子沟乡乡长、孙家岔公社庙沟管区助理员、刘家石畔公社助理员。1962年，回村从事农业生产。从1970年起，任红旗（沙坡）大队党支部书记10余年，为村联办煤矿负责人。其办事公道，与人为善，善于做群众工作。

马维则（1931—2013） 海湾张家沟村后喇嘛寺组人，中共党员。1948年8月，经中共神木县第八区委秘书兼财粮助理员杨树森动员，成为县武工队战士，后编入晋绥军区第一军分区神府独立营、榆林军分区绥德独立营。榆林和平解放后，在神木县武工队任副班长，参加神木县北部新解放区剿匪工作。1951年，在榆林军分区教导大队学习。1957年7月，任中国人民志愿军某侦察连一排排长，授少尉军衔，赴朝鲜温井里参加

抗美援朝。1958 年，随军驻守河南省安阳市，后在信阳步兵学校军事大队学习。1964 年起，历任河南省内黄县、林县人民武装部军事科参谋、副科长。1974 年，兼任林县南部山区公社管区副区长，参加红旗渠建设，所负责的民兵工作多次受到上级表扬。1978 年，转业至神木县供销社工作，历任副主任、党支部副书记、咨询。积极推动供销社基层改革，多次在乡镇蹲点工作。1981 年，被县委评为参与社会治安整治先进个人。1992 年享受处级待遇离休后，多次被评为县级先进个人。

王英俊（1954—2013） 庙沟村马家梁组人，中共党员。1969 年起，先后在县供销系统、神府公司、神东电力公司工作，历任尔林兔供销社主任、神华集团神府煤炭分公司运销处经理。1995 年起，参与承办神华电力公司杨伙盘新建煤矿、南沙湾煤矿，合伙创办新民沟沙渠煤矿。1998 年起，先后创办永兴柳沟村焦化厂、柳沟村办煤矿、横山县天云煤矿。是政协神木县第六届、第七届委员，先后荣获市、县“非公有制经济优秀企业家”荣誉称号，其个人和所办企业多次为公益事业捐款。

訾德仁（1929—2016） 海湾张家沟村后喇嘛寺组人，中共党员。1952 年参加工作后，历任常家沟乡文书、薛家塔乡长、麻家塔乡副乡长、麻家塔公社副社长、社长，高家堡公社社长。1962 年任訾家庄大队党支部书记，带领群众移河造地，创办瓷窑和煤矿各 1 座。

侯金良（1935—2016） 乔家塔村侯母河组人，中共党员。1957 年起，任侯母河小队队长、会计。1961—2011 年，任村（生产大队）党支部书记。多次当选县党代表和人大代表，多次被评为县、镇优秀共产党员。为人公道正派，带领村民兴修水地，植树造林。

雷四九（1934—2018） 柳树峁村马连湾组人。1956 年 3 月参军，后任班长。1956 年，因工作积极，荣立三等功 1 次。1957 年，被兰州军区授予二级优等射手、二级技术能手。1958 年 12 月，在战斗中吃苦耐劳，荣立二等功 1 次。1960 年退役返乡从事农业生产，后任大队“赤脚医生”。

邱外则（1939—2018） 柠条塔村柠条塔组人，中共党员。1961 年起，历任生产队长、大队党支部副书记、大队长。1972—2015 年，任村（生产大队）党支部书记，多次当选县党代表。2005 年，被评为县优秀农村党支部书记。2008 年，被评为县级劳动模范。多次当选县党代表、县人大代表。煤田开发后，积极稳妥协调煤矿等企业征地纠纷。

魏树华（1960—2018）王道恒塔村人，中共党员。1979 年参军，参加中越边境自卫还击战，荣立三等功 1 次，后任副团职运输科科长。1999 年转业，任中国农业发展银行西安临潼支行副行长。

蒋忠山（1937—2020） 庙沟村韩家梁组人。1960 年榆林师范毕业后，先后在神木师范、神木中学、孙家岔完小任教，1971 年任刘石畔九年制学校校长，1972 年起历任孙家岔中学、三道河中学、中鸡中学副校长。1979 年起历任大柳塔中学校长，孙家岔中学副校长、校长，县教育局督导员。在孙家岔中学任职期间，学校教学工作成绩连年名列全县前茅。

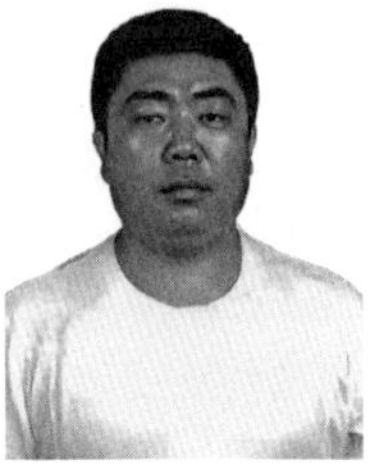

李世雄（1964—2020） 宏光村炭窑峁组人，中共党员。1982 年参军，先后参加安康抗洪救灾和中越边境自卫还击战。1987 年，被授予“战地优秀共产党员”称号，荣立三等功 1 次。1987 年退役，分配至华能精煤公司大柳塔煤矿工作，历任神东

公司保卫处科长、治安保卫处大柳塔分处第一负责人。多次被集团公司评为先进工作者、劳动模范。

燕国章（1939—2020）神树塔村燕家伙盘组人，中共党员。1958 年 11 月参军，任连部卫生员。1962 年 1 月，不顾个人安危，积极抢救伤员，荣立个人三等功 1 次。1963 年 1 月退役，返乡从事农业生产，历任大队“赤脚医生”、大队副支书、生产队队长，带领社员兴修水利，移居川地。

简　介

崔三福　1918 年 4 月生，三卜树村崔家村组人。1937 年入伍，后在内蒙古伊克昭盟参加抗战。2015 年，荣获“中国人民抗日战争胜利 70 周年纪念章”。

李金堂　1931 年 2 月生，海湾张家沟村尔林兔沟组人，中共党员。1954 年起，历任尔林兔村村长、农业合作社社长，刘石畔生产大队队长、尔林兔和新伙盘大队联合党支部书记，张家沟大队党支部书记。其间，任燕家塔林场场长、社办瓷窑厂厂长。1963 年，被评为县先进个人。1966 年，出席陕西省贫下中农代表大会。1972—1984 年，任孙家岔公社党委委员。

杜应福　1932 年生，庙沟村杜家梁组人，中共党员。1950 年任村主任，1952—1976 年任村（大队）党支部书记，1972 年兼任公社委员，1976—1986 年，先后在社办农牧场、社办林

场任场长。

白治礼　1933年12月生，神树塔村平寺梁组人，中共党员。1958—1985年起，历任平寺梁农业社会计、大队党支部书记、神树塔村（大队）党支部书记、主任。

赵振昌　1937年7月生，排界村乔伙盘组人。1960年榆林师范毕业，先后在乔伙盘、哈特兔、王洛沟等村小学和孙家岔中学任教，退休后定居鄂尔多斯市。其受家族二人台“窝班子”影响，喜爱音乐，能拉会唱，多年潜心研究漫瀚调。2016年，编著出版《鄂尔多斯漫瀚调》，任鄂尔多斯漫瀚调协会会长。

杨文忠　1938年3月生，柠条塔村沙峁组人，中共党员，高级教师。1960年榆林师范学校毕业，先后在花石崖、尔林兔、瑶镇、店塔等地的中学任教，多次被评为县级模范教师、省级优秀教师和少先队辅导员。1986年起历任孙家岔中学校长、乡教育专干。

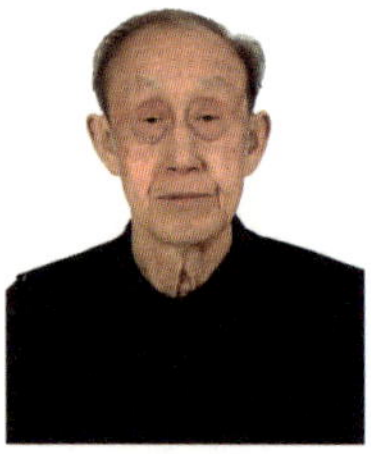

麻怀仁　1939年1月生，柠条塔村柠条塔组人，中共党员。1959年起先后在南关小学、孙家岔完小、水头小学、梁家塔学校、刘石畔学校任教，曾任刘石畔学校校长、孙家岔学区教育专干。

崔子亮　1939年5月生，排界村尚伙盘组人，中共党员。1958年起，历任尚伙盘生产大队会计、队长。1972年，参加贫下中农宣传教育队。后在贺家川、解家堡、中鸡、孙家岔等公社工作。1978年起，历任花石崖公社纪检书记、县原种场党支部书记。

孙学勤　1941年10月生，孙家岔村水井湾组人，中共党员。1972年，任孙家岔大队党支部副书记。1977—1988年，任孙家岔、水井湾村（大队）党支部书记。

武福虎　1942年5月生，庙沟村衙门地组人，中共党员。1963年参军，在解放军某部任班长，荣立三等功2次。退伍后返乡从事农业生产。

杨自强　1945年1月生，宏光村杨家湾组人，中共党员，畜牧兽医师。1971年，在孙家岔兽医站参加工作，历任会计、调剂师、站长，为全镇养殖户服务。每逢发生禽畜疫病，及时救治处理，多次被评为县级先进个人。

张公字　1945年2月生，燕家塔村王洛沟组人，中共党员。1962年，任王洛沟生产队队长。1972—2015年，任村（生产大队）党支部书记，1995年起，先后创办王洛沟煤矿、龙华兰炭公司、恒润煤化工有限公司、盛博煤业公司等民营企业。2011年，组建陕西恒德煤焦电化集团有限公司。其多次被县、镇评为先进个人，其所办企业多次为公益事业捐款。

王文泽　1946年11月生，排界村新伙盘组人，中共党员。1960年参加工作，历任神木县人大常委会办公室副主任、县玻璃厂筹建处科长、县外事办主任、榆林地区煤炭出口公司办公室主任、榆林地区煤炭公司企划科长、榆林地区精煤运销集团副董事长。

李生荣　1947年2月生，王道恒塔村补连沟组人，中共党员。1965年参军，1969年退役，先在陕南矿山公司工作后，历任延安地区饮食公司副经理、万隆商场总经理、综合公司书记、

服务公司协理员。2012 年，与女儿李洋合著出版《逸闲文集》。2020 年，著作《逸闲文集（续版）》出版。

李贵贤　1947 年 5 月生，朱概塔村朱概塔组人，中共党员。1965 年在村办学校任教、1971 年在贫下中农宣传教育队工作，后在县公安局、城关公社、中鸡公社工作。1980 年，任城关公社党委委员、团委书记、团县委常委，出席共青团陕西省第六次代表大会。1984 年起，历任孙家岔乡、万镇乡、城关镇党委副书记。1992 年，任永兴乡乡长。1996 年，任县人民检察院政治协理员。

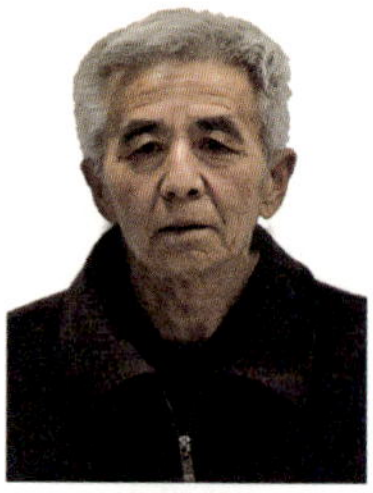

杨耀清　1947 年 9 月生，宏光村杨家湾组人，中共党员，一级教师。先后在刘石畔学校、孙家岔中学、神木第六小学任教，历任孙家岔中学校长兼学区校长、神木市第六小学党支部书记，多次获市、县模范教师和先进教育工作者称号。

李文广　1948 年 10 月生，孙家岔村一组人，中共党员。1968 年参军，历任神木县武装部科长、定边县武装部部长、米脂县武装部副部长。

杨自力　1949 年 12 月生，宏光村杨家湾组人，中共党员。1968 年起在孙家岔中学任教。1983 年起，历任大柳塔镇党委秘书、党委副书记兼纪检书记。1989 年起，历任中鸡镇镇长、镇党委书记。1996 年起，历任神木县煤炭工业局支部书记、副局长、大砭窑国营煤矿支部书记。2001 年，任神木县县长助理。

李志卿　1950年2月生，海湾张家沟村尔林兔沟组人，中共党员。先任民办教师，后参加贫下中农宣传教育队。1971年起，历任高家堡公社团委书记、高家堡公社党委副书记、中鸡公社管委会主任、万镇公社党委书记、永兴公社党委书记、国营神木县玻璃厂党委书记。1987年，任神木县副县长。1992年任山东省微山县副县长（挂职）。1992年起，任神府经济开发区管委会主任、神府能源开发区公司总经理，1998年兼任神府经济开发区党委书记。2007年，任神木县政府调研员。

王晋才　1950年4月生，宏光村马连塔前组人，籍贯河北邢台，中共党员。1972年参军，1978年转业后在孙家岔公社、尔林兔乡工作，历任公社武装部部长、公社管委会副主任、镇党委副书记。1986年后，历任解家堡乡乡长、瑶镇乡乡长、瑶镇乡党委书记、榆神铁路建设指挥部办公室主任、县物价局局长、县畜牧局党支部书记。

李怀珍　1951年10月生，宏光村杨家湾组人，中共党员，中医内科副主任医师。先后在神木县医院、花石崖公社地段医院、马镇地段医院从事医务工作。1981年起，历任瑶镇地段医院院长、神木镇卫生院院长、县卫生局副局长、县中医院院长、县疾病预防控制中心主任。

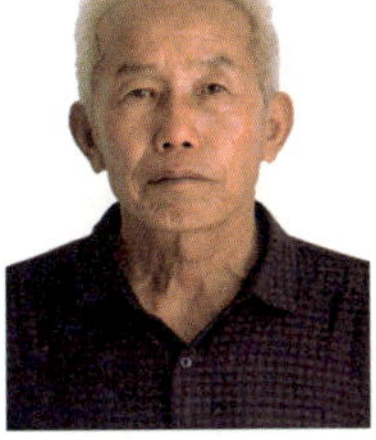

王子清　1952年2月生，朱概塔村朱概塔组人，乡土农业专家。1966年神木中学毕业，1976年自建沼气池受到榆林地区奖励。1982年开始，种植葡萄、养殖蜜蜂和生猪。2018年，成立丰满园农牧业发展有限公司，规模种植葡萄、蔬菜并养鱼。任村主任10余年，历任县人大代表、县政协委员，被评为2002年神木县劳动模范，被聘为新农村建设科技特派员。

刘标治　曾用名刘彪智，1952年5月生，海湾张家沟村张家沟组人，中共党员。1970年12月参军，1976年被授予个人三等功1次。1983—2011年任村党支部书记。

张　元　1952年7月生，孙家岔村一组人，中共党员。1969年参军，后在西安冶金建筑学院学习。1975年起，先后在工程兵舟桥部队、兰州军区某部任排长、参谋、正团级工程师、副师级高级工程师、总工程师。1994年转业后，历任甘肃省租赁有限公司高级工程师、中国信达公司甘肃分公司高级副经理、高级经理、青海乐都县副县长（挂职）。主持研制的多功能野战给水净化车获全军科技进步一等奖，获军队级科技进步三等奖、四等奖各1项，国防工程优秀设计奖多项，荣立部队三等功2次，获嘉奖多次，被兰州军区评为优秀科技干部和先进文职干部各1次，在全国全军专业刊物上发表论文多篇。

杨耀光　1953年7月生，宏光村马连塔后组人，中共党员，研究员。1974年榆林师范学校毕业在孙家岔中学任教。1982年西北农学院毕业后，在中国农业科学院兰州畜牧研究所工作，历任研究所党委副书记、山东曹县科技副县长、院属珠海加华联公司副总经理、中国农科院兰州牧药研究所副所长。主持完成多项国家科研开发及基础建设项目，被中国农科院授予“优秀共产党员”称号。

孙太山　1954年12月生，孙家岔村二组人，中共党员。1974年参加工作后一直从事邮政工作，先后在孙家岔、大柳塔邮电所工作，1990年任孙家岔邮电所所长。

李子亮 1955年3月生，海湾张家沟村小元梁组人，中共党员。1987年任神木县税务局党组书记、局长，1993年调榆林地区税务局稽查科。1996年后，历任榆林地区国税局稽查局局长、榆林市国税局助理调研员。

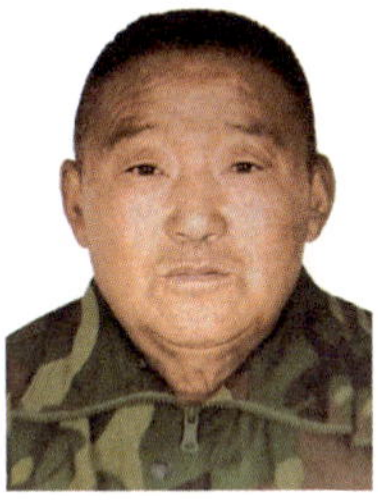

王荣华 1955年3月生，三卜树村訾家村组人，1976年3月参军。1979年在部队战备施工中荣立个人三等功1次。1981年退役后返乡从事农业生产。

张胜利 1955年9月生，乔家塔村张家村组人，中共党员。先后任张家村大队队长、孙家岔乡办煤矿矿长、神府经济开发公司副经理兼矿长。2002年起，开办神木海源矿业有限公司、百吉矿业有限公司、永兴柳沟煤矿、曹庄宏伟煤矿、燕家塔龙华电石厂、排界煤矿、西安皇后大酒店等企业。2011—2014年，任张家村党支部书记。

张元信 1955年12月生，孙家岔村一组人，中共党员。先后在乡村学校、尔林兔镇政府工作，1984年起，历任尔林兔镇副镇长、党委副书记、镇长。1995年后，历任栏杆堡镇党委书记、县质量技术监督局党组书记。

白治厚 1956年11月生，神树塔村平寺梁组人，中共党员。1974年参军，后在解放军325医院任副院长，其间荣立个人三等功1次。1998年转业，历任神木县政府副调研员、调研员。

杨培贤　1956 年 12 月生，宏光村马连塔后组人，中共党员。1976 起，先后在孙家岔公社、县供销社、县委农工部等单位工作。1986 年起，历任县经济体制改革办公室副主任、高家堡镇党委副书记、大保当乡党委副书记、乔岔滩乡乡长、县林业局副局长。

高德树　1957 年 1 月生，柠条塔村喷素叶组人，中共党员。先在孙家岔公社、中鸡公社、县农业局等单位工作。1986 年起，历任花石崖乡党委副书记、县政府办公室副主任、法制办主任、政府办主任。1995 年起，历任神木县副县长兼政府办主任、榆阳区委副书记。2006 年后，历任榆林市广播电视局党组书记、局长，榆林市文化广电新闻出版（文物）局党组书记、局长、调研员，榆林广播电视台台长。

杨清和　1957 年 1 月生，海湾张家沟村沈家塥组人。1978 年，在孙家岔社办陶瓷厂工作。1984 年，创办大柳塔砖厂、清和房地产公司、大柳塔迎宾市场公司等企业，后组建神木县清和能源投资集团公司。任神木杨家将文化研究会副会长，多次为公益事业捐赠。

张胜荣　1957 年 8 月生，乔家塔村张家村组人，中共党员。1978 年榆林师范学校毕业，先后在孙家岔中学、大柳塔学区、中鸡中学任教。1984 年，调县人大常委会工作。1989 年起，历任中鸡乡副乡长、乡长、党委书记。2001 年，任县经济发展局局长。2006 年，任神木县人大常委会副主任。2008 年，任神木县政府副县长。2012 年后，历任榆林市交通局副局长、发改委副主任。

马世良　1957年12月生，海湾张家沟村訾家庄组人，中共党员，一级教师。1976年起，从事教育工作，历任孙家岔中心小学校长、孙家岔中学校长、永兴九年制学校校长、永兴教育办督学。1997年，被评为县先进教育工作者。

康侯维　曾用名九生，1958年2月生，庙沟村衙门地组人，中共党员。1978年4月参军，1979年参加中越边境自卫还击战，荣立个人三等功1次。1982年退伍，返乡从事农业生产。

赵猫则　曾用名光荣，1958年7月生，王道恒塔村赵家梁组人，中共党员。1976年1月参军，1977年参加中越边境自卫还击战，荣立个人三等功1次。1982年1月退伍后返乡从事农业生产。

孙志宽　1958年8月生，孙家岔村一组人。国家一级演员、国家非物质文化遗产陕北民歌传承人，代表作《泪蛋蛋泡在沙蒿林》。任榆林民间艺术团艺委会主任、陕西省音协理事、陕西省第八届政协委员，被国内多所高等艺术学校聘为专家、教授，赴法国、瑞士、苏联、日本、德国等十多个国家演出。1982年在榆林民间艺术团担任独唱演员，1983年，获陕西省民族、民间歌舞调演一等奖，1985年，考入西安音乐学院民族声乐系专修两年。1986年获陕西省首届民歌通俗歌曲大选赛最佳歌手奖，同年参加全国青年首届民歌、民俗歌曲大奖赛获奖。1987年，独唱《上一道坡坡下一道梁》获陕西省首届艺术节表演一等奖。同年，获陕西电视台举办的春节联欢晚会演唱一等奖，1994年获由中央电视台举办的中国民歌大赛金奖，1990年、2003年、2008年均被评为榆林地区有突出贡献的拔尖人才。1987年以后，参加深圳电视台“欢歌笑语闹元宵”大型歌舞晚会、宋庆龄基金会大型歌舞晚会、“中国首届酒文化艺术节”、上海电视

台"中国影星大会串"系列片的演出，为《黄河在这儿转了个弯》《中国出了个毛泽东》《王贵与李香香》等电影、电视剧配唱主题曲，录制《陕北民歌精选》盒式磁带。

贺正义　1958年9月生，柳树峁村马连湾组人，中共党员，一级教师。先在孙家岔公社五七中学、孙家岔中学、孙家岔学区工作。1999年起，历任永兴中学、大柳塔中学校长。2004—2006年，被授予"神木县先进教育工作者"称号；2005年，被授予"神木县优秀共产党员"称号。

郭树森　1958年10月生，排界村新伙盘组人。1981年，哈尔滨冶金测量学校毕业后在宁夏第一测绘院工作，从事航空摄影控制测量，先后参加惠州、深圳、大亚湾、南海、佛山等地的大量测绘，完成广州地铁工程管网探测、港珠澳大桥（珠海跨淇澳岛至内伶仃岛段）等测绘任务。1991年，发明手持置架铅垂测量仪获专利。1994年，在宁夏测绘局科技处工作，任《中国测绘志》《中国测绘年鉴》宁夏编辑，在省级报刊发表论文数十篇。2009年，调至宁夏回族自治区国土资源厅工作。

白光耀　1958年生，柠条塔村柠条塔组人，高级教师。1982年延安大学物理学系毕业后留校任教。1991年，调入神华集团神府公司教育处工作，1998年起，在鄂尔多斯市从事教育工作，在国家级刊物上发表多篇学术论文。2014年，被伊金霍洛旗授予"圣地英才"称号，被评为鄂尔多斯市"十佳校长"。被中国教育研究会聘为客座教授。

张世华　1959年3月生，海湾张家沟村张家沟组人，中共党员。20世纪90年代，创办后沟煤矿、狼窝渠煤矿，后任神木市瓷窑塔矿业公司总经理。其个人和所办企业多次为公益事业捐款。

孙俊良　1959年9月生，孙家岔村水井湾组人。先在孙家岔公社公路工程指挥部、水利工程指挥部、贸易公司工作，历任孙家岔贸易公司经理、神木县矿产品经营公司副经理。1993年，创办神府经济开发区恒源综合开发有限公司，任董事长兼总经理。2003年起，任陕西恒源投资集团有限公司董事长、董事局主席。陕西省第十届、第十三届人民代表大会代表，第十二届全国人民代表大会代表。神木市民生慈善基金会第二届监事会主席、榆林市慈善协会荣誉会长、陕西省见义勇为基金会第一届理事会副理事长、陕西省慈善联合会常务副会长、陕西省各界爱心济困协会会长、陕西省慈善协会荣誉会长，2017，年任陕西省工商联副主席。2005年、2010年，两次被评为“榆林市劳动模范”。2012年，被评为“陕西省劳动模范”。2014年，被中华慈善总会授予第二届“中华慈善突出贡献（个人）奖”。2015年，被评为第三届“陕西省非公有制经济人士优秀中国特色社会主义事业建设者”。2018年，作为捐赠个人被民政部授予第十届“中华慈善奖”，被中共陕西省委、陕西省人民政府评为“陕西省优秀民营企业家”。2020年，中共陕西省委文明办、陕西省慈善协会授予其第三届“三秦善星”（捐赠个人）奖，被中华慈善总会授予“全国慈善会爱心企业家”荣誉称号。

白正飞　1959年10月生，柠条塔村柠条塔组人，中共党员。1978年11月参军，1979年荣立个人三等功1次。1982年11月退役后返乡从事农业生产。

王国平　1959年11月生，朱概塔村朱概塔组人，中共党员。1980年1月参加工作，先在孙家岔学区、大柳塔乡政府工作。1986年起，历任大柳塔镇副镇长、镇长，永兴乡党委书记。1998年起，历任县煤炭运销管理站党支部书记、县煤炭工业局副局长。2004年，辞职创办神木县神兴煤电化集团公司。

白占亮　1959年12月生，乔家塔村白圪堵组人，中共党员。1975年起，先在乔家塔小学、麻家塔中学、神木二中、县教育局工作。1990年起，历任神木县工商局城区工商分局长，神府经济开发区工商局、土地局局长。2001年起，历任佳县工商局局长、府谷县工商局局长。

撖耀斌　1959年生，三卜树村本头墕组人，中共党员，主任医师。先在孙家岔供销社、乡办煤矿工作。1980年榆林地区卫校毕业后在神木县医院工作，历任市（县）医院院务委员会委员、感染科主任、信息科科长、首席专家，为陕西省保健学会肝病专业委员会委员、重症肝病学组委员、结核病专业委员会常委，陕西省感染病学会委员、丙肝学组委员，陕西省妇女促进会结核病专业委员会常委，榆林市消化病学会副主任委员，榆林市中西医结合肝病学会副会长，榆林市医疗事故鉴定专家库成员。2003年，获陕西省经济技术创新标兵。2010年，被评为榆林市劳动模范。多次参加国际性学术会议，发表论文多篇，获第四军医大学西京医院医疗护理科研三等奖。

马安斌　1960年1月生，海湾张家沟村后喇嘛寺组人，中共党员。1982年退役后在尔林兔镇政府工作，历任镇武装部部长、副镇长。1996年起，历任县人口和计划生育局副局长、人口和计划生育调查队队长、县人口计生信息中心主任，先后被评为“神木县劳动模范”“陕西省人口和计划生育系统作风建设先进个人”“榆林市人口计生系统‘十心’人民满意公仆”“全国少生快富工程试点工作先进个人”“陕西省人口和计划生育工作先进个人”，多次发表人口与计划生育调研报告和论文。

边光彬　1960年7月生，三卜树村黄花界组人。1978年12月参军，1987年在中越边境自卫还击战中，冒着炮火穿越封锁线，往返前沿阵地160余次，安全行车2万余公里，被评为战地模范汽车兵，荣立个人三等功1次。1988年6月，退役后在神木县路桥公司工作。

赵志先　1960年8月生，宏光村马连塔后组人，中共党员。1980年，高中毕业后任村民办教师。其自幼受家庭“窝班子”熏陶，喜好文艺。1982年，成为公社文艺宣传队队员，1988年任乡文化站电影放映员。1995年起任乡文化站站长，直至退休。其积极推动群众文化工作，多次获奖，2012年被评为陕西省优秀流动电影放映员。

张增光　1961年1月生，乔家塔村张家村组人，中共党员。1982年榆林师范学校毕业，先在孙家岔中学、县政协办公室工作。1992年起，历任栏杆堡乡副乡长、西沟乡乡长、乔岔滩乡党委书记、高家堡镇党委书记、神木镇党委书记。2007年起，历任榆林市委驻神木工委副书记、榆林市委驻神木直属工委书记、神木县委常委、神木政法委书记。2019年起，历任神木市古城改造指挥部指挥长、神木市慈善协会会长。2003年，被榆林市委、市政府评为“廉勤兼优领导干部”。2006年，被中共榆林市委评为“先进性教育先进工作者”。

韩荣昌　1961年6月生，庙沟村韩家梁组人，主管检验师。1982年西安市卫生学校毕业后先后在靖边县卫生系统、神木县中医院、神木县医院工作，1999年任县医院检验科主任。指导神木第二医院、电力医院、开发医院等民营医院组建检验科。在国家级杂志上多次发表论文。

王智贤　曾用名恩宽。1961 年 12 月生，排界村锁匠伙盘组人，教授。1985 年陕西师范大学数学系毕业，在榆林师专工作，历任榆林学院网络信息中心主任（处长），兼任陕西省教育信息化发展研究中心、陕西省青少年素质教育研究会教育信息化专家委员会专家、陕西省政府采购专家库信息化专家。

燕真锋　曾用名振峰。1961 年 12 月生，神树塔村燕家伙盘人，中共党员，副主任医师。1980 年参军，兰州军区医学高等专科学校毕业后在宝鸡市解放军三十一医院工作。参加中越边境自卫还击战，荣立三等功 1 次。1991 年，任兰州军区某团卫生所所长，荣立三等功 1 次。1994 年起，历任解放军三十一医院胸内科主治医师、急诊科主任、副主任医师，荣立三等功 1 次。2004 年，任解放军第三医院呼吸科主任、副主任医师，兰州军区呼吸结核委员会常委、中华医学会陕西省分会委员、陕西省医师学会呼吸分会常务委员、陕西省预防医学委员会常委。

赵占年　1961 年 12 月生，王道恒塔村赵家梁组人，中学高级教师。1982 年榆林师范学校毕业后从教，历任大柳塔中心小学校长、大柳塔中学校长、神木四中工会主席。

郝志雄　1962 年 1 月生，燕家塔村郝家渠组人，中共党员。1982 年 10 月参军，1985 年荣立个人三等功 1 次，1986 年参加中越边境自卫还击战，荣立个人三等功 1 次。1987 年退役，先在神木县办煤矿、神东公司工作，后创办煤炭加工企业。

李子钦　1962 年生，乔家塔村碾房峁组人，二级研究员。内蒙古大学理学博士，2003—2004 年，英国洛桑研究所博士后。2006—2007 年，加拿大曼尼托巴大学访问教授。1984 年，在内蒙古自治区农牧业科学院工作，历任草原研究所所长，中国

农业科学院草原所、内蒙古大学和内蒙古农业大学的微生物和植物病理学博士研究生导师，兼中科院草业中心特聘专家、中科院生态草牧业工程实验室特聘专家、中国质检总局油菜检疫专家。先后被评为内蒙古最美科技人员、内蒙古突出贡献专家、内蒙古“321”人才、内蒙古草原英才和草原英才工程创新人才团队、2020年国家美丽中国建设评估专家组副组长。

梁怀功　1962年2月生，三卜树村梁家梁组人，中共党员。1982年1月参军，历任文书、代理司务长、代理排长。1984年，荣立个人三等功1次。1987年退役，承揽施工机械作业。2016年起，历任三卜树村副主任、党支部副书记。

高殿华　1962年2月生，柳树峁村二组人，中共党员。1981年10月参军，历任营部书记、代理排长、坦克车长。1987年9月，荣立个人三等功1次。1988年退役，在泾阳县、神木县企业工作。

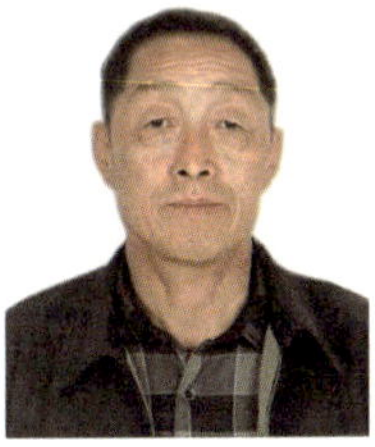

赵彦林　1962年7月生，孙家岔村水井湾组人，中共党员。1981年10月参军，历任小车班班长、代理排长、车队队长。因安全行车42000千米，所在班集体荣立三等功3次，1987年荣立个人三等功1次。1995年5月退役，在县精细化工厂工作。

李凤奇　1963年1月生，海湾张家沟村尔林兔沟组人，中共党员，工业经济师，副研究馆员（高级）。1983年内蒙古林学院毕业后，先后在伊金霍洛旗林业局、宣传部工作，历任伊克昭盟委组织部副科级组织员、副科长、主任，盟档案局副局长、副馆长。1997年起，历任杭锦旗委副书记、旗政协主席、政法委书记。2003年起，历任鄂尔多斯市委副秘书长、机关工委书记，鄂尔多斯市人大常委会副秘书长、办公厅党组副书记、

人大常委会委员、办公厅主任。2020年起，历任鄂尔多斯市住房和城乡建设局、市场监督管理局党组书记。鄂尔多斯市一届政协委员，二届、三届人大代表。康巴什新区书法家协会名誉主席、金水阁书画院艺术顾问、青春山书画艺术协会顾问，著有文学作品集《一年》。

张永秦　1963年3月生，海湾张家沟村张家沟组人，中共党员。1982年参军，后勤工程学院毕业后，历任某部后勤处营房股助理员、副营级营房股股长，泾阳县武装部后勤科科长，荣立三等功1次，多次被兰州军区评为先进个人。2000年转业后，先后在泾阳县烟草局、咸阳市烟草局工作。

苏月亮　1963年3月生，神树塔村苏家塔组人。1982年10月参军，任班长。1985年，参加中越边境自卫还击战。1987年，在战地后勤物资供应中表现突出，荣立个人三等功1次。1988年，退役后在神木县哈拉沟煤矿工作。

白子荣　1963年6月生，三卜树村寸草壕组人，中共党员。1983年起在孙家岔乡政府工作，历任孙家岔乡副乡长、神木镇副镇长。1996年，调榆神开发区管委会工作，历任海湾矿业公司总经理、能源开发公司办公室主任、项目办副主任。2003年起，历任陕投集团神木化学工业公司副总经理、党委副书记、党委书记、常务副总经理，神华集团神木化学工业公司党委书记、常务副总经理，神木能源集团有限公司副总经理、集团运销公司董事长兼总经理。

张雄光　1963年8月生，燕家塔村王洛沟组人，中共党员。1982年陕西省财经学校毕业后，在榆林地区财政局工作，历任农财处副主任、农业科科长、榆林市国库集中支付中心副主任、主任。

郭增贵　1963 年 9 月生，庙沟村张家沟组人，中共党员。2003 年起在孙家岔镇合伙开办焦化厂。2009 年，组建成神木市腾远煤化工有限公司，任总经理。其个人和所办企业多次为公益事业捐款。

边世斌　1963 年 12 月生，三卜树村黄花界组人，中共党员，正高级工程师。1983 年陕西省交通学校毕业，在陕西省公路勘察设计院（陕西省交通规划设计研究院）工作，历任设计所所长、副院长。2010 年，任陕西交通技术咨询有限公司副总经理、专家组组长。陕西省公路学会会员，中国公路学会环境与可持续发展分会理事，参与或主持完成的多项高速公路设计项目多次获奖。2005 年，被评为“第三届中国公路百名优秀工程师”“陕西省优秀勘察设计师”。2007 年，被评为陕西省先进工作者。

李志钧　1963 年出生，乔家塔村碾房峁组人，副主任医师。1983 年榆林地区卫校毕业，在尔林兔医院工作，1986 年，调至神木县医院从事眼科临床工作。

杨光亮　1963 年生，三卜树村寸草壕组人，中共党员。1982 年起，先后在神木中学、县计生局工作。1996 年起，历任神木县干部职工计划生育管理办公室副主任、主任，神木县卫生局副局长兼卫生监督所所长。2014 年，任神木市供销社主任。

何永义　1964 年 3 月生，庙沟村苗家沟组人，中共党员。1982 年参军，任班长，1985 年参加中越边境自卫还击战，荣立三等功 1 次，被授予“老山战地优秀共产党员”。1987 年退役，在神木供销系统工作。

孙志忠　1964年4月生，孙家岔村二组人，中共党员。1982年西安电力学校毕业后，历任宁夏大武口电厂技术员、华能精煤神木自备电厂车间主任、科长、二期筹建处科长、副处长，神华神东自备电力公司自备电厂厂长、公司副总经理。2009年起，历任陕西恒源投资集团有限公司总经理、董事长。中共榆林市第四次代表大会代表。

王国忠　1964年6月生，朱概塔村朱概塔组人，中共党员。1982年参军。1985年，参加中越边境自卫还击战，因无线电通信保障工作突出，荣立三等功1次，被军部授予“老山战地优秀共产党员”。1987年，退役后在哈拉沟煤矿工作。1998—2012年，任神东集团公司新闻中心技术部副主任。

张振华　1964年9月生，孙家岔村一组人，中共党员。1983年7月参加工作，先后在孙家岔中学、县交通局工作。1996年起，历任乔岔滩乡副乡长、孙家岔镇纪委书记、栏杆堡镇党委副书记兼人大主席、锦界管委会办公室党支部书记兼副主任。2019年，任神木市高新技术产业开发区管委会副主任。

杨　春　1964年10月生，三卜树村寸草壕组人，中共党员，主任医师。1985年鄂尔多斯市卫校毕业，在内蒙古乌审旗医院工作。2008年，任神华神东总医院副院长。2018年，任鄂尔多斯市第三医院党总支书记、副院长。

燕振兴　1964年11月生，神树塔村燕家伙盘组人，中共党员，高级教师。1983年榆林师范学校毕业，从事教学工作，历任孙家岔中心小学副校长、永兴中学校长兼学区校长、大柳塔第二小学校长、大柳塔第一小学校长、矿区第一小学校长。孙家岔中学团总支书记、学区少先队辅导员。

张胜荣 1964年12月生，海湾张家沟村海湾组人，中共党员。2006年起，先后开办府谷木房沟煤矿、神木阳崖煤矿、府谷兴胜民煤矿、府谷宋家圪台煤矿等企业。其与所办企业多次为公益事业捐款，2018年筹集3800余万元修建可灌溉600余亩耕地的海湾蓄水坝。

苗逢春 1965年3月生，庙沟村韩家梁组人，中共党员，少校军衔。1985年参军，1990年重庆后勤工程学院毕业，在解放军第325医院工作，历任助理员、协理员、院务处处长，荣立个人三等功1次，嘉奖5次。2003年转业后自主创业。

马景平 1965年10月生，柳树峁村二组人，中共党员。1986年参加工作，历任鄂尔多斯市地税局宣教科科长、税政三科科长、监察室主任，杭锦旗地税局局长，鄂尔多斯市地税局征收科科长、鄂尔多斯市税务局科长。2002年，被国家税务总局评为“全国纪检监察先进个人”。

苏　阳 1966年1月生，神树塔村苏家塔组人，中共党员。榆林农校毕业后在中鸡乡政府、县乡镇企业局工作，历任神木县政府办副主任科员、县经济信息中心副主任、县发改委副主任、县项目办主任，榆林市纪委党风政风监督室副主任、副县级巡察专员，榆林市委巡察办副主任。政协神木县第六届、第七届委员，多次被评为神木县优秀公务员、榆林市优秀公务员。

雷杰祥 1966年4月生，柳树峁村四组人，中共党员。1988年榆林农校毕业，先在沙峁镇政府、中鸡镇政府、县科技开发中心、县委宣传部等单位工作。1999年起，历任县文明办副主任、县旅游局副局长、红碱淖景区管委会办公室主任、县旅游局局长、神木市水利局局长、陕煤神木柠条塔矿业公司副董事长。

崔德荣　1967年2月生，排界村尚伙盘组人，中共党员。1991年陕西省物资学校毕业，先在县物资局、中国银行神木支行工作。2016年起，历任中国银行神木支行行长、榆林分行高级客户经理，多次被中国银行系统评为“先进工作者”“优秀客户经理”“中银卓越员工”。

张卫昌　曾用姓名张富昌，1967年3月生，王道恒塔村刘城腰山组人，中共党员。1986年11月参军，参加中越边境自卫还击战，荣立个人三等功1次。1991年12月退役，在内蒙古乌审旗工作。

訾向阳　1967年7月生，海湾张家沟村小元梁组人，高级工程师。1986年陕西省水利学校毕业，在神木县建筑设计院、神木县煤炭工业局工作。2000年起，历任北京朝林集团主任工程师、农业部北京设计院主任工程师、北京中华建规划设计研究院第二设计所所长。2006年，创办北京华宇阳光城市建设设计顾问有限公司，任总经理。2011年，任中国建筑标准设计研究院工作室主任。

马振华　1967年11月生，海湾张家沟村訾家庄组人，中共党员。1985年起，先后在店塔供销社、訾家庄煤矿、海荣洗煤厂、永盛源精煤科技公司工作。2019年，被榆林市总工会评为“能源化工行业示范人物”。2021年，被评为榆林市劳动模范。

贾和平　1968年2月生，三卜树村本头焉组人，中共党员，正高级工程师（专业技术四级），专业技术大校军衔。1986年参军，长期从事卫星通信技术工作，获多项军队科技进步奖，荣立二等功1次、三等功1次。2007年，被中央组织部、人事部、中国科协授予“第十届中国青年科技奖”。2019年，被总政治

部授予“全军优秀青年标兵”。

张晓燕　女，1968 年 2 月生，海湾张家沟村海湾组人，中共党员。1988 年，在神木县烟草专卖局工作。2010 年起，历任神府煤田烟草专卖局（分公司）局长（经理）、党支部书记，神木县烟草专卖局（分公司）局长（经理）、党支部书记。2012 年，被评为陕西省劳动模范。2013 年，被榆林市直工委授予“五好党员”荣誉。

王光亭　1968 年 10 月生，神树塔村神树塔组人，中共党员。1988 年，在内蒙古伊金霍洛旗新街治沙站工作。1999 年起，历任旗政协办副主任、旗政协办主任、旗委综合调研室主任、旗档案局局长。2019 年，任旗政协党组成员、四级调研员。2021 年，任旗纪委监委三级调研员。

李　强　1968 年 11 月生，朱概塔村李家湾组人，中共党员。1988 年榆林师范学校毕业，先在孙家岔中学任教。1990 年起，历任孙家岔镇党委秘书、瑶镇乡武装部部长、西沟乡党委副书记、神木镇党委副书记、神木镇人大主席。2006 年起，历任大保当镇镇长、大柳塔镇镇长、高家堡镇党委书记、县政府办公室副主任、招投标办主任、市城市管理执法局局长、陕煤神木柠条塔矿业公司副总经理。

张增芹　女，1968 年 12 月生，排界村新伙盘组人，籍贯中鸡镇，中共党员。1988 年 7 月榆林师范毕业，在店塔小学任教。1990 年起，历任县人大常委会信访接待室副主任、县科协主席、县妇联主席、市人大常委会专职委员。

李早香　女，1968年生，乔家塔村碾房峁组人，籍贯沙峁镇，副主任医师。1987年榆林地区卫校毕业，先后在大保当医院、县中医院、神木市医院工作，任神木市医院疼痛科主任、麻醉科副主任，榆林市疼痛学会委员，榆林市麻醉学会委员。

李　斌　1969年12月生，孙家岔村一组人，中校军衔。1987年参军，就读省人民武装学校，后在神木县人武部工作。1999年起，历任清涧县武装部政工科科长，府谷县人武部政工科科长、副部长。2010年，任府谷县政府副调研员。

李金喜　1970年1月生，朱概塔村李家湾组人。2002年开始从事煤炭资源开发工作，先后承包柠条塔煤矿、瓷窑塔煤矿，在内蒙古鄂尔多斯市创办巨鼎煤矿机械装备公司、天然气公司、煤炭物资贸易公司，在神木创办腾远煤化工公司。其所办企业多次为公益事业捐款。

杨永红　1970年9月生，柠条塔村沙峁组人，中共党员，高级经济师，国家注册采购师。1992年西北大学毕业，在神东煤炭公司工作。2000年起，历任神东实业开发公司总经理助理、神东发展公司物资供应部主任、企业管理策划部副主任、神东煤炭公司物资设备管理中心副主任、神东煤炭集团办公室主任。2010年起历任神华集团党建工作部宣传处处长、组织处处长、直属党委委员兼办公室主任，国家能源集团直属纪委书记兼党建工作部副主任。2019年、2020年、2021年被评为国家能源集团总部优秀员工，2021年获中央企业优秀党务工作者、国家能源集团优秀党务工作者、全国煤炭行业优秀组织工作干部荣誉称号。

杨光君 1971年2月生，三卜树村寸草壕组人。1996年参加工作，先后在神木发电公司、神府开发区市政管理所工作，历任榆神工业区公用事业局副局长、榆神工业区市政管理所所长、榆林经济技术开发区市政工程公司总经理。

燕　雄 1971年6月生，燕家塔村燕家塔组人，中共党员。1992年，在榆林天然气化工厂工作。2014年起历任榆林能源集团榆神煤电有限公司总经理助理兼西安办事处主任，陕西银河电力自动化股份有限公司董事长、陕西银河发展（集团）有限公司总经理，榆林能源化工交易中心总经理、榆林能源榆神煤电有限公司副总经理。

张胜清 1971年7月生，乔家塔村张家村组人，中共党员。1992年陕西省水利学校毕业，在神木县水保队工作。1999年起，历任乔岔滩乡副乡长、瑶镇乡副乡长、锦界镇副镇长、解家堡乡党委副书记兼纪检书记、大柳塔镇党委副书记兼纪检书记、大柳塔镇人大主席。2016年，任神木市神海水务公司董事长。

张　鹏 1971年9月生，燕家塔村王洛沟组人，中共党员。1991年参加工作，历任高家堡镇副镇长、解家堡乡人大主席、麻家塔乡人大主席、解家堡办事处主任、迎宾路街道办主任、神木市兰炭特色园区党工委副书记、市残联理事长。

强红梅 女，1971年11月生，柠条塔村沙峁组人，籍贯榆阳区，中共党员，高级政工师，国家二级心理咨询师。1994年延安大学毕业，先后在神木职中、大柳塔矿区中学任教。2005年，调神东公司工作。2020年起，历任国家能源集团北京低碳清洁能源研究院纪委办公室（审计部）顾问、副主任（主持工作）。

訾光锐　1971年12月生，海湾张家沟村后喇嘛寺组人，中共党员。1992年陕西商业专科学院毕业，在中国银行工作，任中国银行陕西省分行金融部总经理，获全国金融系统“五一劳动奖状”，陕西省金融系统“五一劳动奖章”。

麻　锐　1971年12月生，柠条塔村柠条塔组人，中国民主建国会会员。延安大学毕业，先后在神木中学、神木县兰炭产业办工作。2011年起，历任神木县燕家塔工业园区管理委员会规划建设科科长、副主任。2019年，任神木市兰炭产业特色园区管理委员会副主任。2020年，民建榆林市委会专职副主委。

杨　成　1972年10月生，柠条塔村沙峁组人，中共党员，高级政工师。1995年参加工作，历任神木玻璃厂车间副主任、主任，神华神东电力公司黄玉川煤矿综合办公室副主任，榆林神华能源公司郭家湾煤矿综合办公室主任、公司工会和党群工作部主任助理，国家能源集团陕西神延煤炭公司党建工作部副主任（主持工作）。

张艳飞　女，1972年10月生，燕家塔村王洛沟组人，高级会计师、注册会计师。1994年东北财经大学毕业，先后在陕西省国有资产管理局、陕西省财政厅、陕西省国资委工作。2009年起，历任陕西省国资委财务监督与考核评价处副处长、财务监管处处长。

杨　剑　1973年7月生，宏光村杨家湾组人，中共党员。1992年参加工作，历任瑶镇乡乡长助理、大柳塔镇副镇长、尔林兔镇镇长、尔林兔镇党委书记、店塔镇党委书记、神木市交通运输局局长、市财政局局长。

张雄虎　1973 年 8 月生，燕家塔村王洛沟组人，中共党员。1992 年榆林师范学校毕业，先后在孙家岔中学、县水务局工作。2007 年起，创办企业，任陕西恒德煤焦电化集团有限公司总经理。神木市第二届人大常委会委员，榆林市第五届人大代表。2015 年，获“榆林市五一劳动奖章”，2016 年、2018 年被评为县“优秀共产党员”，其个人和所办企业多次为公益事业捐款。

高林峰　1974 年 7 月生，柳树峁村一组人，中共党员。1996 年，在神华神东电力公司自备电厂工作。2004 年，在浙江国华余姚燃气发电公司工作，后任总经理助理。2015 年起，历任神华国华（舟山）发电公司纪委书记、北京国华电力公司浙江分公司副总经理兼营销中心主任、国能绥中发电公司副总经理、国家能源海南公司经营管理部副主任。

张雄哲　1974 年 12 月生，燕家塔村王洛沟组人，中共党员。1995 年，在榆林市生产力促进中心工作，兼榆林市专利事务所专利代理人。2001 年起，历任榆林市生产力促进中心副主任、榆林市科技局综合计划与资金科科长、榆林市科技局副局长。

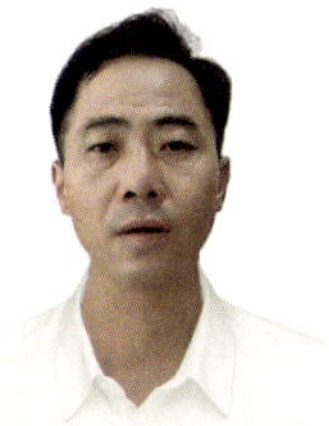

孙　杰　1975 年 8 月生，孙家岔村一组人。2011 年，创立陕西浩江煤业集团有限公司，任董事长，其公司和个人多次为公益事业捐款。

高林涛　1976 年 4 月生，柳树峁村一组人。1998 年，创办神府经济开发区装饰有限公司。2002 年起，从事煤炭、建材、房地产行业。2014 年，组建陕西德林能源集团有限公司，主要经营范围涉及煤矿、煤矿采掘、仓储物流等领域。其个人及所办企业为公益事业累计捐款 2300 余万元。高林涛是陕西省第十二届人民代表大会代表，榆林市第二届人民代表大会代表。

杨　艳　女，1976年12月生，柠条塔村沙峁组人。1998年参加工作，先后在孙家岔中学、神木县第二中学、神木县第八中学、神木市第二中学任教。获榆林市初中语文组十大名师、榆林市首届好老师、陕西省教育技术课题先进个人、陕西省教学能手等荣誉称号。2021年，郑州大学出版社出版其主编的《应用文写作指南》。其祖父杨作樑、叔父杨文忠、父亲杨文祥、姑母杨金娥均任教30年以上。2019年，中共榆林市委、榆林市人民政府授予其家庭“榆林市教育世家”称号，后被陕西省教育厅授予“陕西省教育世家”称号。

杨　勇　1977年8月生，宏光村杨家湾组人，中共党员。1996年榆林师范学校毕业，在县政府办工作，后历任县驻京联络处副主任、主任，神木市接待中心主任，市人大常委会办公室主任。

郭树亮　1977年8月生，排界村新伙盘组人。1994年参军，荣立三等功1次。1997年，退役后在海湾煤矿工作，后自主创业。

孙永平　1977年9月生，孙家岔村一组人，中国民主建国会会员，经济学博士，教授，湖北经济学院“腾龙学者”。2002年，西安电子科技大学毕业。2005年，武汉大学硕士毕业。2010年，武汉大学博士毕业。2013年起，在湖北经济学院工作，历任低碳经济学院副院长、碳排放权交易湖北省协同创新中心常务副主任、《环境经济研究》常务副主编、湖北大学和湖北经济学院硕士研究生导师、日本名古屋大学和荷兰格罗宁根大学访问学者。湖北省宣传文化人才培养工程“七个一百”项目（哲学社会科学类）入选人员。研究领域为资源经济学和环境经济学，在国际期刊发表论文多篇，主持科研项先后获得湖北省

多项教学科研奖励。多次参加国际学术交流，任“绿色低碳发展智库伙伴”专家库成员、中国“双法”学会能源经济与管理分会理事、中华发展经济学会理事、中国环境科学学会气候变化分会理事、澳大利亚中国经济研究学会理事、中国环境经济学会理事和中国“双法”研究会低碳发展管理专业委员会理事。

崔增贤　1978年5月生，排界村尚伙盘组人，中共党员，高级工程师，少校军衔。2001年，空军第二航空学院毕业后，在解放军某部工作，其工作表现突出，荣立三等功8次。

白军刚　1979年3月生，刘石畔村人，消化内科副主任医师。2004年延安大学临床医学本科毕业，后在神木市医院从事消化内科和内镜诊断治疗工作。为陕西省抗癌协会内镜专业委员。发表论文数篇。

张鹏飞　1979年3月生，王道恒塔村刘城腰山组人，中共党员。1995年12月在解放军某部队服役，1998年12月，退役返乡途中在火车上灭火，荣立个人二等功1次。后在神木市社会秩序维护中心工作。

郄丽霞　女，1979年12月生，海湾张家沟村尔林兔沟组人，籍贯花石崖镇，中共党员。2001年西安培华女子大学毕业，先后在锦界镇政府、市档案局工作，历任市档案局副局长、党支部书记，市妇女联合会主席。

李　宏　1980年10月生，宏光村杨家湾组人，中共党员。2001年西北大学毕业，历任乔岔滩乡长助理、花石崖镇镇长、高家堡镇镇长、太和寨办事处党委书记、花石崖镇党委书记、滨河新区党工委书记。2020年，任大柳塔镇镇长。

白玉军　1981 年 6 月生，乔家塔村白圪堵组人，中共党员。内蒙古农业大学毕业，历任陕煤集团神木张家峁矿业公司综采一队队长、调度指挥中心主任。多项科技创新成果获得实用新型专利，多次获公司先进工作者、优秀管理干部、劳动模范、优秀共产党员。2021 年，任陕西府谷涌鑫矿业公司总经理。

王智荣　1982 年 10 月，柳树峁村马连湾组人，中共党员。2006 年内蒙古大学毕业，在内蒙古乌海市住房和城乡建设委员会工作。2011 年起，历任乌海市住房和城乡建设委员会机关事务中心副主任、乌海市委政策研究室文化与社会科科长、综合科科长、市政府办公室副主任。

白彦平　1982 年 10 月生，乔家塔村白圪堵组人，中共党员。上海财经大学毕业后在《解放日报》社工作，历任经济部、党政部记者，新闻编辑部编辑、主编，主创《焦点》专栏获第二十九届上海新闻奖新闻名专栏奖，创作的新闻作品多次获奖。

孙　刚　1982 年 12 月生，孙家岔村一组人。2003 年榆林艺校毕业后从事文艺工作。2008 年，荣获陕西省声乐大赛民族专业组二等奖。2011 年，参加中央电视台“星光大道”获周冠军。后多次担任“星光大道”评委，并参加央视综艺节目。2019 年，发行原创歌曲《西北情思》《唢呐声声》。

白　玉　1983 年 2 月生，柠条塔村柠条塔组人。2008 年天津大学硕士研究生毕业，在中国农业银行工作。2019 年，澳大利亚新南威尔士大学博士研究生毕业后留校工作。

王在军 1984年3月生，海湾张家沟村神官梁组人，中共党员。2000年12月在武警某部队服役，多次被评为优秀指挥员、优秀教练员、优秀党员，2005年荣立个人三等功1次。2008年12月退役，后自主创业。

杨光耀 1984年3月生，庙沟村高家梁组人，中共党员。2008年，大学毕业后在陕煤神木红柳林矿业公司工作。2017年起，历任陕煤小保当矿业公司部门负责人、公司副总经理，陕煤榆北煤业公司榆林选煤分公司常务副总经理、党总支书记、总经理。

张建国 1985年2月生，海湾张家沟村张家沟组人，中共党员，政工师。2009年，在国家能源集团榆林能源公司运销处燕家塔站工作。2010年起，历任公司企管法务部科长、驻村扶贫第一书记兼工作队长。2020年，任公司团委书记，并获榆林市优秀第一书记称号。

刘海军 1985年6月生，刘石畔村人，中共党员。2011年参加工作，历任华夏银行鄂尔多斯分行、浦发银行神木支行客户经理，光大银行神木支行副行长、行长。2021年，荣获第二届“神木市十大杰出青年”。

张　帆 1988年10月生，乔家塔村张家村组人，博士生。2004年，考入北京大学物理学院，获物理和经济学双学士学位。2015年，获美国伦斯勒理工大学计算力学博士学位，后在澳汰尔工程软件（上海）有限公司、北京旷视科技有限公司担任软件开发工程师、资深架构师。2021年，任深圳屹艮科技有限公司副总经理，负责多物理场工坊的研发。

李　哲　1990年3月生，乔家塔村碾房峁组人，副研究员。2012年武汉理工大学工学及文学双学士毕业，2018年香港城市大学哲学博士学位毕业。2015年澳大利亚核科技组织布拉格研究所访问学者、2017—2018年美国密苏里大学堪萨斯分校化学系访问学者。2018—2020年美国杜邦公司电子与成像事业部高级化学工程师。2020年，任中国科学院深圳先进技术研究院（深圳先进电子材料国际创新研究院）副研究员。

刘　波　1993年2月生，柠条塔村柠条塔组人，中共党员。2019年南京大学博士毕业后，在德国柏林自由大学读博士后。发表学术论文多篇。

名　录

历任镇级党政主要领导人员

郭建华　中共党员，1949 年 7 月至 1950 年 4 月任牌界区委书记，1950 年 7 月至 1953 年 3 月任牌界区委书记。

薛子兰　中共党员，1950 年 4 月至 1950 年 7 月任牌界区委书记。

王根元（1916—1987）马镇镇盘塘村人，中共党员。1931 年在山西兴县参加革命工作，1944 年调神府县工作，1949 年 7 月至 1949 年 10 月任牌界区区长。后历任王桑塔区委副书记、马镇区委书记、麻家塔区委书记、尔林兔区委书记、尔林兔公社党委书记、国营尔林兔农场场长、麻家塔公社党委书记、县饮食服务公司党委书记。

贾正英（1920—1997）贺家川镇贾兴庄村人，中共党员。1937—1945 任神府县四区二乡乡长，1949 年 10 月至 1950 年 4 月任牌界区区长。1952 年调宝鸡工作，先后在第二康复医院、西关医院、宝鸡市人民医院从事后勤总务工作，1962 年任宝鸡市环境卫生管理处主任。

王士科（1921—1992）沙峁镇九坬村人，1942 年参加革命工作，1945 年至 1949 年历任沙峁区公署二乡、五乡、六乡乡长，1952 年 8 月至 1953 年 3 月任牌界区区长，1953 年 3 月至 1956 年 4 月任孙家岔区公所区长。1957 年后历任瑶镇区长、瑶镇公社管委会主任。

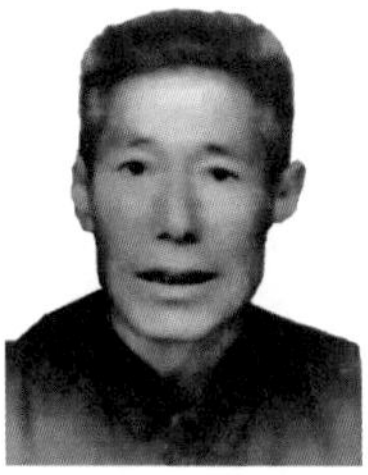

刘耀西（1910—1973） 沙峁镇菜园沟村人，中共党员。1949年任神木县建设科副科长，1950年4月至1952年8月任排界区区长。1954年调府谷县工作，历任县粮食局局长、民政局局长。

郭兆举（1921—1976） 沙峁镇郭家塄村人，中共党员。1937年参加革命工作，1945年起历任神府县一区五乡乡长、五区一乡乡长、二区区委书记、王桑塔区委副书记、解家堡区委书记。1953年3月至1955年9月任孙家岔区委书记，后历任神木县纪检委副书记，府谷县监察委员会副书记、武家庄区委书记、石马川区委书记、民政局局长、农林水牧站主任、府谷县革委会副主任。

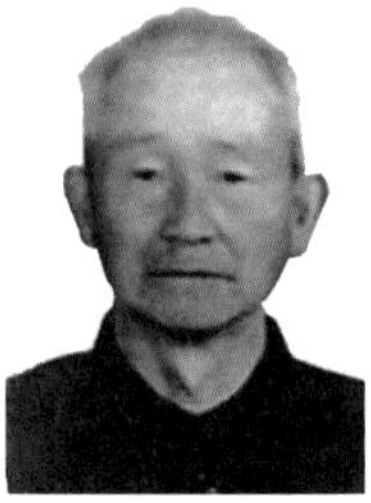

温宝玉（1924—2003） 贺家川镇香草塄村人，中共党员。1942年参加革命工作，1947年在延安边区师范学校学习，后在榆林地委、神木县委工作，1953年起历任永兴、瑶镇区委书记，1955年9月至1958年9月任孙家岔区委书记，后历任神木县医院、大保当、尔林兔公社党委书记。

王定选（1918—1973） 花石崖镇后申沟村人，中共党员。1935年4月参加革命工作，历任神府县政府警卫队指导员、陈家坪区区长、太和寨区区长、高家堡区委书记、瑶镇区委书记、榆林地委组织部副部长、地区公安处副处长。1956年4月至1956年8月任孙家岔区长，后历任榆林牛家梁农场书记、大河塔公社党委书记、榆林县商业局局长。1966年“文化大革命”后受到冲击，被关押至“牛棚”劳动，1979年平反。

张启亮（1926—1988） 沙峁镇白岊村人，中共党员。1948年参加工作，1956年8月至1957年12月任孙家岔区区长，后历任马家岔区区长、尔林兔农场分场书记，郝家中墕公社、栏杆堡公社、瓦罗公社主任，神木示范农场主任。

高增春（1919—2009） 贺家川镇高家坬村人，中共党员。1936年参加工作，1945年8月起历任神木县三区四乡、六乡乡长，1949年任陕西省最高人民法院助理审判员，1957年12月至1958年9月任孙家岔区区长，1958年9月至1958年12月任孙家岔公社党委书记，1958年12月至1965年9月任孙家岔公社管委会社长。后历任尔林兔林场场长、红花渠负责人、新民林场场长。

姜万德（1928—2010） 迎宾路街道窑湾村人。1948年参加工作，先后在神木县公安局、文卫局、城关公社、永兴公社、孙家岔区工作，历任孙家岔区锁匠伙盘乡乡长、燕家塔国营农场场长，后调西沟公社工作。

李　平（1930—2013） 沙峁镇石板上村人，中共党员。1945年参加工作，1958年9月至1958年12月任孙家岔公社社长。后历任中鸡、活鸡兔、万镇、解家堡公社党委书记，县建筑公司党支部书记、民政局局长、农业局局长、县人大常委会副主任。

贺顺刚（1927—2005） 栏杆堡镇贺家沟村人，中共党员。1949年参加工作，历任沙峁区副区长、高家堡区副区长、栅子沟公社社长，1958年12月至1959年11月任孙家岔公社副社长，1961年6月至1964年9月任刘家石畔公社党委书记，后任神木南郊农场书记。

胡文标（1932—2020） 麟州街道人，中共党员。1950年参加工作，1958年12月至1961年1月任孙家岔公社党委书记，1964年3月至1965年4月任孙家岔区长。后任神木县革委会副主任、兼县武装部书记、政委，神木县革委会主任，子洲县委书记、陕西省人民检察院榆林分院检察长。

王道和（1931—2001） 马镇镇王家坡村人。1948年参加工作，1961年1月至1962年10月任孙家岔公社党委书记，后历任瓦罗公社党委书记、栏杆堡公社党委书记、神木县建筑公司党委书记、闫家堡抽水工程总指挥、太和寨公社党委书记兼革委会主任、神木县电力局局长、县供销联社理事会主任。

王文英 （1921—1974） 贺家川镇王家坬村人，中共党员。1936年参加革命工作，先后参加抗日战争、解放战争、抗美援朝战争，历任班长、排长、连长、营长，1958年从辽宁军区转业至神木县民政局工作，1961年6月至1962年2月任刘家石畔公社社长。

杨俊秀 （1925—2009） 店塔镇杨城村人，中共党员。1941年参加革命工作，先后在乡政府、榆林地区党校、神木县商业局任职，1961年任大柳塔公社社长，1962年2月至1962年11月任刘家石畔公社社长。

刘文科（1931—2003） 贺家川镇刘家湾村人，中共党员。1947年6月参加革命工作，历任甘肃省酒泉市团地委组织部部长、玉门县委副书记、甘肃省劳改局劳改处处长，1962年10月至1964年3月任孙家岔公社党委书记，后历任尔林兔军垦农场政委、马合军垦农场政委、榆林革委会生产组及公交组组长、榆林电厂厂长、清涧县革委会副主任、榆林供电局副局长。

李世岐（1927—2010） 沙峁镇石角塔村人，中共党员。1954年起历任永兴区委书记、高家堡区委书记、县党校校长，1962年11月至1965年12月任刘家石畔公社社长，后历任神木县委农工部副部长、县畜牧局副局长、县林业局咨询。

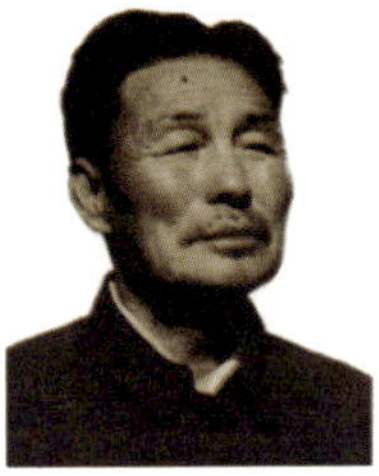

刘曰孝（1923—2002） 高家堡镇青阳树沟人，中共党员。1945年参加革命工作，历任尔林兔综合厂党支部书记、瑶镇公社党委书记，1964年3月至1965年9月任孙家岔区工委书记，后历任贺家川、城关公社党委书记。1973年起历任神木县委常委、县革委会副主任、县人大常委会副主任、县委顾问。

贾治国（1930—2012） 店塔镇梁家塔村李六伙盘组人，中共党员。建国前参加革命工作，1964年9月至1965年4月任刘家石畔公社党委书记，后历任解家堡公社社长、城关公社社长、大柳塔公社党委书记。

刘生珍 （1923—1983） 花石崖镇下马家湾村人，中共党员。1949年参加工作，1965年4月至1966年9月任刘家石畔公社党委书记，后任贺家川公社党委书记、神木县水电队队长、滴水崖水电站书记。

王忠科（1916—2008） 马镇镇申家沟村人，中共党员。1937年参加革命工作，1953年起历任栏杆堡区副区长、马镇区区长、区委副书记、菜园沟公社社长，1965年9月至1967年4月至任孙家岔公社管委会社长，1968年9月至1970年6月任孙家岔革委会主任，1971年起历任县航管站站长、云惠渠管委会主任。

赵世贤（1932—1987） 陕西榆林市榆阳区人，中共党员。1953 年参加工作，1964 年 12 月至 1965 年 12 月任孙家岔公社党委副书记，1965 年 12 月至 1966 年 9 月任刘家石畔公社社长。后任大柳塔公社、瑶镇公社党委书记，神木县工商行政管理局局长、咨询。

傅世勤（1932—2013） 陕西安康市汉滨区人，中共党员。1951 年在岚皋县土改工作队工作。1952 年 6 月，响应安康支援榆林干部号召，调神木县建设科工作，后在县宣传部工作，1965 年 12 月至 1966 年 9 月任孙家岔公社党委书记，1966 年 10 月主持县宣传部工作。1966 年 11 月，调陕西安康县工作，历任县运输公司书记、交通局局长、城乡建设局局长、县政府巡视员。

贺海乾（1926—1984） 万镇镇新才湾村人，中共党员，1940 年参加革命工作，历任榆林地区公安处南郊派出所所长兼看守所所长，1966 年 9 月至 1967 年 4 月任孙家岔公社党委书记，后任神木县公安局教导员兼副局长、神木中学党支部书记、神木县物资局局长。

焦培俊（1927—1993） 马镇镇马镇村人，中共党员。1955 年起历任县供销合作联社副主任、县商业局副局长、栏杆堡公社社长、县国营地毯厂书记、县机械厂书记。1970 年 6 月至 1976 年 7 月任孙家岔公社革委会主任，1971 年 1 月至 1976 年 7 月兼任孙家岔公社党委书记，后历任县供销合作联社副主任、监事会主任。

郭基有（1938—2005）马镇镇郭家会村人，中共党员。1958 年参加工作。1975 年 11 月至 1980 年 12 月任孙家岔公社革委会副主任，1975 年 11 月至 1983 年 2 月任孙家岔公社副书记，1980 年 12 月至 1983 年 2 月任孙家岔公社管委会主任。后历任贺

家川公社党委书记、大柳塔乡党委书记、县矿建办负责人。

刘买义　1950年1月生，沙峁镇沙峁村人，中共党员。1967年参加工作。1976年7月至1984年4月任孙家岔公社党委书记，1976年7月至1976年10月兼任孙家岔革委会主任，后历任神木公路铁路建设总指挥、神木县副县长、靖边县常务副县长、横山县县长、横山县委书记，2000年任陕西省山川秀美办主任助理、副巡视员。

路怀亮　1943年生，贺家川镇路家南坬村人，中共党员。1964年参加工作，1978年任贺家川公社社长，1983年2月至1984年4月任孙家岔管委会主任兼副书记，后任神木县邮电局局长。

刘登荣　1951年6月生，店塔镇许家沟村人，中共党员。1968年参加工作，1984年4月至1986年10月历任孙家岔公社、孙家岔乡党委书记。后历任县教育局局长，榆林财贸学校党委书记、校长，榆林市委驻神木工委书记，神木县委调研员。

张世卿　1944年10月生，店塔镇张明沟村人，中共党员。1968年参加工作，1970年任孙家岔公社教育专干，1984年4月至1986年6月任孙家岔公社管委会主任、孙家岔乡乡长。后历任县蛮兔塔国营煤矿矿长，榆家梁国营煤矿筹建处副处长、副矿长、书记，沙坡煤矿书记，神木县城市经济调查队队长。

郝亚雄　1958年5月生，府谷县庙沟门镇郝家沙墕村人，中共党员，政工师。1975年参加工作，1984年7月至1986年6月任孙家岔乡副乡长，1986年6月至1986年10月任孙家岔乡乡长。后历任太和寨乡乡长、党委书记，神木县煤炭公司总经

理、县政府副县长，榆林市环保局副局长、调研员。

张世峰　1945年5月生，店塔镇张明沟村人，中共党员。1963年参加工作，1986年10月至1989年3月任孙家岔乡党委书记。后历任神木县煤管站书记、站长、煤炭工业局副局长，榆林地区黄羊城新城川煤炭集装站筹建处副主任。

徐占华　1956年10月生，中鸡镇纳林采当村人，中共党员。1975年参加工作，1985年10月任孙家岔乡党委副书记，1986年10月至1989年7月任孙家岔乡乡长。后历任县林站站长、县农业局副局长兼农技中心主任、市慈善协会副会长。1997年获全国绿化奖章。

乔申有　1954年1月生，高家堡镇木瓜山村人，中共党员。1970年参加工作，1986年10月任孙家岔乡党委副书记，1989年7月至1992年10月任孙家岔乡党委书记，后历任店塔镇党委书记，兼店塔地县电厂筹建处副主任、县纪检委副书记。1997年起历任神木县委常委、组织部部长，神木县委副书记，榆林市委驻神木直属工委书记，神木县委正县级调研员。

王治厚　1951年2月生，永兴街道三塘村人，中共党员。1968年参加工作。1987年3月任孙家岔乡副乡长，1989年7月至1992年10月任孙家岔乡乡长，1992年10月至1995年12月任孙家岔乡党委书记。后任县交通局局长，2004年兼任神通路业公司总经理。

白忠厚　1950年11月生，迎宾路街道白家塌村人，中共党员。1970年参加工作，1992年10月至1995年12月任孙家岔乡乡长，后历任神木县民政局副局长兼农保办主任、县残疾人联

合会理事长。

刘国富　1955年3月生，高家堡镇喇嘛村人，中共党员。1979年参加工作，1987年起历任麻家塔乡乡长、栏杆堡乡党委书记、尔林兔镇党委书记，1995年12月至1998年2月任孙家岔镇（乡）党委书记，后历任县林业局局长、县政协副主席。获感动陕西2005年度“十大杰出人物”、2008年全国绿化奖章。

袁如生　1961年10月生，滨河新区街道老虎沟畔人，中共党员。1980年参加工作，后任大柳塔镇副镇长，1995年12月至1998年11月任孙家岔镇（乡）长，后历任永兴乡党委书记、县政法委副书记兼综治办主任、陕煤集团红柠铁路公司副总经理。

王振兴　1964年8月生，府谷县田家寨镇王沙峁村人，中共党员。1982年参加工作，历任县原种场场长、果品公司经理、店塔镇镇长。1998年2月至2001年11月任孙家岔镇党委书记，后历任大柳塔镇党委书记、县经济发展改革局局长、陕煤神木红柳林矿业公司副董事长。

徐生玮　1965年10月生，大保当镇野鸡河村人，中共党员。1987年参加工作，历任神木县委办公室副主任、永兴乡党委书记，2001年11月至2006年10月任孙家岔镇党委书记，后历任锦界镇党委书记、县人力资源和社会保障局局长、陕西神延煤炭有限公司西湾露天煤矿副矿长。

吕小平　1967年8月生，麟州街道人，中共党员。1985年7月参加工作，后历任神木镇副镇长，店塔镇党委副书记、人大主席。2003年2月至2009年9月任孙家岔镇镇长，后历任太和寨乡党委书记、麻家塔办事处党委书记、陕煤神木红柳林矿业公司监事会主席。

郝怀宇　1963年5月生，栏杆堡镇郝家中墕村人，中共党员。1984年参加工作，历任解家堡乡党委副书记、太和寨乡乡长、万镇党委书记，2006年10月至2011年6月任孙家岔镇党委书记，后历任神木市柠条塔工业园区管委会主任、神木市兰炭产业特色园区管理委员会主任。

杨全生　1966年2月生，沙峁镇菜园沟村人，中共党员。1988年在中鸡乡政府参加工作，后历任沙峁乡副乡长、马镇镇副镇长兼计生办主任、瓦罗乡党委副书记、花石崖镇人大主席兼党委副书记、马镇镇镇长，2009年9月至2014年6月任孙家岔镇镇长，后历任万镇镇党委书记、锦界工业园区管委会纪委书记、神木高新技术产业开发区管委会党工委副书记。

李玉亭　1964年9月生，店塔镇马家概沟村人，中共党员。1984年参加工作，后历任县人才交流中心副主任、国有资产管理局副局长、高家堡镇镇长、高家堡镇党委书记，2011年6月至2016年4月任孙家岔镇党委书记，后任神木县林业局局长。

吴　瑜　1975年4月生，锦界镇黄土庙村人，中共党员。1998年参加工作，历任神木县政府办副主任、县政府督查室主任、西沟办事处主任，2014年6月至2018年2月任孙家岔镇镇长，后历任沙峁镇镇长、西沙街道党工委书记。

王浩彪　1971年5月生，马镇镇沟对面村人，中共党员。1992年参加工作，历任尔林兔镇纪检书记，马镇镇副镇长、人大主席、镇长，神木镇镇长，2016年4月至2019年8月任孙家岔镇党委书记，后历任神木市民政局局长、编办主任。

薛振荣　1973年11月生，西沙街道薛家塔村人，中共党员。1995年参加工作，历任太和寨乡武装部部长、贺家川镇纪检委书记、店塔镇党委副书记、店塔镇人大主席、高家堡镇镇长，2018年2月至2019年8月任孙家岔镇镇长，2019年8月至2020年4月任孙家岔镇党委书记，2019年9月兼任燕家塔管委会副主任，2020年4月任神木市能源局局长。

贾永利　1975年1月生，大柳塔镇布袋壕村人，中共党员。1997年参加工作，2006年10月任孙家岔镇副镇长，2011年7月起历任尔林兔镇人大主席、贺家川镇镇长，2019年8月至2020年4月任孙家岔镇镇长，后历任万镇镇党委书记、大保当镇党委书记。

贺晓东　1977年8月生，万镇镇兰家会村人，中共党员。1997年参加工作，历任榆林煤炭运销集团政治部副主任、集团公司驻山西朔州办事处副主任、店塔镇党委副书记（挂职）、锦界镇副镇长、锦界镇党委副书记、店塔镇人大主席，2020年4月任孙家岔镇党委委员，主持镇政府工作，2020年12月任孙家岔镇党委副书记、镇长。

杨　鹏　1976年8月生，中鸡镇中鸡村人，中共党员。1999年参加工作，历任神木县委考核办常务副主任、市直属机关工委书记，2020年4月至2021年6月任孙家岔镇党委书记，2020年10月兼任神木市兰炭特色产业园区管委会副主任，2021

年6月任麟州街道党工委书记。

李永智　1979年7月生，高家堡镇古今滩村人，中共党员。1999年在锦界镇政府工作，历任解家堡乡党委副书记、纪检书记，西沟办事处人大联络组组长，花石崖镇镇长、马镇镇党委书记，2021年6月任孙家岔镇党委书记。

历任村级组织主要干部名录

村（生产大队）党支部历任书记

孙家岔（水井湾）村：孙换艾、李永昌、孙学勤、白昌胜、孙文子、白科举、孙好勤、孙增亮、孙启俊、张兵飞、孙俊平、孙志发、孙伟、孙军。

朱概塔（刘家沟）村：王胜德、李文华、王子英、王正堂、王子卿、王子珍、郭子良、李志斌、王平、王志恩（兼）、孙振平、王彦平、李小平、王子卿、赵艳萍。

柳树峁村：曹外信、郝金保、蔡宽则、郭有良、屈万华、李治录。

庙沟（苗家沟）村：张不栓、杜应福、何智亮、王文学、折发则、刘凤山、王明俊、杨振亮、马金山、苗怀则、罗靖（兼）、郝增胜。

排界（缸房梁、尚伙盘、乔伙盘、新伙盘）村：张厚则、宋增强、呼启昌、杨耀成、李文华、杨耀金、王永珍、王生顺、张增田。

三卜树（庙梁）村：边喜则、贾三台、贾世光、李文彪、马买小、边在存、崔崇敬、刘静（兼）、杨光增、李文玉。

乔家塔（张家村、白家渠、敖包塔）村：梁增、侯良则、侯金良、张国英、任光俊、张进喜、白兰柱、刘治田、张俊善、张胜利、白清亮、白国平。

柠条塔（新民沟、肯铁令河、沙峁）村：白福太、刘斌子、邱外则、高面换、武飞则、白世宽、庞侯斌、高飞（兼）、宋光增、刘凤格、武玉雄。

刘石畔（超害梁）村：王成升、李金堂、刘米良、刘启荣、牛正平。

神树塔（平寺梁、梁山）村：贾银树、王丰胜、白治礼、王祥荣、苏向录。

王道恒塔（刘城腰山）村：刘阳林、王安正、刘永义、魏光荣、杨亮荣、张治昌、连宗厚、王彦军。

海湾张家沟（海湾、张家沟、尔林兔、訾家庄、喇嘛寺）村：白铁则、李柜如、李金堂、张文则、訾肯则、张加善、訾昌则、刘彪智、张占彪、刘铁锁、李占飞、张侯平。

燕家塔（王洛沟、沙沙庙、哈特兔）村：张仲举、李斌则、贾福寿、贾过计、张治承、张公字、王进、王进勤、王进学、李子亮、樊虎生。

宏光（沙坡、马连塔）村：赵知则、杨子彬、王占则、刘存良、张存维、杨孝先、赵正则、杨光清、王明昌、刘世国、王宽泽、李世飞。

村民委员会（生产大队）村主任（生产大队长）

孙家岔（水井湾）村：孙换艾、陈存柱、孙候宽、孙文华、孙文换、孙文蝉、孙乃高、孙周录、孙俊平、孙文祥、陈永虎、孙增亮、孙 伟（兼）、孙军（兼）。

朱概塔（刘家沟）村：王胜德、王买良、王子杰、杨丕先、李子华、李凤林、折增飞、王子林、王国强、王飞平、李小军、折增飞、赵世卿、王彦平（兼）、王子卿（兼）、赵艳萍（兼）。

柳树峁村：郭有良、杨杰先、蔡新宽、李治录、屈万华（兼）、李治录（兼）。

庙沟（苗家沟）村：杜应福、何智亮、张文秀、苗怀则、刘凤山、杨振亮、乔昌则、崔虎赖、杨子亮、郝增胜（兼）。

排界（缸房梁、尚伙盘、乔伙盘、新伙盘）村：郭加寿、张厚则、张兴有、杨耀成、宋增强、王永功、王启昌、张赖则、崔子亮、呼启昌、王永珍、宋在强、王明华、郭清则、崔玉亭、赵志刚、张增田（兼）。

三卜树（庙梁）村：贾三台、边沟赖、李福则、李永义、何树厚、李志刚、杨光增、崔志耀、边军、李文玉（兼）。

乔家塔（张家村、白家渠、敖包塔）村：侯金良、任光俊、张茂才、张进喜、李外信、白兰柱、张胜利、张德仁、刘国锁、白维民、张俊善、高栓飞、白清亮、白国平（兼）。

柠条塔（新民沟、肯铁令河、沙峁）村：白世宽、高宗才、邱外则、宋生则、张卡怀、武金魁、庞斌则、庞建明、武玉雄（兼）。

刘石畔（超害梁）村：李金堂、王成升、刘玉田、刘启荣、方胖则、刘德昌、牛光军、牛正平（兼）。

神树塔（平寺梁、梁山）村：白治礼、苏民则、王永胜、燕占良、王卫东、王卡云、苏向录（兼）。

王道恒塔（刘城腰山）村：刘阳林、张宗贤、王安正、杨堂仁、杨子清、赵子华、连宗厚、张治昌、乔金树、王彦军（兼）。

海湾张家沟（海湾、张家沟、尔林兔、訾家庄、喇嘛寺）村：李金堂、白铁则、李贵如、杨治国、张加善、訾德仁、刘铁锁、訾永良、訾占清、訾永洲、张占彪、訾永强、张侯平（兼）。

燕家塔（王洛沟、沙沙庙、哈特兔）村：张科举、尹运通、云宽则、乔三华、张治承、贾过计、王永功、樊万喜、燕永昌、何启昌、折子杰、燕亮宽、樊万喜、李志标、樊虎生（兼）。

宏光（沙坡、马连塔）村：王占则、杨耀庭、赵知则、李占胜、王生发、杨耀清、杨耀亮、李建军、王启昌、王宽泽（兼）、李世飞（兼）。

历任村民监督委员会主任

孙家岔（水井湾）村：李小强、孙好勤、陈永良、孙小兵。

朱概塔（刘家沟）村：王志平、刘占厚、王子卿。

柳树峁村：曹世平、王汉章、高林荣。

庙沟（苗家沟）村：高怀孝、蒋国卿。

排界（尚伙盘）村：崔刚亮、李文华、郭清则、王小平、王治宽。

三卜树（庙梁）村：杨光亮、李刚荣、李子俊、訾凤刚。

乔家塔（张家村）村：袁子林、白万和、梁田则、刘子荣、白飞军、袁平。

柠条塔（新民沟）村：王永华、吴雪、白飞荣、邱子亮。

刘石畔村：刘德高、刘卡彪。

神树塔村：苏光耀、李耀军。

王道恒塔（刘城腰山）村：王彦军、张勤华、李忠、乔建忠。

海湾张家沟（海湾、张家沟）村：白彦生、訾小平、李刚。

燕家塔（王洛沟、沙沙庙）村：张振华、王飞荣、赵志勇、燕兰廷、赵绘杰。

宏光（沙坡、马连塔）村：李卫华、李刚平、王明昌、王子昌。

2021年“光荣在党50年”党员名录

孙家岔镇机关党支部　邱杰宽、王树斌。

孙家岔村党支部　孙换艾、孙学勤、孙文子、陈兰香（女）、陈胜良、白在昌。

朱概塔村党支部　王正堂 。

柳树峁村党支部　王永发、蔡新宽 。

庙沟村党支部　杜应福、杨发则 。

排界村党支部　张凤占、崔子亮、崔子清、郭永泽、王永功、杨耀成 。

乔家塔村党支部　刘存则、张进喜、任光俊、姜加佑、李宝善、李宽昌、房有发、张存则、白兰柱、白候雄 。

柠条塔村党支部　牛贵如、白世宽、白雷栋、白富有、刘万伟、武玲则（女）。

刘石畔村党支部　刘启荣、白玉良 。

神树塔村党支部　白治礼、安仲则、安二则、王祥荣、王治录 。

王道恒塔村党支部　刘艮为、刘宗义 。

海湾张家沟村党支部　白铁则、李金堂、李玉生、訾占清、訾侯怀、訾昌则、訾占雄。

燕家塔村党支部　张治国、燕艮和、张公字、乔恨不动、王义昌。

宏光村党支部　梁吊生（女）、崔英则（女）、赵正则、刘存良、李侯纯。

人物表

孙家岔镇籍科级以上任职党政军人物一览表

表 56

姓名	性别	出生时间	籍贯	党派	工作单位或（曾任）职务、职称	备注
安亚华	男	1910 年	神树塔村安村组	中共	刘家石畔公社副社长	已故
贾凤莲	女	1939 年 12 月	海湾张家沟村后喇嘛寺组	中共	河南省安阳市新市民街道办主任	已故
訾德高	男	1942 年 1 月	海湾张家沟村小元梁组	中共	神木县司法局副局长	已故
张福子	男	1944 年 2 月	燕家塔村王洛沟组	—	神木县地税局店塔分局局长	—
李文举	男	1946 年 5 月	孙家岔村二组	中共	麻家塔乡人大副主席	—
崔崇刚	男	1946 年 7 月	排界村尚伙盘组	中共	西沟税务所所长	—
李胜宽	男	1947 年 1 月	燕家塔村哈特兔组	中共	麻家塔乡人大副主席	—
崔崇庆	男	1949 年 12 月	排界村尚伙盘组	中共	大保当镇税务所所长	—
王文明	男	1949 年 12 月	柠条塔村柠条塔组	中共	神木县政府办车队队长	已故
赵子升	男	1951 年 1 月	燕家塔村何村组	中共	大柳塔镇街道办书记	已故
李正荣	男	1951 年 12 月	宏光村马连塔前组	中共	锦界镇政府副主任科员	—
崔玉生	男	1951 年 8 月	排界村大沟组	中共	神木县国税局副局长	—
訾树泽	男	1954 年 1 月	三卜树村訾家村组	中共	神木县工商局副局长	已故
张玉翠	女	1954 年 12 月	孙家岔村一组	中共	神木县农技中心主任	—
刘国正	男	1954 年 12 月	庙沟村刘家梁组	中共	尔林兔财政所所长	—
李国珍	男	1954 年 3 月	三卜树村寸草壕组	中共	神木县环卫所支部书记	—
王生良	男	1955 年 7 月	燕家塔村燕家沟组	中共	神木县物价局副局长	—
李文清	男	1956 年 2 月	三卜树村庙梁组	—	栏杆堡税务所所长	—
李皎良	男	1956 年 3 月	海湾张家沟村	中共	神木县老干局局长	—
杨正国	男	1957 年 11 月	三卜树村寸草壕组	中共	神木县草原站副站长	—

续表 56

姓名	性别	出生时间	籍贯	党派	工作单位或（曾任）职务、职称	备注
孙启俊	男	1959 年 1 月	孙家岔村水井湾组	中共	大柳塔镇人大副主席	—
侯子耀	男	1961 年 1 月	乔家塔村侯母河组	中共	神木市园林所所长	—
张胜飞	男	1961 年 1 月	乔家塔村张家村组	中共	神木市国土局纪检组组长	—
张　雄	男	1962 年 2 月	燕家塔村王洛沟组	—	神木地税局孙家岔所长	—
张子仪	男	1962 年 5 月	乔家塔村张家村组	中共	神木县广播电视管理中心副主任	已故
李岗亮	男	1963 年 4 月	柠条塔村肯铁令河组	—	神木县发改和科技局副主任科员	—
郭树理	男	1963 年 8 月	排界村新伙盘组	中共	神木县旅游局副局长	—
李国亮	男	1963 年 9 月	三卜树村庙梁组	中共	神木市文化和旅游文物广电局副局长	—
王爱丽	女	1963 年 9 月	乔家塔村碾房峁组	中共	内蒙古自治区呼和浩特市经济与信息局能源科长	—
张增田	男	1963 年 11 月	乔家塔村张家村组	中共	孙家岔供电所所长	—
杨金华	女	1965 年 5 月	宏光村马连塔后组	中共	神木市物价局主任科员	—
訾　丽	女	1965 年	海湾张家沟村	—	内蒙古伊金霍洛旗阿镇政府主任科员	—
李子清	男	1967 年	海湾张家沟村小元梁组	中共	神木市会计管理局副局长	—
李国斌	男	1967 年 1 月	三卜树村寸草壕组	中共	神木市科协二级主任科员	—
刘桂英	女	1967 年 5 月	刘石畔村石畔组	中共	神木市妇女联合会副主席	—
张德荣	男	1968 年 1 月	乔家塔村张家村组	中共	神木市治安队队长	—
李志平	男	1968 年 1 月	乔家塔村碾房峁组	中共	神木市税务局第一税务分局局长	—
孙　芳	女	1968 年 3 月	孙家岔村水井湾组	—	神木市人民法院副科级审判员	—
撖光耀	男	1968 年 4 月	三卜树村本头墕组	中共	神府经济开发区园林所所长	—
訾云亭	男	1968 年 11 月	三卜树村訾家村组	中共	神木市西沙社区书记	—
贾文婕	女	1969 年 9 月	海湾张家沟村	—	中央储备粮鄂尔多斯直属库副科长	—
张旭明	男	1970 年 1 月	乔家塔村张家村组	中共	神木市土地储备中心主任	—
赵志军	男	1971 年 11 月	排界村乔伙盘村组	中共	中华志愿者协会应急救援志愿者委员会副主任	—

续表 56

姓名	性别	出生时间	籍贯	党派	工作单位或（曾任）职务、职称	备注
燕学平	男	1972 年 12 月	燕家塔村燕家塔组	中共	神木市交通局副局长	—
燕光军	男	1973 年 8 月	神树塔村燕家伙盘组	中共	神木市发展改革和科技局主任科员	—
李　锋	男	1974 年 12 月	海湾张家沟村尔林兔沟组	中共	神木市政设施维护中心副主任	—
刘正光	男	1975 年 5 月	刘石畔村石畔组	中共	神木市行政审批局副局长	—
王　霞	女	1976 年 1 月	柠条塔村柠条塔组	中共	神木市政府办公室机要专员	—
李志华	男	1976 年 1 月	庙沟村高家梁组	中共	神木市公安局大柳塔分局局长	—
马金华	男	1976 年 1 月	柠条塔村肯铁令河组	中共	神木市发改和科技局主任科员	—
边　伟	男	1976 年 7 月	孙家岔村一组	中共	榆神工业区国家税务局税政科科长	—
白泽华	男	1976 年 11 月	乔家塔村	中共	榆林市市场监督管理局榆神分局主任科员	—
崔　胜	男	1977 年 1 月	三卜树村崔家村组	中共	神木市矿业地质测量站副站长，高级工程师	—
刘光平	男	1977 年 4 月	乔家塔村高家村组	中共	大柳塔林场场长	—
李建国	男	1977 年 7 月	宏光村马连塔前组	中共	神木市纪委监委党风政风监督室主任	—
张小平	男	1977 年 9 月	排界村红村组	中共	店塔镇党委副书记	—
李宗耀	男	1977 年 9 月	海湾张家沟村尔林兔沟组	中共	神木市自然资源和规划局城郊分局局长	—
燕光军	男	1977 年 11 月	燕家塔村燕家塔组	民建	神木市财政局副局长	—
苏光荣	男	1978 年 11 月	神树塔村苏家塔组	中共	中鸡镇副镇长	—
李刚义	男	1979 年 6 月	海湾张家沟村尔林兔组	中共	大柳塔林场副场长	—
刘建力	男	1979 年 7 月	庙沟村刘家梁组	中共	神木市土地整理中心主任	—
李霄云	男	1979 年 9 月	三卜树村庙梁组	中共	神木市养老保险经办中心副主任	—
王　军	男	1979 年 9 月	柳树峁村马连湾组	中共	大柳塔镇经济发展与财政局副局长	—

续表 56

姓名	性别	出生时间	籍贯	党派	工作单位或（曾任）职务、职称	备注
刘　倩	女	1979 年 11 月	刘石畔村石畔组	中共	大柳塔镇社会事业和民生保障局局长	—
胡　兵	男	1980 年 5 月	海湾张家沟村小元梁组	民建	神木市现代农业特色示范园管委会副主任	—
王　东	男	1980 年 7 月	排界村乔伙盘组	—	孙家岔镇国土所副所长	—
王　绘	男	1980 年 12 月	柠条塔村柠条塔组	中共	神木市融媒体中心副主任、播音员	—
孔彩霞	女	1981 年 1 月	乔家塔村李家村组	—	神木市麟州街道办社区主任	—
吴　丽	女	1981 年 3 月	柠条塔村柠条塔组	—	神木市人民法院民三庭副庭长	—
白　进	男	1981 年 5 月	神树塔村平寺梁组	中共	上海第二军医大学保卫处副处长	—
宋明礼	男	1982 年 2 月	排界村大沟组	中共	神木市公安局禁毒大队副队长	—
魏利军	男	1982 年 10 月	柠条塔村柠条塔组	中共	锦界镇纪委书记	—
张玉发	男	1982 年 11 月	燕家塔村王洛沟组	中共	柠条塔工业园区环卫所所长	—
王艳梅	女	1982 年 7 月	燕家塔村燕家沟组	中共	孙家岔镇社会保障服务站站长	—
李　鹏	男	1982 年 8 月	海湾张家沟村尔林兔组	中共	燕家塔工业园区规划建设科科长	—
刘志军	男	1983 年 1 月	乔家塔村碾房湾组	中共	神木市公安局禁毒大队队长	—
王　琦	男	1983 年 1 月	燕家塔村燕家塔组	中共	大柳塔镇地企协调中心主任	—
白彦军	男	1983 年 9 月	乔家塔村碾房峁组	中共	神木市纪委第四监察室主任	—
张　政	男	1984 年 11 月	海湾张家沟村前喇嘛寺组	—	石峁遗址管理处规划建设科科长	—
张光荣	男	1985 年 1 月	燕家塔村王洛沟组	中共	神木市公安局大柳塔派出所教导员	—
郝永林	男	1985 年 5 月	柳树峁村二组	中共	陕西省监狱管理局雁塔监狱教导员	—
张孝鹏	男	1985 年 11 月	乔家塔村张家村组	中共	榆林经济技术开发区管委会农林水利局副局长	—
王小东	男	1985 年 12 月	排界村乔伙盘组	中共	神木市价格认证中心副主任	—
张光飞	男	1988 年 10 月	乔家塔村张家村组	中共	神木市能源局大柳塔煤管所所长	—

续表 56

姓名	性别	出生时间	籍贯	党派	工作单位或（曾任）职务、职称	备注
张　秉	男	1987 年 6 月	海湾张家沟村海湾组	—	神木市高新技术开发区管委会土地局副主任科员	—
王　阳	男	1987 年 8 月	排界村锁匠伙盘组	中共	尔林兔镇党委副书记	—
郝志军	男	1987 年 11 月	庙沟村衙门地组	中共	榆林市生态环境局经济技术开发区分局副局长	—
郭　敏	男	1988 年 1 月	庙沟村张家沟组	中共	北京市公安交通管理局中心区支队警长	—
雷登元	男	1988 年 6 月	孙家岔村二组	中共	神木市煤炭运销站副站长	—
李　旭	男	1989 年 4 月	乔家塔村碾房峁组	—	北京市规划和自然资源委员会延庆分局规划科科长	—
张建龙	男	1992 年 5 月	海湾张家沟村海湾组	中共	孙家岔镇党委宣传委员	—

孙家岔镇籍专业技术人员一览表

表 57

姓名	性别	出生时间	籍贯	党派	工作单位或（曾任）职务、职称	备注
杨子枋	男	1910 年	宏光村杨家湾组	—	活鸡兔公社医院院长	已故
杨作梁	男	1917 年 2 月	柠条塔村沙峁组	中共	刘石畔小学教师	已故，三十年以上教龄
杨子桧	男	1926 年 1 月	宏光村杨家湾组	—	尔林兔医院医生	已故
刘生如	男	1928 年 4 月	庙沟村刘家梁组	—	孙家岔中学，高级教师	已故，三十年以上教龄
李子良	男	1935 年 7 月	三卜树村寸草壕组	—	孙家岔中学，一级教师	已故，三十年以上教龄
李维学	男	1935 年 8 月	宏光村马连塔后组	—	孙家岔镇教办教师	已故，三十年以上教龄
李世华	男	1935 年 11 月	乔家塔村碾房峁组	中共	神木县职教中心一级教师	三十年以上教龄
雷启亮	男	1936 年 2 月	柳树峁村一组	—	孙家岔镇教办小学，一级教师	三十年以上教龄

续表 57

姓名	性别	出生时间	籍贯	党派	工作单位或（曾任）职务、职称	备注
雷占义	男	1936 年 7 月	孙家岔村二组	—	孙家岔中学，高级教师	三十年以上教龄
燕治宗	男	1936 年 10 月	神树塔村燕家伙盘组	—	孙家岔镇教办一级教师	已故，三十年以上教龄
刘子高	男	1937 年 7 月	柠条塔村沙峁组	—	刘石畔小学，一级教师	三十年以上教龄
马宗勤	男	1937 年 9 月	柳树峁村二组	中共	孙家岔镇教办一级教师	已故，三十年以上教龄
訾永启	男	1939 年 4 月	海湾张家沟村訾家庄组	—	孙家岔中学，一级教师	三十年以上教龄
王子英	男	1939 年 8 月	朱概塔村朱概塔组	中共	孙家岔镇教办一级教师	三十年以上教龄
杨孝先	男	1941 年 2 月	宏光村杨家湾组	中共	神木县教研室、孙家岔中学，一级教师	—
裴桂花	女	1942 年 4 月	孙家岔村二组	—	神木市第一小学，高级教师	三十年以上教龄
刘志荣	男	1942 年 9 月	刘石畔村石畔组	—	神木市第四小学，一级教师	三十年以上教龄
刘建业	男	1942 年 1 月	燕家塔村折家伙盘组	中共	孙家岔小学，一级教师	三十年以上教龄
訾永良	男	1942 年 12 月	海湾张家沟村訾家庄组	中共	神木县教研室副主任	已故，三十年以上教龄
刘金凤	女	1943 年 8 月	海湾张家沟村訾家庄组	—	神木县南关小学副校长，一级教师	三十年以上教龄
苏明树	男	1943 年 8 月	朱概塔村朱概塔组	—	孙家岔小学，高级教师	三十年以上教龄
杨文祥	男	1944 年 1 月	柠条塔村沙峁组	—	刘石畔小学，一级教师	三十年以上教龄
孙好勤	男	1944 年 6 月	孙家岔村水井湾组	中共	孙家岔中心小学校长，高级教师	三十年以上教龄
刘德清	男	1944 年 5 月	刘石畔村石畔组	中共	刘石畔小学，高级教师	三十年以上教龄

续表 57

姓名	性别	出生时间	籍贯	党派	工作单位或（曾任）职务、职称	备注
李世华	男	1944 年 10 月	神树塔村平寺梁组	—	孙家岔医院主治医师	—
孙广智	男	1946 年 4 月	孙家岔村	—	孙家岔小学总务主任，一级教师	已故，三十年以上教龄
杜雄则	男	1946 年 5 月	庙沟村杜家梁组	中共	孙家岔镇教办一级教师	已故，三十年以上教龄
雷永华	男	1947 年 6 月	柳树峁村二组	—	孙家岔镇教办专干	—
麻兰田	男	1947 年 11 月	柠条塔村柠条塔组	—	刘石畔小学，一级教师	三十年以上教龄
马金飞	男	1947 年 12 月	庙沟村马家梁组	中共	孙家岔镇教办一级教师	三十年以上教龄
何智亮	男	1948 年 5 月	庙沟村刘家梁组	中共	燕家塔小学校长，一级教师	三十年以上教龄
王永发	男	1948 年 5 月	燕家塔村燕家沟组	—	孙家岔小学总务主任，一级教师	三十年以上教龄
刘德清	男	1949 年 5 月	刘石畔村	—	刘石畔小学，一级教师	三十年以上教龄
王继昌	男	1949 年 8 月	神树塔村	—	神树塔小学二级教师	三十年以上教龄
曹存福	男	1950 年 7 月	柳树峁村一组	—	孙家岔小学二级教师	三十年以上教龄
崔志江	男	1950 年 8 月	三卜树村崔家村组	中共	神木市第三中学总务主任，高级教师	三十年以上教龄
王孝则	男	1951 年 11 月	燕家塔村燕家沟组	—	孙家岔第一小学二级教师	已故，三十年以上教龄
白子亮	男	1952 年 3 月	海湾张家沟村神官梁组	—	孙家岔第一小学，高级教师	三十年以上教龄
王云峰	女	1952 年 7 月	孙家岔村	—	孙家岔第一小学，一级教师	三十年以上教龄
张万胜	男	1952 年 4 月	海湾张家沟村前喇嘛寺组	—	刘石畔小学二级教师	三十年以上教龄

续表 57

姓名	性别	出生时间	籍贯	党派	工作单位或（曾任）职务、职称	备注
王存才	男	1952 年 9 月	宏光村马连塔前组	中共	孙家岔中学，高级教师	三十年以上教龄
杨金娥	女	1952 年	柠条塔村崔家沟组	中共	神木中学工会主席，高级教师	三十年以上教龄
李文魁	男	1954 年 2 月	三卜树村庙梁组	—	孙家岔镇中心卫生院药剂师	—
訾德亮	男	1954 年 5 月	海湾张家沟村訾家庄组	—	刘石畔小学校长，一级教师	三十年以上教龄
张振华	男	1955 年 3 月	燕家塔村燕家塔组	—	孙家岔第一小学总务主任，一级教师	三十年以上教龄
张永昌	男	1955 年 5 月	王道恒塔村连伙盘组	—	孙家岔第一小学，一级教师	三十年以上教龄
李志荣	男	1956 年 2 月	海湾张家沟村尔林兔沟组	—	神木市第九中学，一级教师	三十年以上教龄
刘正国	男	1956 年 11 月	刘石畔村	—	神木县职教中心一级教师	三十年以上教龄
刘买兰	女	1956 年	孙家岔村	—	神木市第五小学，高级教师	三十年以上教龄
李世廷	男	1957 年 12 月	三卜树村李家梁组	—	孙家岔第一小学，一级教师	三十年以上教龄
李志鹏	男	1958 年 2 月	乔家塔村碾房峁组	中共	内蒙古自治区杭锦旗教育局督导室主任，一级教师	—
王生顺	男	1958 年 3 月	排界村锁匠伙盘组	中共	孙家岔中心小学校长，一级教师	三十年以上教龄
刘淑珍	女	1958 年	乔家塔村碾房峁组	—	内蒙古自治区杭锦旗医院主管药师	—
宋留柱	男	1959 年 2 月	柠条塔村新民沟组	—	刘石畔小学教导主任，一级教师	三十年以上教龄
张翠琴	女	1959 年 4 月	孙家岔村一组	—	神木市第三中学，一级教师	已故，三十年以上教龄

续表 57

姓名	性别	出生时间	籍贯	党派	工作单位或（曾任）职务、职称	备注
陈茂荣	男	1959 年 5 月	海湾张家沟村	—	刘石畔小学二级教师	三十年以上教龄
白和平	男	1959 年 9 月	柠条塔村边不拉组	—	神木县职教中心一级教师	三十年以上教龄
郭光泽	男	1960 年 1 月	柳树峁村郭家畔组	—	孙家岔第一小学总务主任，一级教师	三十年以上教龄
燕永则	男	1960 年 3 月	神树塔村燕家伙盘组	—	孙家岔小学，一级教师	三十年以上教龄
王改玲	女	1960 年 4 月	海湾张家沟村訾家庄组	—	神木市第三小学，高级教师	三十年以上教龄
李文祥	男	1960 年 6 月	三卜树村庙梁组	中共	孙家岔镇教办二级教师	三十年以上教龄
杨先兰	女	1960 年 8 月	三卜树村本头墕组	—	神木市第四小学，一级教师	三十年以上教龄
刘万梁	男	1960 年 9 月	柠条塔村沙峁组	—	神木市第一小学副校长，高级教师	三十年以上教龄
訾广钧	男	1960 年 9 月	海湾张家沟村訾家庄组	—	刘石畔小学，一级教师	三十年以上教龄
崔飞荣	男	1960 年 10 月	排界村尚伙盘组	—	孙家岔小学二级教师	三十年以上教龄
李玉怀	男	1961 年 10 月	神树塔村平寺梁组	—	神木市医院主治医师	—
白国平	男	1961 年	柠条塔村	—	大柳塔中学，一级教师	三十年以上教龄
张翠英	女	1962 年 5 月	孙家岔村一组	中共	神木市第六小学，一级教师	三十年以上教龄
高成栓	男	1962 年 8 月	乔家塔村高家村组	中共	神木市第二中学，一级教师	三十年以上教龄
麻香玲	女	1963 年 2 月	神树塔村燕家伙盘组	—	大柳塔第一小学，一级教师	三十年以上教龄

续表 57

姓名	性别	出生时间	籍贯	党派	工作单位或（曾任）职务、职称	备注
李耀廷	男	1963 年 2 月	王道恒塔村刘城腰山组	—	大柳塔矿区中学，高级教师	三十年以上教龄
崔增田	男	1963 年 7 月	排界村尚伙盘组	—	孙家岔镇九年制学校副校长，高级教师	三十年以上教龄
张　瑛	女	1964 年 8 月	三卜树村庙梁组	—	神木市第四小学，一级教师	三十年以上教龄
白国治	男	1965 年 9 月	柠条塔村柠条塔组	—	陕西省荣复军人第二医院医学影像科副主任医师	—
蒋光飞	男	1966 年 4 月	庙沟村	—	内蒙古伊金霍洛旗中学，高级教师	—
刘治田	男	1966 年 8 月	王道恒塔村刘城腰山组	—	大柳塔林场，高级工程师	—
杜秀珍	女	1966 年 8 月	三卜树村訾家村组	—	神木市第三小学，高级教师	三十年以上教龄
刘先锋	女	1966 年	刘石畔村	—	神木市教研室，高级教师	三十年以上教龄
张晓萍	男	1967 年	排界村尚伙盘组	—	神木市第二中学，一级教师	—
郑建明	男	1968 年 2 月	孙家岔村二组	—	孙家岔九年制学校高级教师	三十年以上教龄
张慧清	女	1968 年 3 月	三卜树村崔家村组	—	神木市第三小学，高级教师	—
马　勇	男	1968 年 9 月	海湾张家沟村訾家庄组	—	神木市第五小学副校长，高级教师	三十年以上教龄
刘子清	男	1968 年 9 月	王道恒塔村刘城腰山组	—	孙家岔镇农技学校校长，一级教师	三十年以上教龄
李美兰	女	1968 年 9 月	孙家岔村	—	神木市十一幼儿园园长，高级教师	三十年以上教龄
马　琳	女	1968 年 10 月	海湾张家沟村訾家庄组	—	神木市第五小学，一级教师	—

续表 57

姓名	性别	出生时间	籍贯	党派	工作单位或（曾任）职务、职称	备注
袁秀芳	女	1968 年	刘石畔村	—	神木市第一小学，高级教师	—
訾 鹏	女	1969 年 1 月	海湾张家沟村訾家庄组	—	神木市第六小学，高级教师	—
刘智斌	男	1970 年 8 月	王道恒塔村刘城腰山组	—	孙家岔九年制学校高级教师	—
刘爱琴	女	1971 年 3 月	乔家塔村碾房峁组	—	神木市第十一中学副校长，高级教师	—
崔光胜	男	1971 年 1 月	排界村大沟组	中共	神木市第十二小学校长，高级教师	—
刘子雁	男	1972 年 2 月	刘石畔村	—	神木市第三中学工会主席，高级教师	—
贺粉星	女	1972 年 8 月	排界村大沟组	—	神木市第二中学，高级教师	—
李 伟	男	1972 年 9 月	海湾张家沟村	—	中鸡镇中心小学校长，高级教师	已故
杨 帆	男	1972 年 11 月	宏光村马连塔后组	—	神木市第四中学办公室主任，高级教师	—
孙建功	男	1972 年 12 月	孙家岔村二组	—	神木市第二中学，一级教师	—
王 媛	女	1973 年 1 月	三卜树村庙梁组	中共	神木市第一小学校长，一级教师	—
王晓轩	男	1974 年 1 月	神树塔村神树塔组	中共	刘石畔小学校长，高级教师	—
徐润琴	女	1974 年 7 月	海湾张家沟村前喇嘛寺组	—	神木市第一小学，高级教师	—
李 兰	女	1974 年 12 月	孙家岔村二组	—	神木市第八小学，一级教师	—
张光明	男	1974 年 8 月	王道恒塔村连伙盘组	—	神木市第六小学，一级教师	—

续表 57

姓名	性别	出生时间	籍贯	党派	工作单位或（曾任）职务、职称	备注
王红梅	女	1975 年 9 月	柳树峁村马连湾组	—	神木市第五中学，一级教师	—
郝　斐	女	1976 年 3 月	孙家岔村水井湾组	—	店塔第二小学校长，高级教师	—
刘桂贤	女	1976 年 4 月	排界村锁匠伙盘组	—	神木市第六小学，一级教师	—
刘永高	男	1976 年 8 月	刘石畔村石畔组	—	孙家岔九年制学校副校长，一级教师	—
郭　霞	女	1976 年 8 月	宏光村杨家湾组	中共	神木市第六小学校长，一级教师	—
王刚强	男	1976 年 11 月	排界村乔伙盘组	—	神木市教育质量评估监测中心督学，一级教师	—
张丽萍	女	1976 年	柠条塔村沙峁组	—	神木市第四小学，一级教师	—
郭　军	男	1977 年 1 月	柳树峁村郭家畔组	—	神木市第四中学，一级教师	—
王　东	男	1977 年 2 月	王道恒塔村连伙盘组	—	神木市第八小学，一级教师	—
何　青	男	1977 年 9 月	三卜树村何家村组	—	孙家岔九年制学校副校长，高级教师	—
王亮云	男	1977 年 9 月	神树塔村神树塔组	中共	神木市职教中心一级教师	—
屈玉刚	男	1978 年 3 月	王道恒塔村车岔组	—	神木市第九中学办公室主任，高级教师	—
王治平	男	1978 年 5 月	神树塔村神树塔组	中共	孙家岔九年制学校，高级教师	—
杨　勤	男	1978 年 8 月	王道恒塔村车岔组	—	神木市第十一中学，一级教师	—
邱彩云	女	1978 年 10 月	宏光村杨家湾组	—	神木县第二中学，一级教师	—

续表 57

姓名	性别	出生时间	籍贯	党派	工作单位或（曾任）职务、职称	备注
崔志亮	男	1978 年 11 月	排界村尚伙盘组	—	神木市第五中学，一级教师	—
崔建庭	男	1978 年 5 月	三卜树村崔家村组	—	孙家岔九年制学校，二级教师	—
曹宏斌	男	1979 年 9 月	柳树峁村一组	—	神木市医院主治医师	—
张小军	男	1979 年 9 月	燕家塔村王洛沟组	—	神木市第三小学副校长，一级教师	—
崔艳霞	女	1980 年 1 月	三卜树村崔家村组	—	神木市第六小学，一级教师	—
杜飞飞	女	1980 年 2 月	排界村尚伙盘组	—	神木市第六小学，一级教师	—
燕耀军	男	1980 年 3 月	燕家塔村燕家塔组	—	神木市第七小学，一级教师	—
杨海霞	女	1980 年 6 月	三卜树村庙梁组	—	神木职业技术学院讲师	—
王月霞	女	1980 年 8 月	朱概塔村	—	神木市第四中学，一级教师	—
撤国亮	男	1980 年 11 月	海湾张家沟村	—	神木市第七中学，一级教师	—
乔　军	男	1980 年	宏光村乔家村组	—	榆林职业技术学院讲师	—
高艳霞	女	1981 年 2 月	神树塔村	—	刘石畔小学，一级教师	—
张水霞	女	1981 年 10 月	三卜树村崔家村组	中共	神木市第八小学副校长，一级教师	—
刘玉芳	女	1981 年 10 月	柠条塔村侯母河沟组	—	孙家岔九年制学校办公室主任，高级教师	—
赵三虎	男	1981 年 10 月	宏光村马连塔前组	—	神木市第五中学，一级教师	—
贾江琼	女	1981 年 11 月	燕家塔村王洛沟组	—	神木市第七小学，一级教师	—
刘美连	女	1981 年 11 月	王道恒塔村车岔组	—	神木市第十一中学，高级教师	—

续表 57

姓名	性别	出生时间	籍贯	党派	工作单位或（曾任）职务、职称	备注
王　慧	女	1983 年 9 月	宏光村小沙坡组	—	神木市第十一中学，一级教师	—
雷登辉	男	1983 年 12 月	孙家岔村二组	中共	副高级教师，神木市职教中心关心下一代工作委员会主任	
安艳霞	女	1984 年 8 月	神树塔村燕家伙盘组	—	神木市第四中学，一级教师	—
崔　颖	女	1984 年 11 月	三卜树村崔家村组	中共	神木职业技术学院讲师	—
马　艳	女	1987 年 6 月	乔家塔村张家村组	中共	神木职业技术学院讲师	—
赵　倩	女	1987 年 1 月	王道恒塔村赵家梁组	—	神木市融媒体中心记者、播音员	—
白章换	男	1987 年 5 月	三卜树村梁家梁组	—	孙家岔九年制学校一级教师	—
韩　慧	男	1987 年 12 月	庙沟村韩家梁组	中共	神木市医院化验科，主管检验师	—
杨祎硕	女	1988 年 11 月	庙沟村张家沟组	中共	中国铁建公司北京分公司中级工程师	—
李泽卉	女	1990 年	乔家塔村碾房峁组	中共	陕西军工人力资源公司中级会计师	—
蔡光兴	男	1991 年 1 月	柳树峁村郭家畔组	中共	陕西纳智律师事务所律师	—

孙家岔镇籍实业界人士一览表

表 58

姓名	性别	出生时间	籍贯	党派	工作单位或（曾任）职务、职称	备注
张国英	男	1926 年 1 月	乔家塔村张家村组	—	大柳塔石圪台县办石油厂厂长	—
杨义钦	男	1928 年 2 月	柠条塔村沙峁组	中共	孙家岔粮站主任	已故

续表 58

姓名	性别	出生时间	籍贯	党派	工作单位或（曾任）职务、职称	备注
孙广慧	男	1938 年 5 月	孙家岔村二组	—	神华自备电厂服务公司经理	—
曹改芝	女	1945 年 3 月	排界村新伙盘组	—	神木县工商银行工会主席	已故
崔志良	男	1949 年 11 月	柠条塔村崔家沟	中共	神木县宏光焦化公司董事长	—
魏树则	男	1954 年 12 月	柠条塔村	—	神木县永利空心机砖厂总经理	—
刘宗文	男	1955 年 7 月	王道恒塔村补连沟组	中共	神木市涟峰饮用水有限责任公司总经理	—
赵国英	男	1955 年 8 月	宏光村马连塔后组	—	神木市雍顺成物流有限公司总经理	—
杨正荣	男	1956 年 12 月	三卜树村寸草壕组	—	建行神木支行科长	—
孙俊礼	男	1957 年 1 月	孙家岔村水井湾组	—	陕西恒源投资集团有限公司财务总监	—
郝治昌	男	1957 年 1 月	柳树峁村二组	中共	陕西恒源投资集团有限公司副总经理	—
曹福昌	男	1957 年 1 月	柳树峁村一组	—	陕西恒源投资集团有限公司七里庙煤矿矿长	—
杨建国	男	1957 年 8 月	宏光村杨家湾组	中共	中国人民银行神木支行副行长	—
郭树怀	男	1958 年 1 月	排界村新伙盘组	中共	大柳塔镇丁家渠煤矿矿长	—
白治清	男	1958 年 8 月	乔家塔村碾房峁组	—	陕西恒源投资集团有限公司董事	—
张宏亮	男	1960 年 4 月	海湾张家沟村前喇嘛寺组	—	神木市朱概塔资源综合利用发电有限公司董事长	—
曹和平	男	1960 年 9 月	柳树峁村一组	中共	神木农村商业银行孙家岔支行行长	—
孙二高	男	1961 年 8 月	孙家岔村水井湾组	中共	永兴七里庙二矿矿长	—
崔崇敬	男	1962 年 4 月	三卜树村崔家村组	—	神木市润邦矿业公司总经理	—

续表 58

姓名	性别	出生时间	籍贯	党派	工作单位或（曾任）职务、职称	备注
王金良	男	1962 年 12 月	宏光村马连塔后组	—	神木市万多煤炭运销有限公司总经理	—
訾向则	男	1963 年 1 月	海湾张家沟村	—	神木市相和洗煤有限公司董事长	—
邱子亮	男	1963 年 8 月	柠条塔村柠条塔组	中共	孙家岔镇崔家沟煤矿矿长	—
麻明智	男	1963 年 9 月	柠条塔村柠条塔组	中共	神木县粮食收储总公司副总经理	—
杨爱国	男	1963 年 10 月	柠条塔村沙峁组	中共	孙家岔粮站主任	—
张子胜	男	1964 年 2 月	海湾张家沟村前喇嘛寺组	—	神木县聚隆矿业公司董事长	—
胡洁蒸	男	1965 年 9 月	海湾张家沟村小元梁组	—	哈拉沟煤矿质量标准化办公室主任	—
赵光宪	男	1965 年 12 月	燕家塔村王洛沟组	—	神木市德泉矿业公司总经理	—
张梅则	女	1966 年 1 月	燕家塔村王洛沟组	—	神木市盛博煤业有限公司董事长	—
白治彪	男	1966 年 6 月	乔家塔村碾房峁组	—	陕西恒源投资集团有限公司副总经理	—
崔崇荣	男	1966 年 10 月	三卜树村崔家村组	中共	神木市景渊洗煤有限公司董事长	—
李和平	男	1967 年 8 月	孙家岔村二组	—	神木市鑫益雍能源有限公司总经理	—
张东旭	男	1968 年 1 月	乔家塔村张家村组	中共	神木市盛博煤业有限公司总经理	—
陈丽霞	女	1968 年 1 月	海湾张家沟村小元梁组	—	北京东禾建筑设计公司总经理	—
杨生荣	男	1968 年 3 月	柠条塔村沙峁组	—	神木市荣斌空心机砖厂总经理	—
王　煜	男	1968 年 6 月	排界村新伙盘组	中共	神木市煤炭公司总经理	—
杨永胜	男	1968 年 9 月	柠条塔村沙峁组	—	神木市桂鑫荣洗煤有限公司董事长	—

续表 58

姓名	性别	出生时间	籍贯	党派	工作单位或（曾任）职务、职称	备注
蔡金亮	男	1968 年 12 月	柳树峁村四组	中共	神木市北汇亚圣煤业有限公司总经理	—
张彬虎	男	1970 年 2 月	燕家塔村王洛沟组	中共	神木市荣升洗煤有限公司总经理	—
燕小平	男	1970 年	燕家塔村燕家塔组	—	神木市金利源洗煤有限公司总经理	—
张孝喜	男	1970 年 9 月	孙家岔村一组	中共	神木市久业发电有限公司总经理	—
张荣虎	男	1971 年 1 月	燕家塔村王洛沟组	中共	神木市宝华洗煤公司董事长	—
何二虎	男	1971 年 4 月	三卜树村何家村组	中共	陕煤张家峁矿业公司后勤服务中心主任	—
李治亮	男	1971 年 12 月	三卜树村寸草壕组	—	神木县马如不湾煤矿矿长	—
李自清	男	1972 年 7 月	燕家塔村郝家渠组	—	神木市狼窝渠矿业公司总经理	—
王双伟	男	1972 年 7 月	神树塔村神树塔组	—	神木市普源精煤深加工有限公司总经理	—
李建军	男	1972 年 8 月	宏光村马连塔前组	中共	神木市宏茂煤化工有限公司总经理	—
武玉雄	男	1972 年 12 月	柠条塔村瓷窑塔组	中共	神木市玉雄机械制造有限公司总经理	—
刘明亮	男	1973 年 1 月	燕家塔村折家伙盘组	—	神木市浩成洗煤有限公司总经理	—
孙小林	男	1973 年 7 月	孙家岔村一组	中共	神木市民生洗煤有限公司总经理	—
边建军	男	1974 年 1 月	三卜树村黄花界组	中共	中国人民财产保险公司神木分公司副总经理	—
边世荣	男	1974 年 7 月	三卜树村黄花界组	—	神木市轩磊型煤有限公司董事长	—
苏秀录	男	1974 年 8 月	神树塔村苏家塔组	中共	陕西龙华集团铁路集运公司副总经理	—

续表 58

姓名	性别	出生时间	籍贯	党派	工作单位或（曾任）职务、职称	备注
麻明慧	男	1974 年 9 月	柠条塔村柠条塔组	—	陕西恒源投资集团公司西安房地产公司总经理	—
王　一	男	1974 年 10 月	排界村新伙盘组	中共	榆能集团煤炭运销公司销售处总经理	—
张维虎	男	1974 年 12 月	燕家塔村王洛沟组	—	内蒙古乌审旗维佳特尚品酒店董事长	—
訾君廷	男	1975 年 7 月	海湾张家沟村訾家庄组	中共	榆林能源集团公司银河发电公司经理助理	—
王　勰	男	1975 年 8 月	神树塔村神树塔组	中共	神朔铁路分公司联合运输管理中心主任	—
孙小鹏	男	1975 年 10 月	孙家岔村二组	—	神木市海江洗煤有限公司董事长	—
王建周	男	1976 年 1 月	柳树峁村一组	中共	神木农村商业银行城区支行副行长	—
马国平	男	1976 年 3 月	海湾张家沟村小元梁组	—	神木市永盛源精煤科技公司总经理	—
边　鹏	男	1976 年 4 月	三卜树村黄花界组	中共	神木市鸿宇电脑科技公司董事长	—
孙俊平	男	1976 年 8 月	孙家岔村水井湾组	中共	神木市龙佰型煤有限公司董事长	—
宋光胜	男	1976 年 11 月	排界村大沟组	中共	神木市成元化工常务副总经理	—
杨公民	男	1977 年 1 月	三卜树村庙梁组	中共	神木市交通建设投资集团公司副总经理	—
王小平	男	1977 年 5 月	王道恒塔村王道恒塔组	中共	神木城投房地产开发有限公司总经理	—
王利平	男	1977 年 8 月	燕家塔村燕家沟组	中共	陕煤孙家岔龙华矿业公司副总经理	—
刘世国	男	1977 年 8 月	宏光村马连塔后组	中共	神木市世平煤炭运销有限公司总经理	—
边　军	男	1977 年 10 月	三卜树村黄花界组	—	神木市宏拓环保能源有限公司总经理	—

续表 58

姓名	性别	出生时间	籍贯	党派	工作单位或（曾任）职务、职称	备注
李刚平	男	1978 年 1 月	宏观村马连塔前组	中共	神木市恒力水泥制品有限公司董事长	—
雷增平	男	1978 年 4 月	孙家岔村二组	—	神木县聚利源煤炭物资有限公司总经理	—
李志明	男	1978 年 7 月	庙沟村高家梁组	中共	神木能源集团镁业科技有限公司副总经理	—
张虎平	男	1979 年 3 月	燕家塔村王洛沟组	—	神木市新宝恒清洁能源有限公司总经理	—
魏利明	男	1980 年 1 月	柠条塔村柠条塔组	中共	长安银行西安阎良区支行行长	—
韩　艳	女	1980 年 9 月	庙沟村韩家梁组	—	神木市众善管理有限公司总经理	
王国平	男	1981 年 12 月	神树塔村神树塔组	中共	神朔铁路分公司河西运输段助理工程师	—
孙小兵	男	1982 年 9 月	孙家岔村二组	中共	神木市恒胜源洗煤有限公司总经理	—
李　茂	男	1983 年 3 月	乔家塔村碾房峁组	—	北京城建集团项目经理	—
郭　雄	男	1983 年 8 月	柳树峁村郭家畔组	中共	神木市永盟煤业有限公司董事长	—
张　强	男	1983 年 10 月	燕家塔村王洛沟组	—	神木市洁华洗煤公司董事长	—
曹保军	男	1985 年 4 月	柳树峁村一组	中共	神东煤炭集团工程项目管理公司公建项目部经理	—
曹晓斌	男	1985 年 8 月	柳树峁村一组	—	神木市北实煤炭运销有限公司总经理	—
白旭东	男	1985 年	柠条塔村柠条塔组	中共	建设银行榆林分行办公室主任	—
王　鹏	男	1986 年 4 月	宏光村	—	陕煤集团科技发展部副部长	—
崔旭峰	男	1986 年 4 月	三卜树村崔家村组	中共	神木市北汇亚圣煤业有限公司董事长	—

续表 58

姓名	性别	出生时间	籍贯	党派	工作单位或（曾任）职务、职称	备注
崔小军	男	1986 年 9 月	三卜树村崔家村组	—	神木市红旗源煤矸石建材有限公司总经理	—
杨　梅	女	1987 年 2 月	海湾张家沟村海湾组	中共	神木农村商业银行西沙支行行长	—
赵　平	男	1988 年 3 月	宏光村马连塔前组	中共	中国工商银行榆林分行行长助理	—
张　明	男	1989 年 11 月	海湾张家沟村前喇嘛寺组	—	陕西科泰能源有限公司董事长	—
李彦龙	男	1990 年 10 月	神树塔村平寺梁组	—	陕西有色新材料集团有限公司销售部主任	—
郝海军	男	1991 年 3 月	庙沟村衙门地组	中共	长安银行神木企业部经理	—

镇籍研究生一览表

表 59

姓名	性别	出生时间	籍贯	毕业院校及学位	工作单位或职务、职称
李子钦	男	1962 年 12 月	乔家塔村碾房峁组	内蒙古大学理学博士	内蒙古农牧业科学院草原研究所所长
陈　帆	女	1976 年	孙家岔村一组	武汉大学会计学硕士	武汉大学财务部高级会计师
孙永平	男	1977 年 9 月	孙家岔村一组	武汉大学西方经济学博士	湖北经济学院低碳经济学院副院长
王小莉	女	1982 年 10 月	朱概塔村朱概塔组	大连理工大学硕士	北京某单位
白　玉	男	1983 年 2 月	柠条塔村柠条塔组	澳大利亚新南威尔士大学博士	澳大利亚新南威尔士大学
撖　巍	男	1984 年 9 月	三卜树村本头墕组	美国西北理工大学工商管理专业硕士	神木能源集团公司企业管理部经理
崔　颖	女	1984 年 11 月	三卜树村崔家村组	辽宁工程技术大学工学硕士	神木职业技术学院讲师
王海东	男	1984 年 11 月	排界村	兰州理工大学硕士	河南省众通电缆有限公司总经理

续表 59

姓名	性别	出生时间	籍贯	毕业院校及学位	工作单位或职务、职称
王　鹏	男	1986 年 4 月	宏光村	西安科技大学硕士	陕西煤化技术研究院
马　艳	女	1987 年 6 月	乔家塔村张家村组	中国矿业大学地质工程硕士	神木职业技术学院讲师
李　鹏	男	1988 年 4 月	三卜树村寸草壕组	西北工业大学硕士	航天科技集团九院 771 所高级工程师
张　帆	男	1988 年 10 月	乔家塔村张家村组	北京大学学士、美国伦斯勒理工大学博士	深圳屹艮科技有限公司副总经理
张　扬	男	1988 年 10 月	乔家塔村张家村组	西安交通大学航天工程硕士	西安卫星测控中心工程师
乔金梅	女	1988 年 12 月	宏光村乔家村组	西北农林科技大学硕士	神木市农业局
乔金霞	女	1988 年 12 月	宏光村乔家村组	武汉大学硕士	神木市第六中学一级教师
张小波	男	1989 年 1 月	王道恒塔村	中国矿业大学（北京）采矿工程硕士	榆林市能源局
崔　艳	女	1989 年 1 月	三卜树村崔家村组	德国德累斯顿工业大学文学硕士	中国标准化协会
李　旭	男	1989 年 4 月	乔家塔村碾房峁组	北京工业大学硕士	北京市规划和自然资源委员会延庆分局科长
李　哲	男	1990 年 3 月	乔家塔村碾房峁组	香港城市大学哲学博士	中国科学院深圳先进技术研究院副研究员
苏秀峰	男	1990 年 7 月	神树塔村苏家塔组	北京交通大学工业工程硕士	神朔铁路机务段
孙　磊	男	1990 年 9 月	孙家岔村一组	西安建筑科技大学结构工程专业硕士	陕西建工集团股份有限公司　国家一级建造师
王佩玮	女	1990 年 5 月	排界村锁匠伙盘组	西安工业大学硕士	榆林学院
刘　东	男	1990 年 6 月	刘石畔村石畔组	西安科技大学采矿工程硕士	神木市煤矿安全执法大队孙家岔中队副队长
崔艳丽	女	1990 年 7 月	三卜树村崔家村组	北京科技大学法律硕士	北京市某律师事务所律师

续表 59

姓名	性别	出生时间	籍贯	毕业院校及学位	工作单位或职务、职称
李　涛	男	1991 年 2 月	三卜树村寸草壕组	西北工业大学硕士	陕西华燕航空仪表公司
曹正东	男	1992 年 9 月	柳树峁村一组	英国伦敦大学电影研究硕士	榆林市委宣传部
李骁虎	男	1992 年 11 月	乔家塔村碾房峁组	西北工业大学自动化专业硕士	中国航天科技集团西安微电子技术研究所
訾　月	男	1992 年 12 月	海湾张家沟村訾家庄组	加拿大布鲁克大学硕士	方正国际（北京）公司
刘　波	男	1993 年 2 月	柠条塔村柠条塔组	南京大学电子科学与技术博士	德国柏林自由大学博士后
王　伟	男	1993 年 3 月	海湾张家沟村	西北工业大学机电专业硕士	—
李　霞	女	1993 年 4 月	海湾张家沟村尔林兔沟组	中国科学院地球环境研究所博士	在读
白　旭	男	1993 年 6 月	乔家塔村	西北政法大学硕士	北京市康达（西安）律师事务所律师
撤　瑞	男	1993 年 8 月	三卜树村本头墕组	英国拉夫堡大学国际金融与政治关系专业硕士	—
燕　波	男	1993 年 9 月	神树塔村燕家伙盘组	中国环科院硕士	中国三峡新能源（集团）股份有限公司业务经理
崔向宇	男	1994 年 3 月	三卜树村崔家村组	中国矿业大学硕士	榆林能源集团公司
乔　妮	女	1994 年 1 月	三卜树村崔家村组	华东师范大学硕士	神木中学一级教师
李　柳	男	1994 年 1 月	乔家塔村碾房峁组	澳大利亚新南威尔士大学硕士	中国农业发展银行榆林分行
李丽萍	女	1994 年 12 月	海湾张家沟	云南师范大学汉语言专业硕士	—
燕　倩	女	1995 年 1 月	燕家塔村燕家塔组	陕西科技大学硕士	—

续表 59

姓名	性别	出生时间	籍贯	毕业院校及学位	工作单位或职务、职称
崔　帆	男	1995 年 2 月	柠条塔村崔家沟组	对外经济贸易大学硕士	—
訾　登	女	1995 年 11 月	海湾张家沟村	陕西师范大学硕士	神木中学，一级教师
赵　乐	女	1996 年 4 月	王道恒塔村赵家梁组	西安理工大学硕士	—
苏　钰	女	1996 年 10 月	神树塔村苏家塔组	清华大学博士	在读
孙　静	女	1997 年 1 月	孙家岔村水井湾组	陕西科技大学法学硕士	在读
燕　健	男	1995 年 12 月	燕家塔村燕家塔组	北京航空航天大学在读博士生	—
訾雨杨	女	1997 年 1 月	海湾张家沟村	美国约翰斯·霍普金斯大学心理学硕士	在读
张龙凤	女	1999 年 8 月	海湾张家沟村张家沟组	长江大学会计专业硕士	在读

镇籍先进模范人物一览表

表 60

姓名	性别	出生时间	籍贯	党派	工作单位或（曾任）职务、职称	所获荣誉
王文学	男	1926 年 8 月	庙沟村马家梁组	中共	庙沟大队党支部书记	1964 年，陕西省农业生产建设先进生产者
邱外则	男	1939 年 1 月	柠条塔村	中共	柠条塔村党支部书记	2005 年，神木县优秀农村支部书记。2008 年，神木县劳动模范
贾凤莲	女	1939 年 12 月	海湾张家沟村訾家庄组	中共	神木县畜产品公司	1990 年，神木县优秀共产党员
王祥云	男	1946 年 12 月	神树塔村神树塔组	中共	神树塔村党支部书记	1989 年，神木县优秀共产党员
李胜宽	男	1947 年 1 月	燕家塔村哈特兔组	中共	麻家塔乡人大副主席	1996 年，神木县扶贫先进工作者

续表 60

姓名	性别	出生时间	籍贯	党派	工作单位或（曾任）职务、职称	所获荣誉
訾永州	男	1947 年 4 月	海湾张家沟村訾家庄组	中共	海湾村主任	1989 年，神木县优秀共产党员；1996 年，神木县煤炭矿管工作先进个人
王子清	男	1952 年 2 月	朱概塔村朱概塔组	—	神木市丰满园农牧业发展有限公司总经理	2002 年，神木县劳动模范
刘在兰	女	1953 年 4 月	朱概塔村朱概塔组	—	朱概塔村朱概塔组	1987 年，榆林地区勤劳致富竞赛魁首奖
李占飞	男	1955 年 3 月	海湾张家沟村海湾组	中共	海湾张家沟村党支部书记	2010 年，神木县十大党员致富带头人；2008 年，神木县优秀党务工作者
李文玉	男	1955 年 12 月	三卜树村庙梁组	中共	三卜树村党支部书记	2003 年，神木县优秀共产党员
屈万华	男	1957 年 12 月	柳树峁村马连湾组	中共	柳树峁村党支部书记	2008 年、2010 年，神木县优秀农村党支部书记
孙志宽	男	1958 年 8 月	孙家岔村一组	—	榆林市民间艺术团副团长	1983 年，陕西省民族、民间歌舞调演一等奖，1986 年，在全国青年首届民歌通俗歌曲大选赛中获金孔雀杯（演唱）奖，2003 年、2008 年，榆林地区有突出贡献的拔尖人才
贺正义	男	1958 年 9 月	柳树峁村马连湾组	中共	大柳塔中学校长	2005 年，神木县优秀共产党员
王宽泽	男	1959 年 9 月	宏光村邱家梁组	中共	宏光村党支部书记	2011 年，榆林市优秀共产党员；2018 年，神木市劳动模范；2017 年，第五届榆林好人（最美基层党员）
孙俊良	男	1959 年 9 月	孙家岔村水井湾组	—	陕西恒源投资集团有限公司董事局主席	2014 年，第二届中华慈善总会突出贡献奖人物奖；2012 年，陕西省劳动模范；2018 年，第十届“中华慈善奖”捐赠个人奖；2018 年，陕西省脱贫攻坚先进个人

续表 60

姓名	性别	出生时间	籍贯	党派	工作单位或（曾任）职务、职称	所获荣誉
撒耀斌	男	1959 年	三卜树村本头墕组	中共	神木市医院感染科主任	2003 年，陕西省经济技术创新标兵；2010 年，榆林市劳动模范
马安斌	男	1960 年 1 月	海湾张家沟村訾家庄组	中共	神木县人口和计划生育局副局长	2006 年，“全国少生快富工程试点工作先进个人”，2013 年，陕西省人口和计划生育工作先进个人，2002 年和 2008 年，神木县劳动模范
张增光	男	1961 年 1 月	乔家塔村张家村组人	中共	神木市委常委、政法委书记	2001 年，榆林市优秀党务工作者；2003 年，榆林市“廉勤兼优领导干部”
崔崇敬	男	1962 年 4 月	三卜树村崔家村组	—	神木市润邦矿业公司总经理	2013 年，神木县劳动模范
边世斌	男	1963 年 12 月	三卜树村黄花界组	中共	陕西省公路勘察设计院副院长	2005 年，第三届中国公路百名优秀工程师、陕西省优秀勘察设计师
张德锁	男	1964 年 1 月	乔家塔村张家村组	—	神木县玻璃厂董事长	2002 年，神木县劳动模范
张增田	男	1964 年 5 月	排界村红村组	中共	排界村党支部书记兼村委会主任	2021 年，神木市优秀共产党员
燕振兴	男	1964 年 11 月	神树塔村燕家伙盘组	中共	神木市矿区第一小学校长	2016 年，榆林市师德先进个人；2020 年，榆林市名校长
马景平	男	1965 年 1 月	柳树峁村二组	中共	鄂尔多斯市税务局科长	2002 年，国家税务总局“全国纪检监察先进个人”
郝增胜	男	1966 年 9 月	庙沟村衙门地组	中共	庙沟村党支部书记兼村委会主任	2020 年，神木市镇村优秀扶贫干部
贾和平	男	1968 年 2 月	三卜树村本头墕组	中共	解放军某部正高级工程师	2019 年，总政治部全军优秀青年标兵
张晓燕	女	1968 年 2 月	海湾张家沟村海湾组	中共	神木县烟草专卖局局长（经理）	2012 年，陕西省劳动模范

续表 60

姓名	性别	出生时间	籍贯	党派	工作单位或（曾任）职务、职称	所获荣誉
撤光耀	男	1968 年 4 月	三卜树村本头焉组	中共	神府经济开发区园林所所长	2014 年，榆林市绿化先进个人
王光亭	男	1968 年 1 月	神树塔村神树塔组	中共	内蒙古伊金霍洛旗档案局局长	2014 年，内蒙古自治区档案工作先进个人
马振华	男	1967 年 11 月	海湾张家沟村訾家庄组	中共	神木市永盛源精煤科技有限公司	2021 年，榆林市劳动模范
刘智深	男	1970 年 8 月	王道恒塔村刘城腰山组	中共	孙家岔九年制学校高级教师	2015 年榆林市中小学教师学科能力竞赛小学数学优胜奖
杨永红	男	1970 年 9 月	柠条塔村沙峁组	中共	国家能源集团高级经济师，国家注册采购师	2021 年，中央企业优秀党务工作者、国家能源集团优秀党务工作者、全国煤炭行业优秀组织工作干部
崔光胜	男	1971 年 1 月	排界村大沟组	中共	神木市第十二小学校长	2003—2004 学年度神木县优秀教师，2018 年陕西省基础教育系统优秀共产党员
张胜清	男	1971 年 7 月	乔家塔村张家村组	中共	神木市神海水务有限责任公司董事长	2008 年，神木县优秀共产党员
强红梅	女	1971 年 11 月	柠条塔村沙峁组	中共	国家能源集团北京低碳清洁能源研究院纪委办公室副主任	2019 年，中央企业优秀共青团干部
樊虎生	男	1971 年 11 月	燕家塔村燕家沟组	中共	燕家塔村党支部书记兼村委会主任	2021 年，神木市优秀党务工作者
杨　成	男	1972 年 10 月	柠条塔村沙峁组	中共	国家能源集团神延煤炭公司党建工作部副主任	2000 年，神木县优秀共产党员
燕学平	男	1972 年 12 月	燕家塔村燕家塔组	中共	神木县交通局副局长	2008 年，神木县优秀共产党员

续表 60

姓名	性别	出生时间	籍贯	党派	工作单位或（曾任）职务、职称	所获荣誉
张雄虎	男	1973 年 8 月	燕家塔村王洛沟组	中共	陕西恒德煤焦电化集团有限公司总经理	2015 年，榆林市五一劳动奖章；2016 年、2018 年评为神木县优秀共产党员
边　伟	男	1976 年 7 月	孙家岔村一组	中共	国家税务总局榆神工业区税务局科长	2005 年，神木县优秀共产党员
杨公明	男	1977 年 1 月	三卜树村庙梁组	中共	神木市交通建设投资集团公司副总经理	2013 年，神木市劳动模范
孙永平	男	1977 年 9 月	孙家岔村一组	中共	湖北经济学院低碳经济学院副院长	第七届湖北省优秀教学成果奖、第九届和第十一届湖北省社会科学优秀成果
张小平	男	1977 年 9 月	排界村红村组	中共	店塔镇党委副书记	2020 年，神木市镇村优秀扶贫干部
郄丽霞	女	1979 年 12 月	海湾张家沟村尔林兔沟组	中共	神木市妇女联合会主席	2021 年，榆林市三八红旗手
杨海霞	女	1980 年 6 月	三卜树村庙梁组	中共	神木职业技术学院	2020 年，陕西省职业院校教学能力大赛二等奖
张侯平	男	1981 年 9 月	海湾张家沟村张家沟组	中共	海湾张家沟村党支部书记兼村委会主任	2021 年，神木市优秀共产党员
张建国	男	1985 年 2 月	海湾张家沟村张家沟组	中共	国家能源集团榆林能源公司	2019 年和 2020 年，榆林市优秀第一书记
刘海军	男	1985 年 6 月	刘石畔村石畔组	中共	中国光大银行榆林神木支行行长	2021 年，神木市第二届“十大杰出青年”
杨　梅	女	1987 年 2 月	海湾张家沟村海湾组	中共	神木农村商业银行西沙支行行长	2018 年，陕西省农村合作金融机构“巾帼标兵”

在孙家岔镇工作的镇籍外先进模范人物一览表

表 61

姓名	性别	出生时间	籍贯	党派	工作单位或（曾任）职务、职称	所获荣誉
刘在堂	男	1956 年 1 月	麟州街道	中共	神府经济开发区恒源煤化工公司董事长	2015 年，榆林市劳动模范
闫敬旺	男	1956 年 1 月	陕西子长	中共	陕煤集团神木柠条塔矿业有限公司党委书记、董事长	2011 年，全国能源化学系统优秀工会工作者；2018 年，全国优秀工会工作者
高忠厚	男	1957—2016	麟州街道	中共	陕西龙华集团公司董事长	2002 年，陕西省劳动模范
高长厚	男	1965 年 6 月	沙峁镇石畔上村	中共	孙家岔道班班长	2011 年，获榆林市“五一劳动奖章”；2012 年，陕西省劳动模范；2015 年，全国交通运输系统劳动模范
王建文	男	1965 年 11 月	陕西乾县	中共	陕煤集团神木柠条塔矿业有限公司总工程师	2018 年，获全国“五一劳动奖章”
惠新军	男	1966 年 6 月	陕西清涧	中共	陕西龙华集团公司监事会主席	2010 年，榆林市非公有制经济组织优秀党务工作者
高　杰	男	1967 年 12 月	沙峁镇土洼村	中共	陕西龙华集团董事长，陕煤龙华矿业公司党委书记、董事长	2011 年，陕西省“千企千村”扶助行动先进民营企业家；2012 年，榆林市“五一劳动奖章”；2013 年，榆林市发展非公有制经济杰出企业家；2016 年，陕西省优秀共产党员；2017 年，第三届榆林市优秀中国特色社会主义事业建设者；2019 年，榆林市优秀民营企业家；榆林市脱贫攻坚奉献奖；第八届陕西省优秀企业家
姜　华	男	1969 年 2 月	大柳塔镇刘家沟三组	中共	孙家岔中学副校长	2004—2005 学年度神木县优秀教师，2005 年榆林市优秀党务工作者

续表 61

姓名	性别	出生时间	籍贯	党派	工作单位及职务（曾任职务）	获得荣誉情况
焦悦峰	男	1972 年 11 月	陕西蓝田	中共	陕煤集团神木柠条塔矿业有限公司机电物资中心高级业务主管	2016 年，“陕西省首席技师”；2018 年，“全国技术能手”；2020 年，三秦工匠，陕西省“五一劳动奖章”
郭振刚	男	1973 年 9 月	永兴街道堡则村	中共	陕煤龙华矿业公司副总经理	2012 年，陕西省劳动模范
杨德茂	男	1973 年 12 月	麟州街道	中共	陕煤龙华矿业公司副总经理	2002 年，神木县劳动模范
折虎林	男	1974 年 3 月	沙峁镇	—	神木市德泉煤业公司矿长	2021 年被榆林市能源局评为优秀煤矿矿长
贺治军	男	1974 年 7 月	万镇镇兰家会村	中共	陕煤龙华矿业公司常务副总经理	2015 年，第二届神木县“十大优秀青年”
孙成荣	男	1974 年 11 月	西沙街道	中共	陕西恒源投资集团有限公司总经理	2018 年，榆林市“五一劳动奖章”
李　春	男	1976 年 2 月	陕西米脂	中共	陕煤龙华矿业公司副总经理	2016 年，神木县第四届“十大杰出青年”
沈小军	男	1977 年 5 月	西沙街道	中共	孙家岔九年制学校副校长	2004—2005 学年度神木县优秀教师；2018 年神木市先进教育工作者
刘小毅	男	1977 年 5 月	万镇镇大垭村	中共	陕西龙华集团公司总经理，陕煤龙华矿业公司副总经理	2018 年，第一届“神木市十大优秀青年”
曹国选	男	1979 年 8 月	陕西横山	中共	陕煤龙华矿业公司矿长	2020 年，榆林市能源系统劳动模范
张利平	男	1980 年 1 月	马镇镇中梁村	中共	孙家岔镇纪检委书记	2004 年，全国第一次经济普查榆林市先进个人；2016 年，榆林市安全生产先进工作者

续表 61

姓名	性别	出生时间	籍贯	党派	工作单位及职务（曾任职务）	获得荣誉情况
李彦云	男	1982 年 11 月	甘肃白银	中共	陕煤龙华矿业公司生产科副科长	2018 年，“最美神木人”
王兴华	男	1983 年 11 月	甘肃会宁	中共	陕煤龙华矿业公司综合办公室主任	2017 年，陕煤集团“最美员工”、“最美家庭”；第四届榆林好人“五好文明家庭”提名，“神木市最美家庭”；2021 年第八届“榆林好人”、神木市首届道德模范
赵　鹏	男	1984 年 11 月	陕西咸阳	中共	陕煤集团神木柠条塔矿业有限公司安全监督管理部部长	2012 年，陕西省劳动模范
张楠楠	女	1985 年 9 月	沙峁镇沙峁村	中共	孙家岔镇政府农业专干	2021 年，神木市优秀共产党员
贺　艳	女	1985 年 10 月	万镇镇	中共	孙家岔镇民政工作站站长	2019 年，榆林市民政局和扶贫办授予“最美民政人”
杨小鹏	男	1986 年 9 月	迎宾路街道	中共	陕煤集团神木柠条塔矿业有限公司掘进三工区副区长	2021 年在第十届全国煤炭行业职业技能竞赛中获综采维修电工二等奖
李晓虎	男	1986 年 12 月	马镇镇	中共	孙家岔镇党委秘书	2021 年，神木市优秀党务工作者
王　妮	女	1987 年 4 月	麟州街道	中共	孙家岔镇党委组织员	2016 年，神木县优秀党务工作者；2017 年，陕西省第十届优秀女大学生村官
刘　霞	女	1987 年 12 月	江西省	中共	陕西恒源投资集团电化有限公司	2015 年，榆林市劳动模范
张金贵	男	1987 年 12 月	马镇镇中梁村	中共	神木市能源局孙家岔煤管所所长	2019 年，榆林市安全生产先进工作者
王仲科	男	1988 年 2 月	甘肃会宁	中共	陕煤龙华矿业公司皮带运输队技术员	2017 年，陕西省劳动模范
高　军	男	1989 年 3 月	沙峁镇土洼村	中共	陕煤龙华矿业公司选运队队长	2018 年，第七届榆林市道德模范敬业奉献提名奖

续表 61

姓名	性别	出生时间	籍贯	党派	工作单位及职务（曾任职务）	获得荣誉情况
齐晓华	男	1990 年 5 月	陕西蒲城	中共	陕煤龙华矿业公司副总工程师	2021 年，榆林市劳动模范
张　敏	女	1990 年 11 月	锦界镇河湾村	中共	孙家岔镇政府党建专干	2021 年，神木市优秀党务工作者
赵　磊	男	1990 年 11 月	辽宁本溪	—	陕煤集团神木柠条塔矿业有限公司通维工区瓦斯检查员	2020 年，获陕煤杯“全国煤炭行业职业技能手”称号
赵　鹏	男	1991 年 5 月	迎宾路街道	中共	孙家岔镇政府第一工作站站长	2019 年，榆林市扫黑除恶专项斗争先进个人；2021 年，神木市优秀共产党员
詹海涛	男	1992 年 2 月	陕西丹凤	—	陕煤集团神木柠条塔矿业公司综采一工区检修班班长	2021 年，获“全国技术能手”称号

附录

企业发展纪实

陕西恒源投资集团有限公司发展纪实

陕西恒源投资集团有限公司（以下简称恒源集团公司）是孙家岔镇本土成长的一家涵盖高端煤化工、盐化工、煤炭电力、新能源及民生健康产业的民营企业集团。2021 年，公司拥有员工 6000 余人，年上缴税费超过 8 亿元，先后获全国煤炭工业先进集体、陕西省安全生产先进企业、榆林市非公纳税十强企业、榆林市工业转型升级示范企业等荣誉。

恒源集团公司 30 余年的发展历程可谓筚路蓝缕，开拓进取。董事局主席孙俊良带领创业者靠着坚定信念，凭着实干精神，用辛勤的心血和汗水，夜以继日地努力，使公司从小到大、由弱到强，多元化发展。

因煤而生　依煤而长

1993 年，陕西省神府经济开发区成立。恒源集团公司创始人孙俊良带领 10 余名员工创办神府经济开发区煤炭工业公司，艰苦创业，挺进煤炭市场。随后，又投资 200 余万元创办生铁冶炼铸造厂。1995 年，正值神木地方煤矿经营最困难时期，煤炭价格急剧下跌，销售难、回款难，许多煤矿纷纷停产或转让。孙俊良冷静而科学地分析煤矿发展前景，以多种方式融资，先后采取承包、租赁、购买、联营合作、独立申办等多种形式，经营中小型煤矿 10 个。1996 年，筹建赵家梁煤矿，迈出生产项目配套发展第一步。

1998 年，神府经济开发区管委会推动企业改制。煤炭工业公司与生铁冶炼铸造厂合并，组建为神府经济开发区恒源煤焦电化有限责任公司，公司进入第一个快速发展期。

以煤为基　多元并举

2000 年，恒源集团公司面对区域性煤炭产能过剩和“土炼焦”污染环境等

位于神木市滨河新区的恒源集团公司办公大楼（摄于2021年9月）

问题，认真分析兰炭市场形势，实施项目技改升级，投资978万元建设神府矿区最为先进的4×15000吨K－Ⅲ连续生产直立炭化炉，年产优质机焦6万吨、焦油3840吨，实现产值1027.2万元，使资源就地转化、产品附加值得到提高。公司初步形成以煤炭生产、运销、煤焦转化加工为主业，多种经营并举的多元化发展态势。

2001年，随着国家西部大开发战略的实施和推进，公司乘势而为，采取向神木县农业银行贷款和职工筹资方式，融资近亿元，兴建2×12兆瓦节能环保型电厂。利用已有焦化厂的废气和煤矿的煤矸石、煤泥做燃料发电，实现资源综合利用，开陕北地区建设环保节能电厂的先河。2004年，二期项目2×27.5兆瓦机组并网发电。2003年，为实现资源就地转化，投资1000万元建设2×12500千伏安电石生产线。2006年，三期机组2×25兆瓦建成并网发电。至此，恒源发电公司总装机容量达132兆瓦，年发电量9亿千瓦时。

循环经济　绿色发展

2010年以后，恒源集团公司确立“高位切入，科学规划；积极引进，整合资源；做强基础，延伸产业”的经营思路，以对煤、焦、电、化基础产业进行技改扩建为路径，以实现节能、降耗、环保为目标，高起点、高标准、高规格建设恒源循环经济产业示范园，走出了一条能源型企业科学发展、实力不断增强的可持续发展之路。

公司2008年起，先后投资5亿元对赵家梁煤矿实施机械化综采技能改造，矿井设计年产能达到120万吨，煤矿被评为省级一级大型标准化矿井。公司按照神木县“关小上大”，淘汰落后兰炭产能的产业政策和环保要求，关闭原有兰炭生产线，投资1.2亿元建设年产60万吨的大型节能环保兰炭生产线。公司投资2.5亿元扩建4×33000千伏安密闭式环保电石炉，为神木电石行业密闭式电石炉建设的先例。投资4000万元收集回用电石尾气建设30万吨气烧石灰回转窑生产线，实现废弃资源的二次利用。投资1.5亿元建设年产300万吨洁净煤生产线，投资3000万元建设兰炭尾气净化回用项目，投资4500万元建设成为西北地区水处理工艺最先进、处理能力较大的污水处理回用工程。至2010年，赵家梁工业园区形成固定资产近20亿元，年实现产值超过40亿元，安排2610人就业；利用煤泥、煤矸石60余万吨，荒煤气12亿立方米，节约标准煤49万吨；节约新鲜水138万吨，减少二氧化硫排放量0.6万吨。2011年12月，公司收购锦界热电公司后，集团公司发电总装机规模达到256兆瓦。

多元布局　转型升级

2012年以后，恒源集团公司贯彻新发展理念，优化投资结构，对既有产业进行智能化、机械化升级改造，不断提升竞争力和效益增长，进入高端煤化工、盐化工、新能源等领域，实现了企业转型升级。

2012年10月，全资收购城固酒业公司，走出了跨地区、跨行业发展的第一步。2015年3月，斥资10.29亿元入股北元化工集团，成为北元化工集团第二大股东。2017年4月，投资46亿元开始在锦界工业园建设年产50万吨煤焦油深加工多联产项目的精益化工有限公司，建成后与榆能集团、神木市金控集团合作。

2017年，对焦化公司年产8×7.5万吨的炭化炉生产线进行技术升级改造，实施年产125万吨兰炭技改升级项目。2019年，对电化公司电石炉生产系统进行全面升级改造。2020年，对恒源发电公司拆除老旧机组，新建2×80兆瓦纯燃气超高温亚临界发电机组。对神府经济开发区恒源煤化工有限公司进行并购整合，整合后集团公司兰炭产能达到185万吨/年。

党建引领　促进和谐

企业在发展过程中，坚持党建引领。2011年，恒源集团公司党委成立，下设1个党总支部，6个党支部。通过党建引领，助推企业文化建设，促进企业高质量发展，引导党员参与社会公益事业，被榆林市委组织部评为“五星级党组织”等荣誉称号。

集团党委在发展过程中，建立人才引进培养机制，注重员工成长进步，采用“校招”“社招”相结合方式，吸引五湖四海的青年才俊齐聚恒源。建立系统的职业培训体系，通过“走出去”和“引进来”相结合培训的方式，组织员工参观学习国内优秀标杆企业，完善绩效管理，畅通职业晋升渠道，激励员工建功立业。工会等组织积极发挥作用，定期召开职工代表大会，听取员工的意见和建议，充分保障员工权益。重视员工身体健康、改善工作环境、提高安全指数、减轻员工劳动强度、丰富员工业余文化生活，陶冶员工道德情操。集团公司员工平均薪资水平在当地民营企业中位居前列。

履行责任　见证担当

恒源集团公司不忘初心，牢记使命。始终感念党和政府的关心与支持，积极投身社会慈善公益事业。公司负责人及企业累计在民生、教育、文化等多个社会公益领域投入与捐款总计超过 3.8 亿元。

公司积极参加精准扶贫行动，投资 9000 余万元在神木市中鸡镇纳林采当村建设集种植、养殖、加工于一体的综合性现代农业产业项目，通过结对帮扶，发展产业，带动整村脱贫致富。2018 年，恒源集团公司被授予全国“万企帮万村”先进民营企业荣誉称号。

陕西恒源投资集团有限公司的奖牌（摄于 2018 年 10 月）

恒源集团公司将以创建百年基业、共筑幸福恒源的视野和胸襟，砥砺前行。一个快速、协调、持续发展的恒源集团将为地方社会经济的发展作出积极贡献！

赋曰：

日月恒久，开拓者以自强不息；江河源远，创业者以厚德载物。秉厚土高天之胸襟，承石峁先祖之智慧，聚能源宝库之财富，应时代召唤，恒源崛起，气象万千。

遥想当年，乘改革开放之春风，谱创业建功之浩歌。晨披霜露，暮踏夕晖；栉风沐雨，砥砺前行。由煤而兴，因电而盛，载能转化，科学发展。以技术革新促产能提升，规模初现；创工业园区兴循环产业，优势明显；堪为市县民企之楷模。

喜看今朝，创业正酣。强基固本，转型发展；促循环经济升级，求民生产业突破。兴城固酒业，“天汉坊”佳酿飘香；拓盐、油化工，促可持续发展；北元主板上市，扬资本之云帆；科技兴企，驱创新之引擎。情系民生，健康产业蔚为大观；筑巢引凤，英才聚集共照肝胆。

企业壮大，饮水思源，回馈社会，感恩家园。助山区，建希望学校；赈天灾，救水火危难；增税费，强区域经济；扩就业，稳社会平安；守初心，助力脱贫攻坚；担使命，推进乡村振兴。真水无香，大爱无垠，福泽桑梓，善行人间。

念创业之艰辛，寒来暑往；感发展之蓬勃，斗转星移。恪守诚信以固根本，崇尚创新以革旧弊；科学管理以夯基础，文化强企以创辉煌。

夫泰山者，未轻砾砂，终铸其巍峨；湖海者，不拒小流，乃成其浩瀚。悠悠恒源！天地同歌，日月共耀。

龙华集团公司发展纪实

陕西龙华煤焦电集团有限责任公司（以下简称龙华集团）是神木市以能源为主业，多元发展的大型企业。公司总部位于神木市滨河新区神新大道10号，主要生产企业位于神木市兰炭产业特色园区燕家塔片区。

龙华集团立足于孙家岔，成长于孙家岔，以“民营机制、国有品质”为特色，坚持党建引领，秉持“诚信、合作、责任、进步”的价值观，以“建设百年龙华”为愿景目标，不断改革创新，实现转型升级，企业实力不断增强。2021年，企业拥有员工1787人，营业收入累计303.38亿元，利润总额累计162.68亿元，资产总额95.9亿元，位居陕西省“百强企业”第95位，“民营五十强企业”第29位。

改革发展历程 1994年1月，神木县投资建设燕家塔资源综合利用电厂。1994年11月，神木县属国有企业县煤电公司设立。1995年，县煤电公司合并神木县燕家塔铁厂，升格为副县级企业。1997年，再合并神木县焦化厂。

1998年7月，县煤电公司全体职工自愿认购股权，企业改制为神木县煤焦电有限责任公司。2000年，企业组建为陕西龙华煤焦电集团有限责任公司，因是年为千禧龙年，企业更名为龙华寓意为“龙腾华夏”，简称为龙华集团。

2000年，龙华集团开始筹建孙家岔煤矿。2007年，龙华集团从长远发展的战略高度，以合作共赢的胸怀，与陕西煤业化工集团有限责任公司共同投资，成立陕煤孙家岔龙华矿业公司（以下简称孙家岔龙华矿业公司）。2021年，孙家岔龙华矿业公司成为年产千万吨级矿井，获“国家安全生产一级标准化矿井”“全国煤炭工业特级安全高效矿井”“全国安全文化建设示范企业”等荣誉称号，入选全国绿色矿山名录，是具有龙华特色的“民营机制，国企品质”的混合所有制企业典范。

龙华集团在做好主业的同时，积极探索，多元发展。1999年，创办神木县世纪摇篮幼儿园。2000年，在神木县城建成龙华宾馆，在燕家塔工业园区创办龙华机制兰炭公司。2002年，与神木中学合作创办神木六中。2003年，龙华集团与榆林供电局合作建设龙华阳光发电公司。2005年，参股神木县神海水务有限公司。2009年，龙华集团成立铁路集运公司。2012年，龙华集团受让榆林供

陕煤孙家岔龙华矿业公司的党员矿工宣誓（摄于2021年7月）

电局将所持发电公司股权，与海南中色建物资有限公司合作成立龙华煤业科技公司。2012年，在神木市滨河新区建成龙华府酒店。2015年，成立龙华锦界物流公司。2020年，龙华矿业公司全资收购龙华煤业科技公司。2021年，成立众美物业管理公司、龙华振兴生态农业公司、龙华众欣房地产公司。

龙华集团公司历任董事长：高忠厚（任期为1998.7—2010.8）、高杰（任期为2010.8— ）。历任总经理：高忠厚（任期为1994—1998.8）、杨国秀（任期为1998.8—2007.8）、高杰（任期为2007.8—2009.1）、高忠厚（任期为2009.1—2010.8）、刘小毅（任期为2010.8— ）。

企业获得荣誉 龙华集团先后11次被评为榆林市“百强企业”，连续3次被授予“省级重合同守信用企业”，两次被陕西省委、省政府授予“省级优秀民营企业”称号。2018年，被授予榆林市“五一劳动奖状”。企业“以进取者为本的‘众’文化（众聚、众安、众享、众实、众创、众廉）”荣获2020—2021年度全国企业文化优秀成果二等奖、陕西企业文化建设优秀成果奖。孙家岔龙华矿业公司先后被评为陕西省五星级非公有制企业党组织、陕西省劳动关系和谐企业、全国煤炭工业百强矿井、全国安全文化建设示范企业等荣誉。

龙华集团先后有1人当选中共榆林市第五届代表大会代表，1人当选榆林市第四届、第五届人民代表大会代表、神木市第二届人民代表大会常务委员会委员，2人当选为神木政协委员，3人被评为省劳动模范，3人被评为陕西省优秀共产党员，1人获得榆林市“五一劳动奖章”，1人被评为榆林市劳动模范，1人被评为榆林市能源系统劳动模范，2 人被评为神木县劳动模范，3 人被评为神木县（市）十大杰出（优秀）青年，3 人被评为最美神木人和榆林好人。

履行社会责任 龙华集团累计为脱贫攻坚、公益事业、捐资助学、疫情防控、保护红色文化等捐资达 1 亿元，组织公司职工为灾区、疫情防控和“慈善扶贫一日捐”累计捐款 93 万元。2018 年，出资 1000 万元成立榆林市神木龙华公民道德建设基金会。2021 年，煤矿向东北供应 40 万吨的保供煤，向神木市供应 3 万吨平价煤。龙华集团先后 3 次为员工在神木市区修建住宅小区。2021 年，孙家岔龙华矿业公司投资 2.4 亿元，在孙家岔镇区建设总建筑面积 5.22 万平方米的 645 套职工公寓。

构建和谐地企关系 2010—2021 年，孙家岔龙华矿业公司搬迁煤矿井田内 12 个村民小组 1361 人的房屋，兑现搬迁费共计 80128 万元。2011—2021 年，按吨煤提取 2 元的标准提取 5542 万元，用于煤矿井田所在区域内 8 个村民小组的生态环境补偿。2014—2021 年，对 14661 亩采煤沉陷区补偿 12870 万元。2020—2021 年，投资 5185 万元对煤矿周边环境进行修复治理。

加强企业党建 1996 年 3 月，县煤电公司党支部成立。1997 年 6 月，县煤电公司党支部升格为党总支。2005 年 5 月，企业党总支变更为龙华集团总支，下设 4 个支部。2009 年 10 月，龙华煤矿支部升格为龙华矿业公司党总支，组织隶属关系划转至陕煤集团神南矿业公司党委。2011 年 1 月，龙华矿业公司总支升格为党委，有党员 106 名。2018 年，龙华矿业公司党委隶属陕北矿业公司联合党委。2013 年，煤业科技公司党总支成立。2020 年，龙华矿业公司全资收购龙华煤业科技公司，同时将组织关系划转至龙华矿业公司党委。2021 年，龙华矿业公司党委下辖 13 个支部，有党员 241 名。

企业以党建为引领，发挥工会、共青团等群团组织作用，创建新时代混合所有制企业党建工作的“龙华样本”。企业先后成立党员先锋队、青年突击队、龙华青年志愿服务队，龙华小乐队、龙华篮球协会、龙华微视频工作室等组织，设立龙华艺术苑、全民健身馆和文化活动广场，丰富职工和家属文化生活。公司重视人才培养，2013 年起，先后组织 889 人次进行职工后续学历提升并全额报销学费，部分管理人员参加在企业设点的 MBA 工商管理专业班。

个人访谈录

张胜荣访谈录

时间：2021 年 8 月 18 日

地点：神木市麟州街道

问：您是孙家岔人，又长期在地方党政机关工作，亲历了家乡的发展变化，请谈一下您的感受。

答：我出生在孙家岔镇张家村，从小在村里长大，又在孙家岔上学，最童真、最美好的时光在孙家岔度过，家乡始终是我内心深处最温暖、最牵挂的地方。1978 年，我在孙家岔中学教书，在此期间，得到父老乡亲的言传身教，我的人生观和价值观也基本形成。后来从教师岗位转行，从事行政工作，先后在神木县人大常委会、神木县政府和榆林市政府部门任职。我长期分管工业、交通、矿产资源、发展改革等领域的工作，这些与孙家岔在兰炭产业转型升级、煤炭资源整合、矿区道路建设等方面的工作关联度比较高。由于要实地开展调研、现场解决问题，我回孙家岔的机会也比较多。每次回到家乡，都能感受到日新月异的变化。可以这样说，我参加工作时，欣逢改革开放；从事行政工作后，恰遇神府煤田开发；担任了处级领导职务后，正值国家级陕北能源化工基地开始建设。我非常幸运地成长在这个伟大的时代，我为能够见证家乡的发展变化、参与家乡的开发建设而感到自豪，也为家乡由一个贫穷落后的乡镇蜕变为西部经济强镇而感到骄傲。

问：您觉得家乡哪些变化留给你的印象特别深刻？

答： 过去的孙家岔镇一穷二白，交通闭塞，基础设施薄弱，人居环境很差。改革开放四十余年来，孙家岔镇的变化可谓天翻地覆，有目共睹。孙家岔镇是神府煤田开发的初始地，煤田勘探的第一钻就选在孙家岔的土地上；煤田开发初期，党和国家领导人多次来孙家岔视察。孙家岔是神木工业园区建设的起步地，全县第一个工业园区就设在燕家塔，全国最大的兰炭产业园区也在孙家岔。孙家岔是煤炭加工的试验地，许多煤化工技术成果从这里产生并得到应用推广。总的来说，现在的孙家岔镇经济建设突飞猛进，道路交通四通八达，人民群众生活富裕，率先过上了小康生活。而且，这些年大学毕业生多，民营企业家多，机关事业单位工作人员多，孙家岔镇已经成为经济大镇、煤炭大镇、人才强镇。这些方面的内容，《孙家岔镇志》稿件中都有比较详细的记述，我再谈点给我留下深刻印象的事情。我在孙家岔中学教书时，神府煤田还没有开发，学校教学条件非常简陋，教室里连个像样的课桌也没有，部分桌凳靠学生从家里自带。学生灶没有餐厅，寒冬腊月学生蹲在院子里吃饭，吃得稍微慢点，饭里就带着冰碴子。我转行后，这样的情景经常萦绕在心头，每次遇到机会就为孙家岔学校建设、师资配备争取政策和资金支持。如今的孙家岔学校设施完善，条件一流，家乡学子充分享受到了优质的教育资源，我们当年梦寐以求的愿望终于实现了。

张胜荣（右二系领带者）与兰炭专家在工作调研（摄于 2008 年 9 月）

问：兰炭是神木市的支柱产业，也是孙家岔镇的重要产业。您作为兰炭产业发展初期的主要推动者，请简要介绍一下兰炭产业发展历程及与孙家岔镇的关系。

答：20 世纪 90 年代，神木县为了解决煤炭销售难问题，推动资源就地转化，开始发展兰炭产业。起初土炼焦遍地开花，随后发展炼焦炉生产，但资源浪费严重、环境污染问题仍然突出。2001 年，我任县经济发展局局长。推动兰炭产业清洁生产，实现转型升级是摆在我面前的首要任务。当时，上级管理部门的意见是实施“关小上大”。我想“关小”容易，“上大”则需要两三年的时间。如果将现有企业关闭了，就可能丢失已有的兰炭市场。所以，我的思路是“上大关小”，既要按时完成省上的拆改任务，也要保市场、保产业。于是，我们制定了详细的整改方案，并得到县委、县政府的认可。我们对临近公路、临近村庄、临近水源的小企业全部拆除，由企业自行结对，实行“两家拆一家”的办法，如一家企业有两台兰炭炉的就“两台拆一台”，并采取奖励先拆者等激励措施，保证了小兰炭炉拆改任务顺利推进。2002 年，在全县选择两户兰炭企业搞试验炉型。其中，孙家岔镇的一户企业参与了试验。2006 年，我任神木县人大常委会副主任，继续负责推动兰炭产业的转型升级工作。我们成立煤化工产业领导小组办公室，协调国家炼焦行业协会制定并通过兰炭产业准入标准和产业目录，申请了国家地理标志证明商标，“神木兰炭”成为全国第二个以县域名注册的工业类地理证明商标。2007 年，全县规划 8 个兰炭工业集中区，根据孙家岔镇的煤矿产能和地理条件，有 4 个工业集中区设置在孙家岔镇。工业集中区的合理布局与有序建设，为孙家岔镇兰炭企业集群发展，并为神木市设立兰炭产业特色园区奠定了良好的基础。

神木县兰炭及相关产业布局发展规划评审会（摄于 2008 年）

问：孙家岔镇地处神府煤田腹地，又居矿区交通枢纽地位，你在推动交通基础设施改造提升方面做过哪些努力？

答：孙家岔镇域位于乌兰木伦河与考考乌素河之间，这两条河谷历来是神府矿区通达外部的交通孔道。20 世纪 70 年代，神木县北部第一条公路府谷至新街公路就沿着考考乌素河延伸。神府煤田开发后，这两条沟谷中先后布置了神朔铁路、红柠铁路、杨陈一级公路、店红一级公路，都是煤炭及煤化工产品的运输大通道。发展好孙家岔镇的道路交通，对于国家级陕北能源化工基地的建设至关重要。2008 年，我任神木县政府副县长，也分管交通工作。为了优化矿区公路网络结构，加大煤炭外运能力，我们新修了连接孙家岔主要工业园区和大型煤矿的柳袁路、赵家梁路、西柠路等环线干道，使孙家岔三个工业集中区和多个矿区全部循环起来，并且打通了外运通道，解决了煤炭、兰炭产品运输瓶颈。我主持规划设计了店（塔）红（碱淖）一级公路，并组织征地协调。其后，我调任榆林市交通局副局长，又继续协调组建成立项目公司，筹集建设资金，最后采用 BOT 建设模式，推动了公路项目建设。这条神木东西方向的第二条骨干道路建成后，对全市煤炭外运以及孙家岔发展为工业大镇发挥了至关重要的作用。

问：您虽然离开了工作岗位，但始终关注着孙家岔镇的发展，请谈一下对家乡今后发展的期望。

答：我退休后，也经常回家乡看看，也有了更多的时间思考家乡的发展。我觉得，进入建设中国特色社会主义新时代，在习近平新时代中国特色社会主义思想指引下，孙家岔镇党委政府发展思路更清晰，工作举措更加得力，在推动新型工业化与城镇化以及实施乡村振兴战略方面取得明显成效。为了实现孙家岔镇高质量发展，我建议，今后应该重点在以下两个方面努力。一是发挥资源优势，发展特色产业。兰炭既是榆林煤化工中煤制油、煤改气的重要原料，又在国内外冶炼领域发挥着巨大作用，在维护国家能源安全中占有着重要地位。孙家岔镇有全国最大的兰炭产业园区，是兰炭转化和深加工的发源地，也是最大的兰炭研发基地，今后的发展一定要把握好、利用好、发展好这一重要资源。要始终重视发展循环经济，延长产业链条，在经济发展的同时加强环保，坚决关停淘汰一批规模小、装备差、污染严重的落后和过剩产能，大力整合重组一批大型高效绿色的先进产能，实现供需总量平衡和环境友好。要始终重视产业升级改造，提升兰炭产业的整体发展质量，提高兰炭企业的清洁生产水平，提高兰炭生产的集中度、规范化、规模化，进一步发挥焦炉气、煤焦油等兰炭副产品的高附加值。要始终重视技术创新，构建技术研发平台与创新体系，加大对煤炭深加工和兰炭技术研发支持力度，研究制定煤化工上、中、下游一体化发展建设专项规划，实现煤炭就地清洁高效转化与综合利用。二是统筹经济发展与生态建设，“既要金山银山，也要绿水青山”，才能有可持续发展和高质量发展。要不断加强矿区生态环境修复治理，实现镇域经济良性发展。经济发展的最终效益要体现在提高人民群众的生活质量上，要研究制定切实可行的人居环境整治行动方案，管好烟、治好水，做好扬尘治理和流动人员管理，营造干净、舒适的生活居住环境，不断提升矿区群众的获得感和幸福感。

张公字访谈录

时间：2021 年 10 月

地点：陕西恒德煤焦电化集团有限公司

问：您是孙家岔镇较早创办企业的本土企业家，请谈一下您的创业经历。

图为张公字（摄于 2013 年）

答： 1945 年，我出生在燕家塔村王洛沟组的农民家庭。我小时候在孙家岔小学上过四年学，后来又到尔林兔中学念了半年，就回村参加集体劳动了。因为我能吃苦，肯卖力，又读过几年书，在当时算生产队有文化的青年人，就成了村里的培养对象。1962 年，我开始担任王洛沟生产队队长。1965 年 6 月，我光荣地加入中国共产党。从 1972 年起，一直任王洛沟生产大队（村）党支部书记达 43 年。神府煤田开发后，孙家岔终于迎来发展机遇。1990 年，我就带领村民开办王洛沟村办煤矿。

那时候，办煤矿条件很艰苦，煤炭市场低迷，村办煤矿效益很差。我全家有十余口人，上有父母，下有四女二男，孩子们都在上学，家庭经济负担很重。1995 年，村办煤矿准备公开对外承包经营，我就想冒险也要试着办煤矿，就与村集体签订了承包合同。以后，积累了一定办矿经验，2002 年又承包了孙家岔镇排界南煤矿。再后来，煤矿效益逐渐好转，自己有了资金。从 2003 年起，先后在燕家塔村投资办了 5 个小焦化厂，每年能产焦粉（兰炭）20 多万吨。2005 年，又与其他人合伙经营大塔煤矿。2007 年，神木县政府开始兰炭产业转型升级，我将小焦化厂关闭了，先后在燕家塔工业园区成立年产 80 万吨兰炭的德润炭质还原剂有限公司、年产 60 万吨兰炭的恒润煤化工公司、年产 2 万吨的金属镁生产线。2009 年，政府推行煤矿资源整合，我们几家整合置换的煤矿组建了盛博煤业有限公司、润邦矿业公司。2010 年以后，我相继投资建设洗煤、硅铁、兰炭综合发电、活性炭、焦油渣处理、酒店等项目。2011 年，我将各生产企业组建为陕西恒德煤焦电化集团有限公司。2018 年，成立供热公司，用兰炭炉尾气发电电厂的余能向园区企业和周边居民集中供热。2020 年，对原有的年产 200 万吨兰炭生产装置进行技术改造，改为 10 条 20 万吨 / 年的生产线。目前，已经形成“洗煤—兰炭—硅铁—金属镁”“煤气—发电—硅铁—金属镁”“发电—供热”为一体的循环产业链。 2021 年，我们企业共有员工 1263 人，生产兰炭 140 万吨，煤焦油 12.8 万吨，煤气 13000 万立方米，硅铁 6 万吨，金属镁 1.8 万吨，发电 3.4 亿千瓦时，供热 39 万平方米，总产值达 26 亿元，上缴税金 5000 多万元。企业主动履行社会责任，这些年先后为扶贫、教育、抗疫等公益事业捐资 2400 余万元。我的长子张雄虎 1992 年从榆林师范学校毕业，现任集团公司董事长，承担着企业发展的重要职责。我们企业 2012 年被评为榆林市“财政贡献百强企业”，2015 年被授予“榆林市五一劳动奖章”，2016 年是神木市“工会工作先进单位”，2016 年是榆林市“先进职工之家”，2019 年被评为“榆林市优秀民营企业”，2020 年被评为“陕西省诚信经营建设单位”，2021 年被评为榆林市“四星级非公党建企业”。总的来说，我忙碌几十年，奋斗几十年，办成了些企业，也为社会做了些贡献。

问：您在创办企业过程中是如何克服困难的？

答：办煤矿真是千辛万苦。1995 年开始办煤矿，井下房柱式开采用炸药，四轮车拉运煤炭到地面，经过简单筛选后销售。当时煤矿原煤年产量 1 万吨左右，煤炭市场低迷，价格上不去，一吨大炭卖 20 元。到了夏季，销不出去的面煤只能倒掉。我既要组织生产，又要联系销售。煤价低、销售难，货款欠账多，要账难，经常没钱给工人付工资。1998 年前后，最为艰难，煤矿又出一个冒顶事故，每天晚上 12 点以后睡觉，凌晨 3 点多起床。年关将至，没有周转资金，就向银行贷款，向亲朋好友转借。就这样边拖欠、边经营，勉强维持生产。直到 2002 年，终于挺过难关，迎来煤炭市场好转，还清全部欠款，企业才有了新的发展。随着神木兰炭企业逐步增多，生产的块煤供不应求。我想自己煤源有保障，也就办小焦化厂吧。没想到，刚办起5个小型焦化厂，就遇上国家采取措施关闭小型污染企业。我也知道，小焦化厂产能小、污染大，不关闭确实也说不过去。可是，办厂的投资还没有收回就要关闭，心情很沉重。好在神木县政府克服困难，提出“关小上大”、置换产能的产业升级政策措施，我就积极响应政府号召，建成大型兰炭厂，形成循环经济产业链后，实现了资源综合利用。渡过了这一次危机，迎来企业新的发展机遇期。

问：您长期工作生活在孙家岔，请谈谈孙家岔的发展变化。

答：孙家岔过去是靠天吃饭的一个半农半牧乡镇。煤田开发之前，村集体就是带领群众修田种地，只图解决温饱问题。改革开放后，得益于党的好政策，孙家岔群众办企业，发展煤炭经济，生活水平大大提高。从1988年起，我们燕家塔村开始大开发，修建公路、铁路，开办煤矿企业，建设工业园区，村里的土地大多被各类企业征用，农民基本不再种地，大多数从事第二、第三产业。富裕起来的村民为了孩子上学，在神木、西安买房，带老人去西安、北京就医，经常外出旅游观光，城乡两头居住、工作，过着比一般城市人还好的生活。我个人一年四季不离开燕家塔，吃住在企业。我有晚睡早起的习惯，除了工作，就是乘车到园区各个企业的生产线上看一看。

王子清访谈录

时间：2021 年 9 月

地点：朱概塔村王子清家

问：您是孙家岔镇有名的职业农民，请您谈一下从业经历。

答：1966 年，我从神木中学初中毕业，正赶上“文化大革命”开始，回到村里后就任代课教师，月工资 29.5 元，一直到 1975 年。教书期间，自己阅读些科学种田的书籍。1976 年，“文化大革命”结束后，我觉得自己还年轻，应该干点啥事。于是，就在科学种田方面琢磨。我在自家的三分自留地上建了蔬菜温棚，购买了农村发展沼气的书籍。通过自学沼气知识，自己建成一个 8 立方米的沼气池，能够使用沼气做饭和照明，沼气渣用于做肥料。当时，村里没有通电，用沼气照明是一个稀罕事情。不久，我的这个沼气实用技术受到上级关注。1977 年，省市县部门多次组织人员来实地参观，榆林地区给我奖励了 5000 元。我尝到了科学技术用于农业生产和生活的甜头，就进一步向科学种植、科学养殖的方向发展了，以后又养猪、养蜂，种大棚蔬菜，发展葡萄园，成立了农业公司，种植养殖的规模逐渐扩大。2005 年，我当选为村主任，干了 10 余年。这些年，我也获得了一些荣誉，1998 年当选县人大代表，2002 年被授予“县级劳

王子清在打理自己的葡萄园（摄于 2021 年 8 月）

动模范”称号，2008 年 10 月被聘为县科技特派员，2006 年任县政协委员。

问：请您谈一下你是如何发展种养殖业的？

答：1982 年，我在自家的三四分自留地里开始种植葡萄。1986 年，利用村内的五荒地，将种植面积扩大到两亩。1985 年，又开始养蜂。1986 年，养蜂 200 箱，当年净利润有两三万元，就用赚到的第一桶金盖了 6 间平房，成为全村第一家修建盖板房的人家。此后，我养蜂一直持续到 2000 年。

1997 年，我开始养猪，养了 20 年，2006 年养殖达到 100 头，主要是销售猪仔。

2018 年 5 月，我注册了神木市丰满园农牧业发展有限公司。2020 年，葡萄园扩大到 32 亩，日光大棚种植阳光玫瑰、夏黑、户太 8 号、正峰、玫瑰香、维多利亚、蓝宝石等 34 个葡萄品种。葡萄园里还套种芹菜、白菜、菠菜等低秆蔬菜。另外有 0.5 亩的鱼塘，养鲤鱼、草鱼、鲢鱼。16 个沼气池总容积 300 多立方米，沼气渣全部用在葡萄和蔬菜地上作为肥料。这样，公司形成循环经济产业链，出产的葡萄、蔬菜都是有机食品，也能卖个好价钱。葡萄都是客人上门采摘。2021 年 8 月的芹菜批发价格每公斤达到六七元，每亩蔬菜的利润也在 5 万元左右。公司最多时有工人 30 余人。

问：孙家岔镇有好多民营企业家都是靠开办煤矿和煤化工企业起家，更多的人都在能源领域发展，是什么原因让您长期安心从事农业？

答：我从事养殖业生产 50 多年，除了老伴与我一起在土地上打拼，子女们都不愿意从事农业。但我始终热爱农业，潜心农业，也深深感受到科技兴农和规模化养殖的益处，我觉得只要面向市场，勤劳肯干，从事农业也是能够有所作为的。

孙家岔镇受自然环境的条件限制，发展农业虽然有许多不利因素，但我们也应该看到事物的另外一方面。我们这里土地贫瘠，可是土地广袤，日照充足，就是发展农业的有利因素。葡萄生长需要充分的光照，需要昼夜较大的温差，这些条件我们孙家岔都具备。而且，孙家岔处在矿区，有大量的消费人口，有很好的农产品消费市场。

习近平总书记经常讲:“中国人的饭碗任何时候都要牢牢端在自己手中。”我觉得非常有道理，我们现在开发煤田，等到煤炭开采得差不多了，还得发展其他产业吧？我想，以后农业肯定是孙家岔镇优先发展的一个产业吧。

问：您是土生土长的孙家岔人，请您谈谈对孙家岔镇变化的感受。

答：我出生在1952年。我的少年时期，孙家岔公社非常落后，没有初中学校，也没有公路。我的家庭也非常贫苦，但我的父母亲还是坚持供我上学。1963年，我考上神木中学。初中三年期间，就沿着窟野河步行100里从朱概塔到县城往返。假期回家，夏季下大雨，窟野河洪水暴涨，就绕山上赶路；冬季河流结冰，走河滩容易些，但由于缺衣少穿，从学校走到家，手脚都能冻僵。记得有一次，我深夜回到家，母亲心疼得直掉泪。

煤田开发后，孙家岔镇发生了巨大的变化，高中教育早已经普及，猪羊肉随时可以吃到，饮食水平不低于神木任何一个地方。1982年，李家湾村的李功德花了5000元购买一辆轻骑摩托车，大家都很羡慕。现在，村村通了柏油公路，户户有几辆汽车，去神木市区办事一个小时就能到达。50年前我在河滩山野上奔跑时，哪能想象到这些变化。

孙志宽访谈录

时间：2020 年 10 月

访谈地点：神木市区

问：您是"西部信天游歌王"，也是走出家乡的孙家岔人，请谈一下您对家乡的认识。

孙志宽在接受访谈（摄于 2020 年 5 月）

答：1974 年我 15 岁，初中毕业考入神木县文工团。离开家乡后，我一直从事演唱工作，也一直为传播陕北民歌而努力。孙家岔是生我养我的地方，是我魂牵梦绕的地方，我的根在孙家岔，我的艺术生命之源也在孙家岔。家乡因为神府煤田的开发而变得富裕，成为全市、全省，乃至西部的工业强镇，我经常回孙家岔，不仅目睹家乡的巨大发展变化，更为她有多姿多彩的民间艺术而骄傲。我认为，孙家岔既是煤的海洋，也是歌的海洋。

问：您觉得孙家岔与您走上艺术之路有哪些关系？

答：我小的时候，孙家岔还是一个落后封闭的地方，人们的物质文化和精神文化生活都很单调，但生活中唯一不缺的就是歌声，会唱信天游、二人台、酒曲、道情的老乡比比皆是，我的叔父孙维昌、孙明有等都是很好的歌手。孙家岔村有"三昌一怪"，就是民间艺术的奇才。春节的时候，群众文化活动搞得有声有色，秧歌更是热闹，我印象最深的有跑旱船的孙维昌、伞头李世昌、打霸王鞭的李二仁等民间艺人，他们的表演卖力，且生动有趣。孙家岔公社在全县文艺会演中获得过第一。在这种环境里，我耳濡目染，熟悉了民歌的旋律曲调，也深深地爱上了民歌演唱。我是学校文艺宣传队队员，因为嗓音条件好，加上年龄小还没有变声，那时扮演最多的角色是《白毛女》中的喜儿，经常唱“北风那个吹……”。我从艺五十余年，无论是在央视的舞台，还是国际交流的舞台，虽然歌唱技艺在提高，但演唱的基本风格没有变，演唱的主题没有变，永远是植根于这块沃土上的信天游。我先后获得1986年全国青年首届民歌通俗歌曲大选赛的金孔雀杯（演唱）奖、1994年央视“中国民歌大赛”金奖，在2003年中央电视台主办的中国国际民歌大赛中获金奖，在2004年中央电视台主办的西部民歌大赛中奖“信天游歌王奖”。我为能够在世界各地传唱家乡的信天游感到自豪，同时，我也深知是家乡培育了我，是家乡的信天游让我收获了无数荣誉。我感恩家乡这片土地，感恩家乡的父老乡亲。

问：您觉得孙家岔为什么能成为民歌之乡，这里的信天游有什么特色？

答：旧时的孙家岔地处塞上，自然环境条件差，土地荒凉，清代中期才开始有了村落，是汉族群众“走口外”的第一站。生活寂寞，需要情感交流宣泄，信天游、二人台等民歌便是极好的表达方式。唱歌的目的不是为了表演，而是生活的日常，民歌承载了当地群众的生产生活体验，人们口耳相传，代代相传，才形成人人会唱、人人能唱的状况，孙家岔被称为民歌之乡是当之无愧的。

孙家岔位于黄土文化和草原文化交融地带的最前沿，民歌地域特色特别鲜明。它是陕北民歌的重要组成部分，这里的人们质朴、直率，歌唱的是自己看到的、想到的，表达的都是真情实感和肺腑之言，由于曲调更多地受内蒙古民歌的影响，因而歌声高亢嘹亮，歌词乡土气息浓郁，极富人情味。

问：你认为孙家岔的民歌传承发展状况如何？

答：总体上看，随着时代变迁和环境变化，人们社交方式丰富多样，民歌以声传情的功能正在加速衰减退化。客观地说，处于高速工业化和城镇化过程中的孙家岔，已经不是产生民歌的沃土。但是从另外一方面看，民歌以声传情的功能将永远存在，民歌承载了极其珍贵的历史文化信息和地域文化信息，寄托了人们的乡思和乡愁，民歌仍然深受人们的喜爱和欢迎。这一点，我从全国

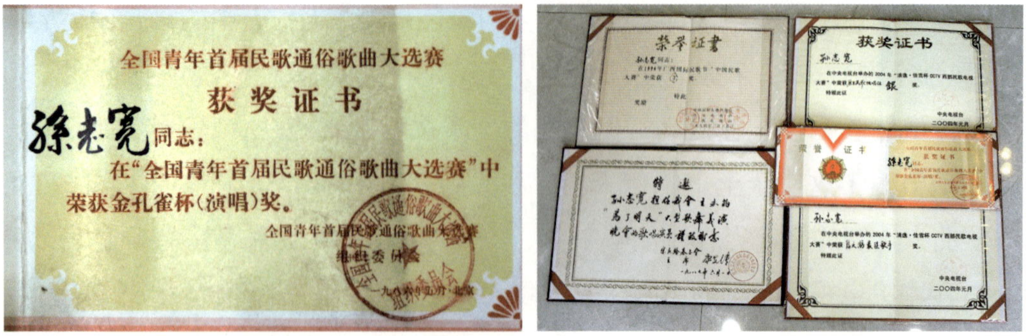

孙志宽的一部分获奖证书

各地观众的掌声中能充分感受到，因此我对民歌的存在价值和发展前景非常乐观。孙家岔的民歌是孙家岔宝贵的非物质文化遗产，我们不仅要保护好、传承好，更要与时俱进地发展好。我是非物质文化遗产项目陕北民歌的传承人，我也努力在做传承工作。这几年，青年演唱演员孙刚崭露头角，成为走出孙家岔的又一名优秀歌手，让我们看到了孙家岔民歌传承发展的希望。我衷心期盼更多有歌唱天赋的孙家岔年轻人能挑起民歌传承发展的担子，也衷心期盼政府能发掘保护这个宝贵的资源，将孙家岔民歌之乡的牌子打造好、利用好。

问：现在正在编纂《孙家岔镇志》，您认为镇志对于促进民歌传承发展有哪些帮助？

答：地方志是一个地方记载历史和现状的百科全书，对于传承历史文化意义重大。我的父亲孙广业是新中国成立后高家堡的首任文化馆馆长，前段时间我在《高家堡镇志》中看到这个信息很欣慰。我想《孙家岔镇志》在记述好全镇煤炭资源开发、全镇人民勤劳奋进的光辉历史的同时，也能够更多地记述信天游等特色民间艺术，为传承接续孙家岔的文脉，树立我们的文化自信，促进乡村文化振兴发挥积极的作用。

编后记

2019年8月，孙家岔镇党委、镇人民政府决定编纂《孙家岔镇志》。我们历时三载有余，攻坚克难，终于完成了这项重大文化工程，该志是孙家岔镇有史以来的第一部志书。

镇志编纂工作启动后，我们克服编纂队伍力量不足、基础资料极为薄弱等诸多困难，走村庄、进企业、觅古迹、查档案、访长者、证往事，试图用我们力所能及的付出，记述这片土地的沧桑历史与精彩现状，反映煤田开发带来的翻天覆地的变化，探究西部地区工业化与城镇化的路径与规律，描摹这方水土养育的勤劳、质朴、大气的人民，记录黄土地、沙蒿林所承载的乡思与乡愁。

2022年7月，志书成稿。镇志编委会及时召开会议，在听取编委会顾问及诸位乡贤的意见后，将志稿报送地方志工作机构审查。同时，编委会邀请中国地方志指导小组办公室研究员张英聘、陕西省地方志办公室原二级巡视员张世民、陕西省地方志办公室市县志处处长随成伟、陕西省方志馆馆长袁欣昌、《陕西省志·建设志》主编倪坪对志稿进行审读。2022年8月18日，中共榆林市委党史研究室与神木市史志编纂研究室在神木市联合召开《孙家岔镇志》评审会，榆林市委党史研究室副主任高霞、《子洲县志》主编张俊谊、《榆林市志》执行主编王世录、神木市政协文史办公室主任赵雄、神木市史志编纂研究室主任苏平刚、神木市史志编纂研究室副主任韩愚、神木市史志编纂研究室干部李文梅等专家出席会议并发表评审意见。志稿终审通过后，编写人员认真采纳专家的意见和建议，调整篇目结构，收集资料拾遗补阙，进一步修改完善。2022年10月，志稿达到“齐清定”要求，送交方志出版社。

镇志编纂工作始终受到镇党委、政府领导的高度重视，全镇干部群众热情参与，陕西恒源投资集团有限公司，乔家塔村张家村组村民、神木市北吉矿业有限公司董事长张胜利，海湾张家沟村海湾组村民张胜荣，燕家塔村王洛沟组村民、陕西恒德煤焦电化集团有限公司董事长张雄虎等企业和企业界人士给予大力支持。榆林市、神木市的地方志工作机构给予专业的指导，多位方志专家对志稿提出中肯的批评意见和修改建议，照片拍摄、排版印刷等团队和责任编辑均付出辛勤劳动。在此，一并表示衷心的感谢！

镇志是全面系统准确记述孙家岔镇地情的基础资料性文献，将发挥存史、资政、育人的功能。我们心存敬畏，不敢懈怠，数易其稿，反复修改并调整志书装帧设计方案，以期志书在具备广度与深度的同时，也富有特色与新意。然而，受限于编者的能力与水平，本书内容可能存在诸多错讹之处，敬请广大读者批评指正。

编　者

2022 年 12 月